21世纪高等院校经济、管理类规划教材

统 计 学

主 编　颜泳红　郑贵华

副主编　胡　琳　罗金华

　　　　黄　新　豆振江

中南大学出版社
www.csupress.com.cn

·长沙·

图书在版编目(CIP)数据

统计学 / 颜泳红,郑贵华主编. —长沙:中南大学出版社,2022.1(2023.7 重印)

ISBN 978-7-5487-4691-1

Ⅰ. ①统… Ⅱ. ①颜… ②郑… Ⅲ. ①统计学—高等职业教育—教材 Ⅳ. ①C8

中国版本图书馆 CIP 数据核字(2021)第 200293 号

统计学
TONGJIXUE

主编 颜泳红 郑贵华

□责任编辑	彭达升 浦 石
□封面设计	李芳丽
□责任印制	李月腾
□出版发行	中南大学出版社
	社址:长沙市麓山南路　　　　邮编:410083
	发行科电话:0731-88876770　　传真:0731-88710482
□印　　装	长沙印通印刷有限公司

□开　本	787 mm×1092 mm 1/16	□印张 23.25	□字数 610 千字
□版　次	2022 年 1 月第 1 版	□印次 2023 年 7 月第 3 次印刷
□书　号	ISBN 978-7-5487-4691-1
□定　价	52.80 元

图书出现印装问题,请与经销商调换

前　言

　　统计学是一门收集、整理、显示和分析数据的科学。无论是属于自然的、实验的，还是社会的、经济的，凡是可以用数据表现的现象，都可以作为统计学的研究对象。作为数据分析的一种有效方法，统计方法已广泛应用于生产、生活和科学研究的各个领域，成为各学科领域研究者和实际工作者的必备知识。发达国家历来都比较重视统计学研究和统计学教育。美国的高等院校几乎都开设统计方法选修课。在国内，统计学也越来越受到重视。1998年，教育部将统计学从原来的二级学科调整为理学类一级学科。2002年教育部高教司又将包括统计学在内的9门课程确立为工商管理类专业的核心课程。目前，统计学已成为全国经济学类和管理学类各专业均必须开设的核心课程。

　　一个本科生，无论其主修方向是什么，如果能够掌握一些数据统计分析方法，无疑会受益匪浅。本书是根据"技能型、应用型"人才培养目标以及21世纪高等院校经济、管理类"十四五"规划教材的要求，为广大非统计专业(尤其是经济、管理类)的本科学生编写的教材。它强调统计学最基本的内容及应用，使读者不但能够系统、准确地理解统计学的基本理论、方法和技能，而且能学会通过计算机利用Excel与SPSS进行数据处理与分析。

　　本书具有如下特点：

　　1.通俗易懂。在编写过程中，着重直观解释统计的基本概念，尽量避免引入只有专业统计人员才需要了解的数学推导及定理证明。

　　2.科学实用。统计学是一门独立的方法论科学，存在通用的数据搜集、整理和分析的方法。本书在贯彻"大统计"学科建设的基础上，吸收了统计学前沿的最新成果，构建了一个严谨、科学的理论框架，并力求理论联系实际，尽可能以大量最新的实际数据为基础，通过案例分析，展示统计世界丰富多彩的"本来面目"，让读者觉得统计学并非纸上谈兵，而是能学以致用。

　　3.统计方法与计算机应用有机结合。每一章都结合实例详细讲解了Excel与SPSS软件在统计分析中的应用，读者可以从中得到有用的信息，并且很容易学会利用 Excel 或 SPSS 完成各种统计分析的运算，掌握对统计软件输出结果的分析方法，以提高分析解读数据的能力，从而提高学习统计学的兴趣和应用统计方法分析解决实际问题的能力。

4.为了便于学生掌握和理解本书的内容，每章开篇都有学习目标、结尾有小结，并附有适量配套的思考与练习题。练习题型标准化、规范化，方便学生围绕每章的学习目标及教学内容进行课后练习，巩固所学知识，使读者更加易学易练。

本教材以数据的搜集、整理、显示和分析的基本理论和基本方法为主线，以数据分析为核心，以透过数据发现规律为目的，精心组织和编排内容体系。全书共分 10 章，内容涵盖统计数据的搜集、整理、显示和分析的一般原理和方法，主要包括绪论、统计数据的收集、统计数据的整理与显示、统计数据分布特征的描述、时间序列分析、统计指数分析、抽样与抽样分布、参数估计、假设检验、相关与回归分析。本教材可供经济、管理类以及其他领域的本科学生及研究生使用，也可供从事商务活动与经济分析等实际工作的人员参考。

本书由湖南工业大学、湖南工程学院、邵阳学院、湖南城市学院以及湖南人文科技学院等多个兄弟院校合作编写。

本书由颜泳红教授、郑贵华教授担任主编，由胡琳教授、罗金华教授、黄新教授、豆振江博士担任副主编。其具体编写分工如下：第 1 章，郑贵华；第 2 章，罗金华；第 3 章，张运；第 4 章，郭毓东；第 5 章，豆振江；第 6 章，黄新；第 7 章，赵社稷；第 8 章，周雪元；第 9 章，胡琳；第 10 章，谢卓。全书有关 SPSS 在各章的应用均由马勤副教授完成，Excel 在各章的应用以及章后练习题均由颜泳红教授完成。全书在胡立和教授和李晓翼教授的指导下完成，由颜泳红教授与郑贵华总撰定稿。

本书的编写参考了大量文献资料与国内外同行的最新研究成果，在此表示衷心感谢！本书只列出了部分参考文献，若有遗漏，万望见谅！

由于编者水平有限，书中难免有不尽如人意之处，恳请同行与读者提出宝贵意见，以便我们进一步修改与完善。

编 者

目 录 ◀

第1章

绪 论

1. 了解什么是统计。
2. 明确统计学的研究对象与研究方法。
3. 理解统计学的性质与分科。
4. 熟悉统计学中的基本概念。
5. 对 Excel 与 SPSS 软件有初步的认识。

情景导入

统计见证历史，数据见证辉煌

打开电脑百度，搜索 2020 年国民经济和社会发展统计公报，在国家统计局网站不难发现如图 1.1 所示的画面。这是统计工作者将我国在国民经济各个领域、社会发展各个方面的发展现状浓缩于此的结果。

在这一统计公布中，有用文字描述的数据，如"全年最终消费支出拉动国内生产总值下降 0.5 个百分点，资本形成总额拉动国内生产总值增长 2.2 个百分点，货物和服务净出口拉动国内生产总值增长 0.7 个百分点。"

有用条形图显示的数据，如 2016—2020 年国内生产总值及其增长速度，如图 1.2 所示。从中可以清楚地看到我国在新冠肺炎疫情严重冲击的背景下，仍然创造了辉煌成就，国内生产总值首次突破了 100 万亿元，在全球主要经济体中唯一实现经济正增长。

也有用折线图反映的数据，如我国在 2020 年各月居民消费价格变动的情况，如图 1.3 所示。与 2019 年同月相比，除 11 月以外，各月的居民消费价格与上年同期都有不同程度的上涨。除疫情初期由于抢购商品导致市场供不应求，价格涨幅较大外，随着疫情的控制，物价基本稳定，这从居民消费价格月度环比涨跌幅度也可以判断出来。

还有用表格的形式展示的数据，如我国 2020 年各种运输方式完成旅客运输量及其增长速度，如表 1.1 所示。由于控制疫情的需要，全国提倡居家办公、居家学习，严禁人员集聚，导致全年旅客运输总量只有 96.7 亿人次，比上年下降 45.1%；旅客运输周转量 19251 亿人公里，比上年下降 45.5%。

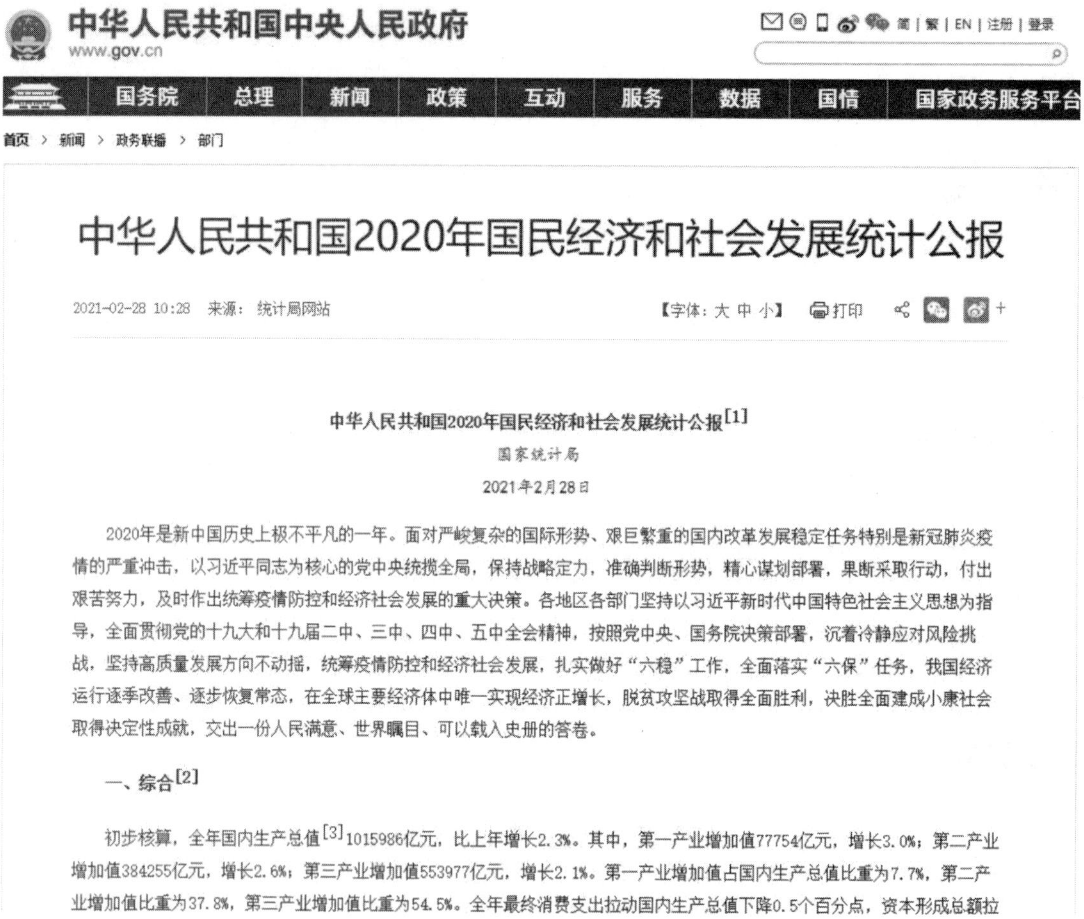

中华人民共和国中央人民政府
www.gov.cn

简 | 繁 | EN | 注册 | 登录

国务院 总理 新闻 政策 互动 服务 数据 国情 国家政务服务平台

首页 > 新闻 > 政务联播 > 部门

中华人民共和国2020年国民经济和社会发展统计公报

2021-02-28 10:28 来源：统计局网站 【字体：大 中 小】 打印

中华人民共和国2020年国民经济和社会发展统计公报[1]

国家统计局

2021年2月28日

2020年是新中国历史上极不平凡的一年。面对严峻复杂的国际形势、艰巨繁重的国内改革发展稳定任务特别是新冠肺炎疫情的严重冲击，以习近平同志为核心的党中央统揽全局，保持战略定力，准确判断形势，精心谋划部署，果断采取行动，付出艰苦努力，及时作出统筹疫情防控和经济社会发展的重大决策。各地区各部门坚持以习近平新时代中国特色社会主义思想为指导，全面贯彻党的十九大和十九届二中、三中、四中、五中全会精神，按照党中央、国务院决策部署，沉着冷静应对风险挑战，坚持高质量发展方向不动摇，统筹疫情防控和经济社会发展，扎实做好“六稳”工作，全面落实“六保”任务，我国经济运行逐季改善、逐步恢复常态，在全球主要经济体中唯一实现经济正增长，脱贫攻坚战取得全面胜利，决胜全面建成小康社会取得决定性成就，交出一份人民满意、世界瞩目、可以载入史册的答卷。

一、综合[2]

初步核算，全年国内生产总值[3]1015986亿元，比上年增长2.3%。其中，第一产业增加值77754亿元，增长3.0%；第二产业增加值384255亿元，增长2.6%；第三产业增加值553977亿元，增长2.1%。第一产业增加值占国内生产总值比重为7.7%，第二产业增加值比重为37.8%，第三产业增加值比重为54.5%。全年最终消费支出拉动国内生产总值下降0.5个百分点，资本形成总额拉

图 1.1　2020 年我国国民经济和社会发展统计公报截图

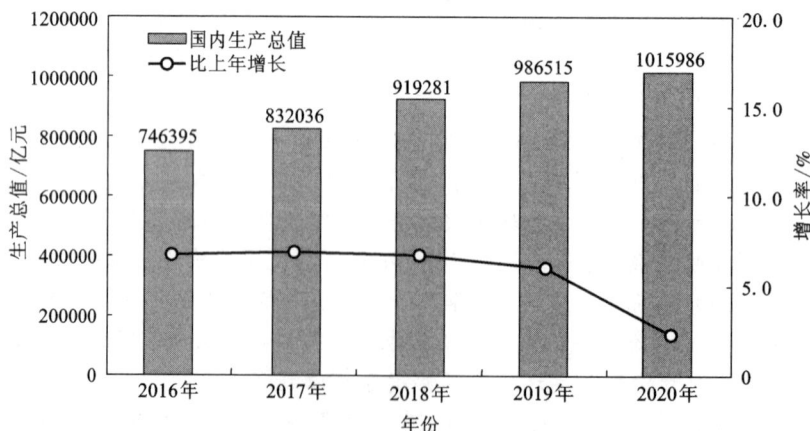

图 1.2　2016—2020 年国内生产总值及其增长速度

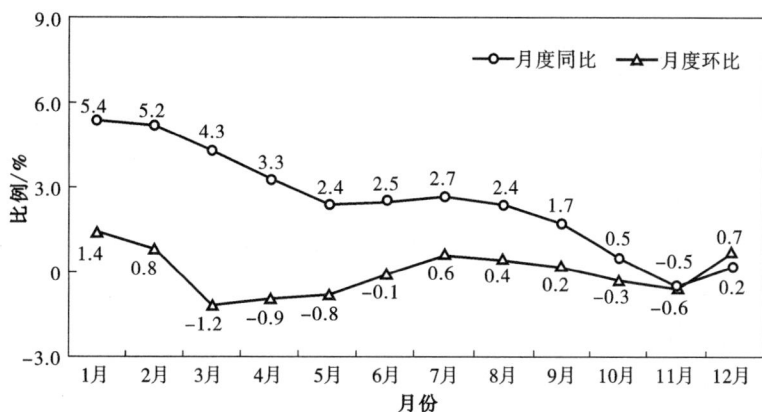

图 1.3　2020 年居民消费价格月度涨跌幅度

表 1.1　2020 年各种运输方式完成旅客运输量及其增长速度

指标	单位	绝对数	比上年增长/%
旅客运输总量	亿人次	96.7	−45.1
铁路旅客运输量	亿人次	22.0	−39.8
公路旅客运输量	亿人次	68.9	−47.0
水运旅客运输量	亿人次	1.5	−45.2
民航旅客运输量	亿人次	4.2	−36.7
旅客运输周转量	亿人公里	19251.4	−45.5
铁路旅客运输周转量	亿人公里	8266.2	−43.8
公路旅客运输周转量	亿人公里	4641.0	−47.6
水运旅客运输周转量	亿人公里	33.0	−58.0
民航旅客运输周转量	亿人公里	6311.2	−46.1

　　这些统计数据与图表是历史的见证，勾勒出了我国 2020 年在面对突如其来的疫情的背景下，各地区各部门坚持以习近平新时代中国特色社会主义思想为指导，按照党中央、国务院决策部署，沉着冷静应对风险挑战，坚持高质量发展方向不动摇，统筹疫情防控和经济社会发展，交出的一份人民满意、世界瞩目、可以载入史册的答卷。

　　那么究竟什么是统计数据？统计数据怎样得来？怎样汇总整理绘制图表？怎样计算分析指标解释所反映的研究现象？所有这些问题将在本教材的相关章节加以介绍，但在此之前我们必须明白与统计数据密切相关的基本概念——统计与统计学。

1.1 统计与统计学

1.1.1 什么是统计

在现实生活中，"统计"一词经常出现，然而不同背景的人对统计的理解是有差别的。有的人一提起统计，就必然要说到数据，认为没有数据，统计就成了无源之水，无本之木；有的人一提起统计就想到计数，认为没有计数这一行为过程，就无法取得数据资料；还有人一提起统计，就想到要对数据及其内在的含义进行研究。

其实，"统计"一词源于中世纪拉丁文的"status"，意思是各种现象的状态和状况。最早使用"统计"一词的是 18 世纪的德国人——阿亨瓦尔，他把拉丁文的"status"引申为德语"statistika"（国势学、统计学），意思是主要用文字来记述国家应注意的事项的学问，后来传入英国被译为"statistics"。英语中的"statistics"以复数形式出现时，其意思为统计活动、统计数据；以单数形式出现时，其意思为统计学。也许正因如此，统计一般包括统计工作、统计资料和统计学三层含义。

1. 统计工作

统计工作即统计实践活动，是人们利用各种科学的统计方法，收集、整理、分析统计数据和提供统计资料的工作总称。例如，国家和地方各级政府的统计部门收集反映其所属地区的工业、农业、商业、教育以及交通运输业等国民经济部门运行情况的各项数据资料，并将这些资料汇总、加工、整理、分析等，这一系列的活动就是统计工作。统计作为一种社会实践活动由来已久，可以追溯到远古时期的"结绳记事"。随着社会、经济的发展，统计的应用领域不断扩大，经验积累越来越多，客观上为统计学的产生和发展奠定了基础。

2. 统计资料

统计资料亦称为统计数据，是统计工作过程中所取得的各项数字资料以及与之相关的信息的总称，有数字，有文字，也有图表。如统计局公布的一年一度的统计公报，省、地、部编制的统计年鉴以及我们经常从电视、报纸、杂志等媒体上听到或看到的数据资料等。随着信息技术的发展与网络的普及，统计资料的公布形成不再仅仅是纸质资料，大量的电子数据可以方便地从官方统计网站上获得，而且大部分都是免费的。如中华人民共和国国家统计局网站就以"进度统计数据""年度统计数据""普查数据""专题数据""部门数据"5 个栏目及时公布许多重要的统计数据。

3. 统计学

统计学是统计工作的经验总结和理论概括，它根据自己的研究对象，系统地阐述了统计的理论和方法。统计学的定义有 180 多个版本，但其基本观点是：统计学是一门收集、整理、显示和分析统计数据的方法论科学。如何收集统计数据？怎样整理和显示统计数据？采用什么样的方法分析统计数据以探索数据内在的规律性？解决这些问题的方法就构成了本学科的内容体系。

以上三者既有独立的相对性，更有密切的联系性。①统计工作是基础。没有统计工作，就不可能取得统计资料，也不可能获得丰富的统计实践经验，统计科学也无从谈起。②统计学与统计工作是理论与实践的关系。统计学是随着统计工作的产生和发展而产生的，是统计工作实践经验的总结和概括，是人们正确从事统计实践活动所必不可少的理论知识。它指导人们如何正确地收集、整理客观事物的数据资料，如何用数字去描述和分析客观事物的现状和变化过程，预测客观事物发展的前景。由此可见，学好统计学是搞好统计工作的前提。③统计工作与统计资料是劳动与成果的关系。统计工作只有依据科学的统计理论和方法，才能取得符合客观实际的统计资料，满足党政领导制定方针政策、企事业单位领导做出决策所需。如果没有科学的统计方法论做指导，在认识社会、管理国家的过程中就不可能取得有价值的统计资料，这样的统计工作非但没有任何意义，还可能给国家和社会带来不可设想的后果。曾几何时，急功近利的短期行为盛行，弄虚作假的形式主义泛滥，虚报浮夸现象成风，统计数据严重失实，造成党和国家决策失误，最终导致整个国民经济重大比例严重失调，经济濒于崩溃边缘。

在现实生活中，如果只提"统计"二字，而不附加其他词语，那么"统计"可以是指统计工作，也可以是指统计资料，还可以是指统计学。诸如"干统计"就是指从事统计工作，"学统计"就是指学习统计学，"据统计"就是根据统计资料等。但绝大多数情况下，我们所说的统计是指统计工作。

1.1.2 统计学的产生和发展

中国最早的统计工作起源于公元前 21 世纪的夏朝。据《尚书》记载，公元前两千多年前，统治者为了治理国家，进行过人口和土地统计，出现了"九州"地理区划、"九山九水"治理方案和"上中下三等九级"的贡赋标准。随着社会的进步，统计实践的内容日益丰富，已经渗透到自然、社会、经济和科学技术等各个方面，所涉范围非常广泛，几乎无所不包。

到了 17 世纪，随着资本主义的发展，统计也适应社会经济的发展而得到广泛的发展，加上数学及其他科学的影响，统计学作为一门社会科学应运而生，并形成了不同的流派。

1. 国势学派

国势学派产生于 17 世纪的德国，主要代表人物是德国的海尔曼·康令（H. Conring，1606—1681）和高特弗里特·阿亨瓦尔（G. Achenwall，1719—1772），他们在大学开设了国势学课程，介绍如何记录国家发展的重要事件。后人把从事这方面研究的德国学者称为国势学派，或记述学派。当时记载关于国家组织、人口、军队、领土、居民职业以及资源财产等事件主要用的是文字叙述的形式，基本上没有量的描述与分析。国势学派对统计学的最大贡献就在于提出了一个世界公认的名词"统计学"（Statistics）。有人评价该学派是"有统计之名，无统计之实"的学派。

2. 政治算术学派

政治算术学派产生于 17 世纪的英国，主要代表人物是威廉·配第（William Petty，1623—1687）和约翰·格朗特（J. Graunt，1620—1674）。配第在其著作《政治算术》中，对当时的英国、荷兰、法国之间的财富进行数量上的计算和比较，开用数量方法研究社会经济现象之先河。在这个意义上，马克思称配第是"统计学的创始人"。该批学者也因此获得"政治算术学派"之名。格朗特通过对伦敦市 50 多年的人口出生和死亡资料的计算，写出了第一本关于人口统计的著作《对死亡率公报的自然观察和政治观察》，统计的含义也因此从记述转变为专指用数量来说明国家的重要事件。政治算术学派对统计学的最大贡献是它以数量分析为特征，研究客观现象的数量方面。有人评价该学派是"有统计之实，无统计之名"的学派。

3. 数理统计学派

数理统计学派产生于19世纪中叶，最初把古典概率论引进统计学的是法国数学家、统计学家拉普拉斯（P. S. Laplace，1749—1827），他阐明了统计学的大数法则，进行了大样本推断的尝试。而最终完成统计学和概率论结合的则是比利时统计学家、数学家凯特勒（Adolphe Quetelet，1796—1874），1841年他出任比利时中央统计委员会会长，1851年积极筹备国际统计学会组织，并任第一届国际统计会议主席；他还在著作《社会物理学》中利用大数法则论证了社会生活中的随机偶然现象贯穿着必然的规律性。在此基础上，英国学者高尔顿（F. Galton，1822—1911）提出了生物统计学，皮尔逊（K. Pearson，1857—1936）将生物统计一般化发展为描述统计，埃奇沃思（F. Y. Edgeworth，1845—1926）、鲍莱（A. L. Boweley，1869—1957）则侧重于描述统计在经济领域的应用和方法研究，费希尔（R. A. Fisher，1890—1962）创立了推断统计学。20世纪50年代，又出现了贝叶斯统计学，将统计推断运用于决策问题。数理统计学派对统计学的最大贡献是将法国的古典概率引入统计学，用纯数学的方法对社会现象进行研究，并开创性地应用了许多统计方法，为统计学的发展奠定了基础。

4. 社会统计学派

社会统计学派由德国大学教授克尼斯（K. G. A. Knies，1821—1898）首创，主要代表人物有梅尔（G. V. Mayr，1841—1923）和恩格尔（C. L. E. Engel，1821—1896）。克尼斯把统计学的性质规定为"具有政治算术内容的社会科学"。他在《作为独立科学的统计学》（1850）一书中提出了"国家论"与"统计学"科学分工的主张，认为国家论是用文字记述的国势学的科学命名，统计学则是用数值研究社会经济规律的政治算术的科学命名，从而结束了对统计学研究对象长达200多年的争论。梅尔在《社会生活中的规律性》（1877）一书中提出，统计学是根据数量的大量观察，对人类社会生活的状态及其产生的规律作有系统的说明与研究，强调统计学是研究规律性的实质性科学。恩格尔主张统计学既是实质性科学，又是传统方法论的社会科学。他提出了统计调查、整理和分析三阶段的统计方法，并通过对英、法、德和比利时等国的工人家庭的调查，撰写了《比利时工人家庭的生活费》（1895）一书，提出了著名的"恩格尔法则"，从中引申出的恩格尔系数作为衡量生活水平的标准，至今仍被沿用。社会统计学派对统计学的最大贡献就是结束了国势学派与政治算术学派对统计学研究对象的争论，认为统计学是社会科学，其研究对象是社会现象的数量，研究方法为大量观察法。

19世纪后半叶到20世纪初，社会统计学派在欧洲大陆占有优势，并在世界各国传播，对于美国、苏联、日本、中国等国家发生了不同程度的影响。1882年起，社会统计学派与数理统计学派展开了关于实质科学的争论。受数理统计学派的影响，社会统计学派的性质逐渐发生了变化，由原来的实质科学向方法论科学转变。

20世纪60年代以后，随着统计学理论的发展和完善，统计学的方法论已广泛应用于人类活动的各个领域，统计学在开拓新知识领域方面的应用，已经远远超过了20世纪内的任何技术或科学发明，统计学已逐步成为一个成熟的学科，并为各个领域提供了方法论上的支撑。正因如此，我国教育部社政司原司长顾海良在一次重要会议上说："语言学、心理学和统计学是 21 世纪中国最有发展前途的三大学科"。

随着计算机技术和网络技术的不断完善和各种新技术的不断创新,统计学的发展有如下趋势:①统计学从面对小批量的数据转变为面对海量数据,因此使用计算机统计分析软件对数据进行处理成为必然;②统计学已渗透到各个领域,可以应用于各行各业的数据分析,统计学成为一门"万能"的方法论学科。

1.1.3 统计学的研究对象和研究方法

1.统计学的研究对象

统计学是长期统计工作实践经验的科学总结和理论概括,是收集、整理和分析统计数据的方法论科学,其目的是探索数据内在的数量规律性。所以,统计学的研究对象是客观事物总体的数量方面,即各种能体现数量大小、数量关系和数量界限等特征的统计数据。其基本特征主要有两点。

(1)数量性

数量性是统计学研究对象的基本特征,是统计学区别于其他学科的本质特征。不是计量的研究,就不是统计研究。统计学总是在和数据打交道,因此统计学也被称为"数据的科学"。

数量的表现包括:①数量多少,如中国的人口多少、耕地多少等,以了解现象的规模或水平;②各种现象之间的数量关系,如中国人口的城乡比例、义务教育的普及率、GDP 增长率等,以了解现象之间的相互关系;③质与量互变的界限,如中国居民生活收入的贫困线、居民家庭恩格尔系数等,以判断事物是否发生了质的变化。统计不仅要研究这些数量的现状,而且要研究其过去和未来的变化。

需要注意的是统计研究的数量都是客观现象在一定时间、地点、条件下的具体数量表现,而不是抽象的数量。

(2)总体性

总体性是指统计是从整体上反映和分析事物的数量特征,而不是着眼于个别事物。因为事物的本质和发展规律只有从整体上观察,才能做出正确的判断。例如,要了解中国的居民状况,就是要了解中国居民的总体特征,即中国居民的男女比例、年龄构成、文化程度、职业构成、平均收入等,而不是为了掌握个别中国居民的具体情况。

2.统计学的研究方法

(1)大量观察法

大量观察法是指在对客观事物的研究中,从总体出发对其全部单位或足够多的单位进行观察和分析研究的方法,它是由统计学的研究对象及研究目的决定的。统计学的研究对象是客观现象总体的数量方面。由于构成总体的个体有其特殊性、偶然性,如果只研究其中的几个或少数个体,其结果就不足以说明总体的基本特征,因此只有对总体中足够的个体进行综合研究,才能消除个体的偶然性和特殊性,反映总体现象的必然性和普遍性。

(2)统计描述法

统计描述法是对已经收集到的统计数据进行初步加工、分组、编制统计表、绘制统计图、计算出各种能反映总体数量特征的综合指标并加以分析研究的统计方法。统计描述法主要通过统计分组法和综合指标法等得到现象总体的数量特征,反映客观事物的内在数量规律性,以达到进行统计分析和研究的目的。统计描述是统计研究的基础,它为统计推断、统计咨询和统计决策提供必要的统计数据资料。

(3)统计推断法

统计推断法是指以一定的置信水平,根据样本数据资料判断总体数量特征的归纳推理方法,它是现代统计的基本方法。由于种种主客观方面的原因,通常进行观察的只有部分或有限单位,而需要判断的总体对象是大量的,甚至是无限的,这就产生了根据局部的样本数据资料对全部总体数量特征作判断的问题。这种情况十分普遍,例如,要对一批商品的质量进行破坏性检验,我们只能根据部分商品的质量结果来推断该批商品的质量;根据某省部分职工家庭,如 1000 户职工家庭的平均收入,可推断该省全部职工家庭的平均收入水平。

(4)统计模型法

统计模型法是根据一定的经济理论和假定条件,用数学方程模拟现实经济现象相互关系的研究方法。它既是人们认识事物的手段,又是人们对事物认识结果的描述。利用这种方法可以对现象状态和变化过程进行数量上的评价、预测和控制。

上面介绍的只是统计学研究的基本方法,在统计学方法体系中,还有许多其他专门方法,如指数分析法、时间序列分析法等。但无论是基本方法还是其他专门方法,在实际研究中都应根据研究目的和任务的需要而结合运用。

1.1.4 统计学的性质与分科

1.统计学的性质

统计学是一门独立的方法论学科。它既不同于数学,也不同于其他任何实质性科学。但现代统计学仍应坚持以概率论等数学理论为指导,密切结合有关应用领域的实质性科学进行研究。否则,在统计实践中我们不可能发展新的统计理论和统计方法,也不可能对认识事物本质有任何帮助,甚至有可能导致错误结论。

2.统计学的分科

历经 300 多年的发展,统计学目前已经成为横跨社会科学和自然科学领域的多科性的科学。统计学的广泛应用,产生了各种不同的分支,形成了统计学的学科体系。一般而言,从方法的研究重点来看,统计学可分为理论统计学和应用统计学;从方法的功能来看,统计学可以分成描述统计学和推断统计学。

(1)理论统计学与应用统计学

理论统计学是研究一般的收集数据、整理数据和分析数据方法的理论和统计方法的数学理论。它以数学中的概率论为基础,从纯理论的角度,对统计方法加以推导论证,其中心内容是以归纳方法研究随机变量的一般规律。理论统计学的特点是计量不计质,它具有通用方法论的理学性质。理论统计学是统计方法的理论基础,没有理论统计学的发展,统计学不可能发展成为像今天这样一个完善的科学知识体系。

应用统计学是统计学方法应用于各种实质性科学所产生的一系列专门领域的统计学,如经济统计学、社会统计学、教育统计学、卫生统计学等。应用统计学包括一般统计方法的应用,更包括各自领域实质性科学理论的应用,是从所研究的领域或专门问题出发,根据研究对象的性质采用适当的指标体系和统计方法，解决所需研究的问题。应用统计学不仅要进行定量分析，还需要进行定性分析。因此，应用统计学通常具有边缘交叉和复合型学科的性质。

理论统计学和应用统计学总是互相促进，共同提高的。理论统计学的研究为应用统计学提供方法论基础，应用统计学在对统计方法的实际应用中，又常常会对理论统计学提出新的问题，开拓理论统计学的研究领域。

（2）描述统计学与推断统计学

描述统计学研究如何取得反映客观现象的数据，并通过图表形式对所收集的数据进行加工处理和显示，进而通过综合、概括与分析得出反映客观现象的规律性数量特征。其内容包括统计数据的收集方法、数据的加工处理方法、数据的显示方法、数据分布特征的概括与分析方法等。

推断统计学是研究如何根据样本数据推断总体数量特征的方法，它是在对样本数据进行描述的基础上，对统计总体的未知数量特征做出以概率形式表述的推断。

描述统计学和推断统计学的划分，一方面反映了统计方法发展的前后两个阶段，另一方面也反映了应用统计方法探索客观事物数量规律性的不同过程，如图 1.4 所示。

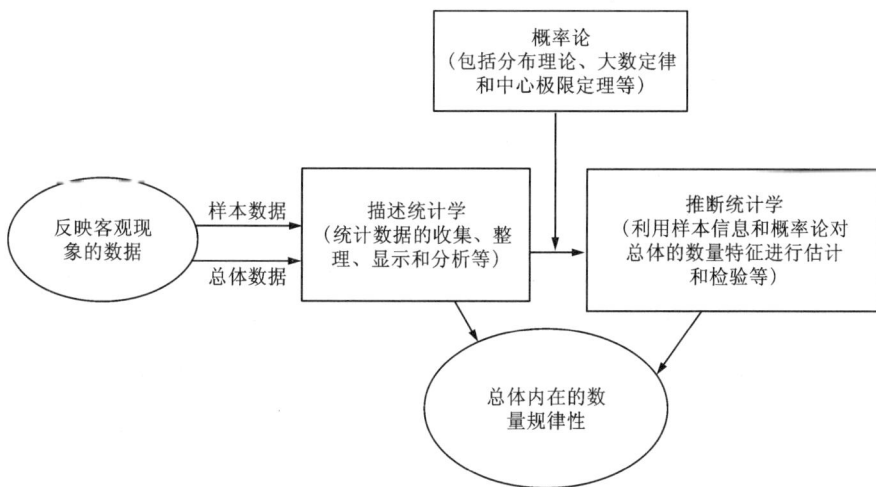

图 1.4　描述统计学与推断统计学的关系

不难看出，统计研究过程的起点是统计数据，终点是探索出客观现象总体内在的数量规律性。在这一过程中，如果收集到的是总体数据（如普查数据），则经过描述统计之后就可以达到认识总体数量规律性的目的了；如果所获得的只是研究总体的一部分数据（样本数据），要找到总体的数量规律性，则必须应用概率论的理论并根据样本信息对总体进行科学的推断。

显然，描述统计学是整个统计学的基础。由于在对现实问题的研究中所获得的数据主要是样本数据，因此，推断统计学在现代统计学中的地位和作用越来越重要，已成为统计学的核心内容。当然，这并不等于说描述统计不重要，如果没有描述统计收集可靠的统计数据并提供有效的样本信息，即使再科学的统计推断方法也难以得出切合实际的结论。

本教材内容以统计方法为线索展开。第2至第6章是描述统计的内容。第2章介绍统计数据的来源、统计调查方案、统计调查的组织形式、收集数据的具体方法以及统计调查工具的设计；第3章介绍数据整理的步骤和显示的方法；第4章介绍数据总量与相对量、集中趋势、离散程度及分布形态的描述方法；第5章介绍时间数据用图形与指标描述的方法以及存在趋势变动与季节变动的分析方法；第6章介绍统计指数的编制方法，了解常用经济指数。从第7至第10章都属于推断统计的内容。第7章介绍推断统计的基础理论；第8章介绍总体参数的估计方法以及必要样本容量的确定；第9章介绍总体参数的假设检验；第10章介绍根据样本变量的相关关系与简单线性回归模型的建立估计总体变量的相关关系与简单线性回归模型。

1.2 统计学的几个基本概念

1.2.1 总体和样本

1.总体

统计总体，简称总体，就是统计所要研究的事物或现象的全体，即由客观存在的，具有某种共同特征的许多个别事物构成的整体。如"所有中国人""所有株洲市工业企业""所有长沙市低保家庭""所有湘潭市的乡镇"等都是定义合适的总体。构成总体的个别事物叫个体或总体单位或元素。个体可以是一个人，也可以是一个企业、一个家庭、一个乡镇等，还可以是一个时间单位、一个物件、一个活动等。

在一次特定范围、目的的统计研究中，统计总体与总体单位是固定不变的，是包含与被包含的关系。但是随着统计研究任务、目的及范围的变化，统计总体和总体单位可以相互转化。

统计研究是以个体为基础的，总是从收集个体数据开始，然后将每个个体的数据进行汇总综合，以反映总体的综合数量特征。这就要求总体必须同时具备以下3个特征：同质性、大量性和变异性。同质性是指构成总体的个体在某一方面或多方面必须具有相同的性质，如"中国人"总体中的每一个个体必须是中国境内常住居民，"株洲市工业企业"总体中的每一个体必须是在株洲市登记注册、生产工业产品的企业。大量性是指构成总体的个体必须有许多个，如"中国人"总体由14亿多个体构成，"株洲市工业企业"总体由2000多个体组成；变异性是指构成总体的个体必须存在差异，如每一个中国人在性别、性格、年龄、受教育程度等方面应不完全相同，每一个株洲市工业企业在办厂位置、所有制性质、职工人数、生产规模、生产成本等方面不尽相同。有差异才有必要统计。

构成总体的总体单位数目称为总体单位数，通常用 N 表示。如果构成总体的总体单位数目可数，我们称该总体为有限总体。大部分社会经济现象都属于有限总体，总体单位数目一般很大，如人口总体、企业总体、产品总体等都是有限总体。如果构成总体的总体单位数目不可数，我们称该总体为无限总体。在客观现象中，无限总体极少，但也存在，如昼夜连续生产的某产品便构成无限总体。

在现实生活中，大的总体研究起来比较困难，通常的做法是选择一个样本，并研究样本中的数据，然后用样本数据推断总体数据。

2. 样本

样本是指从统计总体中抽取出来作为代表这一总体的、由部分个体组成的集合体。构成样本的个体称为样本单位。样本单位的数目称样本容量，通常用小写英文字母 n 表示，相对于 N 而言，n 一般只是一个很小的数。习惯上，将样本容量大于或等于 30 的样本称为大样本，小于 30 的样本称为小样本。统计研究的样本一般为大样本。比如想了解流水线上产品的合格率，我们会随机抽选 100 个产品进行检验，这 100 个产品就构成了一个大样本，样本容量是 100。我们会根据对这 100 个产品检验的结果，计算出样本的合格率，并用它来代表总体的合格率。

总体与样本是整体与局部的关系。如果抽取样本的方式方法科学，样本的代表性就高，就可用样本去推断总体，达到对总体的全面认识。

1.2.2 标志和指标

1. 标志

标志，是说明个体的属性或数量特征的具体名称。标志在各个体的具体表现称为标志值。正是由于各个体就某些标志而言具有相同的标志值，才构成了统计总体；也正是由于各个体就某些标志而言具有不相同的标志值，才有了统计的必要。例如，我们要研究中国下岗职工的生活状况，显然，中国的下岗职工就构成了我们要研究的总体，每个下岗职工是个体。反映个体的标志可以有很多，如户籍、家庭住址、性别、民族、年龄、是否在岗、下岗年限、生活来源、家庭收入等。对每个中国的下岗职工而言，他们的"户籍"和"是否在岗"所对应的标志值都是相同的，这也是构成总体的条件——同质性；而其他标志的标志值就不会完全相同了，这就是我们要调查研究的内容。

（1）标志按其性质可分为品质标志和数量标志

品质标志是说明个体属性特征的名称，其标志值只能是文字，但可以赋予数字代码。如中国下岗职工的户籍、家庭住址、性别、民族等，其中性别标志的具体表现为"男""女"，在统计实践中，我们可以用"0"表示"男"，用"1"表示"女"。数量标志是说明个体数量特征的名称，其标志值通常为数值。如中国下岗职工的年龄、下岗年限、家庭收入等，其中下岗职工的年龄可能是"35 岁""40 岁""45 岁""50 岁"等随机数值。

（2）标志按其标志值是否相同分为不变标志和可变标志

不变标志是指所有个体具有相同标志值的标志，如中国下岗职工的户籍和是否在岗。可变标志是指所有个体具有不完全相同标志值的标志，如中国下岗职工的家庭住址、性别、年龄、下岗年限、生活来源、家庭收入等。

（3）是非标志

只有两种标志值的品质标志称为是非标志，如性别、是否合格、是否成功、是否购买等，其标志值只能是"男""女""合格""不合格""成功""失败""有购买""无购买"。这种标志也叫交替标志或 0 1 标志。

2. 指标

指标是指反映现象总体数量特征的概念及其具体数值。任何一个统计指标都是经过从个别到一般、从具体到抽象的过程，它体现总体特征，具有综合性。一个完整的统计指标应该由指标名称、指标数值、时间、地点和计量单位等要素构成。如 2020 年末某省农民工 2542 万人，这一统计指标既包括概念"农民工"，又包含具体数值"2542"；它还表明了在一定时间（2020 年末）和空间（某省）条件下计量单位为"万人"的量。统计指标具有数量性、综合性和具体性等特点。

统计指标按其反映现象的数量性质不同可分为数量指标与质量指标。

（1）数量指标

数量指标是反映现象总规模、总水平的统计指标。它表现为汇总后直接得到的绝对数或总量，又称之为总量指标或绝对数指标，数值大小与总体规模成正比。如中国的总人数、用水用电总量、总产值、固定资产总额、铁路货物周转量等。数量指标是最基本的指标，它是计算其他指标的基础，详细内容将在第 4 章介绍。

（2）质量指标

质量指标是反映现象总体平均水平和相对水平的统计指标，包括相对指标和平均指标。相对指标是两个相互联系的指标数值进行对比的比值，如比重、比例、速度、计划完成百分比、中美人口比、人口密度等都是相对指标。平均指标是反映同质总体各单位某类标志值一般水平的综合指标，包括众数、中位数和均值，通常是指算术均值。总之，质量指标通常由两个数量指标对比求得，是数量指标的派生指标，其数值大小均不受总体规模大小的影响，详细内容将在第 4 章介绍。

（3）指标体系

任何一个统计指标都只能反映总体某一方面的数量特征，因此，为了全面系统地认识一个总体，就需要同时使用多个统计指标。如城镇居民的家庭就业人口、家庭实际收入、可支配收入、家庭消费性支出、家庭食品支出、家庭居住面积、基尼系数、恩格尔系数等，这些具有内在联系的一系列统计指标所构成的整体就是统计指标体系。

2020 年，党的十九届五中全会确定了"十四五"时期我国经济社会发展的指导思想、发展目标，勾画了未来五年我国发展的宏伟蓝图。国土空间开发保护格局得到优化，生产生活方式绿色转型成效显著，能源资源配置更加合理、利用效率大幅提高，生态环境持续改善，生态安全屏障更加牢固，城乡人居环境明显改善。围绕这些发展目标，从高质量经济发展、创新驱动、民生福祉、绿色生态与安全保障等 5 个方向，以 5 个一级指标、20 个二级指标，构建了衡量"十四五"期间高质量发展社会经济的指标体系，如表 1.2 所示。

表 1.2 "十四五"时期经济社会发展的主要指标

一级指标	二级指标	2020 年	2025 年	年均/累计	属性
经济发展	1. 国内生产总值（GDP）增长/%	2.3	—	保持在合理区间、各年度视情提出	预期性
	2. 全员劳动生产率增长/%	2.5	—	高于 GDP 增长率	预期性
	3. 常住人口城镇化率/%	60.6*	65	—	预期性

续表1.2

一级指标	二级指标	2020 年	2025 年	年均/累计	属性
创新驱动	4. 全社会研发经费投入增长/%	—	—	>7%、力争投入强度高于"十三五"时期实际	预期性
	5. 每万人口高价值发明专利拥有量/件	6.3	12		预期性
	6. 数字经济核心产业增加值占GDP 比重/%	7.8	10		预期性
民生福祉	7. 居民人均可支配收入增长/%	2.1	—	与 GDP 增长率基本同步	预期性
	8. 城镇调查失业率/%	5.2	—	<5.5	预期性
	9. 劳动年龄人口平均受教育年限/年	10.8	11.3	—	约束性
	10. 每千人口拥有执业(助理)医师数/人	2.9	3.2		预期性
	11. 基本养老保险参保率/%	91	95	—	预期性
	12. 每千人口拥有 3 岁以下婴幼儿托位数/个	1.8	4.5		预期性
	13. 人均预期寿命/岁	77.3 *	—	〔1〕	预期性
绿色生态	14. 单位 GDP 能源消耗降低/%	—	—	〔13.5〕	约束性
	15. 单位 GDP 二氧化碳排放降低/%	—	—	〔18〕	约束性
	16. 地级及以上城市空气质量优良天数比率/%	87	87.5	—	约束性
	17. 地表水达到或好于Ⅲ类水体比例/%	83.4	85		约束性
	18. 森林覆盖率/%	23.2 *	24.1	—	约束性
安全保障	19. 粮食综合生产能力/亿吨	—	>6.5		约束性
	20. 能源综合生产能力/亿吨标准煤	—	>46	—	约束性

注：①"〔 〕"内为 5 年累计数。②带"＊"的为 2019 年数据。③能源综合生产能力指煤炭、石油、天然气、非化石能源生产能力之和。④2020 年地级及以上城市空气质量优良天数比率和地表水达到或好于Ⅲ类水体比例指标值受新冠肺炎疫情等因素影响，明显高于正常年份。⑤2020 年全员劳动生产率增长 2.5% 为预计数。

　　统计指标体系的设计要贯彻"少而精"的原则，一切可要可不要的统计指标坚决不要；同时要结合实际需要，适时增加统计指标。此外，还需保持指标体系中统计指标的相对稳定性，尽可能使不同时期的同一指标体系保持相对稳定，同时与会计核算、业务核算相一致。

1.2.3 变量和数据

1. 变量

变量是指给所要研究的事物起的名字，包括可变的标志和所有的统计指标。变量的具体表现称为变量值。变量值包括可变标志的标志值和统计指标数值。变量按其反映的内容可分为定性变量与定量变量两大类。

定性变量又包括分类变量与顺序变量。分类变量是说明事物类别的名称，其变量值表现为文字，如旅游者的性别就是一个分类变量，其变量值为"男""女"；顺序变量是指说明事物有序类别的名称，其变量值也表现为文字，但这些文字存在先后顺序，如旅游者受教育程度是一个顺序变量，其变量值为"小学""初中""高中""大学"等。

定量变量也称数值型变量，是说明事物数量特征的名称，其变量值表现为数值，如旅游者的年龄、消费支出等。定量变量有离散型变量与连续型变量之分。离散型变量一般用计数的方法取得，数值只能是整数，如职工人数、企业个数、设备台数等。连续型变量用测量取得，测量的仪器越精密，变量值就会越精确，如人的身高、体重，产品的长度、重量，企业的产值、利润等。

2. 数据

数据是对变量进行计量的结果，也就是变量值。数据可以是数字，也可以是文字。

（1）按其计量层次，数据可分为定性数据和定量数据

定性数据又包括分类数据、顺序数据。分类数据是对事物进行分类的结果，数据表现为类别，用文字来表述，是非数值型数据，如人口按性别计量得到的"男""女"数据；顺序数据是对事物类别顺序的测度，数据表现为类别，用文字来表述，是一种有序类别的非数值型数据，比分类数据含有的信息量更多，能够进行差别和好坏的比较，但对于差别和好坏的程度，仍然无法给出一个具体的评价尺度，如产品按质量等级计量取得的"一等品""二等品""三等品""次品"等数据。定量数据又称数值型数据，是使用自然或度量衡单位对事物进行精确测度所取得的数值，如学生按身高计量所取得的"155 cm""170 cm""166 cm""168 cm""175 cm""178 cm"等数据，各个数据之间不仅可以对比大小反映差别，还可以计算各种平均数。

（2）按其反映的时间状况不同，数据可分为截面数据与时序数据

截面数据是指反映同一总体各组成部分在同一时间点的数据，它所描述的是现象总体各组成部分在某一时刻或某一时间段的情况，如2020年末我国各地区的人口数、2020年我国各地区的国内生产总值等数据都属截面数据；时序数据是指反映同一总体在不同时间点的数据，它所描述的是现象总体随时间而变化的情况，如2014—2020年我国各年末的人口总数、2014—2020年我国历年国内生产总值等数据都属时序数据。

（3）按其收集方法不同，数据可分为调查数据与实验数据

调查数据是指在没有对事物进行人为控制的条件下通过调查或观测而收集到的数据，有关社会经济现象的统计数据几乎都是观测数据；实验数据是指在实验中通过控制实验对象而收集到的数据，如对一种新药疗效的实验、对一种新的农作物品种的实验等所取得的数据。

（4）按其表现形式不同，数据可分为绝对数据、相对数据与平均数据

绝对数据是以绝对数形式表现的数据，有计量单位，一般为实物单位或价值单位，数据

大小与总体规模成正比；相对数据是由两个互相联系的数值对比求得的比例或比率，数据大小与总体规模无关；平均数据是反映现象总体的一般水平或数据分布集中趋势的数据，数据大小不受总体规模的影响。

1.2.4 参数和统计量

1. 参数

参数是描述总体数量特征的指标，又称总体指标。例如将所有中国人的年龄进行平均得到的平均年龄、将 60 岁以上的中国人口数除以中国人口总数得出的 60 岁以上的中国人在总的中国人中所占的比例等，都是反映"中国人"总体的参数。人们关心的参数主要有总体平均数、总体标准差、总体比例等。参数通常用希腊字母表示，如总体平均数用 μ 表示，总体标准差用 σ 表示，总体比例用 π 表示。在统计实践中，参数一般为待定的未知常数。统计活动的目的就是收集或推断反映总体数量特征的参数数值。

2. 统计量

统计量是样本统计量的简称，是根据样本数据计算出来的样本指标，用来描述样本的数量特征。例如在中国人口中随机抽出 1000 人进行调查，然后根据这 1000 人计算出来的平均年龄和这 1000 人中 60 岁以上的人数所占的比例就是统计量。从同一总体中可以抽取若干不同的样本，根据不同的样本数据可以计算不同的样本统计量来描述不同样本的数量特征。显然，统计量是随机变量。人们关心的统计量主要有样本平均数、样本标准差、样本比例等。统计量通常用小写的英文字母表示，如样本平均数用 $\bar{x}$（读作 x-bar）表示，样本标准差用 s 表示，样本比例用 p 表示。

1.3 统计计算工具

统计计算工具是完成统计分析的必要条件。随着统计数据的激增，统计计算工具发生了根本性变化，从"原始"的算盘到"新奇"的计算器、再到"无所不能"的电脑。本教材所涉及的数据主要是为说明原理而列举的简单数据，计算器可以顺利地完成这类数据的计算。但在现实生活中，为了某个特定的研究目的收集的数据往往是较大规模的数据集，这时必须使用计算机来处理数据。使用计算机时，会涉及统计软件的选择问题，目前常用的统计分析软件有 SPSS、SAS、STATISTICA、MINITAB、EVIEWS 等，每个统计分析软件都有各自组织数据的方式以及分析数据的界面。而在 Windows 占统治地位的今天，具有统计分析功能的 Excel 必然成为非统计专业学生处理数据的主流。下面主要介绍 Excel 的统计分析功能以及 SPSS 的基本操作方法。

1.3.1 Excel 统计分析功能简介

Microsoft Excel（以下简称 Excel）是美国微软公司 Microsoft Office 桌面办公软件的重要组成部分，它是一个用来组织、计算和分析数据的通用电子表格软件。由于和 Windows 操作系统的良好结合，Excel 的普及面广，易于操作，更新快，现已更新至 2021 版，Excel 各版本都支持向下兼容。新版本功能相对更强大一些，但作为一般的数据处理使用者，使用功能的操作方法基本相同。下面以 Excel 2019 为例，简要介绍 Excel 在统计分析方面的应用。

1. 图表功能

在 Excel 中，系统有多种不同格式的图表可供选用，用户只要"插入"菜单做几个简单的按键动作，就可以制作精美的统计图表，如条形图、直方图、散点图、折线图等，如图 1.5 所示。

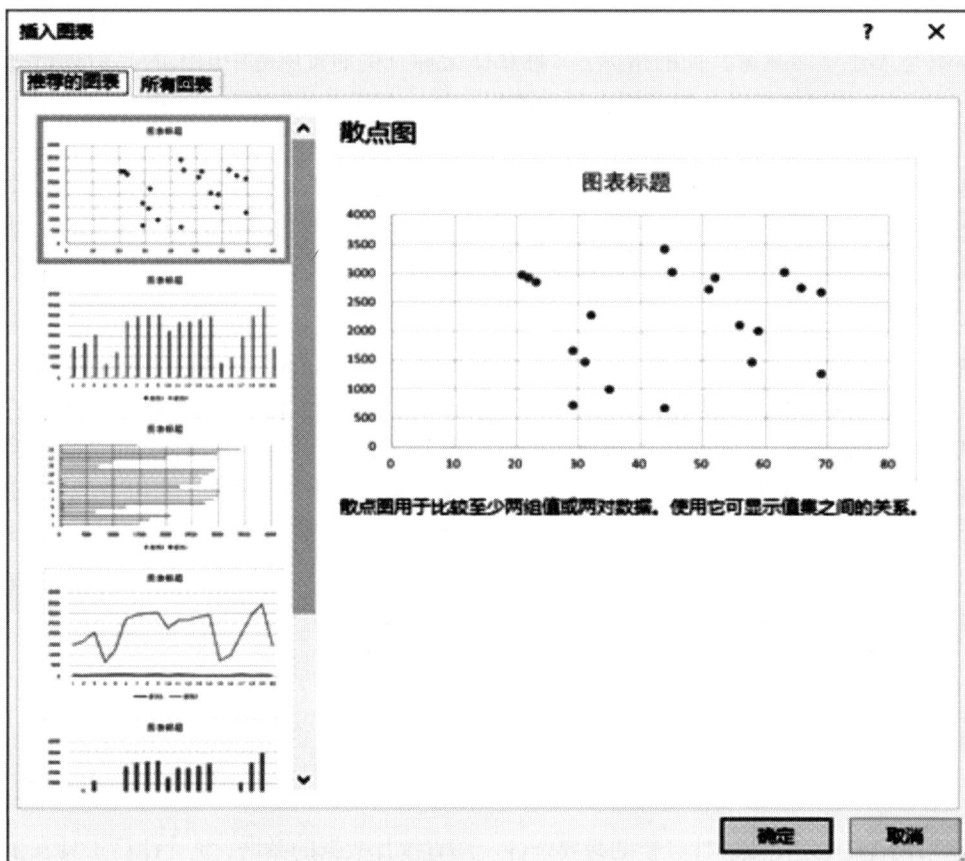

图 1.5　Excel 2019 的统计制图功能

2. 公式与函数

Excel 提供了 435 个内部函数进行数学、财务、统计等进行公式计算，不用另行安装就可以直接使用。对于没有现成分析工具的统计分析任务，可以用 Excel 的"公式"菜单下的"插入函数"来完成，如图 1.6 所示。

3. 分析工具库

Excel 专门提供了一组数据分析工具。如果在"数据"菜单下"分析"功能区存在"数据分析"，只需提供必要的数据和参数，该工具就会输出相应的结果。这一特性使 Excel 具备了专业统计分析软件的某些功能，如图 1.7 所示。

图 1.6　Excel 2019 的函数功能

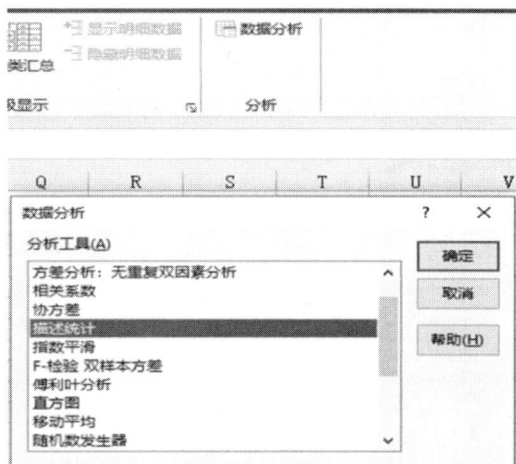

图 1.7　Excel 2019"数据分析"工具列表框

如果在"数据"菜单下"分析"功能区不存在"数据分析",就需要加载后才能调用。加载操作步骤如下:

第 1 步,单击"文件"菜单"选项"卡,如图 1.8 所示。

第 2 步,单击该菜单最左列中的"选项",即打开 Excel 选项对话框,如图 1.9 所示。

图 1.8　Excel 2019 选项调用

图 1.9　Excel 2019 选项对话框

第 3 步,单击"加载项"选项卡,并在"管理"下拉列表中选择"Excel 加载项",如图 1.10 所示。

第 4 步,单击该对话框下方的"转到"按钮,在出现的"可用加载宏"对话框中,如图 1.11 所示,选择"分析工具库"复选框,最后单击"确定"。

加载之后,"数据"菜单选项卡"分析"功能区上边就会出现"数据分析",如图 1.12 所示。

图 1.10　Excel 2019 加载项对话框　　　　图 1.11　Excel 2019"分析工具库"的加载

1.3.2　SPSS 基本操作简介

SPSS 是应用最广泛的专业统计软件之一，在全球拥有众多用户，分布于通信、医疗、银行、证券、保险、制造、商业、市场研究、科研教育等诸多领域。SPSS 的全称发生过几次变化，最早为 Statistical Package for Social Sciences(意为"社会科学统计软件包")，随着产品服务领域的扩大和服务深度的延展，更改为 Statistical Productand Service Solutions(意为"统计产品与服务解决方案")，IBM 收购后将软件命名为 IBM SPSS Statistices 并沿用至今。它和 SAS 并称为当今最权威的两大统计软件。SPSS 近年来保持 1～1.5 年升级一个大版本号的速度。随着版本的更新，其功能更加强大，主要是对数据的自动化准备、自动化分析等智能化及易用性方面进行了增强，同时提供 Python、R 的扩展模块，以便在保持易用的同时能为用户提供尽可能多的先进统计分析方法。本小节内容基于 SPSS25.0 版加以展示。

1. 启动 SPSS

SPSS 安装完毕，系统会自动安装快捷方式。点击"开始"→"程序"→"IBM SPSSStatistices 25"选项，或者双击显示在桌面上的 SPSS 图标，就会启动 SPSS 打开其数据编辑窗口。第一次使用时，会弹出欢迎对话框，左侧有两个选项卡，默认为"最新文件"卡，可切换为"样本文件"卡，可在其中选择所需操作的文件；右侧显示新增功能等信息。若不想每次打开都看到它，选中对话框左下角的"以后不再显示此对话框"并单击"关闭"按钮即可。

2. SPSS 的窗口

SPSS 是多窗口软件，运行时使用的窗口有 4 种：数据编辑窗口、结果输出窗口、语法窗口和脚本窗口。其中数据编辑窗口和结果输出窗口最常用，一般情况下启动 SPSS 后会自动打开这两个窗口，数据编辑窗口为当前活动窗口。

（1）数据编辑窗口

数据编辑窗口也称为数据编辑器，如图 1.12 所示。类似于 Excel 窗口，处理数据的主要工作在此窗口进行。该窗口由标题栏、菜单栏、工具栏、内容区、窗口切换标签和状态栏等组成。

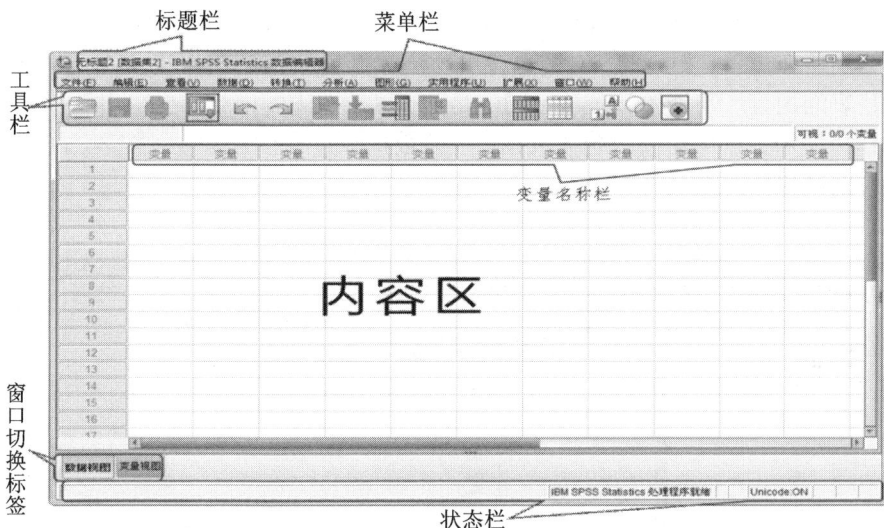

图 1.12　数据编辑窗口

——标题栏。显示数据编辑的数据文件名。

——菜单栏。默认有"文件""编辑""查看""数据""转换""分析""图形"等 11 个选项。点击菜单选项弹出下拉式子菜单，可根据自己的需求再点击子菜单的选项，完成特定的功能。在"查看"菜单中有一个菜单编辑器命令，通过该编辑器，可以增加或删除 SPSS 操作窗口中的菜单及其子菜单选项。

——工具栏。使用工具栏图标可以非常便利地操作 SPSS。将鼠标指向对应的图标，可以看到该工具按钮的解释。如果按钮颜色是灰的，则该工具没有激活，可通过"查看"菜单中的相应命令自行定义工具栏图标。

与 Excel 不同，SPSS 左下角的窗口切换标签包括用于显示具体数据的数据视图和用于专门显示变量信息的变量视图两个视图。打开 SPSS 看到的是数据视图窗口，它在形式和功能上类似于 Excel，但有区别：内容区一列代表一个数据特征即对应一个变量；一行代表一个个体，或一个观测单位，在 SPSS 中称为"个案"；每个单元包括一个观测单位的单个变量值，即单元是观测单位和某变量的交叉。数据文件的范围由观测单位和变量的数目决定，可以在任一单元中输入数据。如果在定义好的数据文件边界以外键入数据，SPSS 会将数据区域延伸到包括那个单元和文件边界之间的任何行和列，对数据进行定义之后就在这个窗口录入需用于 SPSS 分析的数据。变量视图是定义变量并设置变量参数的窗口，包括变量名称、类型、格式等 11 项。

（2）结果输出窗口

结果输出窗口，也称为结果查看器，该窗口展示分析得到的结果。可以将此窗口中的内容以默认结果文件.spv 的形式保存。但启动时为非活动窗口，当完成一项处理后，才在该窗口显示处理过程提示及结果。如图 1.13 所示是一个空白的结果输出窗口，其排列方式与Windows 资源管理器类似，鼠标在窗口中的操作也类似于资源管理器。除了上部的菜单栏、工具栏，该窗口分成左右两个部分，左边是索引输出区，即目录区，每个元素除了文字还有对应的小图标表示，用于显示已有的分析结果标题和内容索引；右边为详细结果输出区，即内容区，内容与目录一一对应，是各种分析的具体结果(统计表、统计图和文本)。选中一侧的某元素，在另一侧该元素也会被选中。如左侧某图标旁有一个红色的箭头，表明该内容为结果窗口当前所在位置，相应的，右侧也会出现一个红色箭头指向对应文本或图表，表明左侧图标所代表的内容。与资源管理器不同的是，可以对右边的详细结果输出区中的图表进行编辑等操作。使用数据编辑窗口建立数据，一旦数据经过分析并建立了图表，该结果窗口就会显示相应的结果分析图表。

图 1. 13　结果输出窗口

索引输出区常见的图标：

大纲图标，代表一段或整个输出结果，含下级元素，单击左侧的减号就可以将下级元素折叠，折叠后减号变为加号，图标则变为。

运行记录图标，代表系统操作产生的一段运行记录。

警告图标，代表输出结果中的系统警告。

注解图标，代表系统自动产生的注解，默认情况下注解内容在输出结果中是隐藏的。

标题图标，代表输出标题。

表格图标，代表输出结果中的统计表(字面意思为数据透视表)。

统计图图标，代表统计图。

文本图标，代表文本输出结果。

语法窗口和脚本窗口要通过"文件"→"新建"或"打开"命令，选择相应的窗口名称打开。语法窗口也称语法编辑器。SPSS 最大的优势在于其简单易用性，即菜单—对话框式的操作，但同时还提供了语法方式或程序方式进行分析。该方法既是对菜单功能的补充，也可以使烦琐的工作得到简化，尤其适用于高级分析人员。SPSS 脚本是用 Python 等语言编写的程序，应用脚本可以像 SPSS 宏一样构建和运行 SPSS 命令，而且可以在命令中利用当前数据文件的变量信息对结果进行编辑或者构建一些自定义对话框，一般无须学习。

3. SPSS 对话框操作基本规范

为利于后续章节的应用操作分析，在此对 SPSS 对话框都遵循的统一的操作规范进行介绍。

（1）对话框元素构成

以频率对话框为例，单击菜单"分析"→"描述统计"→"频率"命令，打开如图 1.14（a）所示的对话框界面。

(a) 主对话框　　　　　　　　(b) 子对话框

图 1.14　"频率"主对话框和子对话框

①"变量"列表框：图中共有两个，左边为候选变量（包含当前数据文件中的可分析变量或指定变量集）列表，每个变量都按"测量尺度+变量名标签+[变量名]"这一结构显示；右边为需分析变量列表，按需要从左边列表选入。

②变量移动按钮：即图中的 图标按键，用于将单个或多个变量一次性在候选变量和分析变量列表中移动（双向，将候选变量移到分析变量列表或反之）。选中变量后，该按钮会变黑，表示可用，同时箭头方向会指向可移动的方向。

③标准按钮组：位于主对话框的下部，几乎在所有的 SPSS 主对话框中都能见到，由 5 个按钮组成，其中"粘贴"指的是将当前的对话框设定转换为 SPSS 程序。

④其他按钮及选项：根据具体功能，不同的对话框还会出现一些特殊的按钮，单击后一般会弹出子对话框，对相应的操作做进一步的设定。图 1.14（a）中最右侧有几个按钮，可分别对本次分析中的某些细节做进一步的设定；如图 1.14（b）所示为单击"统计"按钮弹出的有关统计量设定的子对话框。

⑤子对话框：由于统计功能的选项较多，许多对话框会将同一类功能放在一起，做成一个子对话框，在上一级对话框中用一个按钮来调用，如同图 1.14（b）所示的统计子对话框一样。子对话框中常见的元素有单选按钮、复选框、下拉列表框、文本框等，对话框元素往往按其功能分成若干组，每个组都执行某一方面的操作，如图 1.14（b）中有 4 个框组：百分位值、集中趋势、离散和分布。由此使用者得以清楚这些框组中元素的功能。

（2）对话框基本操作规律

①按钮颜色：按钮为灰色时，表示当前对话框设定不满足适用条件，满足适用条件后相

应按钮会变黑可用。

②变量的选中：单击列表中的变量名即可选中某个变量，按下"Shift"键可以选中连续多个变量，而按下"Ctrl"键可以选中不连续的多个变量。如果变量列表较长，除使用滚动条拖动列表至相应位置外，还可以选单击该列表，然后直接用键盘输入希望查找的变量的变量名或标签首字母(或汉字)。不过最方便的是通过拖放改变对话框的大小，只需将鼠标移到对话框边界，在鼠标变为双向箭头后按住左键拖动即可，这样就可以显示更多的变量及其结构。

③变量的移动：变量移动功能按钮也可以直接用鼠标左键操作替代，对于选中的单一变量可双击鼠标左键；对于选中的多个变量可按住鼠标左键进行拖放操作。

④更改变量的显示与排序方式：在候选变量列表框中右击鼠标，可更改变量显示方式(变量名或标签)、排序方式(字母顺序、文件顺序或测量尺度)，或者显示变量信息，在其余的变量列表框中，则只能显示变量信息。

⑤更改变量测量尺度：对于图表构建器等对变量测量尺度有严格要求的对话框，在候选变量列表中选中相应变量并右击鼠标，即可直接更改其测量尺度，不过此结果是临时性的，当前对话框关闭后就失效。

4. 分析结果的保存和导出

(1)直接保存

SPSS 的分析结果可以保存为其自身的格式，即". spv"格式，保存时选择结果窗口中的"文件"→"保存"菜单项即可。此结果文件只能在 SPSS 系统中打开。

(2)导出

导出功能可以将结果文件另存为几种常用的格式，如 Word 格式、Excel 格式、Text 格式和 HTML 格式等。具体操作是在结果窗口选择"文件"→"导出"菜单项，或者在工具栏上直接单击 按钮，弹出如图 1.15 所示的对话框。

该对话框包括 3 个框组。一是"要导出的对象"框组，用于选择希望导出的内容。一般需更改为"所有可视对象"以简化导出内容，因为默认设置会将结果输出中默认隐藏运行记录等项目全部导出。二是"文档"框组，左侧的"类型"下拉列表框用于选择导出格式；右侧的"选项"列表框列出所选格式的具体设定，可单击下方的"更改选项"按钮进行修改；框组下部的"文件名"文本框可输入具体希望保存的文件路径及名称。三是"图形"框组，该下拉列表在指定只导出图形时可用，用于进一步设定图形格式的细节。

(3)直接复制粘贴

结果窗口中的各种输出内容也可以直接通过"复制""粘贴"命令应用到其他软件中。这时，透视表会自动转换为 Word 或 Excel 中的表格，而图形则会被转换为图片。也可以单击鼠标右键通过"选择性复制"命令选择要复制的格式。

5. SPSS 的帮助系统

SPSS 提供了丰富且详尽的帮助功能，能随时随地为不同层次的使用者提供帮助信息，主要有两种方式：数据编辑窗口的"帮助"菜单、各种对话框中的"帮助"按钮。

(1)数据编辑窗口的"帮助"菜单

数据编辑窗口的"帮助"菜单属于菜单中的"主题"命令。在运行 SPSS 的任何时候，单击它会弹出帮助主题窗口，根据不同层级的使用需求，SPSS 从低到高提供了完整的帮助体系。在其中选择相关的命令，即可得到所需的各种帮助。

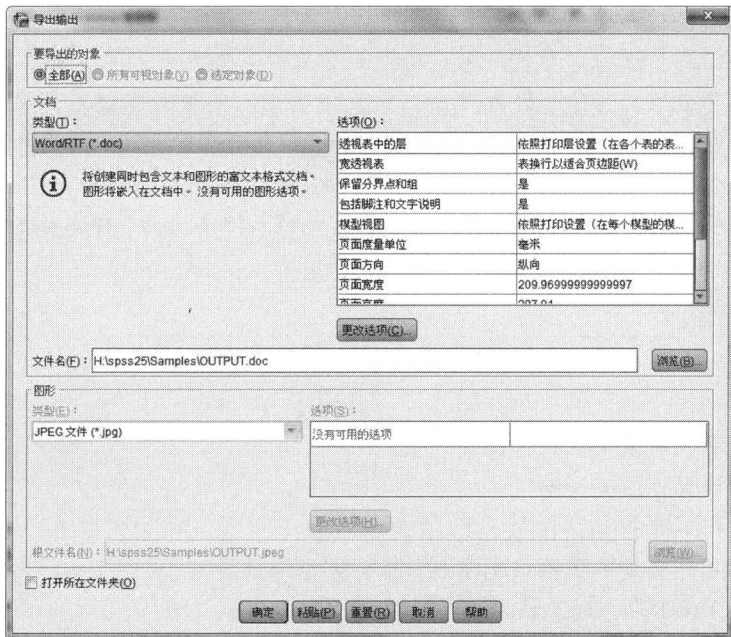

图 1.15　SPSS 结果导出对话框

（2）各种对话框中的"帮助"按钮

在具体操作过程中，当弹出某一对话框时，一般总有"帮助"按钮，点击它可得到这一对话框选项内容的详细帮助。这是最简单也是最有效的获取帮助的方式。

总之，SPSS 提供了"手把手"式的指导。

本章小结

1. 统计一般包括 3 层含义，即统计工作、统计资料与统计学。统计学是统计工作的经验总结和理论概括，是收集、整理、显示和分析统计数据的方法论科学。

2. 统计学产生于 17 世纪中叶，迄今为止有 300 多年的历史，期间形成了 4 个主要学派：以德国的康令和阿亨瓦尔为代表的国势学派，以英国威廉·配第和约翰·格朗特为代表的政治算术学派，以凯特勒为代表的数理统计学派和以克尼斯、梅尔与恩格尔为代表的社会统计学派。

3. 统计学是一门研究数据的科学，其研究对象是客观事物总体的数量方面。数量性与总体性是统计学区别于其他学科的基本特征。

4. 统计学的研究方法很多，主要有大量观察法、统计描述法、统计推断法与统计模型法。

5. 统计学是一门独立的方法论学科。从统计方法研究的重点来分，统计学可以分为理论统计学和应用统计学；从统计方法的功能来分，统计学可以分为描述统计学和推断统计学。

6. 总体是统计所要研究事物或现象的全体，构成总体的个别事物或现象叫个体。样本是指从统计总体中抽取部分个体所组成的整体。标志是说明个体的属性或数量特征的具体名称，有品质标志与数量标志、不变标志与可变标志之分。指标是反映现象总体数量特征的概念及其具体数值，具有数量性、综合性与具体性三特点，有数量指标与质量指标之分。变量是指给所要研究的事物起的名字,包括可变的标志和所有的统计指标,有定性变量与定量变量之分。数据是对变量进行计量的结果,也就是变量的具体表现,即变量值,有用文字表现的分类数据和顺序数据,也有用数值表示的数值型数据。参数是描述总体数量特征的指标,对于一个确定的总体,参数是唯一的、确定的,但通常是未知的,常见的参数有总体均值、总体比例、总体标准差;统计量是用来描述样本的数量特征的指标,从一个总体中可随机抽取若干样本,计算若干统计量,常用的统计量有样本均值、样本比例、样本标准差。

思考与练习题

一、思考题

1. 统计学的研究对象是什么?

2. 统计学的研究方法有哪些?

3. 简述统计总体与指标、个体与标志之间的关系以及彼此之间的联系。

4. 找一个自己感兴趣的现象,设计一个指标体系来描述它。

5. 如何应用 Excel 的分析工具库进行数据分析?

二、练习题

(一) 判断题

1. 离开了统计数据,统计学就失去了存在的意义。(   )

2. 推断统计是描述统计的基础。(   )

3. 某大学的全部学生可以构成一个总体。(   )

4. 参数不是唯一确定的量,有时是随机变量。(   )

5. 变量仅指总体中个体单位所具有的、存在差异的特征或特性。(   )

6. 品质标志不能用数量表示,数量标志可以用数量表示。(   )

7. 数量指标可以用数量表示,质量指标不能用数量表示。(   )

8. 因为运动员的号码可以用数字来表示,所以是数量标志。(   )

9. 数量指标是由数量标志值汇总来的,质量指标是由品质标志值汇总来的。(   )

10. 统计研究现象总体的量,是从个体开始研究的。(   )

(二) 单选题

1. 统计学的创始人是(   )。

A. 但丁　　　　　　　B. 梅尔　　　　　　　C. 威廉·配第　　　　D. 皮尔逊

2. 欲了解 200 名从业人员的劳动报酬收入情况,则总体单位是(   )。

A. 200 名从业人员　　　　　　　　B. 200 名从业人员的工资总额

C. 每名从业人员　　　　　　　　　D. 200 名从业人员的平均年龄

3. 用图形、表格和概括性数值对数据进行描述的方法属于(   )。

A. 理论统计学　　　B. 应用统计学　　　C. 描述统计学　　　D. 推断统计学

4. 现有某个企业全部职工的工资资料,若要了解该企业职工的工资水平情况,则统计总体是(   )。

A. 该企业的职工总数　　　　　　　B. 该企业职工的工资总额

C. 该企业的全部职工　　　　　　　D. 该企业的每个职工

5. 某班 3 名学生期末统计学考试成绩分别为 80 分、85 分和 92 分，这 3 个数字是（ ）。

    A. 指标   B. 标志   C. 变量   D. 标志值

6. 以一、二、三等品来衡量产品质地的优劣，那么该产品等级是（ ）。

    A. 品质标志   B. 数量标志   C. 质量指标   D. 数量指标

7. 在全年级学生中抽取 100 名学生进行调查，以了解全年级学生的学习情况，这个方法称为（ ）。

    A. 统计分组法   B. 统计描述法   C. 统计推断法   D. 统计模型法

8. 在出勤率、废品量、劳动生产率、商品流通费用额和人均粮食生产量 5 个指标中，属于数量指标的有几个（ ）。

    A. 1 个   B. 2 个   C. 3 个   D. 4 个

（三）多选题

1. 某零售商从一个集装箱的油漆罐中随机抽取 50 罐油漆进行检查，得到这 50 罐油漆的平均重量为 4.536 kg。以下表述正确的是（ ）。

    A. 该集装箱里的每一罐油漆是总体   B. 每罐油漆的重量是变量

    C. 被抽查的 50 罐油漆是样本   D. 油漆的平均重量 4.536 kg 是统计量

    E. 该集装箱里所有油漆的平均重量是参数

2. 从统计方法的功能来分，统计学大致可分为（ ）。

    A. 理论统计学   B. 应用统计学   C. 描述统计学

    D. 推断统计学   E. 统计学原理

3. 统计指标的特点有（ ）。

    A. 数量性   B. 大量性   C. 综合性

    D. 差异性   E. 具体性

4. 下列各项指标中，（ ）是连续型变量。

    A. 平均工资   B. 废品率   C. 企业工人数

    D. 劳动生产率   E. 产品产值

5. 第六次人口普查的人口性别比是（ ）。

    A. 标志   B. 指标   C. 定量变量

    D. 定性变量   E. 只能用数值表示

（四）综合题

一家研究机构从证券从业者中随机抽取 1000 人作为样本进行调查，其中 70% 回答他们的月收入在 6000 元以上，50% 的人回答他们的消费支出是用信用卡。试回答以下问题：

1. 这一研究的总体是什么？样本是什么？

2. 月收入是分类变量、顺序变量，还是数值型变量？

3. 消费支付方式是标志，还是指标？

4. 月收入在 6000 元以上的证券从业者在调查的证券从业者中所占比例为 60%。这是参数还是统计量？

第2章

统计数据的收集

1. 了解统计数据的不同来源。
2. 掌握普查与抽样调查的概念和特点。
3. 熟悉统计调查方案的内容。
4. 领会面谈调查、电话调查、自填式调查等数据收集方法的特点。
5. 掌握调查表与调查问卷设计的基本要求和构成要素。
6. 明确统计数据的误差种类和质量标准。
7. 了解 Excel 或 SPSS 在数据收集中的应用。

情景导入

2021 年全国"两会"关键词

2021 年全国"两会"分别是第十三届全国人民代表大会第四次会议和全国政协第十三届全国委员会第四次会议,分别于 2021 年 3 月 5 日和 3 月 4 日在北京开幕,2021 年 3 月 11 日和 3 月 10 日闭幕。财联社统计政府工作报告全文发现,今年出现频率最高的词为"发展"(137 次)、"建设"(72 次)、"经济"(62 次)、"企业"(52 次)、"创新"(43 次)、"改革"(43 次)、"就业"(34 次)、"科技"(25 次)。十大关键词解读如下。

1. 疫苗:有序推进疫苗研制和免费接种,提高科学精准防控能力和水平。
2. 养老:实施积极应对人口老龄化国家战略,推动实现适度生育水平,逐步延迟法定退休年龄;健全多层次社会保障体系,基本养老保险参保率提高到 95%。
3. 住房:解决好大城市住房突出问题,通过增加土地供应、安排专项资金、集中建设等办法,切实增加保障性租赁住房和共有产权住房供给,规范发展长租房市场,降低租赁住房税费负担,尽最大努力帮助新市民、青年人等缓解住房困难。
4. 消费:加快电商、快递进农村,扩大县乡消费;稳定增加汽车、家电等大宗消费,取消对二手车交易的不合理限制,增加停车场、充电桩、换电站等设施,加快建设动力电池回收利用体系;发展健康、文化、旅游、体育等服务消费。

5. 粮食：保障粮食安全的要害是种子和耕地，建设国家粮食安全产业带；稳定种粮农民补贴，适度提高稻谷、小麦最低收购价，扩大完全成本和收入保险试点范围；稳定粮食播种面积，提高单产和品质。

6. 注册制改革：稳步推进注册制改革，完善常态化退市机制，加强债券市场建设，更好地发挥多层次资本市场作用，拓展市场主体融资渠道。

7. 国防：全面加强练兵备战，统筹应对各方向各领域安全风险，提高捍卫国家主权、安全、发展利益的战略能力；优化国防科技工业布局，完善国防动员体系。各级政府要大力支持国防和军队建设，深入开展"双拥"活动，谱写鱼水情深的时代华章。

8. 碳中和：制定 2030 年前碳排放达峰行动方案；优化产业结构和能源结构；推动煤炭清洁高效利用，大力发展新能源，在确保安全的前提下积极有序发展核电；扩大环境保护、节能节水等企业所得税优惠目录范围，促进新型节能环保技术、装备和产品研发应用，培育壮大节能环保产业；加快建设全国用能权、碳排放权交易市场，完善能源消费双控制度；实施金融支持绿色低碳发展专项政策，设立碳减排支持工具。

9. 数字中国：加快数字化发展，打造数字经济新优势，协同推进数字产业化和产业数字化转型，加快数字社会建设步伐，提高数字政府建设水平，营造良好数字生态，建设数字中国。

10. 创新：完善国家创新体系，加快构建以国家实验室为引领的战略科技力量，打好关键核心技术攻坚战，制定实施基础研究十年行动方案，全社会研发经费投入年均增长 7% 以上、力争投入强度高于"十三五"时期实际。

通过全国"两会"关键词，我们可以大致了解国家当年的发展目标、工作重点和工作思路。那么，这些关键词(亦即统计数据)是怎么收集的呢？本章要介绍的就是常用的统计数据收集方法。统计数据是统计分析的基础和前提，准确、及时、有效地进行统计数据的收集是统计活动的起点，科学、规范的数据收集方法是统计学研究的重要内容之一。

2.1　统计数据的来源

从统计数据本身的来源看，最初都是来自直接的调查或实验。但从使用者的角度看，统计数据的主要来源有：一是直接通过调查或实验取得调查数据与实验数据，这是统计数据的直接来源；二是别人调查或实验的数据，这是统计数据的间接来源。

2.1.1　统计数据的间接来源

对于大多数使用者来说，如果能通过直接的调查或实验获得所需的一手数据是最好的，但在许多情况下，数据的使用者要亲自去做调查或实验往往不大可能，这时就需要通过其他渠道获得别人调查或实验的二手数据。二手数据就是已经进行加工和汇总公布的调查或实验数据，又称为间接来源的数据或间接数据。这种间接来源的二手数据包括系统外部数据和系统内部数据。

1. 系统外部数据

系统外部的数据包括从有关渠道获得的外部无偿和有偿数据。这些数据包括统计部门和政府部门定期发布的统计公报、定期出版的各类统计年鉴,如《世界经济年鉴》《国际统计年鉴》《中国统计年鉴》《中国统计摘要》和各种专业统计年鉴,以及各省、市、县的统计年鉴等;各类专业期刊、报纸、书籍所提供的文献资料,如《中国经济景气月报》(国家统计局中国景气监测中心主办)、《中国经济数据分析》(国家信息中心经济预测部主办)、《经济预测分析》(国家信息中心主办);各类经济信息中心、信息咨询机构、专业调查机构、各行业协会和社会团体通过专业期刊和数据库提供的市场信息、行业发展等数据情报;各种会议,如博览会、展销会、交易会及专业性、学术性研讨会上交流的有关资料以及从互联网、电视或图书馆、微信公众号获得的相关资料等。目前可获取反映中国经济社会状况的统计数据的网站主要有以下4个:中国统计信息网(www.stats.gov.cn,国家统计局主办)、国研网(www.drcnet.com.cn,国务院发展研究中心信息中心主办)、中国经济信息网(www.cei.gov.cn,国家发改委等主办)、中国经济新闻网(www.cet.com.cn,中国经济时报主办)。

2. 系统内部数据

系统内部的数据是指在组织内部获得的比较重要的数据资料。如果就经济活动而言,主要包括与业务经营活动有关的各种单据、记录,经营活动过程中的各种统计报表,各种财务、会计核算和分析资料。系统内部数据一般是未公开发表的内部资料,应注意保密及合理使用等问题。

相对而言,二手数据的收集比较容易,采集数据的成本较低,并且收集的时间较短,能很快得到数据。二手数据的作用也非常广泛,如在科学研究中除了分析所要研究的问题,还可以提供研究问题的背景,帮助研究者更好地定义问题,检验和回答某些疑问和假设,寻找研究问题的思路和途径。因此,我们在研究和分析问题的时候,应优先考虑二手数据的收集和分析。

但是,二手数据也有很大的局限性,研究者在使用二手数据时要保持谨慎的态度。因为二手数据是以前就有的,并不一定适合你现在的研究课题,如数据的相关性够不够,统计口径是否一致,数据是否准确、是否过时等。因此,在使用二手数据前,应该对二手数据进行评估。

3. 二手数据的评估

(1)二手数据的权威性

对二手数据的权威性评估可以从以下几方面来考虑:①数据是谁收集的?数据收集者的实力和社会信誉度如何?如全国性宏观数据与某个专业性的调查机构相比,政府有关部门公布的数据可信度更高。②为什么目的而收集的?如为某个集团的利益而收集的数据就是值得怀疑的。③数据是怎样收集的?收集数据可以有多种方法,不同方法所采集到的数据,其解释力和说服力都是不同的,如果不了解收集数据所采用的方法,就很难对数据的质量做出客观的评价。

(2)二手数据的时效性

对二手数据的时效性评估主要考察二手数据是什么时候收集的,反映什么时候的现象。过时的数据,其说服力自然受到质疑。

（3）二手数据的准确性

对二手数据的准确性评估主要考察二手数据的含义、口径、计算方法是否具有可比性，避免误用和滥用。

此外，在引用二手数据时，应注明数据的来源，以尊重他人的劳动成果。

2.1.2　统计数据的直接来源

统计数据的直接来源渠道主要有两个：一是专门组织的统计调查，二是科学实验。统计调查是取得社会经济数据的主要渠道，科学实验是取得自然科学数据的主要渠道。我们把通过调查或实验的方法直接获得的原始数据称为直接来源的数据，也称为一手数据或直接数据。一手数据按来源渠道可以分为调查数据和实验数据。

1.调查数据

统计调查数据是指通过统计调查方法获得的原始数据。针对社会经济现象收集的数据主要是调查数据，如就顾客满意度、员工满意度、电视收视率、家庭收支情况、居民闲暇时间利用等展开调查所获取的数据就是调查数据。调查数据又称为观测数据，是在自然的、未被控制的条件下观测得到的数据。调查数据是本书的研究重点，如何准确、及时、全面地收集调查数据的统计调查则成为本书的重点内容。

2.实验数据

实验数据是指通过科学实验方法得到的数据。在自然科学和工程研究领域，通常是通过实验的方法获得研究的统计数据。例如，化学家通过实验了解不同化学元素结合后产生的变化，农学家通过实验了解水分、温度对农作物产量的影响，医学家通过实验验证新药的疗效。科学实验作为收集数据的一种科学方法也被广泛运用到社会科学中，如心理学、教育学研究中大量使用实验方法获取所需要的数据，社会学、经济学、管理学中也有许多使用实验方法获得研究数据的案例。

2.2　统计调查

2.2.1　统计调查的意义和分类

1.统计调查的意义

统计调查是收集原始数据的主要形式，是根据调查的任务和要求，采取科学的调查方法，有目的、有计划、有组织地收集统计数据的统计工作过程。

统计调查是统计工作的开始阶段，是统计整理和统计分析的前提，是决定整个统计工作质量好坏的重要环节。统计调查在整个统计工作中担负着提供基础资料的任务，是一切统计数据的来源。统计调查工作的质量，会直接影响整个统计工作成果的质量。所以，统计调查是统计工作的起点和基础环节，在统计工作中占有特别重要的地位。

2.统计调查的分类

统计调查对象千差万别，统计研究任务多种多样，因此，在组织统计调查时，应根据不同的调查对象和调查目的，灵活采用不同的调查方法。根据不同的情况，统计调查可分为不同的种类。

(1)按统计调查组织形式的不同，分为统计报表和专门调查

统计报表是按照一定的表式和要求，自上而下地统一布置、自下而上地逐级汇总上报的调查组织方式。我国建立了统计报表制度，所有企业、事业单位都有责任按照规定的表式、项目、日期和程序，向上级领导机关提交报表。在这些报表中就包括了国家的政治、经济、文化生活各个方面的基本指标。统计工作通过对报表中反映的这些指标进行观察和分析，为各级领导制定各项方针、政策提供依据，为领导日常工作提供资料或建议。

专门调查是针对调查对象的特点，为了完成某一特定任务而专门组织的调查。这种调查多属一次性调查，如为了解全国人口状况而进行的人口调查、为掌握粮食和其他农作物产量而进行的农业产量调查、物资库存调查、工业设备调查等，都是大型的专门组织的调查。也可只依靠本部门的力量，做一些小型的专门调查，如新产品开发前的市场调查、某方面的民意调查、居民储蓄动机调查等。进行专门调查可以有多种形式，如普查、抽样调查、重点调查等。

统计报表、普查、抽样调查以及重点调查的详细内容将在统计调查的主要组织形式中介绍。

(2)按调查对象包括范围的不同，分为全面调查和非全面调查

全面调查就是对调查对象范围内的全部单位无一例外都进行登记或观察而进行的调查。例如，要了解全国人口的数量与质量，就要对全国所有人口都进行调查登记。全面调查只适用于有限总体，调查内容限于反映国情国力的重要统计指标。普查、统计报表都属于全面调查。利用这种调查方法能掌握所有调查单位的全面情况，但它需要耗费较多的人力、物力、财力。比如我国 2020 年进行的第七次人口普查，有 700 多万名普查人员参加，从 2019 年 1 月开始准备，2020 年 11 月 1 日正式入户收集数据，到 12 月 10 日结束数据采集，历时约 2 年，花费 18000 多万元。

非全面调查是对调查对象中的一部分单位进行登记或观察，包括典型调查、重点调查、抽样调查等。例如，为了了解民营企业经济效益状况以及经营管理的新情况、新问题，不必对民营企业一一调查，只需选择部分企业调查就可以了。又如对产品进行具有破坏性的质量检验，只要从中抽取一部分产品进行检验就可达到调查目的。非全面调查所涉及的调查单位少，可以用较少的人力、物力、财力和时间，调查较多的内容，收集到较深入、细致的统计数据。

(3)按调查登记的时间是否连续，分为经常性调查和一次性调查

经常性调查是指在一定时间内对客观事物的发展变化情况进行连续不断的登记，调查周期在 1 年以内。其目的是取得某种事物在一定时间的发展变化过程中所积累的总量，如工业品产量、原材料、燃料和动力的消耗量，商品销售量等。凡属反映一定时期事物发展过程总量的时期指标，其资料都需要通过经常性调查来取得。

一次性调查是指对某事物在某一时点的状况进行一次性登记，或调查间隔超过一年的周期性调查。其目的是反映事物在某一时点(时间或瞬间)存在的状况，如人口数、学校数、企业数、员工人数、商品库存量、固定资产总值、设备数量等。凡属时点指标都可通过一次性调查取得资料。一次性调查并非对某种事物登记一次以后就不再登记了，而是可以间隔一段

时间再登记一次，即间断性调查。间隔时间的期限，要求在 1 年以上，1 年、5 年、10 年均可。例如，尽管人口变动频繁，但不可能每天每月都搞人口普查，只能隔若干年（我国规定为 10 年）进行一次。

上述各种分类并不是相互排斥的，而是从不同的角度对调查进行的不同分类，它们是互相联系、互相交叉的。例如，普查是一种专门组织的调查，又是一次性调查和全面调查。各种分类互相交叉，统计调查方式就更加显得多种多样了。统计人员只有熟悉各种统计调查方式，才能在实际应用时，根据调查对象的特点和调查任务的要求，结合具体情况加以选择。

2.2.2 统计调查方案的设计

统计调查是一项复杂、细致、科学性很强的工作。为了使这项工作有计划、有步骤、有组织地顺利进行，取得预期的效果，在组织调查之前，必须设计一个周密的调查方案，明确为什么要调查，由何人主持调查及向谁调查，何时开始调查，调查什么内容，如何进行调查，即我们通常所说的"4W1H"（why、who、what、when、how），以便使整个调查工作统一认识、统一内容、统一方法、统一步调。

统计调查方案是一个统计调查工作计划。它没有统一的格式，其内容繁简程度不一。但一个完整的统计调查方案应包括调查目的、调查对象和调查单位、调查项目和调查表、调查时间、调查组织实施计划等主要内容。

1. 调查任务和目的

调查任务和目的是统计调查的依据。如果任务不清，目的不明，就无法确定调查什么，以及用什么方法进行调查。调查任务和目的是根据一定时期内对某·具体统计调查对象进行调查的具体要求和实际需求决定的。调查目的一旦确定，被调查者、调查内容和调查方法才可能正确确定。

2. 调查对象、调查单位和填报单位

确定调查对象和调查单位，是为了解决向谁调查、由谁来具体提供资料的问题。调查对象即调查研究的总体，它由许多性质相同的总体单位所组成。调查单位是被调查登记取得资料的单位，是调查项目的承担者。调查对象和调查单位的确定取决于调查任务和目的。比如我们的调查目的是要了解我国工业企业下岗职工的生活状况，则调查对象就是国内所有工业企业的下岗职工；被调查登记是否再就业、收入来源、收入多少等标志的下岗职工就是调查单位。在全面调查的前提下，调查单位是总体单位，但在非全面调查的情况下，调查单位就只是调查对象中的部分总体单位。

在统计调查阶段，除了确定调查对象和调查单位，还要规定填报单位。填报单位又称报告单位，是负责报告调查内容、提交原始数据的单位。调查单位与填报单位有时是一致的，有时是不一致的。当调查单位自己负责向上报告数据时，它同时也是填报单位；当调查单位的数据资料由它的上级组织收集、整理并向上报告时，调查单位与填报（报告）单位则不一致。

3. 拟定调查项目，设计调查表或调查问卷

调查项目就是向调查单位调查登记的标志。调查项目直接关系到调查数据的数量和质量。调查项目的繁简，应该根据调查目的和对象的特点，贯彻"少而精"的原则，妥善处理。一般说来，调查项目的确定应注意以下几点：

①只列入为达到调查目的和满足调查任务所必需的项目，即只登记与问题本质有关的标志，不应包括可有可无、备而不用的标志，以免内容庞杂，造成不必要的浪费，影响调查工作的质量；

②要从实际出发，只提出能够取得确切资料的项目；

③列入的项目之间要尽可能相互联系，以便有关项目相互核对和检查错误，同时，还应考虑调查项目同以往同类调查的项目之间的衔接，以便进行动态对比；

④列入项目的含义要明确具体，即有统一的解释或提示，以免调查人员或被调查者按照各自的理解填写，造成答案不一致，结果无法汇总。

调查表就是将要调查的项目按一定顺序排列而形成的表格。为了保证调查数据的准确性，一般应在调查表的下方列出必要的填表说明，包括对调查表中各项目的解释、有关数据的计算方法、填表时应注意的问题等。调查问卷是一种特殊的调查表，是以书面形式或电子文件系统地记载调查内容，了解调查单位的反应和看法，以此获取资料和信息的一种工具。相关内容在统计调查工具设计中做详细介绍。

4. 调查时间

调查时间有两种含义。一是调查数据所属的时间。如果所要调查的是时期现象，就要明确规定收集从什么时间开始到什么时间结束的数据；如果所要调查的是时点现象，就要明确规定统一的标准时点。如我国第七次全国人口普查的标准时点是 2020 年 11 月 1 日零时。二是调查工作的期限，指的是调查工作从开始到结束的时间。如 2020 年第七次人口普查规定 2020 年 11 月 1 日至 12 月 10 日进行入户登记并复查完毕，则调查期限为 11 月 1 日至 12 月 10 日共 40 天。

5. 制定调查工作的组织实施计划

为了保证统计调查工作的顺利进行，调查方案中还必须包括周密的组织实施计划。调查组织实施计划是有关调查工作的具体安排，包括建立调查工作的领导机构和办事机构，组织与培训调查人员，确定调查步骤，明确调查方式、方法及调查地点，落实调查经费的来源与经费使用计划，确定调查资料的报送方法和公布调查结果的时间，等等。

随着统计工作的现代化，调查方案的要求也日趋周密，并且要运用系统工程原理和运筹学的方法实现各个环节的质量控制，层层把关，以保证调查工作顺利进行。

2.2.3 统计调查的主要组织形式

随着社会主义市场经济体制的建立和发展，面对多种经济成分、多种经济类型、多种经营方式等复杂多样的调查对象，在经济结构复杂化和利益主体多元化的格局下，我国统计调查必须建立以周期性普查为基础，以经常性的抽样调查为主体，以必要的统计报表、重点调查和综合分析为补充的收集基本统计数据的统计调查方法体系。

1. 普查

（1）普查的意义

普查是为某一特定目的而专门组织的一次性全面调查，如人口普查、经济普查等。普查是适合特定目的、特定对象的一种调查方式，主要用于收集处于某一时点状态的社会经济现象的基本全貌，为国家制定有关政策提供依据。在我国的统计调查方法体系中之所以要以普查为基础，是因为人口、工业、农业、第三产业、基本单位等重要国情国力的统计资料需要通过普查取得；同时开展抽样调查也需要以普查数据为基础资料，以便科学地确立研究总体所有个体的名单，即抽样框。21 世纪以来，我国在社会经济领域进行过多次普查，如人口普查、经济普查、工业普查、农业普查和基本单位普查。每次普查都要组织动员几百万经过专门培训的调查员，深入被调查单位直接进行采访登记或指导被调查单位的统计人员按普查表的要求详细填报。

（2）普查的特点

①普查的全面性。普查是专门组织的、大规模的全面调查，要求对研究总体中所有个体都进行调查登记，直接获得总体参数的具体数值。普查取得的统计数据一般比通过经常性全面统计报表取得的数据更为全面、系统、准确。

②普查的一次性或周期性。普查需要耗费大量的人力、物力和时间，不可能经常地进行，只能按照需要一次性或周期性地开展。周期性普查是我国政府统计调查工作的基础，可以对统计数据进行动态分析，观察现象发展变化的情况及其规律。我国统计制度规定，每逢年份的末尾数字为"0"的年份进行全国人口普查，每逢年份的末尾数字为"6"的年份进行全国农业普查，每逢年份的末尾数字为"3"和"8"的年份进行全国经济普查，每逢年份的末尾数字为"1"和"6"的年份进行全国基本单位普查。

③普查的标准时间性。普查是一次性全面调查，主要用来调查属于某一时点的社会经济现象的总量。为了避免登记调查数据时出现重复和遗漏，保证普查数据的准确性，普查前必须规定统一的标准时间。标准时间一般定为调查单位比较集中、相对变动较小的时间。例如，我国 2020 年第七次全国人口普查统一规定的标准时间为 11 月 1 日零时。在普查过程中，如果普查时间拖延太久，不仅会影响数据汇总分析，而且调查所得的时点数据还容易发生差错。因此，普查应在全国范围内统一行动，力求在最短期限内完成。

④普查的规范性。普查涉及面广，内容相对较多，要求其规范化程度较高。此外，普查的使用范围比较小，只能调查一些最基本及特定的现象。

（3）普查的组织方式

普查的组织方式主要有两种：一种是通过专门的组织机构，配备一定数量的普查人员，对调查单位直接进行登记；另一种是利用调查单位的原始记录和核算资料，规定具体的调查表格，由调查单位核实填报。但是，即使是后一种方式，也需组织一定的普查机构、配备一定的专门人员，对整个普查工作进行组织领导。

有时为了满足国家的迫切需要，要进行一种特殊普查，这就是快速普查。快速普查比一般普查的调查项目要少，调查范围要小，而且从布置任务到报送资料，要越过中间环节，由普查机构的最高层直接把任务布置到基层，由基层单位直接把资料报送到普查的最高组织机构，这样突出了一个"快"字，而且要保证资料准确。

2. 抽样调查

抽样调查是按随机原则，从总体中抽选部分单位进行观察，并根据部分单位(样本)的调查数据，从数量方面推断总体参数的一种非全面调查。例如，某公司从国外进口一批电视机，现要检查其产品质量，若逐台进行全面检验，既浪费人力和时间，又因被检产品往往带有破坏性造成不必要的损失。这时可随机从这批产品中抽取 1% 进行逐台检验，如检验结果为：电视机的不合格品率为 2%，则可根据这一质量指标对全部电视机的质量做出估计和判断。显然，抽样调查的目的是取得反映全面情况的统计数据。因此，在一定意义上说，它可以起到全面调查的作用。与普查相比，抽样调查具有以下特点：

①抽样调查是一种非全面调查，经济性强。抽样调查仅对总体中部分被随机抽中的个体进行调查登记，工作量少，可以显著地提高调查的时效性，减少调查的人力、物力、财力投入，降低调查费用。因此，抽样调查是一种经济性强的调查方法。

②抽样调查中必定产生抽样误差，但可以事先估计和控制。基于抽样调查的随机原则，运用样本信息估计总体参数时所产生的抽样误差可以事先估计出来，并且通过确定恰当的必要样本容量来对抽样误差加以有效控制。

③抽样调查是一种准确性高的调查。基于抽样调查的随机原则，可以事先估计和控制抽样误差；同时，抽样调查仅对总体中被随机抽中的个体进行调查，调查工作量大幅减少，可以指派具备丰富经验的专业人员，在相对充裕的调查时间里，高质量地进行数据采集和数据处理，有效地降低调查的登记性误差。

④抽样调查是一种具有广泛适用性的调查。因抽样调查的项目多少、调查范围大小可以根据需要而定，因此组织抽样调查方便灵活，应用十分广泛。抽样调查可用于产品的破坏性检验场合、较大规模总体或无限总体的调查和推断、全面调查数据的检查和补充、企业全面质量的控制等。

在国际上，抽样调查已成为世界各国普遍采用的方法。20 世纪 80 年代初至 90 年代初，国家统计局在全国各省(自治区、直辖市)相继组建成立了农村社会经济调查队、城市社会经济调查队、企业调查队。21 世纪初，三队合一，在全国各省(自治区、直辖市)组建成立了由国家统计局垂直管理的调查总队(下设市、县调查队)，形成了一个自上而下的全国抽样调查网络体系。目前，在我国的工业、商品贸易业、建筑业、交通运输业、邮电通信业等统计调查中，都已积极推广应用抽样调查方法。抽样调查在我国统计调查方法体系中的主体地位基本确立。有关抽样调查的方式方法和理论将在抽样与抽样分布、参数估计与假设检验中详细介绍。

3. 重点调查

重点调查是一种非全面调查，它是在全部单位中选择一部分重点单位进行调查，以取得统计数据的一种非全面调查方法。其目的是了解总体的基本情况。这些重点单位在全部单位中虽然只是一部分，但它们在所研究现象的总量中却占有较大的比重，因而对它们进行调查就能够反映全部现象的基本情况。因此，当调查任务只要求对总体的基本情况进行了解，而部分重点单位又能集中反映所研究的问题时，便可采用重点调查的方式。例如，要了解全国钢铁生产的增长情况，只要对全国为数不多的大型钢铁企业(如宝钢、首钢、鞍钢)的生产情况进行调查，就可以掌握我国钢铁生产的基本情况了。

重点调查的关键在于确定重点单位。根据调查目的、任务的不同，重点单位可以是一些企业、行业、部门、城市或地区等。重点调查的重点单位，通常是指在调查总体中具有举足轻重的地位，能够代表总体的情况、特征和主要发展变化趋势的那些个体单位。这些单位可能数目不多，但有代表性，能够反映调查对象总体的基本情况。选取重点单位应遵循两个原则。一是要根据调查任务的要求和调查对象的基本情况确定选取的重点单位及数量。一般来讲，要求重点单位应尽可能少，而其标志值在总体中所占的比重应尽可能大，以保证有足够的代表性。二是要注意选取那些管理比较健全、业务能力较强、统计工作基础较好的单位作为重点单位。此外，重点调查既可以组织一次性的专门调查，也可以通过向重点单位发放定期统计报表来进行。重点调查具有以下特点。

①重点调查所投入的人力、物力少，调查速度较快。因为重点单位的数量较少，统计工作基础较好，所以可以只花费较少的人力、物力，较快地获得所需的统计信息资料。

②重点调查所反映的主要情况或基本趋势比较准确。重点单位的标志值在总体中所占的比例较大，因而对这部分重点单位进行调查所取得的统计数据能够反映社会经济现象发展变化的基本趋势。

③重点调查不能用来推断总体。和抽样调查不同的是，重点调查取得的数据只能反映总体的基本发展趋势，不能用以推断总体，因而是一种补充性的调查方法。

4. 统计报表

统计报表是按国家统一规定的表式、统一的指标项目、统一的报送时间，自下而上逐级定期提供基本统计资料的调查方式方法。我国建立了统计报表制度，所有企业、事业、机关单位应当按照规定的表式、项目、日期和程序，向上级领导机关提交报表。统计报表包括国家政治、经济、文化生活等各方面的指标，统计工作通过对报表反映的这些指标进行观察和分析，为国家战略制定和宏观决策提供依据。

（1）统计报表的种类

①按调查范围不同，统计报表可分为全面统计报表和非全面统计报表。全面统计报表要求调查对象中的每一个单位都要填报。非全面统计报表只要求调查对象的一部分单位填报。

②按填报单位不同，统计报表可分为基层统计报表和综合统计报表。基层统计报表是由基层企业、事业单位填报的报表。综合统计报表是由主管部门根据基层报表逐级汇总填报的报表，主要用于反映一个地区、一个部门或全国的基本情况。

③按报送周期长短不同，统计报表可分为日报、周报、旬报、月报、季报、半年报和年报。周期短的，要求资料上报迅速，填报的项目比较少；周期长的，内容要求全面一些；年报具有年末总结的性质，反映当年党和国家的方针、政策、计划贯彻执行情况，指标要求更全面、内容要求更详尽。日报和旬报称为进度报表，主要用来反映生产、工作的进展情况。月报、季报和半年报主要用来掌握国民经济发展的基本情况，检查各月、季、半年的生产工作情况。年报是每年上报一次，主要用来全面总结全年经济活动的成果，检查年度国民经济计划的执行情况。

④按报表内容和实施范围不同，分为国家统计报表、部门统计报表和地方统计报表。国家统计报表即国民经济基本统计报表，由国家统计部门统一制发，用以收集全国性的经济和社会基本情况，包括农业、工业、基建、物资、商业、外贸、劳动工资、财政等方面最基本的统计资料。部门统计报表是为了适应各部门业务管理需要而制定的专业技术报表。地方统计报表是针对地区特点而补充制定的地区性统计报表，是为本地区的计划和管理服务的。

（2）统计报表的特点

①统一性。统一性是统计报表的基本特点，具体表现为统计报表的内容和报送的时间是由国家强制规定的，以保证调查资料的统一性；统计报表的指标含义、计算方法、口径是全国统一的。经过批准或备案的合法统计调查报表的右上角需标明法定标识。法定标识至少包括：表号、制定机关、批准文号/备案文号、有效期限。

②全面性。依靠行政手段执行的统计报表制度，在统计报表的实施范围内所有被调查单

位都要进行填报，并且经过层层汇总，各个部门、各个地区及国家就可以获得相应的统计资料。

③动态性。统计报表是按照一定周期(如月报、季报)进行报告的，可以定期获得最新的统计资料，使统计资料具有动态性。

④可靠性。由于统计资料是建立在原始记录和统计台账的基础之上的，因而可以获得较为准确的统计资料。但必须加强法律监督，防止编造虚假统计资料。

2.2.4　统计数据收集的具体方法

收集数据的具体方法可以分为询问法、观察法与实验法三大类。

1.询问法

询问法是调查者与被调查者通过某种方式或某种工具进行信息交流，以采集和登记调查数据的方法。根据其在方式和工具上的差异，可以分为以下几类。

(1)面访调查。面访调查是专门派出调查人员，前往被调查对象所在地，直接进行面对面的信息交流和当场登记的一种调查方法。面访调查一般包括入户访问和拦截访问。入户访问是指调查员到被调查者的家中或工作单位进行访问，直接与被调查者接触，就调查问卷逐个问题进行询问，并记录下对方的回答。拦截访问是指在某个场所拦截在场的一些人进行访问。与入户访问相比，拦截访问的特点是效率高、费用低，但调查样本的代表性较差。

面访调查容易建立访问员与受访者之间的信任和合作关系，可以使用有形的辅助工具(如图片、照片、卡片、广告、产品、样本、促销演示等)，有望得到较高质量的样本和获取较多高质量的数据，可以充分发挥调查员的积极性，对受访者进行劝导和激励。面访调查的主要弱点有：调查成本较高、时间较长、某些群体的访问成功率低、实施质量的控制较困难、对于敏感性问题被调查者通常不愿回答等。

(2)电话调查。电话调查是由调查人员通过电话向被调查者询问了解有关问题的一种调查方法，包括传统的电话调查和计算机辅助电话调查(Computer Assisted Telephone Interview, CATI)。传统的电话调查使用普通电话(包括固定电话、移动电话、网络电话)，访问员在电话室内按照调查设计所规定的随机拨号方法确定拨打的电话号码，向被访者逐项提问，同时加以记录。计算机辅助电话调查是在一个装备有CATI系统的场所进行，整套系统软件包括自动随机拨号系统、自动访问管理系统和简单统计系统等，访问员只需戴上耳机，等待电脑自动甩号，根据筛选条件甄别被访对象，然后按照问卷上的问题进行访问。它的主要特点是准确度高、速度快、费用较高。目前在发达国家，使用CATI系统已经成为数据收集的最主要方法。我国电话拥有率增长很快，使用电话调查方式收集数据有广阔的发展空间。

电话调查的主要优点是取得统计数据的速度快、节省调查时间和经费、覆盖面广、被调查者的回答率较高、容易对访问过程进行控制和对访问员进行管理。电话调查的主要缺点是在电话普及率不高的地区会受到限制、电话询问的时间不能过长、内容不能过于复杂、被调查者可能因不了解调查意图而无法回答或无法正确回答问题、对被调查者的规劝和说服比较困难。

(3)自填式调查。自填式调查是指被调查者在统一设计的问卷上自己填写问题答案的调查方式。根据问卷的递送方式，自填式调查包括送发问卷调查、邮寄问卷调查、网络问卷调查、报刊问卷调查等。自填式调查的关键是要设计一份结构严谨、说明清楚、质量优良的调查问卷，让被调查者一看就知道如何完成问卷。自填式调查通常要求被调查者具有一定的文化素养,可以读懂问卷,能正确理解调查问卷中的问题并进行回答。

自填式调查的主要优点有节省时间、精力和人力,可以进行大范围的调查;容易操作,只要把问卷正确地送到被调查者手中即可;调查结果易于量化,便于统计分析和处理;被调查者可以选择方便的时间、参考相关资料填答问卷;在一定程度上能够减少被调查者回答敏感性问题的压力。自填式调查的主要弱点有:问卷的回收率不高、调查质量难以保证、不适合结构复杂的问卷、对调查过程的控制比较困难等。

2.观察法

观察法是指调查者有目的、有计划地凭借自己的感觉器官或运用各种记录工具,深入调查现场,直接观察和记录被调查对象的行为或状态以收集数据的一种方法。例如,在十字路口通过计数的方法估算车流量,利用安置在超市中的录像设备观察购买者的行为,为了及时了解农作物产量而进行的实割实测、脱粒、晾晒、过秤计量,为了解工业企业期末的在制品数量到生产现场进行观察、计数、测量等。

观察法主要有以下几种类型:根据观察者是否使用观察仪器,可分为直接观察和间接观察;根据观察对象性质的不同,可分为对客观事物的观察和对人群的观察;根据观察是否参与被观察者的活动,分为参与观察和非参与观察。

观察法取得的数据,具有较高的准确性,但需要大量的人力、物力、财力和时间,因此,它的应用受到很大限制。

3.实验法

实验法是在特定的实验条件下,对参与实验调查的被调查对象进行实验测量,以取得所需信息的一种数据收集方法。实验法广泛应用于各类心理测评量表设计分析、因素影响分析、产出效果调查、产品设计研究等方面。

实验法的基本逻辑是有意识地改变某个变量的情况(不妨设为 A 项),然后看另一个变量变化的情况(不妨设为 B 项),如果 B 项随着 A 项的变化而变化,就说明 A 项对 B 项有影响。为此,需要将研究对象分为两组,一个为实验组,一个为对照组。实验组是指随机抽选的实验对象的子集,在这个子集中,每个单位接受某种特别的处理。而在对照组中,每个单位不接受实验组成员所接受的某种特别的处理。例如,18 世纪英国海军为了印证缺乏柑橘类水果是否是导致长期在海上工作的水手患坏血病的原因,对 4 艘海军军舰上的水手进行了实验,其中一艘军舰上的水手有充足的柑橘汁供应,另外 3 艘军舰上的水手没有柑橘汁供应。经过一段时间后,没有喝柑橘汁的水手开始成批地生病,而喝了柑橘汁的水手却身体状况良好,从而证实了缺乏柑橘汁(即维生素 C)是导致坏血病的原因。在这里,喝柑橘汁的水手构成了实验组,没有喝柑橘汁的水手构成了对照组。

2.2.5 统计数据收集的工具设计

1.调查表

调查表是指由调查的组织实施者根据调查的需要制定的用以对调查对象进行登记、收集相关原始数据和资料,要求调查对象按照统一规定填报的表格。它是统计工作中收集原始资料的基本工具。

（1）调查表的内容

调查表一般由表头、表体和表脚三部分构成。

①表头：用来说明调查表的名称、填表单位的名称、隶属关系及表号等。

②表体：这是调查表的主体部分，由调查项目构成，包括调查表所要说明的调查项目的名称、栏号、计量单位等。

③表脚：包括被调查单位填报人签名、盖章处及报表日期等。

（2）调查表的种类

调查表有单一表和一览表之分。单一表是指一张表上只登记一个调查单位相关数据的调查表。它可以容纳较多的标志，且便于整理和分类，一般用于调查项目较多的情况，如表2.1所示。

表2.1　城镇房屋分幢普查表

产别：

房屋地址	区（县）街道（镇）号											
编　　号			所有权人									
房屋情况	建筑结构	层数	建成年份	现在用途	建筑面积 m²	使用情况		其中：成套住宅		房屋质量	房屋现值	土地使用面积 m²
						出租	自用	套	建筑面积 m²			
房屋平面示意图							附记					

普查员　　　　　　复核人　　　　　　普查日期　　　　　年　月　日

一览表是指在一张表上可以登记多个调查单位相关数据的调查表。一览表在调查项目不多时采用，如表2.2所示。

表2.2　某校学生调查登记表

年级：　　　　　　　　　　　专业：　　　　　　　　　　班级：

编号	姓名	性别	年龄	民族	政治面貌	学制	身高/cm	平均成绩/分	月平均生活费/元

填表人　　　　　　　　　　　　　　　　　　填表日期　　　　年　月　日

调查时应采用哪种表式，需根据调查的目的和任务而定。

（3）设计调查表应注意的主要问题

①调查者的名称设计要简洁明确，不要含糊不清。

②构成表体的项目要直接反映调查目的和要求，调查项目的数量要适宜。

③填报单位的名称和被调查单位填报人签名、盖章处及报表报出日期等项目设置要完整，满足可追溯性要求。

2. 调查问卷

为保证收集数据的科学性，不仅需要根据研究对象及目的选择合适的调查方式与收集数据的具体方法，而且需要根据研究问题的难易程度设计合理的调查问卷。

（1）调查问卷的设计原则

①问卷内容要有明确的主题。根据主题，从实际出发拟题，问题目的明确、重点突出，没有可有可无的问题。

②问卷结构要合理，逻辑性要强。问题的排列应有一定的逻辑顺序，符合应答者的思维程序。一般是先易后难、先简后繁、先具体后抽象。

③问卷语言要通俗易懂。问卷应使应答者一目了然，并愿意如实回答。问卷中语气要亲切，符合应答者的理解能力和认识能力，避免使用专业术语。对敏感性问题要采取一定的技巧调查，使问卷具有合理性和可答性，避免主观性和暗示性，以免答案失真。

④问卷长度要适中。回答问卷的时间控制在 20 分钟左右为宜，问卷中既不浪费一个问句，也不遗漏一个问句。

⑤问卷数据要便于资料的校验、整理和统计，如对问题和参考答案进行编码。

（2）调查问卷的主要内容

一份完整的问卷一般包括标题、说明、被调查者的背景材料、问题与答案、编码、结束语等 6 个部分。

①标题。每份问卷都有一个研究主题。研究者应开宗明义定个题目，反映这个研究主题，使人一目了然，增强填答者的兴趣和责任感。例如"厂级干部推荐表"这个问卷的标题，把该厂人事部门的调查内容和范围反映出来了。又如"中国互联网发展状况及趋势调查"这个标题，把调查对象和调查中心内容和盘托出，十分鲜明。

②说明。问卷前面应有一个说明。这个说明可以是一封告调查对象的信，也可以是指导语，说明这个调查的目的和意义，或填答问卷的要求和注意事项，下面同时填上调查单位名称和年月日。说明的主要内容包括调查的目的和意义、调查的主要内容、调查的组织单位、调查结果的使用者、保密措施等。其目的在于引起受访者对填答问卷的重视和兴趣，使其对调查给予积极的支持和合作。

③被调查者的背景材料。此项内容用于收集被调查者的个人信息，如被调查者的姓名、性别、年龄、婚姻状况、职业、收入等。背景材料可方便研究者对被调查者进行分类分析。采用访问法收集数据的问卷一般将背景材料安排在问卷最后，这样容易使调查顺利进行。

④问题与答案。问题与答案是研究主题的具体化体现，是问卷的核心部分。从形式上看，问题可分为开放式和封闭式两种。从内容上看，可以分为甄别性问题、事实性问题、意见性问题、断定性问题、假设性问题和敏感性问题等。

⑤编码。编码就是对一个问题的不同答案给出一个电脑能够识别的数字代码的过程。编

码并不是所有问卷都需要的项目。对于规模较大又需要运用电子计算机统计分析的调查，要求所有的资料数量化，与此相适应的问卷就要增加一项编码内容。

⑥致谢语。为了表示对调查对象真诚合作的谢意，研究者应当在问卷的末端写上感谢的话。如果前面的说明已经有表示感谢的话语，那致谢语可以省略。

以上是问卷的基本项目，是要求比较完整的问卷所应有的结构内容，但通常使用的如征询意见及一般调查问卷可以简单些，有一个标题、主题内容和致谢语及调查研究单位就行了。

问卷设计的好坏，在很大程度上决定着调查问卷的回收率、有效率的高低，甚至关系到统计数据调查工作的成败。因此，在设计问卷时，问题应尽可能地简明扼要，以封闭式问题为主，便于被调查者回答，答案要穷尽、互斥，以保证所收集资料的准确性。为了提高问卷设计的质量，可以先在典型调查对象中试用，以发现存在的问题。

2.3 统计数据的质量

统计数据的质量控制问题是贯穿统计工作全过程的重要问题。统计数据的质量直接影响统计分析的结论。为确保统计数据的质量，在数据的收集、整理、分析各阶段都应尽可能减小误差，尤其在数据的收集阶段应更加引起重视。

2.3.1 统计数据的误差

统计数据的误差又称统计误差，是指统计数据与客观事实之间的差距，可以分为登记性误差和代表性误差两类。

1. 登记性误差

登记性误差是指在调查登记过程中由于调查者和被调查者的人为原因造成的误差。其中，调查者的人为原因有总体界定错误、调查单位缺失、计量和测量误差、记录失误、抄录错误、汇总差错；被调查者的人为原因主要有有意识地提供虚拟数据、无意识地提供有误差数据（如理解和记忆误差）。从理论上说，登记性误差属于可以消除的误差。

2. 代表性误差

代表性误差是指利用样本数据推断总体参数时产生的误差。例如抽样调查在抽取样本时没有遵循随机原则，导致样本结构与总体结构存在差异，样本容量不足等，都会产生代表性误差。根据误差的基本属性、误差来源和控制方法的不同，可以将误差分为随机性误差和系统性误差。

（1）随机性误差

随机性误差又称随机抽样误差，是指遵循随机原则抽取样本单位构成样本，然后利用样本数据推断总体参数时产生的误差。这是由于样本毕竟只是总体的一部分，用样本数据去推断总体参数或多或少总会存在误差。这种误差不可避免，但事先可以进行控制或计算。一般来讲，样本的容量越大，抽样误差就越小，反之则越大。

（2）系统性误差

系统性误差又称系统偏差，是指由于非随机性原因造成的误差。其产生原因主要有抽取样本时没有遵循随机原则、抽样框错误、样本过于陈旧、无回答问题(如拒绝回答)等。系统性误差属于代表性误差，也是在利用样本数据推断总体参数时产生的误差，但是系统性误差不会随着样本容量的增大而减小，不能通过增大样本容量来实现对系统性误差的控制。系统性误差的特点类似于登记性误差，从理论上说，系统性误差同样属于可以消除的误差。

抽样调查是一种利用样本数据推断总体参数的调查方法，不仅存在代表性误差，而且会产生登记性误差。但是，抽样调查大大降低了工作总量，由经验丰富的专业人员进行调查，可以将登记性误差减小到最低水平，同时又可以有效地控制代表性误差，从而有效地提高调查数据的质量。

在现实统计调查中，系统性误差往往被人们所忽视，如各类非随机样本，以及存在大量非回答问题的调查，虽然存在着显著的系统性误差，但都冠以随机抽样的头衔，用以推断总体参数，进行社会经济分析。

2.3.2 统计数据的质量标准

传统的统计数据质量仅仅指其准确性，通常用统计误差来衡量。如今统计数据的质量被认为是根据不同的统计目的对统计数据精度所提出的要求。目前各国统计机构和有关国际组织对统计数据质量含义的解释和理解仍存在一定的分歧，对统计数据质量应涵盖哪几个方面还没有统一的标准。如英国政府的统计数据质量标准是准确性、时效性、有效性、客观性，韩国的质量标准则是适用性、准确性、时效性、可索取性、可比性、有效性。在我国，统计数据质量标准一般包括统计数据的准确性、精确度、关联性、及时性、一致性和有效性。

1. 准确性

准确性是指收集的统计数据必须符合客观实际情况，保证各项统计数据真实可靠，表示数据的正确程度。统计机构和统计人员必须如实提供统计数据，遵守职业道德，杜绝虚报、瞒报等违纪行为发生，尽可能把调查过程中产生的登记性误差降到最低限度。

2. 精确度

精确度是指在抽样调查中收集的数据与真值的逼近程度，即要求在用样本数据推断总体参数的过程中所产生的抽样误差最小。这就要求我们在满足一定置信水平的前提下，抽取足够多的样本单位进行调查。

3. 关联性

关联性又称适用性，是指统计机构所生产的数据应该是用户感兴趣的统计数据，即统计数据要满足用户决策、管理和研究的需要。由于对关联性的评价是主观的，会随用户需求目标的改变而改变，所以统计机构应平衡不同用户的互相矛盾的需求目标，在给定的资源条件限制下，尽可能满足大部分用户的大部分需求。

4. 及时性

及时性是指在最短的时间里取得并公布数据，即要按照统计调查方案所要求的呈报统计数据的时间，及时调查、及时上报，以满足各部门对统计数据的需求。收集的统计数据即使是准确的，但如果提供不及时，就犹如"雨后送伞"，起不到应有的作用，会大大降低统计数据的使用价值。

5. 一致性

一致性是指同一项目的统计数据在时间上和空间上的可比程度，即保证时间序列的可比性。这就要求统计的概念和方法在时间上保持相对稳定，在不同地区使用统一的统计制度、方法和分类标准，保持统计数据的口径、范围、计算方法在时间上一致衔接，在地区之间可比，尽量与国际接轨，以利于不同地区、不同时间的数据对比和分析。

6. 有效性

有效性是指在满足以上标准的前提下，以最经济的方式取得数据，即指统计数据的利用所产生的效益要大于提供该数据的成本。如果情况相反，则提供这种数据对提供方和使用方来说都是不值得的。虽然目前统计数据的效益和成本特别是前者不容易准确地计量，但是，保持这样一种基本的指导思想是十分必要的。这就要求在统计数据的其他质量不受影响的前提下，应尽可能降低统计数据的生产成本，提高效率。

目前，人们对统计数据质量的要求越来越高。当我们为某一需要收集统计数据时，在调查方案的设计、数据的收集、数据的处理与分析各个环节，都应保证数据的质量，以便得出切合实际的客观结论。

2.4 Excel 与 SPSS 在统计数据收集中的应用

在统计数据的收集阶段，如果是通过登录网络平台(如问卷星)设计调查问卷，然后向被调查者发送链接或二维码收集数据，则只需将调查数据以 Excel 或 SPSS 形式导出即可进行整理与分析。但如果还是通过纸质调查表，为了及时、准确、完整地提供调查数据，则必须利用 Excel 或 SPSS 科学有效地录入数据和编辑数据。

2.4.1 Excel 在统计数据收集中的应用

1. 数据的录入

数据录入具有一定的技巧性，针对不同的数据类型采用不同的输入方法，可以极大地提高工作效率。

(1)品质数据(即文本)的录入

品质数据一般表现为文字，也可以是用数字表示的代码，如用"0"表示"男"，用"1"表示"女"。品质数据的录入与 Excel 中的文本录入是一样的。Excel 中的文本可以是英文字母、数字、标点符号、汉字以及它们的组合。对于纯文本的数据直接录入单元格即可，如我们要建立一个某公司在职员工档案的数据清单，可以在第一行或第二行依次输入"职工编号""姓名""性别""学历""部门""年龄""工资""奖金""婚否"等变量。如果是像"职工编号"这样的品质标志，则其具体表现的品质数据为数字代码，类似的数据还有电话号码、邮政编码等。要录入这样的数据需要用文本格式，或在录入这类数据之前，先录入一个单引号(英文半角)，然后再录入数据即可，这样输入的品质数据将自动左对齐。

(2)数值型数据(数值)的录入

在 Excel 中，数值除了由数字 0~9 组成，还可以包含"+"、"-"、"E"、"e"、"＄"、"/"、

"%"、"(　　)"等特殊字符。而统计中的数值型数据主要是整数与实数，其输入很简单，输入的数字自动右对齐。

（3）自动填充数据

自动填充只能在一行或一列上的连续单元格中填充数据，并且根据第一个单元格中的初始值决定后续单元格中的填充内容。自动填充的方法有 3 种，分别为使用填充柄、利用"填充"命令产生填充序列与添加"自定义序列"。前面两种相对简单，现以"自定义序列"为例介绍如何自动填充数据。

在 Excel 2019 版本中，单击"文件"菜单，再单击下拉菜单中的"选项"，弹出 Excel 选项浮动菜单，然后单击该菜单左边的"高级"选项，再将右侧的滚动条拖到底，看到右边中间偏下方的"编辑自定义列表"按钮并单击该按钮，得到"自定义序列"对话框，如图 2.1 所示。

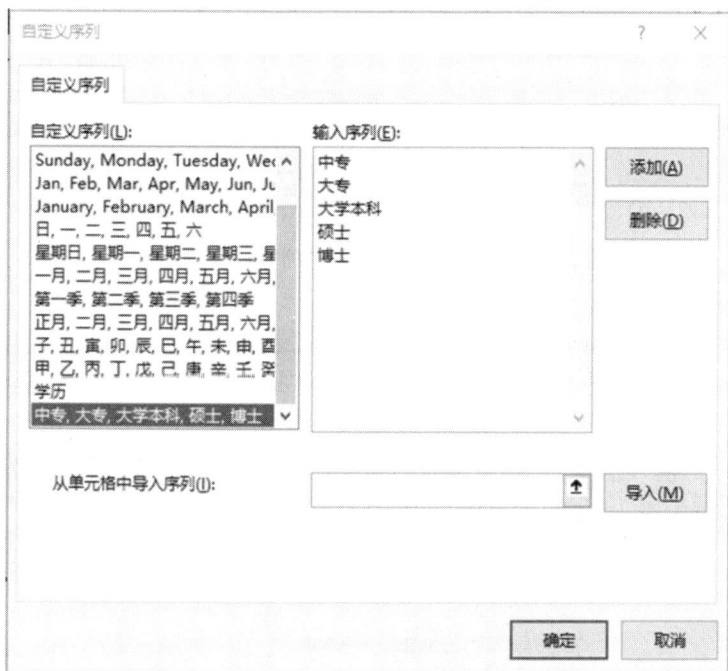

图 2.1　"选项"对话框中的"自定义序列"选项卡

在"自定义序列"列表框中选择"新序列"，在"输入序列"列表框中输入要定义的序列，如输入"中专"，按"确认"键；用同样的方法输入"大专""大学本科""硕士""博士"。单击"添加"按钮，即可将输入的"中专""大专""大学本科""硕士""博士"加入"自定义序列"中；单击"确定"按钮，关闭"选项"对话框；在任意单元格中输入"中专"，拖曳填充柄向右移动至指定单元格，则自动产生一个"中专""大专""大学本科""硕士""博士"……填充序列。

（4）数据的验证

在编制数据清单的时候，有时需要对数据清单中某些单元格的数值进行限制。例如，职工年龄应该在 18~70 岁。对单元格中的数据进行验证，可以避免一些人为的输入错误，提高输入数据的准确率。比如在建立某公司在职员工档案的数据清单时，在年龄变量列 E3：E22

区域的内容只能设置为 18~70 的数值。其具体操作步骤如下。

第 1 步，选定单元格区域，单击"数据"菜单，选择"数据工具"功能区的"数据验证"，弹出"设置"选项卡的对话框，如图 2.2 所示。

图 2.2 "数据验证"对话框中的"设置"选项卡

第 2 步，在"设置"选项卡中单击"允许"下拉式列表框，从中选择"整数"选项；在"数据"下拉式列表框中选择"介于"选项；在"最小值"文本框中输入"18"；在最大值文本框中输入"70"，如图 2.2 所示。

第 3 步，单击"输入信息"选项卡，如图 2.3 所示。在"标题"文本框中输入"年龄"，在"输入信息"文本框中输入"年龄的范围在 18-70 之间"。

图 2.3 "数据验证"对话框中的"输入信息"选项卡

第 4 步，单击"出错警告"选项卡，如图 2.4 所示。在"样式"下拉式列表框中选择"警告"，在"标题"文本框中输入"输入数据错误"，在"错误信息"文本框中输入"您输入的年龄没有在规定的范围之内！"。

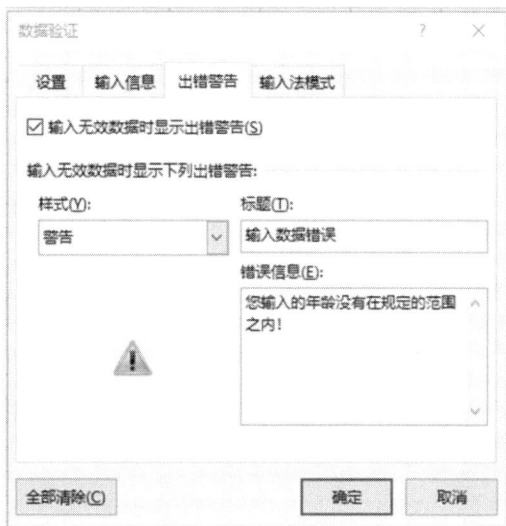

图 2.4　"数据验证"对话框中的"出错警告"选项卡

第 5 步，单击"确定"按钮，"数据验证"设置完成。

此时，当用户选定单元格时，会自动给出对话框中的提示信息。如果用户在单元格中输入了 18~70 范围外的数据，则弹出输入数据不匹配的警告信息框，如图 2.5 所示。

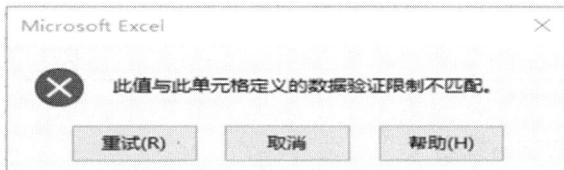

图 2.5　输入数据错误时的警告信息框

点击"重试"，在单元格中重新输入一个正确的数据即可。

第 6 步，取消数据的有效性设置。数据录入完成后，如果要清除"数据验证"中的各项设置，可在如图 2.2 所示的对话框中单击"全部清除"按钮，即可取消"数据验证"的设置。

2. 数据的编辑

一个工作表中的数据录入完成以后，由于数据变化等原因经常需要对其进行修改。可以在单元格内部编辑修改数据，也可以在编辑栏中编辑修改数据，或者重新输入新的数据以替代原来的数据。

现就录入好的"某公司在职员工档案"工作表（如表 2.3 所示）进行以下操作。

表 2.3　某公司在职员工档案

职工编号	姓名	学历	部门	年龄/岁	工资/元	奖金/元	婚否
ZG017	申得时	大专	办公室	44	670	687	未婚
ZG006	关冰	硕士	信息资源部	29	730	1088	已婚
ZG012	历回	硕士	市场部	35	984	398	未婚
ZG013	孙大海	大专	信息资源部	69	1252	238	未婚
ZG014	高少保	博士	信息资源部	31	1460	2105	已婚
ZG004	王立新	中专	信息资源部	58	1481	814	未婚
ZG015	赵春梅	中专	运维部	29	1677	520	已婚
ZG009	刘成	硕士	运维部	59	2001	419	未婚
ZG002	李立	中专	人力资源部	56	2091	496	未婚
ZG001	王光培	大学本科	运维部	32	2270	618	未婚
ZG019	审中军	大学本科	办公室	69	2686	928	未婚
ZG016	藜职	大学本科	人力资源部	51	2714	1234	未婚
ZG018	高明	大专	运维部	66	2760	627	未婚
ZG005	张包	大学本科	运维部	23	2831	448	已婚
ZG010	王海	大专	市场部	52	2934	700	已婚
ZG011	高少保	大学本科	人力资源部	22	2941	1066	已婚
ZG008	李本国	硕士	办公室	21	2972	864	已婚
ZG003	叶开钱	大专	市场部	45	3014	309	已婚
ZG007	江三	大专	运维部	63	3041	639	未婚
ZG020	刘明明	硕士	人力资源部	44	3427	925	未婚

（1）直接在单元格中编辑数据

比如要把 E3 单元格中的数据改为"42"，可单击 E3 单元格，直接输入"42"即可；或者连击 E3 单元格，在该单元格内移动插入点光标到要修改的位置上，即可删除或修改数据。

（2）在编辑栏中编辑数据

若需要把 C6 单元格的内容改为"博士"，可单击 C6 单元格，使其内容显示在编辑栏上，然后单击编辑栏，移动插入点光标到要修改的数据位置，即可进行删除、插入或修改数据的操作。

（3）复制或移动单元格中的数据

一般对于数据的复制与移动，只要选定相关数据右击鼠标，在弹出的菜单中选择"复制"命令，然后在目标位置再次右击鼠标，选择"粘贴"命令，即可完成数据的复制与移动。需要注意的是，有时候在复制含有格式或公式的单元格时，如果只需要在目标位置粘贴所需要的数据，而不需要数据的格式或公式时，需在目标位置单击"开始"菜单，在"剪贴板"功能区单击"粘贴"下的箭头，再单击"选择性粘贴"命令；或右击鼠标，在"粘贴选项"下面单击"选择性粘贴"命令,打开如图 2.6 所示的"选择性粘贴"对话框,然后在该对话框中选择"数值"单选按钮,再单击"确定",即可只复制数值。当然,我们在"粘贴"时也可以根据自己的需要选择"全部"、"公式"、"数值"、"格式"或"转置"等。

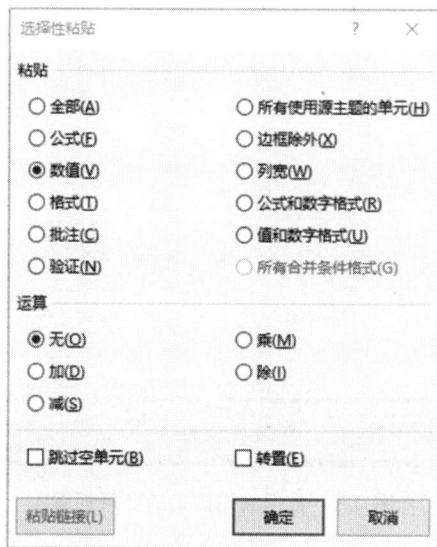

图 2.6 "选择性粘贴"对话框

2.4.2　SPSS 在统计数据收集中的应用

与 Excel 一样,在统计数据收集环节,如果是通过问卷星等网络平台收集问卷数据,则可以直接选择 SPSS 格式导出获取的数据集而无须逐份录入;如果是通过纸质问卷获取原始数据,则需要有效地录入和编辑数据。本小节介绍 SPSS(注:各章相关 SPSS 操作均使用 SPSS25.0 版)中录入和编辑数据的基本操作。

1. 定义变量

为了满足统计分析的需要,在 SPSS 中,录入数据前除了要对每一个变量设定变量名这一最基本的属性,往往还需对每个变量定义许多附加属性,如变量类型、变量长度、变量标签或值标签、变量格式等。

单击数据编辑窗口左下方的"变量视图"标签或双击列的任一题头,进入如图 2.7 所示的定义变量窗口,窗口中每一行表示一个变量的定义信息,各列则列出了每个变量需要定义的属性,在此窗口可完成每个变量各项目的定义。

变量的项目包括名称(变量名)、类型(变量类型)、宽度(变量长度,点击相应单元格中三角箭头设置,变量类型为日期型时无效)、小数位数(在数据显示栏中显示的小数点位数,点击相应单元格中三角箭头设置,变量类型为日期型时无效)、标签(定义变量名标签,即对变量名的含义加以解释。直接在单元格输入,可长达 256 个字节,可显示大小写)、值(定义变量值标签)、缺失(如何处理变量缺失值)、列(变量列宽,默认为 8,可点击相应单元格中三角箭头按需设置)、对齐(变量对齐方式,默认右对齐,点击相应单元格中三角箭头设置)、

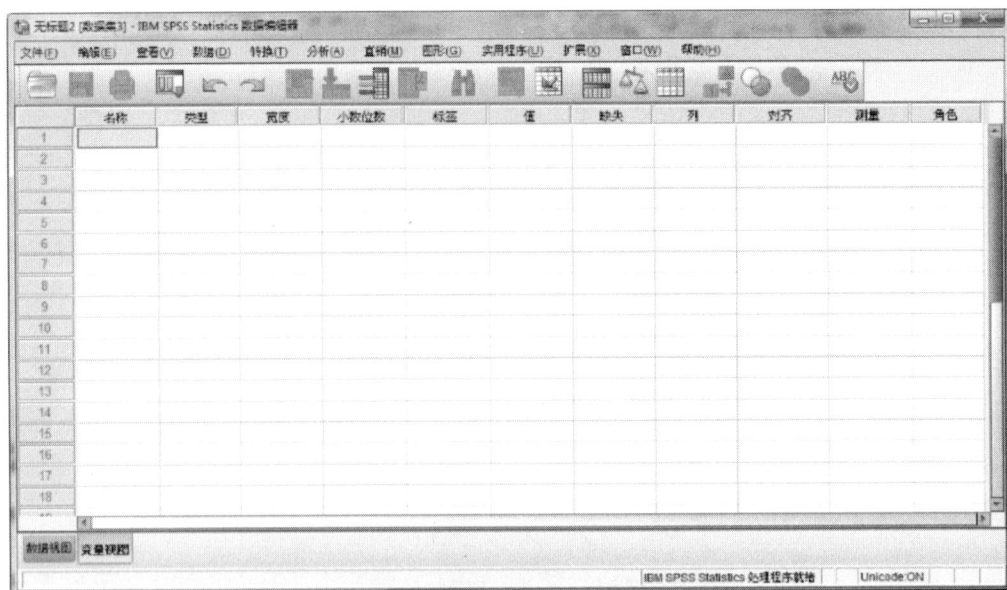

图 2.7　数据编辑窗口的变量视图

测量(变量特征的测量尺度,点击相应单元格中三角箭头选择)、角色(主要用于满足数据挖掘方法体系的要求)等。定义变量属性需特别注意以下几点。

(1)变量的命名

SPSS 默认的变量名为 Var00001、Var00002 等,可以根据需要命名,方法是直接在对应单元格("名称"栏)中输入。和一般的编程语言一样,SPSS 变量的命名有一定的规则,如不能以数字开头、中间不能有空格等,一般无须特别去记忆,遇到非法提示时加以更改即可。变量名比较灵活,目前的限制为长度不超过 64 个字符。

(2)变量类型的选择

选择某变量对应的"类型"单元格时,右侧会出现带三点省略号的按钮,单击该按钮会弹出如图 2.8(a) 所示的"变量类型"对话框,对话框左侧为具体的 9 种存储类型,右侧用于进一步定义变量存储宽度、小数位数。在对话框中选择合适的变量类型并单击"确定"按钮,即可定义变量类型。

(3)定义变量值标签

使用变量值标签可让字符串或文字类型的变量在录入时输入数字,而显示时可以看到实际字符串或文字,分析结果也自动显示为实际字符串或文字而不是数字。具体方法以变量"学历"为例说明,假设学历分为博士、硕士、本科、专科、专科以下 5 个层次,依次对应数字为 1~5。先单击该变量相应"值"单元格中带三点省略号的按钮,弹出如图 2.8 (b) 所示的对话框。

然后在对话框的上部"值"输入框输入"1","标签"输入框输入"博士",此时中部的"添加"按钮变黑,单击它,该变量值标签就会被加入旁边的标签框内。用同样的方法输入其他变量值,最后按"确定"按钮,变量值标签就设置完毕。这样在录入原始数据时,学历输入相

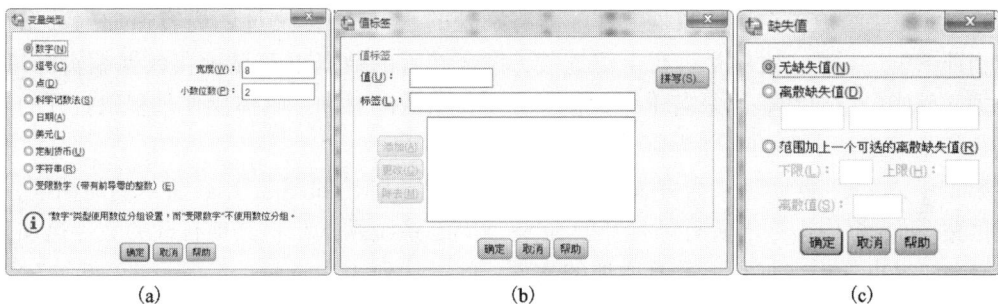

图 2.8　定义变量类型、变量值标签及缺失值对话框

应数字，但与此相关的分析结果都显示为相应的标签即实际学历，而在数据窗口虽然录入完毕默认显示的是数字，但只要单击菜单"查看"→"值标签"，就可以看到学历这一列原来显示的数字全部变成了相应的学历。

（4）缺失值的定义

该操作主要用于问卷数据。SPSS 中缺失值有系统缺失值和自定义缺失值两大类。系统缺失值中，数值型变量的数据以圆点显示，字符型变量默认为空字符串；自定义缺失值，需单击"缺失"相应单元格中带三点省略号的按钮，弹出的如图 2.8(c) 所示的对话框中有 3 个可选项：依次表示没有缺失值、可定义 1~3 个单独的缺失值以及可定义 1 个缺失值的范围同时定义另外一个不是这一范围的单独的缺失值。

如果有多个变量需要定义的某些属性相同，可以先定义一个变量，然后把该变量的定义信息复制给新变量。

此外，调查问卷中设计问题的类型不同，则定义变量的方式也不同。具体而言，对于开放题和单选题，一个问题对应设置一个变量即可，当单选题含有"其他，请指出"选项时，可以设置两个变量，第 1 个变量中，将"其他：请指出"与其他选项同样看待，即作为选项之一；第 2 个变量将"其他：请指出"的具体内容作为一个独立的开放题。对于多选题，有两种定义变量的方式，一是多重二分法，即每个选项都定义为一个变量；二是多重分类法，当规定了最多可选项数时，可定义与最多可选项数相同的变量个数。

2. 数据的录入与保存

（1）录入数据的一般方法

定义了所有变量后，单击"数据视图"标签，即可在数据视图窗口录入数据，可以逐行也可以逐列录入。

（2）数据文件的合并

当数据量较大时，往往需要分别由不同的录入员录入，从而会出现一份大数据分别保存在几个不同的数据文件中的情况。此外，如果数据有多个来源，可能会使变量分散在多个文件中。将若干个分散的数据文件合并成一个可供分析的完整数据文件是进行数据分析的前提，SPSS 可以方便达成这一要求，具体提供了两种方式，即观察单位的追加和变量的追加。注意，需要拼接的字符串类型的变量其长度必须相同。当有多个数据文件需要合并时，可以使用程序方式一次完成，对话框操作方式下只能两两依次进行合并。

①观察单位的追加，也称纵向拼接，是指将两个或两个以上的具有相同变量格式的数据文件连在一起，组成一个新的数据文件。即将别处的 SPSS 数据文件的内容追加到数据编辑窗口当前数据的后面，也就是进行上下连接，将合并后的数据重新显示在数据编辑窗口中。新数据文件中的记录数是原来若干个数据文件中记录数的总和。具体操作过程以打开的当前数据文件是需追加个案的文件为例。

第 1 步，选择"数据"→"合并文件"→"添加个案"，弹出如图 2.9(a)所示的对话框，"打开数据集"列表框内会列出所有已打开的 SPSS 文件，系统默认是将其他打开的文件追加到当前文件，如果事先确定打开了需要追加的文件，可以从列表中选择，然后点击"继续"按钮；如果没有打开的数据文件，就要选中"外部 SPSS Statistics 数据文件"，这时下方的文本框变亮且"浏览"按钮变黑，点击此按钮弹出对话框，选中需要追加的数据文件后点击"打开"按钮，该对话框自动关闭回到原来的对话框，这时所选文件已显示在文本框中，再点击下方的"继续"按钮，打开如图 2.9(b)所示的主对话框。

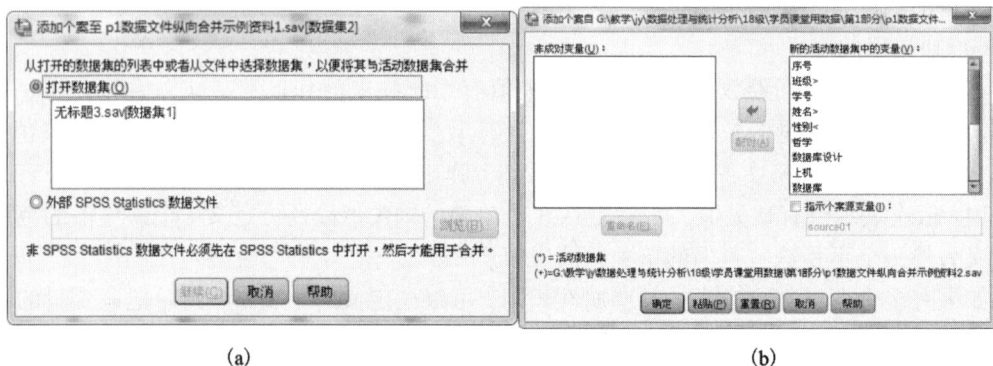

(a)   (b)

图 2.9　文件纵向拼接的对话框

第 2 步，根据具体情况决定是否直接点击"确定"按钮。默认情况下，如果一个变量名在两个待合并的数据文件中同时出现，系统默认它们具有相同的数据含义，会自动对应匹配，并列于右边的"新的活动数据集中的变量"列表框中，自动成为合并后新数据文件中的变量；而如果一个变量名没有在两个文件中同时出现，系统会认为这些变量不是待合并的两个文件共有的，就会列于左边是"非成对变量"列表框，而且会在变量名后面带一个符号"＊"或"＋"，"＊"表示该变量名是当前活动数据文件中的，"＋"表示是另一个待合并数据文件中的，这些变量不会自动成为合并后新数据文件中的变量。因此，如果左边框中没有变量，表示两个文件的变量完全相同，已全部自动匹配。这时，直接点击"确定"按钮，即可得到所需的完整数据文件。如果左边框中有变量，比如一个是"年龄"，另一个是"age"，而实际上是同一个变量，则可以同时选中这两个变量，这时中间的"配对"按钮会变黑，点击它就执行了强行配对，新文件中默认会按照当前文件中相应变量的名称来设定。

图 2.9(b)中"重命名"按钮和"指示个案源变量"复选框。如果希望新数据文件中的变量名与先前的不同，则可以选中相应变量名后点击"重命名"按钮改名；如果希望合并后的数据文件中看出哪些记录来自合并前的哪个文件，可以选中复选框，这时，合并后的数据文件中将自动出现一个名为"source01"的变量，取值为 0 或 1，"0"表示记录来自第一个数据文件，"1"表示记录来自第二个数据文件。

需要注意，第一，变量名相同不仅是名称相同，还要求变量类型相同，如果变量类型是字符串，则其宽度也要相同，否则系统会认为是不同的变量；第二，在两个待合并的文件中，数据含义不同的变量不能使用相同的变量名。

②变量的合并，也称横向合并，是将两个或两个以上的具有相同观察单位的数据文件连在一起。即将别处的 SPSS 数据文件的内容连接到当前数据编辑窗口的右边，然后将合并后的数据文件显示在数据编辑窗口中。新数据文件中的变量数是所有原数据文件中不重名变量的总和。

数据文件的横向合并应遵循 3 个条件：若不是按照记录号对应的规则进行合并，则两个数据文件必须至少有一个变量名称长度均相同的关键变量，该变量是数据文件横向对应连接的依据；若使用关键变量进行合并，并希望尽可能多地保留数据信息，则两个数据文件都必须事先按关键变量进行升序排列；在需合并的数据文件中，数据含义不同的列，变量名不应取相同的名称。其具体操作步骤如下。

第 1 步，选择"数据"→"合并文件"→"添加变量"，弹出的对话框与纵向拼接的结构相同，操作也相同。点击该对话框的"继续"按钮后，打开如图 2.10(a)所示的包含两个选项卡的对话框，一个是合并方法，该选项卡有 3 个单选项；一个是变量，该选项卡界面如图 2.10(b)所示。

第 2 步，根据要合并文件的情况选择一个最合适的选项。当要合并的两个文件个案及排列完全相同时，无论变量是完全不同还是部分不同，第一个选项即"基于文件顺序的一对一合并"是最合适的选择，选择后直接点击"确定"按钮即可完成合并。当要合并的两个文件个案不完全相同时，第一，如果强行选择第一项会出现张冠李戴现象，因此不能选此项。第二，按关键变量排序后，如果选择第二个选项即"基于键值的一对一合并"，则合并后的文件由原来的两个数据文件共同提供并尽量保留信息，比如除了两个文件共有的个案，当前文件有 A 个案而无 B 个案，外部文件则相反，合并后的文件则 AB 个案的原有信息都包含。如果选择第三个选项即"基于键值的一对多合并"，则激活下方"选择查找表"框组，选择当前文件时，合并后的文件保留当前文件的所有数据，但丢弃只在外部数据文件中才有的个案，如上述的 AB 个案只有 A 个案；选择外部文件时，则合并后的文件保留外部文件中的所有数据，丢弃只在当前数据文件中才有的个案，如上述的 AB 个案只有 B 个案。

(3)快速录入数据

①连续输入多个相同值。如果需要在窗口(数据编辑或变量编辑)的许多连续单元格中输入相同数值，可以先在其中任意一个单元格内输入相应数值，确认后右击该单元格，在弹出的快捷菜单中选择"复制"菜单项，然后用鼠标左键拖动选择所有希望填入该值的单元格区域，再单击右键，在弹出的快捷菜单中选择"粘贴"即可。数据视图和变量视图均可进行。

②快速定义成批变量。在变量编辑窗口定义变量时，按确认键后默认向右侧单元格移动，直到移动到 10 个定义框后才开始定义下一个变量。实际上大部分可以采用默认值，但这样做非常浪费时间。可以在输入变量名后使用方向键让当前单元格向下移动，直到将所有新变量名称定义完毕后再定义批量变量名标签及变量值标签。此外，如果需要定义很多变量且对变量名要求不严，SPSS 自定义的变量名就可以满足要求，则可以直接在最后一行变量设定处输入变量名，按"确认"键后前面所有行将会自动填充好相应的变量，然后只要修改不合适的设定就可以了。

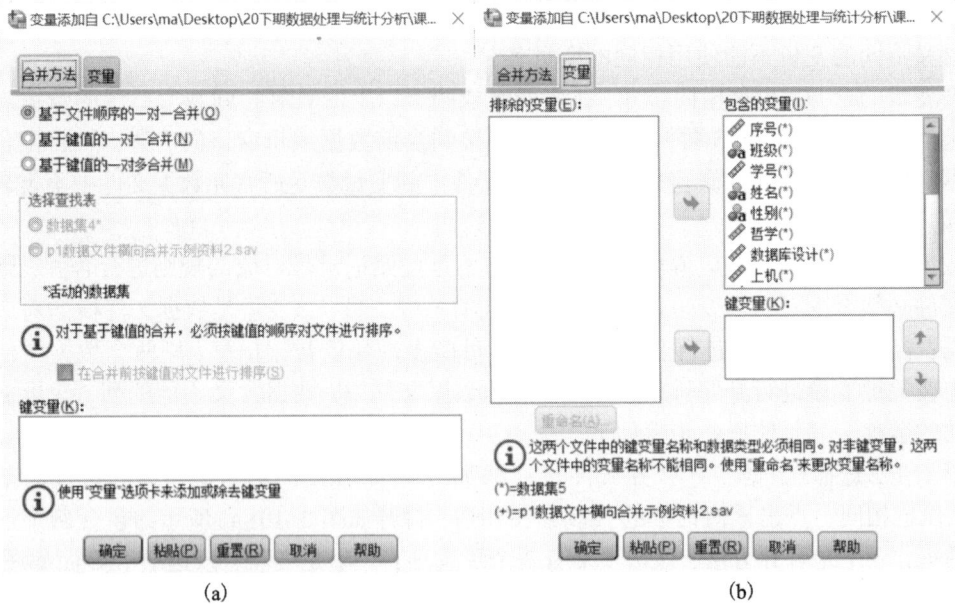

图 2.10　文件横向合并对话框

③读入外部数据。数据有不同的获取途径，对于以其他格式存储的外部数据文件，SPSS 也可用各种方式直接读入。主要有 3 种方式：直接打开、利用文本向导读入文本数据、利用数据库 ODBC 接口进行读取。

读取电子表格数据文件。选择"文件"→"打开"→"数据"菜单项或直接单击工具栏上的快捷按钮，系统弹出"打开数据"对话框，在"文件类型"列表框中是可以直接打开的数据文件格式。SPSS 的兼容性非常好，与所有常见的数据格式都有直接读取的接口。在其中选择所需的文件类型，然后选中需要打开的文件名称，就会按要求打开相应的数据文件并自动转换为 SPSS 格式。Excel 文件可能是 Windows 系列操作系统中使用最多的数据表格文件，SPSS 可以方便地将 Excel 文件读入数据编辑窗口。如果在 Excel 中已经打开原数据文件，且数据量较少，可以用复制的方法将数据引入 SPSS 中。具体方法是选中不包括变量名的所有数据，执行复制命令；然后到 SPSS，最好使行 1 列 1 单元格成为当前单元格，然后执行粘贴命令，数据会全部转入 SPSS 中，再定义相应的变量即可。要注意的是这种操作顺序要求数据中不含文本(英文能自动识别，中文不能)，否则会丢失数据(文本粘贴过来会变为缺失值)。解决办法是先在 SPSS 中设定好相应的变量列表，包括数值型、字符串这些属性，然后对相应的列进行粘贴。如果数据较多，则可以在数据编辑窗口点击工具栏上的▦按钮，在弹出的对话框中，点击"文件类型"下拉框中的三角箭头，选择"Excel"，确定盘符、路径、文件名后点击"打开"按钮，在弹出的对话框中按需要进行设置。SPSS 默认将某个 Sheet 中所有数据都读入数据编辑窗口中。也允许指定读取一部分区域的数据，可以在"范围"框中输入要读取数据的范围，Excel 表格中每一行为 SPSS 的一个观察单位。设定完毕，单击"确定"按钮，数据就会读入 SPSS。

读取文本数据文件。对于纯文本格式的数据，读入时需要对数据格式做进一步的设定，

SPSS 提供了文本导入向导来完成。选择"文件"→"读取文本数据"菜单项，在弹出的打开文件对话框中选中相应的文件名并单击"确定"按钮，系统会自动启动"文件导入向导"对话框——该向导共有 6 个步骤。如果是 Word 文档中的数据表格且数据较少，操作方式与 Excel 的相应情况的操作基本相同。

用 ODBC 接口读取各种数据库文件。对于不能直接打开的数据格式，SPSS 可利用通用的数据库 ODBC 接口进行读取。选择"文件"→"导入数据"→"数据库"→新建查询"菜单项，系统会弹出数据库向导的第一个窗口，其中会列出本机上已安装的所有数据源，需要先对数据源进行配置，然后回到向界面按向导操作。

④快速改变变量排列次序。在数据编辑窗口中选中列首的相应变量名，松开左键后再按下左键不放，就可以将该列数据拖动到任何希望的地方。也可以选中连续的多个变量，这时它们会同时发生变化。该操作也可在变量编辑窗口进行，此时应选中的是变量的相应行号。

⑤快速定位记录。快速定位记录在大型数据集操作中非常有用，通常有两种情况。一是快速定位到第 N 条记录，此时可选择"编辑"→"转到个案"菜单项，或者直接单击工具栏上的选择个案按钮，在打开的对话框中输入相应的记录号。二是定位到变量值等于某个取值的记录，此时需要先使相应的变量成为当前列，然后单击工具栏的"查找"按钮，在打开的"查找"对话框中输入相应的数值，单击"确定"后系统会查找到符合条件的第 1 条记录。

⑥冻结行或列。将鼠标移动到数据视图右下角的右侧、下方分界线处，鼠标会变成双向调整符号，此时按住左键不放，就可以上下/左右拖动分界线至合适的位置再松开，即可冻结（行或列或行列）；也可以选择"窗"→"拆分"菜单项，这时会直接被分成 4 部分。取消冻结的最简单的办法是双击拆分线，也可以拖至原位。

（4）数据文件的保存

在录入数据时，应及时保存数据，防止数据丢失。SPSS 除了可将数据保存为自己的数据格式，还可保存为很多种非 SPSS 格式的其他数据类型。而且如果不希望保存全部变量，还可以使用对话框中的"变量"按钮来筛选需要保存的变量。

本章小结

统计数据的直接来源主要是通过统计调查与科学实验取得的原始数据（调查数据与实验数据）；统计数据的间接来源主要是通过查询系统外部数据和系统内部数据而获取的经过加工整理的二手数据。

统计调查是收集原始数据的主要形式。统计调查按调查对象包括的范围不同可分为全面调查和非全面调查，按统计调查的组织形式不同可分为统计报表和专门调查，按调查登记的时间是否连续可分为经常性调查和一次性调查。一个完整的统计调查方案应包括调查目的、调查对象和调查单位、调查项目和调查表、调查时间、调查的组织实施计划等主要内容。统计调查必须建立以周期性普查为基础，以经常性的抽样调查为主体，以必要的统计报表、重点调查和综合分析为补充的收集基本统计数据的统计调查方法体系。收集数据的具体方法可以分为询问调查法、观察法与实验法三大类。收集数据的主要工具有调查表和调查问卷。调查问卷设计得好不好，在很大程度上决定着调查工作的成败。

为确保统计数据的质量，在数据的收集阶段应尽可能减小统计误差。统计误差包括登记性误差和代表性误差两类,登记性误差与代表性误差中的系统性误差可以消除,但代表性误差中的随机性误差是不可避免的。统计数据的质量标准一般包括准确性、精确度、关联性、及时性、一致性和有效性。

思考与练习题

一、思考题

1. 什么是二手资料?使用二手资料需要注意什么?

2. 简述普查和抽样调查的特点。

3. 面谈、电话、自填式调查各有什么优缺点?

4. 统计调查方案设计的主要内容是什么?

5. 什么是数据的登记性误差和代表性误差?

6. 统计数据的质量标准有哪些?

二、练习题

(一)填空题

1. 统计数据的直接来源是通过_____和_____取得的原始数据;统计数据的间接来源是通过查询_____和_____而获取的二手数据。

2. 普查通常是专门组织的_____、_____调查。

3. 随机抽样调查是从调查对象的总体中_____抽取一部分单位作为样本进行调查。

4. 收集数据的具体方法包括_____、_____和_____。

5. 统计误差包括_____和_____。不可避免但可事先计算与控制的误差是_____。

6. 调查表有单一表与_____之分。

7. 我国统计调查应建立以周期性_____为基础,以经常性的_____为主体,以必要的_____、_____和综合分析为补充的收集基本统计数据的调查方法体系。

8. 数据质量的评价标准一般包括准确性、_____、关联性、_____、一致性和_____。

(二)单选题

1. 在统计调查中,调查项目的承担者是( )。

A. 调查对象　　　　　　　　　　B. 调查单位

C. 报告单位　　　　　　　　　　D. 统计报表

2. 为掌握商品销售情况,对占该地区商品销售额60%的10家大型商场进行调查,这种调查方式是( )。

A. 普查　　　　　B. 抽样调查　　　　　C. 统计报表　　　　　D. 重点调查

3. 已知某地区有500家工业企业,调查研究这些企业生产设备的完好状况,调查单位是( )。

A. 500家工业企业　　　　　　　　B. 每个工业企业

C. 全部生产设备　　　　　　　　　D. 每一件生产设备

4.对某地区商业网点的从业人员随机抽取1%进行绩效收入调查,调查对象是(　　)。

A.所有商业网点　　　　　　　　　　B.所有从业人员

C.那1%的从业人员　　　　　　　　D.每一个从业人员

5.能够根据样本结果推断总体数量特征的调查方式是(　　)。

A.重点调查　　　　　　　　　　　　B.抽样调查

C.统计报表　　　　　　　　　　　　D.所有非全面调查

6.从使用者角度看,从(　　)中取得的统计数据是第二手统计数据。

A.经济普查　　　　　　　　　　　　B.农产量抽样调查

C.《中国人口统计年鉴》　　　　　　D.固定资产投资月度统计报表

7.人口普查规定标准时间是为了(　　)。

A.确定调查对象和调查单位　　　　　B.避免资料的重复和遗漏

C.使不同时间的资料具有可比性　　　D.便于登记资料

8.抽样时,由于样本容量不足造成的误差与因为(　　)仍然不可避免的误差,都属于代表性误差。

A.被调查者有意虚报　　　　　　　　B.数据汇总错误

C.填报错误　　　　　　　　　　　　D.遵循随机原则

(三)多选题

1.使用第二手统计数据,必须注意(　　)。

A.引用数据时一定要注明数据来源

B.要评估第二手统计数据的可用价值

C.指标的含义、口径、计算方法是否具有可比性

D.对不完整的历史数据要根据需要和可能设法进行适当的补充

E.不能纠正存在问题的历史数据

2.普查是(　　)。

A.非全面调查　　　　　　　　　　　B.专门调查

C.全面调查　　　　　　　　　　　　D.经常性调查

E.一次性调查

3.下列调查中属于非全面调查的有(　　)。

A.普查　　　　　　　　　　　　　　B.重点调查

C.典型调查　　　　　　　　　　　　D.抽样调查

E.全面统计报表

4.抽样调查(　　)。

A.是一种非全面调查

B.其目的是根据抽样结果推断总体数量特征

C.具有经济性好、时效性高、适应面广等特点

D.其调查单位是随机抽取的

E.抽样推断的结果往往缺乏可靠性

5.为了研究全国民营企业的发展情况,国家决定对全国民营企业进行普查,则每个民营企业是(　　)。

A. 调查对象　　　　　　　　　　　B. 调查单位

C. 填报单位　　　　　　　　　　　D. 调查项目

E. 既是调查单位又是填报单位

6. 统计调查方案的主要内容是(　　)。

A. 调查的目的和任务　　　　　　　B. 调查对象和调查单位

C. 调查组织的实施计划　　　　　　D. 调查的时间和期限

E. 调查项目和调查表

7. 代表性误差产生的原因主要有(　　)。

A. 抽样没有遵循随机原则　　　　　B. 有意虚报、瞒报

C. 抄录错误　　　　　　　　　　　D. 样本容量不足

E. 样本结构与总体存在差异

8. 从理论上讲,可以消除的误差是(　　)。

A. 登记性误差　　　　　　　　　　B. 有意虚报、瞒报造成的误差

C. 抄录错误造成的误差　　　　　　D. 随机性误差

E. 系统性误差

9. 对某校大学生的身体状况进行全面调查,则(　　)。

A. 调查对象是该校全部大学生　　　B. 调查对象是该校每一位大学生

C. 调查对象是该所学校　　　　　　D. 调查单位是该校全部大学生

E. 调查单位是该校每一个大学生

10. 第七次全国人口普查中(　　)。

A. 总体单位是每一个人　　　　　　B. 全国人口数是统计总体

C. 全部男性人口数是统计指标　　　D. 人的年龄是变量

E. 人口的性别比是总体的品质标志

(四)判断题

1. 在统计调查中,调查标志的承担者是调查单位。(　　)

2. 报告单位是指负责报告调查内容的单位。报告单位与调查单位两者有时一致,有时不一致,这要根据调查任务来确定。(　　)

3. 调查时间就是开始调查工作的时间。(　　)

4. 全面调查和非全面调查是根据调查结果所得的资料是否全面来划分的。(　　)

5. 抽样调查只有代表性误差,没有登记性误差。(　　)

(五)综合题

试选择某一感兴趣的问题进行调查方案设计(可分组进行),并付诸实践收集原始数据,然后利用 Excel 或 SPSS 建立一个数据清单。

第3章

统计数据的整理与显示

学习目标

1. 了解统计数据整理的概念及步骤。
2. 掌握统计分组的方法。
3. 熟悉频数分布的概念、构成与类型。
4. 理解频数分布的特征。
5. 了解 Excel 与 SPSS 在统计数据整理与显示中的应用。

情景导入

多维数据表格

在日常工作乃至生活中,我们经常会接触到多维数据表格,如表 3.1 所示。

表 3.1 某公司在职员工档案资料

职工编号	姓名	学历	部门	年龄	工资/元	奖金/元	婚否
ZG017	申得时	大专	办公室	44	670	687	未婚
ZG019	审中军	大学本科	办公室	69	2686	928	未婚
ZG008	李本国	硕士	办公室	21	2972	864	已婚
ZG002	李立	中专	人力资源部	56	2091	496	未婚
ZG016	蔡职	大学本科	人力资源部	51	2714	1234	未婚
ZG020	刘明明	硕士	人力资源部	44	3427	925	未婚
ZG011	高少保	大学本科	人力资源部	22	2941	1066	已婚
ZG012	历回	硕士	市场部	35	984	398	未婚
ZG003	叶开钱	大专	市场部	45	3014	309	已婚
ZG010	王海	大专	市场部	52	2934	700	已婚

续表3.1

职工编号	姓名	学历	部门	年龄	工资/元	奖金/元	婚否
ZG004	王立新	中专	信息资源部	58	1481	814	未婚
ZG013	孙大海	大专	信息资源部	69	1252	238	未婚
ZG006	关冰	硕士	信息资源部	29	730	1088	已婚
ZG014	高少保	博士	信息资源部	31	1460	2105	已婚
ZG001	王光培	大学本科	运维部	32	2270	618	未婚
ZG007	江三	大专	运维部	63	3041	639	未婚
ZG009	刘成	硕士	运维部	59	2001	419	未婚
ZG018	高明	大专	运维部	66	2760	627	未婚
ZG005	张包	大学本科	运维部	23	2831	448	已婚
ZG015	赵春梅	中专	运维部	29	1677	520	已婚

表 3.1 中的数据为利用一览表在统计调查阶段获得的多维变量的计量结果。这些原始数据如果不经过分组、归纳与整理，是无法用来反映该公司员工的总体数量特征的，我们据此看不出该公司员工在学历、部门、年龄、工资、奖金以及婚否等方面的分布情况，更看不出哪个部门的工资收入高，也弄不清什么年龄阶段的人所获奖金最多。为了解决这些问题，就需要对这些数据进行汇总整理。

3.1 统计数据的整理

统计数据的整理，是根据统计研究的目的与要求，对所收集到的大量、零星、分散的原始数据进行科学分类与汇总，使之系统化、条理化，为统计分析提供反映现象总体综合特征资料的工作过程。对某些已加工的综合统计数据（也称第二手数据）的再整理属于广义的统计数据整理范围。

统计数据的整理是统计工作的中间环节，在整个统计工作过程中起一个承前启后的作用。它既是统计数据收集的继续与深化，也是数据分析的基础与前提。统计数据整理的质量直接影响对研究现象总体数量描述的准确性。

本章所讲的统计数据的整理主要是对统计调查阶段获得的原始数据的整理，其一般程序是：首先要对原始数据进行预处理，然后要对审核无误的数据资料进行统计分组，接着在分组的基础上汇总各组的单位总量或标志总量，最后得到分布数列，尤其是频数分布。其中统计分组是统计整理的基础，统计汇总是统计整理的中心，分布数列是统计整理的结果。

3.1.1 数据的预处理

在数据收集的过程中，有许多因素影响数据的准确性，为此在对数据进行分组整理之前必须对调查数据做一些预处理。数据的预处理包括数据的审核、排序与筛选。

1. 数据的审核

（1）审核数据的完整性

数据完整性审核，是要检查调查单位或填报单位是否齐全，规定的项目是否都有填报数据，应报数据的份数是否符合规定。发现有缺报、缺份和缺项等情况时，应及时催报、补报。

（2）审核数据的准确性

数据准确性的审核，是要检查所填报的数据是否真实、可靠，是对数据进行审核的重点。常用的审核方法有两种：①逻辑检查。逻辑检查即检查数据是否有悖常理、有无不切实际或不符合逻辑的地方，各项目或数字之间有无相互矛盾的现象。比如，一张调查表中，年龄是9 岁，职业是教师，其中必有一项是错误的。又如，若在某劳动密集型行业的报表中，企业规模为大型，而职工人数则是 100 人，这其中也必有一错。②计算检查。即检查各项数据在计算结果和计算方法上有无错误。比如各分项数字之和是否等于相应的合计数，各结构比例之和是否等于 1 或 100%，出现在不同表格上的同一指标数值是否相同，等等。

对审核过程中发现的不符合要求或出现错误的数据应尽可能予以修正或进行弥补，如果不能予以修正又无法弥补，就要予以剔除。

2. 数据的排序

数据排序是按一定顺序将数据进行排列，以便于研究者通过浏览数据发现一些明显的特征或趋势，有助于查找所需数据，找到解决问题的线索。除此之外，排序还有助于对数据检查纠错，为重新归类或分组等提供依据。

3. 数据的筛选

筛选就是在众多数据中找出符合条件的数据，以供进一步的分析和使用，即过滤掉不符合条件的数据，留下满足条件的数据。数据筛选在整个数据处理流程中处于至关重要的地位，尤其是在大数据环境下，数据量快速积累，要想分析出海量数据所蕴含的信息，就必须筛选出有价值的数据。

3.1.2　统计分组

通过前一节的学习，我们知道了如何对所收集的数据进行审核与筛选，而统计整理主要是对调查所得到的原始数据进行分类、汇总，为了保证分类、汇总的合理性，就必须采用科学的方法将这些数据划分为若干性质不同的组或类，这种方法就是统计分组。

1. 统计分组的概念

统计分组就是根据被研究现象总体的内在特点以及统计研究的目的，将总体按照一定的标志分为若干个性质不同的组成部分。例如：根据年生产能力可将工业企业划分为大型、中型、小型企业 3 类，根据居住地域可将居民分为城市和乡村两组，按成绩可将学生分为优、良、中、及格、不及格 5 个组。显然，统计分组是在总体内进行的一种定性分类，它把总体划分为一个个性质不同的范围更小的总体。

统计分组对总体而言是"分"，即将总体区分为若干性质不同的组；对总体单位而言是"合"，即将性质相同的总体单位合为一组。统计分组的目的在于把同质总体中具有不同性质的单位分开、将性质相同的单位合并，以保持组内数据的一致性和组间数据的差异性。

59

2.统计分组的作用

统计分组不仅是统计整理的基础,也是认识深化的重要手段,在统计工作的全过程被普遍运用。统计分组在统计研究中的作用,主要体现在以下3个方面。

(1)划分现象的类型

统计分组是在研究总体内部进行的一种定性分类。社会、经济、自然等现象虽然复杂多样,但客观上存在着各种不同的类型,各种不同类型的现象又有着各自的运动形式和本质特征。因此,利用统计分组可将现象区分为各种性质不同的类型,以便研究各类现象的数量差异和特征以及相互关系。例如,国民经济按产业分组,农业分成农、林、牧、渔业各组,社会商品零售额按商品用途分组,企业按所有制分组。这些分组也叫类型分组。

(2)揭示现象的内部结构

通过统计分组,可以计算出各组数值在总体数值中所占的比例,以反映现象内部的构成,说明现象总体的基本性质和特征。同时,对现象内部结构的变化进行动态研究,还可以反映现象总体结构发展变化的过程、趋势和规律。如表3.2所示,我国7次人口普查的人口年龄构成资料不仅反映了每次人口普查的年龄结构现状,而且揭示了我国人口年龄结构的变化趋势。

表 3.2 我国 7 次人口普查的人口年龄构成表

年龄/岁	占比/%						
	1953 年	1964 年	1982 年	1990 年	2000 年	2010 年	2020 年
0~14	36.3	40.7	33.6	27.5	22.9	16.6	17.9
15~64	59.3	55.7	61.5	66.7	70.1	74.5	65.7
65 以上	4.4	3.6	4.9	5.8	7.0	8.9	16.4
合计	100.0	100.0	100.0	100.0	100.0	100.0	100.0

资料来源:国家统计局网站。

(3)分析现象之间的依存关系

客观现象通常是一个复杂的整体,彼此之间有差异,但同时存在相互依存、相互联系、相互制约的关系。利用统计分组,可以揭示现象之间这种依存关系的存在,以及对现象发展过程中的影响程度。如农作物的施肥量与亩产量、家庭的收入与生活费支出、商品的价格与需求量等,都在一定程度上存在相互依存的关系。所有这些依存关系,都可通过统计分组分析出它们之间的内在规律性。如表3.3所示,反映了恩格尔系数与家庭富裕程度之间的规律。

表 3.3 恩格尔系数与家庭的富裕程度

恩格尔系数/%	20 以下	20~40	40~50	50~60	60 以上
家庭富裕程度	非常富裕	富裕	小康	勉强度日	绝对贫困

这是联合国曾对恩格尔系数的数量界限给予的设定，即通常所说的恩格尔定律。

3. 统计分组的原则

（1）穷尽原则

穷尽原则就是使总体中的每一个单位都应有组可归，或者说各分组的空间足以容纳总体中所有的单位。例如，若将从业人员按文化程度分组，分为小学毕业、中学毕业（含中专）和大学毕业 3 组，那么，文盲或识字不多的以及大学以上的学历者则无组可归；如果将此分组适当调整为文盲及识字不多、小学程度、中学程度、大学及大学以上，这样分组就可以包括全部从业人员的各种不同层次的文化程度，符合了分组的穷尽原则。

（2）互斥原则

互斥原则就是在特定的分组标志下，总体中的任何一个单位只能归属于某一组，而不能同时或可能归属于几个组。例如，某商场把服装分为男装、女装、童装 3 类，这就不符合互斥原则，因为童装也有男、女装之分。若先把服装分为成年与儿童两类，然后每类再分为男、女两组，这就符合互斥原则了。

4. 统计分组的种类

（1）按分组标志不同，统计分组可分品质分组与数量分组

品质分组就是选择反映事物属性差异的品质标志进行分组，亦即对非数值型数据进行分组，包括对分类数据的分组与对顺序数据的分组。分类数据的分组比较简单，只要将这些数据进行排序，找出不同的数据，然后将这些不同的数据分为不同的组即可。如人口的性别数据可以分为"男""女"两组，饮料的品牌数据可分为"百事可乐""可口可乐""雪碧""芬达""七喜"等若干组。顺序数据的分组与分类数据的分组基本相同，只是要注意数据之间的逻辑关系，各组的数据必须是有序排列。如学生对老师的满意度数据只能按"非常满意、满意、一般、不满意、非常不满意"或"非常不满意、不满意、一般、满意、非常满意"的顺序来分组；产品的等级数据按"一等品、二等品、三等品……"来分组。

数量分组就是选择反映事物数量差异的数量标志进行分组，亦即对数值型数据进行分组。如人口按年龄、受教育年限、生活费支出等分组，企业按工人人数、年生产能力、利税额等分组。各组变量值应有序排列。

（2）按每组变量值的取值范围不同，统计分组可分为单项分组与组距分组

单项分组就是将一个变量值（数据）作为一组，适用于分类数据、顺序数据以及对变动范围不大、不同变量值个数不多的离散型数据进行分组。有多少个不同的变量值就分为多少个组。如企业按所有制形式可分为国有与非国有两组，大学生按政治面貌可分为群众、团员、党员 3 组，家庭按子女人数可分为 0 人、1 人、2 人、3 人等组。

组距分组就是将变量值的一个区间作为一组，只适用于数值型数据，一般用来对连续型数据或变动范围较大、不同变量值个数较多的离散型数据进行分组。如学生按成绩可分为：60 分以下、60~70 分、70~80 分、80~90 分、90 分以上 5 个组。每个组的最大值为组的上限，最小值为组的下限；上、下限都有的组称闭口组，缺少下限或上限的组称开口组；每个组的上限与下限间的距离称为组距，即组距＝上限－下限。开口组组距通常以相邻的闭口组组距为标准来衡量；每组组距都相等的分组称等距分组，不完全相等的分组称不等距分组。上下限之间的中点数值称为组中值，即闭口组的组中值＝（上限＋下限）/2＝下限＋组距/2＝上限

–组距/2，缺下限的开口组组中值＝上限–邻组组距/2，缺上限的开口组组中值＝下限+邻组组距/2。

进行组距分组时需要处理好的问题：①要处理好组数与组距的问题。组数就是分组的数目。实际工作中，组数的确定主要凭经验；也可按不同的组数进行试验，比较其次数分布，看哪一个能够更好地显示出分组数据的特征；还可以根据美国学者斯特杰斯（Sturges）创立的经验公式，即 $k = 1 + 3.3 \lg N$ 来确定组数。组数一旦确定，就可以根据全距（全部变量值的最大值与最小值之差）确定组距，即组距＝全距/组数，宜采用 5 或 10 的倍数。在全距一定的情况下，组数越多，组距就越小；反之，组距就越大。组距分组可以进行等距分组，也可以进行不等距分组。对某组数值型数据是进行等距分组还是异距分组，这取决于变量值的分布状况及其研究目的。如果变量值的分布比较均匀，则采用等距分组；如果变量值的分布很不均匀，则采用异距分组。一般采用等距分组。②要处理好组限的问题。组限是区分事物质的差别的数量界限。组限确定得好，就能充分体现分组的作用，划清组与组之间的质的差别，否则就有可能混淆现象之间的本质区别。在具体确定组限时要考虑以下问题：第一，最小组的下限应低于最小变量值，而最大组的上限应高于最大变量值，但不应过于悬殊，如果变量值中存在极大值或极小值，宜采用"……以上"或"……以下"的开口组。第二，在划分离散型数据的组限时，相邻组的组限可以间断，采用不同数值，如表 3.1 中的人口按年龄（实周岁）分组；也可以不间断，采用同一数值，如教学班级按学生人数可分为 30 人以下、30～60 人、60～90 人、90～120 人、120 人以上 5 组。在划分连续型数据的组限时，相邻组的组限必须重叠，如学生按成绩可分为 60 分以下、60～70 分、70～80 分、80～90 分、90～100 分 5 组。至于既是上限同时又是下限的变量值应该归属哪一组呢？习惯上遵循"上限不在内"的原则，即既是上限同时又是下限的变量值一般只归属于是下限的那一组。

此外，还需注意的是：①对于相邻组组限不同的统计分组，如某车间的生产班组按职工人数可分为 10 人以下、11～16 人、17～22 人、23～28 人等 4 个组，其组距、组中值应以相邻组的下限代替邻组的上限来计算，或用相邻组的上限代替邻组的下限来计算；②在计算平均指标或进行其他统计分析时，应以组中值来代表各组变量值的一般水平。当各组变量值均匀分布时，组中值等于各组变量值的平均值，其代表性最高。

（3）按分组标志的多少及排列方式，统计分组可分为简单分组、平行分组与复合分组

简单分组是指只按一个分组标志对所研究的总体进行分组，如人口按性别分为男、女两组，企业按年生产能力分组，投资项目按投资额分组，学生按学科成绩分组。简单分组只能说明现象在某一方面的状况。

平行分组是平行分组体系的简称，是指按两个或两个以上的标志平行排列对同一总体进行分组。平行分组可以比较全面地反映总体特征，如学生总体按性别、年龄、民族等标志分组且同时平行排列，如表 3.4 所示。

表 3.4　学生总体的平行分组

性别		年龄/岁			民族	
男	女	14～16	17～19	20～22	汉族	少数民族

复合分组是指按两个或两个以上的标志层叠排列对同一总体进行分组，即将总体按第一个标志分组后，才能在此基础上按第二个标志进行分组，依次再按第三、第四个标志分组，如表 3.5 所示。各分组标志联系密切，其分组时的先后顺序不同，分组的结果也不一样。

表 3.5　学生总体的复合分组

第一标志/政治面貌	第二标志/民族	第三标志/性别
党　员	汉族	男
		女
	少数民族	男
		女
团　员	汉族	男
		女
	少数民族	男
		女
群　众	汉族	男
		女
	少数民族	男
		女

3.1.3　数据的汇总

数据的汇总就是将调查数据经过检查审核和科学分组后，把分配到各组的单位数累加，计算出各组的单位数和总体的单位数，同时把分配到各组中的各单位的标志值累加(限于数值型数据)，计算出各组和总体的标志值之和的工作过程。

由于需要汇总的数据繁多、范围广，而且对汇总数据也有不同的要求，所以需要采取合理的组织形式和方法，保证数据汇总工作的顺利进行。

1. 数据汇总的组织形式

数据汇总的组织形式基本上有 3 种，即逐级汇总、集中汇总、综合汇总。

(1)逐级汇总

逐级汇总就是按照一定的统计管理体制，自下而上逐级汇总统计数据，也称分级汇总。我国现行的统计报表主要采用这种形式。其优点是便于就地查对审核调查数据，及时满足各地区、各部门对统计数据的需要。其缺点在于汇总的层次多，需反复转录数据，发生登记性误差的可能性较大，而且费时较多，影响数据的时效性。

(2)集中汇总

集中汇总就是将全部调查数据集中到组织统计调查的最高一级机关进行统一汇总。其优点是时效性好，而且便于采用电子计算机汇总，使汇总的结果更加准确，同时可减少基层单位逐级汇总的工作量。其缺点是原始数据如有差错不能就地更正，而且汇总的数据不能及时满足各地区、各部门的需要。

(3)综合汇总

综合汇总是将上述两种组织形式结合使用的汇总形式，即将各地区、各部门所需要的最基本的统计数据实行逐级汇总，同时又将全部原始数据实行集中汇总。这种做法兼有上述两种汇总方法的优点，但不足之处是所耗费的人力、物力和财力较多。我国目前的人口普查资料就是采用这种组织形式汇总的。

随着计算机的普及，借助现代计算机技术和网络技术可以实现各级统计部门汇总的同步进行，因此，逐级汇总、集中汇总、综合汇总的含义也将发生变化。比如，采用逐级汇总方式进行数据汇总时，只要各基层单位将原始数据输入计算机数据库，各级汇总工作可同时展开，上级部门的汇总工作也不再需要等到下一级部门的汇总工作结束之后才能进行。

2.数据汇总的方法

选用合适的汇总方法可以提高汇总工作的效率和质量。在我国统计汇总工作中，采用的统计汇总方法有手工汇总(叠加汇总、过录汇总、画点画线汇总)和电子计算机汇总。面对小批量数据可以采用手工汇总，但面对大批量数据时，需要采用电子计算机汇总。

用计算机汇总数据的主要方法：①条件计算函数。常用的条件计算函数有两个：一个是Countif 函数，它可用于分类计数汇总；另一个则是 Sumif 函数，它可用于分类求和汇总。②Frequency 函数。它是统计数据出现频率的函数。这个函数若配合数组函数，便可以对数值数据按不同数据段进行分类计数汇总。③分类汇总。它是对数据列表按一个变量或几个变量进行分类，将同类别数据放在一起，并分别为各类数据进行统计汇总，如求总和、平均值、最大值、最小值、对数据个数进行计数等。④直方图工具。它可用于在给定工作表中的数据单元格区域和接收区间(单项分组的变量值或组距分组的上限值所在列区间)计算各组数据的个数和累积频率。⑤数据透视表。它用一个专门对数据进行分类汇总的数据框架表来完成。这个数据框架表由行字段区、列字段区、数据项区和页字段区 4 个框架区组成。行字段区和列字段区的作用是分类，数据项区的作用是汇总(汇总有求和、求平均、计数等多种方式)，页字段区的作用则主要是分类筛选。无论是哪个区域，操作都是相同的，都是将字段列表中的字段名(变量)拖拽至相应的位置即可。前两种方法相对比较简单，只要具备 Excel 与SPSS 的基本知识就可自行操作；后 3 种方法相对比较复杂，其具体内容详见后文"3.3 Excel和 SPSS 在统计数据整理与显示中的应用"一节。

3.数据汇总的方式

数据汇总的方式按汇总后得到的结果不同有很多种，在此主要介绍 3 种：①计数汇总，即汇总各组的总体单位的个数，最终合计为总体单位总量。它是研究总体在分组标志上的一般分布状况的直接依据和基础，也是进一步深入分析的重要依据。②求和汇总，也就是加总在各组的绝对数形式的标志值，最终合计为总体标志总量。③平均值汇总，也就是在汇总各组单位数和标志总量的基础上，将各组标志总量与各组单位数相除。

3.1.4　数据的频数分布

1.频数分布的概念及构成要素

将调查数据经过科学的分组和汇总后，就可以得出反映总体各组数量特征的指标数值，将这些指标数值按组的顺序排列而形成的数列就是分布数列，即分组数据。其中将分组整理后得到的各组单位数按组的顺序排列而形成的数列就是频数分布数列，简称频数分布。频数分布是数据整理后得到的重要结果。编制频数分布的目的是反映总体中所有单位在各组数据间的分布情况，以揭示原始数据隐藏的真相。

频数分布由两个基本要素构成：一是各组变量值，可以是一组一个变量值(文字、数字皆可)，也可以是一组为一定范围的变量值(只可能是数字)；二是总体单位在各组中出现的次数，也可以说是各组数据的个数，亦称频数，如表 3.6 所示。

表 3.6　某班学生数学成绩的分布情况

按成绩分组/分	学生人数/人	累计学生人数/人	学生比例/%	累计学生比例/%
60 以下	5	5	10	10
60~70	9	14	18	28
70~80	13	27	26	54
80~90	15	42	30	84
90~100	8	50	16	100
合计	50	—	100	—

在频数分布的基础上，计算各组的频数与总频数的比值，称比例或频率，通常用"%"表示，各组频率之和必须等于 1 或 100%。为了统计分析的需要，有时还需要观察某一变量值以上或以下的频数之和。从表 3.6 可以看出，该班学生的数学成绩还不错。虽然不及格者有 5 人，占全班学生的 10%，但 90 分以上者有 8 人，占 16%；80~90 分的学生最多，共 15 人，占 30%。学生成绩呈现出一种近似"两头小，中间大"的钟形分布特征。但如果需要了解 80 分以上或以下的学生有多少，在该班占多大比例时，就得通过计算累计频数或累计频率来解决。

计算累计频数或累计频率的方法有两种：一是从变量值最小组的频数或频率开始依次向变量值最高组的频数或频率进行累计，这种方法称为向上累计，其累计结果反映每组变量值或每组变量值上限以下的频数或频率的大小；二是从变量值最大组的频数或频率开始依次向变量值最低组的频数或频率进行累计，这种方法称为向下累计，其累计结果反映每组变量值或每组变量值下限以上的频数或频率的多少。在统计实践中，应该根据研究的需要选择向上累计或向下累计，如成绩分布、收入分布。如果想了解低水平的个体所占比例，则按向上累计；如果想了解高水平的个体所占比例，则按向下累计。例如满意度，可能想了解"不满意"的比例，也可能想了解"满意"的比例，假设分为五级或以上，这就需要计算累计频率了。如在表 3.6 中,该班学生数学成绩在 80 分(上限)以下的学生共有 27 人,占全班人数的 54%。

2.频数分布的种类

频数分布是在统计分组的基础上形成的,不同的统计分组可以得到不同的频数分布。
(1)根据分组标志不同,可以分为品质分布数列和数量分布数列

品质分布数列是指按品质标志分组所形成的频数分布,也就是对非数值型数据进行分组整理后得到的频数分布,亦即非数值型数据的频数分布。它包括分类数据的频数分布(如表 3.7 所示)与顺序数据的频数分布(如表 3.8 所示)。

表 3.7　某超市某日出售的 50 瓶饮料品牌的频数分布

饮料品牌	频数/瓶	频率/%
可口可乐	15	30
旭日升冰茶	11	22
百事可乐	9	18
汇源果汁	6	12
露露	9	18
合 计	50	100

从表 3.7 可以看出,该超市当日出售的 50 瓶饮料中,可口可乐最多,占 30%;汇源果汁销售最少,只有 6 瓶,仅占 12%。

表 3.8　某省 2020 年部分城镇居民收入高低的频数分布

按收入高低分组	调查人数/人	累计调查人数/人	比例/%	累计比例/%
最低收入	418	418	11.52	11.52
低收入	398	816	10.97	22.49
中下收入	763	1579	21.03	43.52
中等收入	738	2317	20.34	63.86
中上收入	693	3010	19.10	82.96
高收入	313	3323	8.63	91.59
最高收入	305	3628	8.41	100.00
合 计	3628	—	100.00	—

从表 3.8 可以看出,为了解该省 2020 年就城镇居民收入的高低,调查了 3628 人,其中最低收入者占 11.52%,最高收入者占 8.41%,中下收入者所占比例最高,为 21.03%,中等收入及以下者占 63.86%,说明该省 2020 年城镇居民的收入水平绝大多数在中等以下。

数量分布数列是指按数量标志分组所形成的频数分布，也就是对数值型数据进行分组整理后得到的频数分布，亦即数值型数据的频数分布(如表 3.6 所示)。

(2)按每组变量值的取值范围，可分为单项数列与组距数列

单项数列是单项分组的频数分布数列的简称，它是在单项分组的基础上形成的频数分布。非数值型数据(分类数据和顺序数据)整理后都能得到单项数列，如表 3.7、表 3.8 所示。对于变动范围不是很大、相同变量值又比较多的离散型数据，通过整理后也可以得到单项数列，如表 3.9 所示;但对于连续型数据，为了避免数据的遗漏，整理后不宜编制单项数列，而应该编制组距数列。

表 3.9　某车间 50 名职工的家庭人口分布

子女人数分组/人	户数/户	比例/%
0	9	18
1	35	70
2	5	10
3	1	2
合计	50	100

组距数列是组距分组的频数分布数列的简称，是在组距分组的基础上形成的频数分布。组距相等的频数分布数列称为等距数列，组距不等的频数分布数列称为异距数列。组距数列不适用于非数值型数据，只有数值型数据经整理后才有可能编制组距数列。如 50 名学生的数学考试成绩，我们可以将每个不同的变量值作为一组编制单项数列，但因不同的变量值太多，变量值的分布特征不明显，一般应将这种变动范围比较大、不同变量值又多的数据编制组距数列。表 3.6 就是根据某班 50 名学生数学考试成绩编制的等距分组数列。

此外，根据分组标志的多少及其排列方式，频数分布还可分为简单分组的频数分布、平行分组的频数分布以及复合分组的频数分布。简单分组的频数分布只能从一个方面反映总体各单位的分布情况;平行分组的频数分布可以同时从多个角度分析总体各单位的分布特征;复合分组的频数分布不仅可以同时从多个角度分析总体各单位的分布特征，还可以更深入、更全面地分析现象的特征和规律。

3. 频数分布的类型

频数分布是统计分析的一种重要方法。由于社会经济现象性质不同，各种统计总体各有不同的频数分布，形成各种不同类型的分布特征。常见的频数分布类型有 3 种:钟形分布、"U"形分布和"J"形分布。

(1)钟形分布

钟形分布是一种极为常见的频数分布，其特点是"两头小，中间大"，即较大变量值和较小变量值分布的频数较少，中间变量值分布的频数则较多，宛如一口中央隆起、两边低垂的古钟，如图 3.1 所示。

在自然或社会经济现象中，有许多频数分布属于钟形分布。例如，学生对老师的满意情

况、学生的成绩，人的体重、身高，居民的货币收入，单位面积的农产品产量，市场价格等现
象都属于钟形分布。

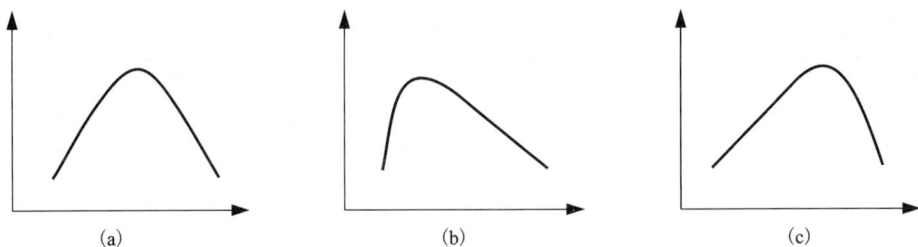

图 3.1　钟形频数分布示意图

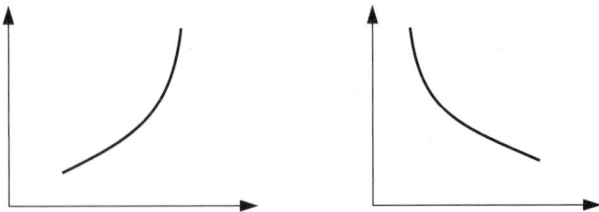

图 3.1(a)的分布特征是以标志变量的中心值为对称轴，左右两侧对称，两侧变量值分布
的频数随着与中间变量值距离的增大而渐次减少。在统计学中，称这种分布为对称分布。客
观实际中，许多社会经济现象总体的频数分布都趋向于对称分布中的正态分布。正态分布是
描述统计中的一种主要分布，它在社会经济统计分析中具有重要的意义。

图 3.1(b)、(c)为非对称分布，它们各有不同方向的偏态，即右偏分布和左偏分布。偏
态曲线的尾巴拖向右边的频数分布称正偏(或右偏)分布，如图 3.1(b)所示；偏态曲线的尾
巴拖向左边的频数分布称负偏(或左偏)分布，如图 3.1(c)所示。例如，人均收入分配就是
一个右偏分布，即低收入的人数较多，因而在左边形成高峰，而高收入的人数较少，且收入
越高的人越少，在右边形成一个细长的尾巴。

(2)"U"形分布

"U"形分布又称生命曲线或浴盆曲线，其形状与钟形分布相反，靠近中间的变量值分布
频数少，靠近两端的变量值分布频数多，形成"两头大，中间小"的"U"形分布，如图 3.2 所
示。如人口死亡率分布，一般是幼儿和老人死亡率高，而中青年死亡率低。产品故障和报损
情况也有类似的分布规律。

(3)"J"形分布

J形分布有两种类型，一种是频数随着变量值的增大而增多，如投资按利润率大小分布；
供给曲线表现为随着价格(横轴)的增加，供给量(纵轴)以更快的速度增加。另一种呈反"J"
形分布，即频数随着变量值的增大而减少，如随着产品产量的增加，产品单位成本下降；需
求曲线表现为随着价格(横轴)的增加，需求量(纵轴)以较快的速度减少。如图 3.3 所示。

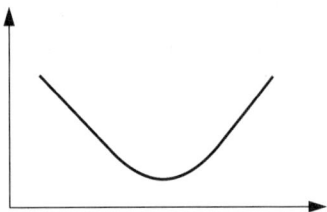

图 3.2　U 形频数分布示意图　　　　　图 3.3　J 形频数分布示意图

3.2　统计数据的显示

统计图表是调查数据经过整理后最为常用的表现形式。其最大的特点就是概括性强，不仅可以节省大量文字叙述，便于资料的积累和比较分析，而且更为集中醒目，条理分明，给人一种一目了然的印象。

3.2.1　统计表

1.统计表的概念和结构

统计表可分为广义统计表和狭义统计表两种。广义统计表包括统计工作各个阶段所用的一切表格，如调查表、汇总整理表、分析表等。狭义统计表专指显示统计整理结果的表格，也就是把通过整理的调查数据，使其成为得以说明现象总体数量特征的分组数据，并按一定顺序排列而形成的表格。人们通常所说的统计表就是指狭义统计表，尤其是反映频数分布的统计表(简称频数分布表)。

统计表的结构，可以从形式和内容两个方面来认识。

①从形式上看，统计表是由纵横交叉的线条组成的一种表格，如表 3.10 所示。表格包括总标题、横行标题、纵栏标题和数字资料 4 个部分。总标题是统计表的名称，简明扼要地说明该表的基本内容、指标的时间和范围，放在表格的上方。横行标题是横行的名称，一般放在表格的左边，用以表明总体或各组的名称。纵栏标题是纵栏的名称，一般放在表格的右上方，用以说明总体或各组的各项数字资料的名称即统计指标的名称。数字资料是说明总体数量特征的各项指标数值，列在横行和纵栏的交叉处。

表 3.10　2020 年底某地区从业人员的产业分布情况

按产业分组	从业人员数(人)	占全部从业人员的比例(%)
第一产业	35575	50.00
第二产业	16009	22.50
第三产业	19566	27.50
合计	71150	100.00

②从内容上看，统计表是由主词和宾词两个部分组成的。主词是统计表所要说明的总体及其组成部分，宾词是统计表用来说明总体数量特征的各个统计指标及其数值。主词一般放在表的左边，位于横行标题的位置；宾词一般放在表的右方，位于纵栏标题和数字资料的位置。必要时主词和宾词可以互换位置或合并排列。

2.统计表的种类

常见的统计表主要有以下几种。

（1）显示未分组数据的统计表

显示未分组数据的统计表称为简单表，表中横标题为总体各单位的名称或有序排列的时间，如表 3.11 所示。简单表应用得很普遍，但反映的问题比较粗略，难以深入说明问题。

表 3.11　我国近十年的国内生产总值　单位：万亿美元

年份	GDP/亿美元	年份	GDP/亿美元
2011 年	7.55	2016 年	11.23
2012 年	8.53	2017 年	12.31
2013 年	9.57	2018 年	13.89
2014 年	10.48	2019 年	14.28
2015 年	11.06	2020 年	14.72

资料来源：快易理财网 https://www.kylc.com。

（2）显示分组数据的统计表

根据分组标志的多少及其排列方式，统计表可分为简单分组表、平行分组表和复合分组表。

①简单分组表

简单分组表是对总体进行简单分组的统计表，如表 3.10 所示，可以从从事的产业方面反映 2020 年底该地区城乡从业人员的分布情况。

②平行分组表

平行分组表是对总体选择两个或两个以上标志进行平行分组的统计表，如表 3.12 所示。平行分组表可以较为深入地分析现象本质及其发展规律。

表 3.12　2020 年末某地区人口统计表

按城乡与性别分组		人口数	
		绝对数/万人	比例/%
全地区人口合计		4257	100.00
按城乡分组	城镇	1068	25.09
	乡村	3189	74.91
按性别分组	男性	2117	49.73
	女性	2140	50.27

③复合分组表

复合分组表是指对总体进行复合分组的统计表,也称复合表,如表 3.13 所示。复合表便于更深入、更有条理地分析现象的特征和规律。在复合分组表中设计横行标题时,应在第一次分组的各组组别下退一、二字填第二次分组组别,此时第一次分组组别就成为第二次分组组别的各组小计。若需要再进行第三、四次分组,均可按此类推。

表 3.13　2020 年末某地区人口统计表

按城乡与性别分组	人口数	
	绝对数/万人	比例/%
全地区人口总计	4257	100.00
城镇	1068	25.09
男性	516	12.12
女性	552	12.97
乡村	3189	74.91
男性	1601	37.61
女性	1588	37.30

3. 统计表的设计

要使统计表既能正确地反映社会经济现象的数量特征,又能使人们易于了解其内容,得出明确的结论,那么在设计统计表时,应该遵循简练、明确、科学、实用、美观、便于比较的原则,并注意以下事项。

(1)统计表的总标题、横行标题和纵栏标题均应简明扼要,以简练而又准确的文字表述统计资料的内容、资料所属的空间和时间范围。

(2)统计表应设计成由纵横交叉线条组成的长方形表格,长与宽之间宜保持适当的比例。

(3)统计表的上下端应以粗线绘制,表内纵横线以细线绘制。表格的左右两端一般不划线,采用"开口式";列标题之间在必要时可用竖线分开;行标题之间通常不必用横线隔开。

(4)统计表各纵列若需合计时,一般应将合计列在最后一行;各横行若需要合计时,可将合计列在最前一栏或最后一栏。

(5)如果统计表中的栏数较多,则应按顺序编号。习惯上主词栏部分以"甲""乙""丙""丁"……为序号,宾词栏以"(1)""(2)""(3)"、"(4)"……为序号。

(6)统计表中的数字应该填写整齐,同类数字的位数要统一,且数字处不应留有空格。当数字因小可略而不计或数字为零时应填写"0";不应有数字的格内要用符号"—"表示;当缺某项数字资料待查时,可用符号"…"表示;如果某项数据与其上、下、左、右相同时,应全部填写,不得用"同上"等表示。

(7)统计表必须注明数字资料的计量单位。当统计表内所有数据的计量单位相同时,可以把计量单位写在表的右上方;如果统计表内指标数值的计量单位不同,可在表内设置计量单位栏,也可在指标名称后直接标明计量单位。

(8)为保证统计资料的科学性与严肃性,在统计表的下方,应注明资料来源,以便查考,必要时应加注解或说明。

3.2.2 统计图

1.统计图的概念和结构

(1)统计图的概念

统计图是以图形形象地表现统计数据的一种形式。用统计图表现统计数据,具有鲜明醒目、生动直观、易于理解的特点。统计图可以揭示现象的内部结构和依存关系,显示现象的发展趋势和分布状况,有利于进行统计分析与研究。

(2)统计图的结构

统计图一般包括以下几部分:①标题,统计图一般包括图标题、数值轴(x、y)标题;②坐标轴和网格线,坐标轴和网格线构造了绘图区的骨架,借助坐标轴和网格线,我们可以更容易读懂统计图;③图表区和绘图区,统计表的所有内容都在图表区内,统计图绘制在绘图区内;④图例,图例用来标明图表中的数据系列,有时统计图中的数据系列可能有多个,我们可以用不同颜色、形状的图例来区别不同的数据系列。

2.统计图的种类

统计图的种类很多。常用的统计图有显示分组数据的条形图、直方图、折线图、饼图、圆环图、散点图和显示未分组数据的箱线图、茎叶图等。

(1)显示分组数据的统计图

①条形图

条形图是用宽度相同的条形的高度或长短来表示数据的多少的图形。条形图可以横置或竖置,竖置时也称为柱形图。条形图有单式、复式等形式,主要用于反映分类数据的频数分布,比较数据的多少和大小,也可用于显示顺序数据和离散型数据的频数分布。如图3.4所示是根据表3.7绘制的单式柱形图。

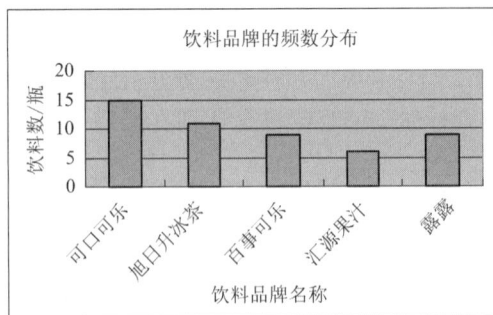

图3.4 饮料品牌分布的柱形图

②直方图

直方图是用一定宽度的长方形的高度来表示频数或频率分布的图形。在平面直角坐标中,横轴表示数据分组,即各组组限,纵轴表示频数或频率。这样各组组距的宽度与相应的频数的高度就可以绘制成一个个竖立的长方形，即直方图。如果是异距数列，则通常按频数密度(频数密度＝频数÷组距)绘制直方图，以表示其分布，以便更准确地反映客观实际情况。因此，从表面上看，直方图是以长方形的高度表示频数，但实际上是以面积来表示频率的。如图 3.5 所示是根据表 3.6 的资料绘制的直方图。

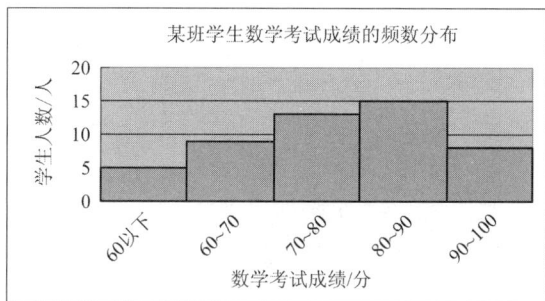

图 3.5　某班学生数学考试成绩分布的直方图

直方图和条形图不同。条形图用条形的高度(竖置时)表示各类别数量的多少，其宽度(表示类别)是固定的，而直方图实际上是用面积(频率)表示数量的多少；直方图中各长方形通常是连续排列，而条形图则是分开排列；直方图只能显示数值型数据，而条形图可以显示任何分组数据。

③折线图

折线图也称频数多边形图，它是在直方图的基础上，把直方图中各长方形顶部的中点(即组中值)用直线连接起来，再把原来的直方图抹掉，就是折线图。折线图也可根据各组组中值与频数求出各组的坐标点，并用折线连接各点而成。折线所覆盖的面积等于直方图各长方形的面积之和，表示总频率。如根据表 3.6 的变量值与频数绘制的折线图如图 3.6 所示。当变量值非常多，分布数列的组数也无限增加时，折线就会越来越光滑，可近似地表现为一条平滑的曲线。

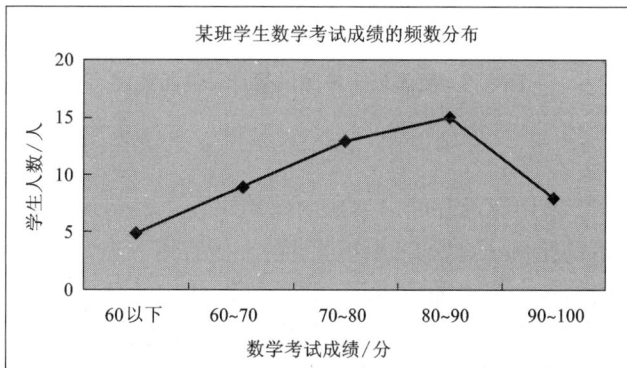

图 3.6　某班学生数学考试成绩分布的折线图

折线图可以用来表示累计频数或累计频率分布，但累计频数分布图的画法和频数分布折线图画法有些不同。画向上累计分布折线图时，从首组开始，将各组的上限与所对应的累计频数或频率用折线连接起来，画向下累计分布折线图时，从末组开始，将各组的下限与所对应的累计频数或频率用折线连接起来。如图 3.7 所示是根据表 3.6 的变量值与累计学生比例（即累计频率）绘制的折线图。

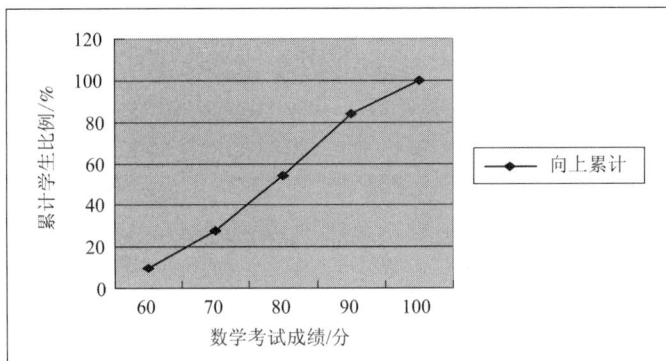

图 3.7　某班学生数学考试成绩的累计频率折线图

在社会经济统计中，折线图主要用于显示时序数据，反映现象的动态变化，如图 3.8 所示。

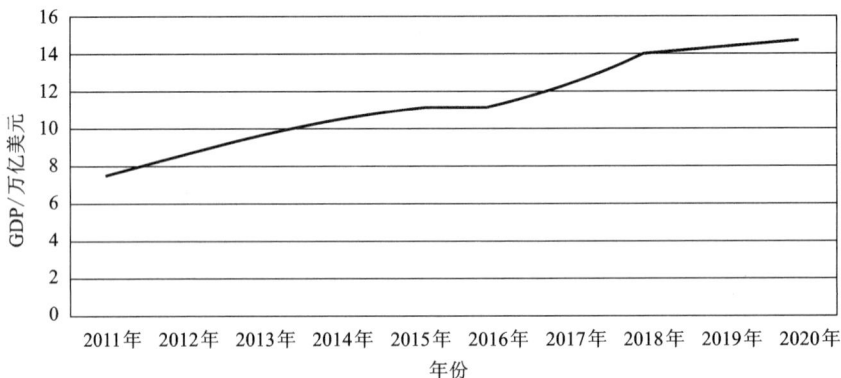

图 3.8　我国近十年国内生产总值折线图

④饼图

饼图又称为圆形图，是用圆形和圆内扇形的面积来表示数值大小的图形，主要用于表示总体中各组成部分所占的比例，对研究结构性问题十分有用。在绘制圆形图时，总体中各部分所占的百分比用圆内的各个扇形面积表示，这些扇形的中心角度是按各部分百分比占 360 度的相应比例确定的。饼图中的每一块"小饼"代表一类标志值（数据），其面积大小代表该类数据在所有数据中所占的比例，比例越大，则"小饼"的面积越大，所有"小饼"加在一起就构成一个完整的圆饼，即表示各组的频率之和为 1。饼图适用于任何分组数据，但更多地应用于分类数据和顺序数据。

如图 3.9 所示是根据表 3.7 的数据做出的不同品牌饮料市场占有率的统计图，从图中可以了解到每一种品牌饮料的市场占有率，其中可口可乐的占有率最高，占 30%。

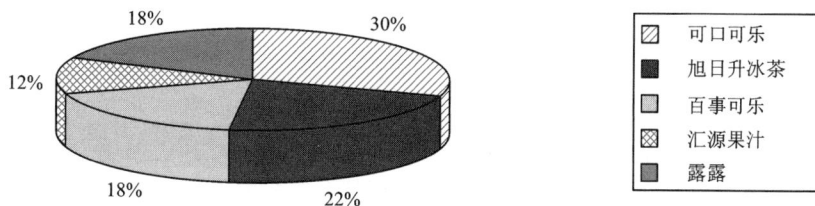

图 3.9　饮料品牌分布的饼图

⑤环形图

　　环形图与圆形图又有区别，环形图中间有一个空洞，总体中的每一部分数据用环中的一段表示。圆形图只能显示每一个总体各部分所占的比例，环形图则可以同时绘制多个总体的数据系列，每一个总体的数据系列为一个环。因此环形图可以显示多个总体各部分所占的相应比例，从而有利于进行比较研究。

　　假如通过整理可得甲乙两城市家庭对住房状况满意程度的频数分布如表 3.14 所示。

表 3.14　甲乙两城市家庭对住房状况满意程度的频数分布

甲城市			乙城市		
满意程度	户数/户	比例/%	满意程度	户数/户	比例/%
非常不满意	24	8	非常不满意	21	7
不满意	108	36	不满意	99	33
一般	93	31	一般	78	26
满意	45	15	满意	65	21
非常满意	30	10	非常满意	39	13
合计	300	100	合计	300	100

据此可绘制环形如图 3.10 所示。

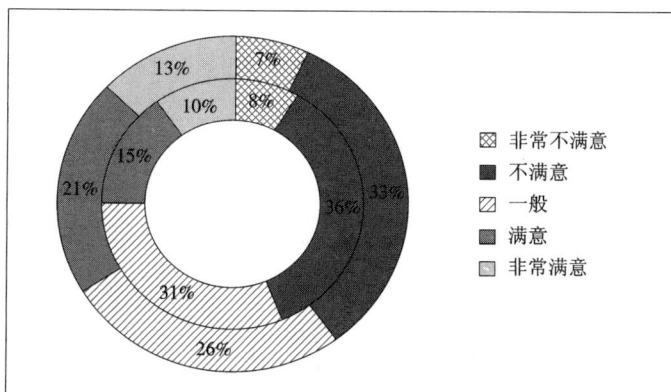

图 3.10　甲乙两城市家庭对住房满意程度构成的环形图

（2）显示未分组数据的统计图

①箱线图

箱线图是由一组数据的 5 个特征值（最大值、最小值、中位数、下四分位数和上四分位数）[1]绘制而成，主要用于显示未分组的原始数据的分布。它由一个"箱子"和两条线段组成。箱线图的绘制方法：首先找出一组数据的 5 个特征值，连接两个四分位数画出"箱子"，再将两个极值点（极小值在左边，极大值在右边）与"箱子"相连接。其一般形式如图 3.11 所示。

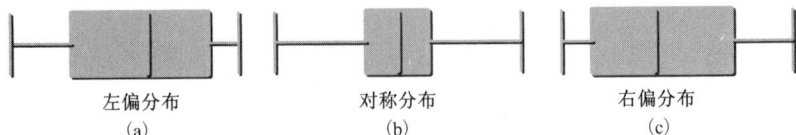

左偏分布   对称分布   右偏分布
（a）   （b）   （c）

图 3.11　不同分布的箱线图

通过箱线图的形状可以看出数据分布的特征。左偏分布的箱线图表示中位数向最大值靠拢，大数据相对集中，小数据相对分散；对称分布的箱线图表示数据在中位数两侧均匀分布；右偏分布的箱线图表示中位数向最小值靠拢，小数据相对集中，大数据相对分散。

对于多组数据，可以将各组数据的箱线图并列比较，如图 3.12 所示。

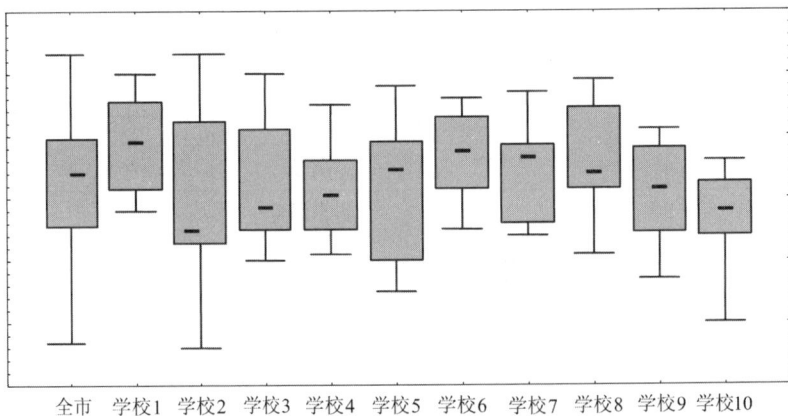

全市　学校1　学校2　学校3　学校4　学校5　学校6　学校7　学校8　学校9 学校10

图 3.12　某市 10 个学校中考成绩的箱线图

不难看出，学校 1 的整体水平是该市最好的，中考成绩相对集中，虽然没有夺得最高分，但半数以上学生成绩高于全市成绩的上四分位数，也就是说有半数以上的学生进入了全市中考成绩排名的前 25%；学校 2 的中考成绩分布极为分散，全市最高分、最低分都在该校，中位数与全市的下四分位数持平，表明有半数学生的成绩位列全市中考成绩排名的后 25%。

②茎叶图

茎叶图也是用于反映未分组的原始数据分布的图形，它由"茎"和"叶"两部分构成，其图

---

[1]　中位数是指一组数据排序后处于中间位置上的变量值；下四分位数是指一组数据排序后处于 25% 位置上的变量值；上四分位数是指一组数据排序后处于 75% 位置上的变量值。

形是由数字组成的。通过茎叶图，可以看出数据的分布形态及数据的离散状况，如分布是否对称、数据是否分散等。

制作茎叶图时，要以该组数据的高位数字作"树茎"，低位数字作"树叶"，"树叶"上只保留一位数字。如"56"分成"5｜6"，"152"分成"15｜2"，"2.56"分成"25｜6"（单位 0.01），等等。前面部分是"树茎"，后面部分是"树叶"。如图 3.13 所示，图中，Frequency 是频数，Stem 是"茎"，Leaf 是"叶"。

Frequency	Stem	&	Leaf
5	5		33456
9	6		124488889
13	7		1246677888899
15	8		123344445666789
8	9		23445689

图 3.13　某班学生考试成绩茎叶图

显然，茎叶图类似于横置的直方图，但彼此又有区别。直方图没有给出具体的数值，只可观察一组数据的分布状况；茎叶图既给出了数据的分布状况，又给出了每一个原始数值，保留了原始数据的信息。此外，在应用方面，直方图通常适用于大批量数据，茎叶图通常适用于小批量数据。

3. 绘制统计图应注意的事项

一个精心制作的统计图是展示数据的有效工具。在设计统计图时，应绘制得尽可能简洁，以便清晰地显示数据，合理表达统计研究的目的。为此，在绘制统计图时要注意以下几点。

①图形的长宽比例要适当，一般为横轴略大于纵轴的长方形，其长宽比例大致为 10∶7，图形过扁或过于瘦高不仅不美观，而且会给人造成视觉上的错觉，不便于对数据变化的理解。

②一般情况下，纵轴数据下端应从 0 开始，以便于比较。若数据与 0 之间的间距过大，可以采取折断的"∥"符号将纵轴折断。

③时间一般绘在横轴，指标数据绘在纵轴。

3.3　Excel 与 SPSS 在统计数据整理与显示中的应用

3.3.1　Excel 在统计数据整理与显示中的应用

应用 Excel 可对统计调查得到的原始数据或二手数据进行分组、汇总，使之条理化、系统化，得到数据整理的结果——频数分布，并用统计图表加以显示。现利用 Excel 2019 整理并显示表 3.1 中的数据。

1. 数据整理前的预处理

利用 Excel 对数据进行分组整理之前，首先要对待整理数据进行预处理，主要是将统计调查得到的原始数据进行排序与筛选。

第 1 步，打开表 3.1 的 Excel 数据源表，如图 3.14 所示。

第 2 步，对待整理数据进行排序。默认排序是 Excel 自带的排序方法。只要在 Excel 数据清单中点击数据所在列的任意单元格，然后单击"数据"菜单下的"升序"或"降序"按钮即可进行排序。对于分类数据与顺序数据，如果是字母型数据，习惯上使用升序，因为升序与字母的自然排列相同；如果是汉字型数据，可以按汉字的首位拼音字母排列，也可按笔画排

图 3.14　某公司在职职工的数据清单

序；对数值型数据则按数值大小排序，一般按升序排序。如果需要按列、按行或按多个关键字来排序，这时需要使用"数据"菜单下面的"排序"按钮来实现。如图 3.15 所示。

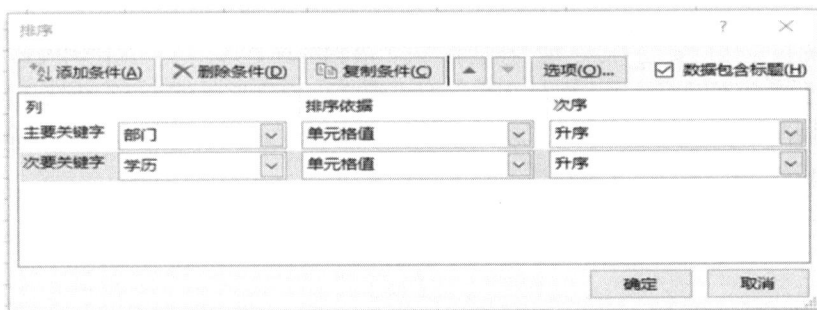

图 3.15　Excel 的数据"排序"对话框

从图 3.15 中可以看出，Excel 2019 能同时提供多个排序依据。在图 3.15 的对话框中，继续单击"添加条件"按钮，可以设置更多的排序条件；单击"删除条件"按钮，可以删除已经选定的条件；单击"　▲　▼　"按钮还可以调整多个条件之间排序的先后关系。

第 3 步，对待整理数据进行筛选。筛选用于海量数据中寻找符合条件的数据时十分有用。在 Excel 2019 版数据清单中，只要点击待处理数据的任一单元格，然后选择"数据"菜单下的"筛选"按钮，就可以根据每列数据变量名旁边的下拉按钮筛选符合条件的数据，即自动筛选。如果需要筛选同时符合多个条件的数据，就需要应用"筛选"命令下的"高级"按钮了，如图 3.16 所示。

图 3.16　Excel 的数据"高级筛选"对话框

高级筛选的关键是条件区域的设置。条件区域的第一行要设置条件的字段名,可以是多个,下面就是有关的条件。每个条件由关系运算符和相应的参数构成。

2. 数据的整理与显示

对数据进行整理与显示需要明确待整理数据的性质。表 3.1 中共有 8 列数据,其中变量"职工编号""姓名"对应的 2 列数据是彼此各不相同的品质数据,没有整理的必要。"部门""婚否"对应的 2 列数据属于品质数据中的分类数据;"学历"对应的数据属于品质数据中的顺序数据;"年龄""工资""奖金"对应的 3 列数据属于数值型数据,其中"年龄"数据可按离散型数据处理。

(1)品质数据的整理与显示

如果数据不多,通过排序与筛选,就可以将数据进行分类,并计算出各组的频数,得到频数分布。在此重点介绍利用 Excel 的"分类汇总"功能将数据归类,然后进行计数汇总,并将计算结果显示出来。现以按"部门"分类,统计各部门的人数为例,具体步骤如下。

第 1 步,必须对要进行分类汇总的变量列数据进行排序。值得注意的是排序的列标题即变量名称称为分类汇总关键字,在进行分类汇总时,只能指定排序后的列标题为汇总关键字。

第 2 步,选择"数据"菜单中的"分类汇总",打开"分类汇总"对话框,选择"部门"变量为分类字段,选择"计数"为汇总方式,在选定汇总项选择"姓名",如图 3.17 所示。

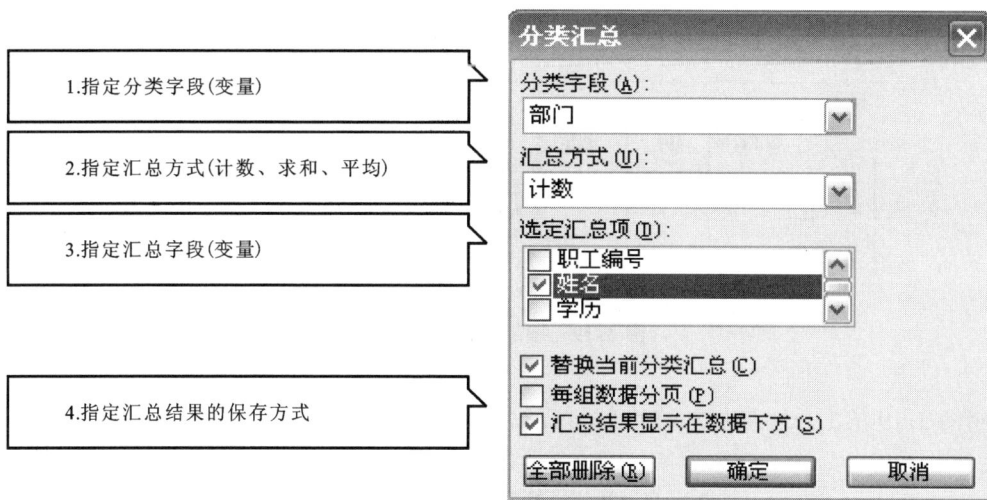

图 3.17　Excel 的"分类汇总"对话框

第 3 步,单击"确定"按钮,即可得到如图 3.18 所示的结果,从汇总和明细两种角度显示数据。

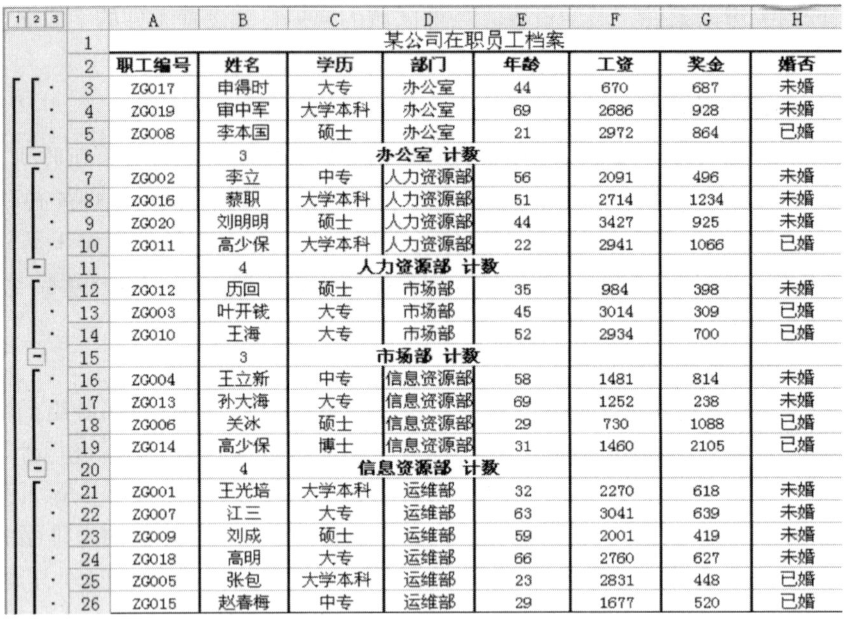

	A	B	C	D	E	F	G	H
1	某公司在职员工档案							
2	职工编号	姓名	学历	部门	年龄	工资	奖金	婚否
3	ZG017	申得时	大专	办公室	44	670	687	未婚
4	ZG019	宙中军	大学本科	办公室	69	2686	928	未婚
5	ZG008	李本国	硕士	办公室	21	2972	864	已婚
6		3		办公室 计数				
7	ZG002	李立	中专	人力资源部	56	2091	496	未婚
8	ZG016	蔡职	大学本科	人力资源部	51	2714	1234	未婚
9	ZG020	刘明明	硕士	人力资源部	44	3427	925	未婚
10	ZG011	高少保	大学本科	人力资源部	22	2941	1066	已婚
11		4		人力资源部 计数				
12	ZG012	历回	硕士	市场部	35	984	398	未婚
13	ZG003	叶开钱	大专	市场部	45	3014	309	已婚
14	ZG010	王海	大专	市场部	52	2934	700	已婚
15		3		市场部 计数				
16	ZG004	王立新	中专	信息资源部	58	1481	814	未婚
17	ZG013	孙大海	大专	信息资源部	69	1252	238	未婚
18	ZG006	关冰	硕士	信息资源部	29	730	1088	已婚
19	ZG014	高少保	博士	信息资源部	31	1460	2105	已婚
20		4		信息资源部 计数				
21	ZG001	王光塔	大学本科	运维部	32	2270	618	未婚
22	ZG007	江三	大专	运维部	63	3041	639	未婚
23	ZG009	刘成	硕士	运维部	59	2001	419	未婚
24	ZG018	高明	大专	运维部	66	2760	627	未婚
25	ZG005	张包	大学本科	运维部	23	2831	448	已婚
26	ZG015	赵春梅	中专	运维部	29	1677	520	已婚

图 3.18　Excel 的分类汇总

第 4 步，单击分级显示符号 1 2 3，+ 和 - 可创建汇总报表。这样可以隐藏明细数据而只显示汇总结果。单击 2 可以得到如图 3.19 所示的结果。

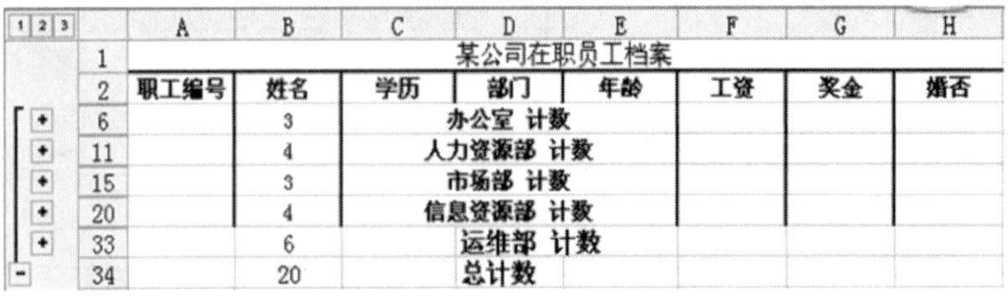

	A	B	C	D	E	F	G	H
1	某公司在职员工档案							
2	职工编号	姓名	学历	部门	年龄	工资	奖金	婚否
6		3		办公室 计数				
11		4		人力资源部 计数				
15		3		市场部 计数				
20		4		信息资源部 计数				
33		6		运维部 计数				
34		20		总计数				

图 3.19　按部门汇总的人数

将图 3.19 的汇总结果稍加修饰就可以得到该公司按部门分组的频数分布，如表 3.15 所示。

表 3.15　某公司员工在各部门的分布情况

按部门分组	人数/人	比例/%
办公室	3	15
人力资源部	4	20
市场部	3	15
信息资源部	4	20
运维部	6	30
合计	20	100

按同样的方法可以得到反映该公司员工婚姻状况以及学历的频数分布，如表 3.16、表 3.17 所示。

表 3.16　某公司员工的婚姻状况

按婚否分组	人数/人	比例/%
未婚	12	60
已婚	8	40
合计	20	100

表 3.17　某公司员工的学历分布

按学历分组	人数/人	累计人数/人	比例/%	累计比例/%
博士	1	1	5	5
硕士	5	6	25	30
大学本科	5	11	25	55
大专	6	17	30	85
中专	3	20	15	100
合计	20	—	100	—

需要注意的是，"学历"是顺序变量，各组的变量值必须有序排列，以便计算累计频数或累计频率。

此外，对于分类汇总中的汇总方式，在汇总方式下拉菜单中还可以选择求和、计数、平均值、最大值、最小值、乘积、数值计数、标准差、方差。

若要取消分类汇总，可单击分类汇总的任一单元格，选择"数据"中的"分类汇总"，在图 3.17 分类汇总对话框中，选择"全部删除"即可取消分类汇总的各项操作。

为了能直观地显示数据，还可以将统计表中的数据用统计图展示出来。利用 Excel 可以将输入到工作表中的数据以图表的形式显示。这些图表与数据所在的工作表之间具有链接关系，修改工作表中的数据时，图表也会随之更新。

现以 Excel 2019 为例，介绍应用表 3.15 的分类数据创建柱形图的基本步骤。

第 1 步，选定数据所在的单元格，或包括含有标题的单元格。

第 2 步，单击"插入"→"图表"选项卡中的"推荐的图表"，在其对话框中选择"所有图表"选项卡，从中选择需要的柱形图样式，单击"确定"，得到如图 3.20 所示的柱形图。

第 3 步，设置图表元素。在图 3.20 的 Excel 柱形图中单击右侧的"+"，可根据需要选择图表元素，如图 3.21 所示。

第 4 步，设置图表格式。双击图表中对应的部分(如长条形)，右侧会显示格式设置界面，进行设置即可，如图 3.22 所示。图表的其他部分设置类似。

第 5 步，通过"图表设计"菜单选项下的子菜单对图表有关内容进行修饰。"图表设计"菜单选项包括"图表布局""图表样式""数据""类型""位置"等 5 个子选项，如图 3.23 所

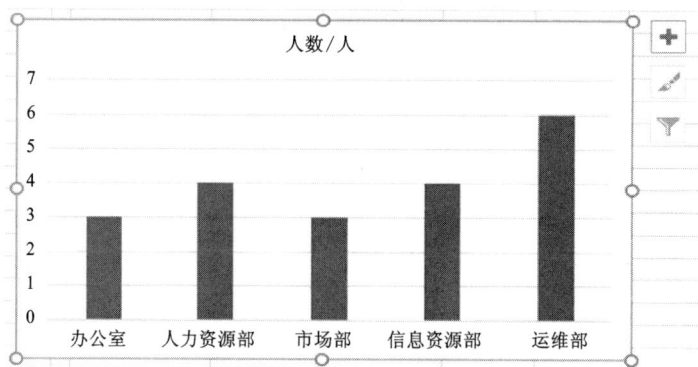

图 3.20   Excel 待修饰的柱形图

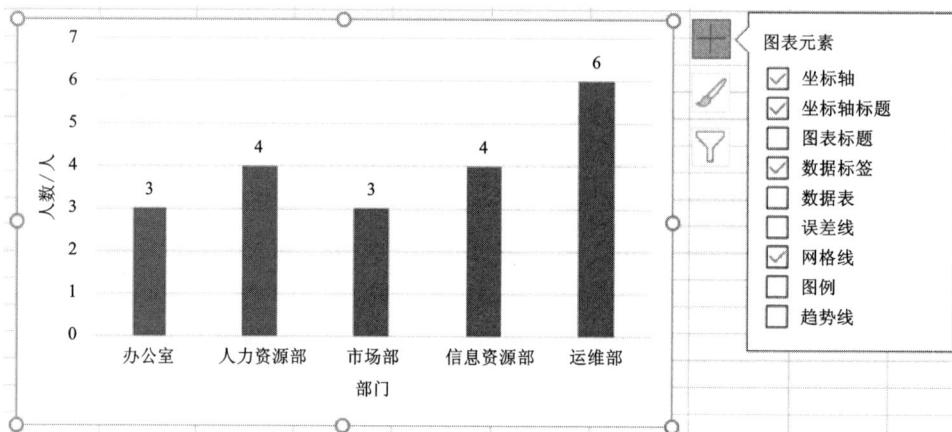

图 3.21   Excel 柱形图图表元素的设置

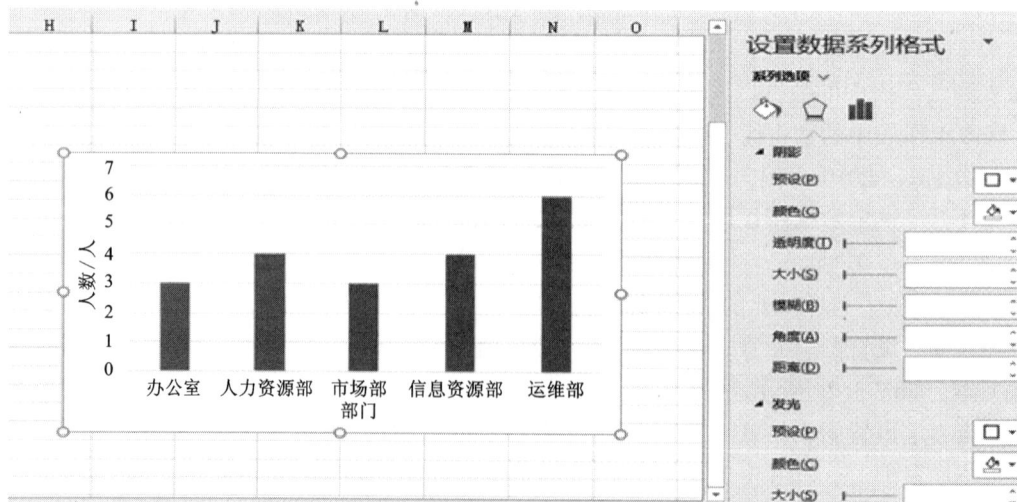

图 3.22   Excel 柱形图图表格式的设置

示。根据数据特点，可采用以上菜单按钮对图表样式、图表布局等进行相应调整，最终得到如图 3.24 所示的柱形图。

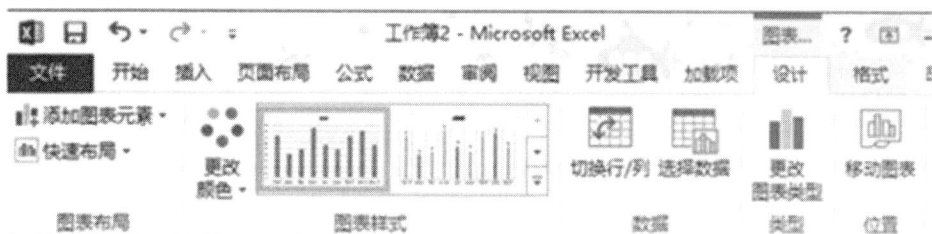

图 3.23　Excel"图表设计"选项的功能区按钮

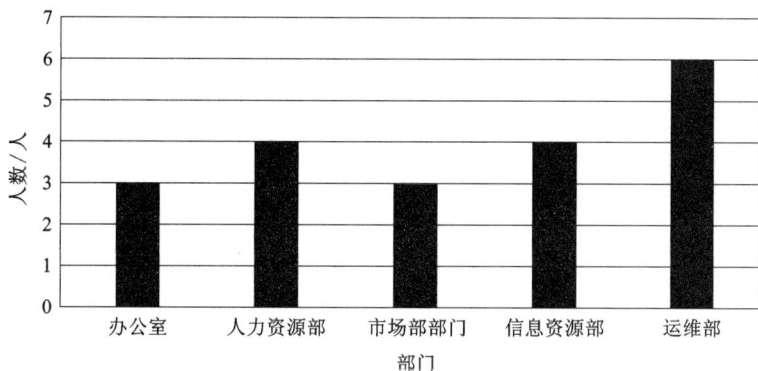

图 3.24　公司员工部门分布的柱形图

按以上步骤，也可以根据表 3.16 的分类数据绘制饼图，如图 3.25 所示。

图 3.25 很直观地告诉我们该公司员工已婚者占 40%，未婚者占 60%。

同样，也可以根据表 3.17 中的顺序数据绘制反映累计频数或频率的折线图，如图 3.26 所示。

图 3.26 显示的数据为：该公司共有员工 20 人，博士 1 人，硕士及以上学历员工 6 人，大学本科及以上学历的员工有 11 人，如此类推。

（2）数值型数据的整理与显示

前面介绍的"分类汇总"方法只适合对品质数据以及不同变量值少的离散型数据的分组整理，对于连续型数据的分组一般采用直方图工具。直方图适合所有数值型数据的整理。

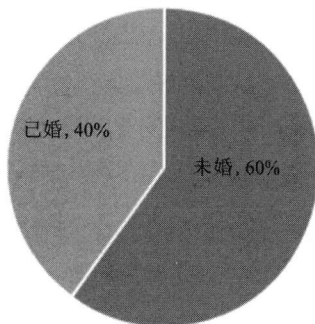

图 3.25　公司员工的婚否结构饼图

直方图工具是在给定工作表中数据单元格区域和接收区间的情况下，计算数据的个数和累计频率。"数据单元格区域"就是待整理数据的区域，"接收区间"就是待整理数据确定分为几组后，每组上限所在的区域。现以该公司的"工资"数据为例，说明如何用直方图工具汇总每组工资对应的频数或频率，具体操作步骤如下。

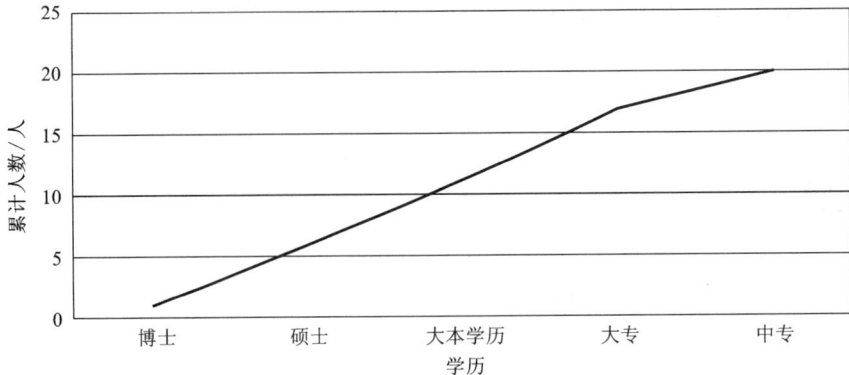

图 3.26　公司员工学历累计频数折线图

第 1 步，单击 Excel 数据源表中"工资"所在列的任意单元格，再单击工具栏中的"升序"，得到排序后的"工资"序列。

第 2 步，观察"工资"数据的分布特征，找出"工资"中的最大值"3427 元"与最小值"670元"，计算工资变量值的全距为"2757 元"；然后根据公式 $k=1+3.3 \log N$ 计算工资数据宜分组的组数，约等于 6；再将全距除以组数得到组距，约等于 500，在此基础上确定每一组的组限，即 670~1170、1170~1670、1670~2170、2170~2670、2670~3170、3170~3670，并将每组上限值减 1 输入单元格 J2：J7，因为 Excel 自动汇总的频数是包含本组上限在内的。

第 3 步，在工具菜单中单击"数据分析"选项，从其对话框的分析工具列表中选择"直方图"，打开"直方图"对话框，如图 3.27 所示。

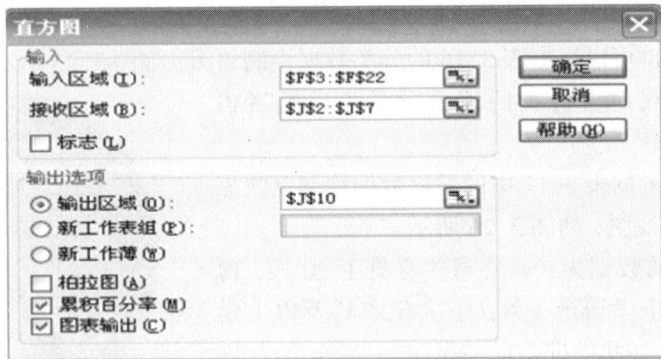

图 3.27　Excel 的"直方图"对话框

"直方图"对话框内主要选项的含义如下。

"输入区域"：在此输入待分析数据区域的单元格范围，本例输入"F3：F22"。

"接收区域"：在此输入接收区域的单元格范围，该区域应包含一组可选的用来计算频数的边界值(上限)。这些值应当按升序排列，本例输入"J2-J7"。

"标志"：如果输入区域包含标志名称所在单元格，选中此复选框；如果输入区域没有标志项，则不选该复选框。需要注意的是，接收区域的范围确定与是否选中该复选框相关，如果选中该复选框，接收区域不能仅选频数边界值所在区域，必须多选一个单元格(与最小频数边界值相邻的单元格)。

"输出区域"：在此输入结果输出表的左上角单元格的地址。如果输出表将覆盖已有的数据，Excel 会自动确定输出区域的大小并显示信息，本例输入"J10"(根据需要确定)。

"柏拉图"：选中此复选框，可以在输出表中同时显示按降序排列频率数据及相应的直方图。

"累积百分比"：选中此复选框，可以在输出结果中添加一列累积百分比数值，并同时在直方图表中添加累积百分比折线。

"图表输出"：选中此复选框，可以在输出表中同时生成一个嵌入式直方图表。

第 4 步，按需要填写完"直方图"对话框之后，按"确定"按钮，即可得到如图 3.28 所示的结果。

图 3.28 直方图结果

完整的结果通常包括 3 列表和 1 个分布图。但直接利用 Excel 得出的统计图表不符合要求，需要对图表进行调整。首先将输出表的"接收"改为分组标志"工资(元)"，"频率"改为各组的单位数"频数(人)"或"人数/人"，同时将数据"1169""1669""2169""2669""3169""3669"分别用"670~1170""1170~1670""1670~2170""2170~2670""2670~3170""3170~3670"代替，并将"其他"所在行的数据删除；然后在直方图的任一条形上单击右键，选择"设置数据系列格式"，在"系列选项"中将"间隙宽度"调整为"0"，同时通过设置"图表元素"，将直方图中的"接收"改为"工资(元)"，"频率"改为"频数(人)"或"人数/人"；最后单击"直方图"即可得到各长条形彼此连接而不分开的直方图，如图 3.29 所示。

从图 3.29 不难看出，该公司在职员工的工资集中分布在 2670~3170 元，工资在 2670 元以下者只有 50%，而工资在 3170 元以下者却占了 95%。

同样，年龄变量以及奖金变量的数据均可采用直方图的方法来整理与显示。当然，由于该公司的人员比较少，数据不是很多，在此，也可以通过茎叶图来汇总整理并显示数据。

总之，前面介绍的"分类汇总"与"直方图"通常都是针对某一变量的数据来汇总整理的，而且每对一个变量进行数据整理时，都需重复同样的步骤。在统计实践中，为了简化汇总整理的步骤，同时解决多个变量交叉频数分布的问题，人们常常采用数据透视表。

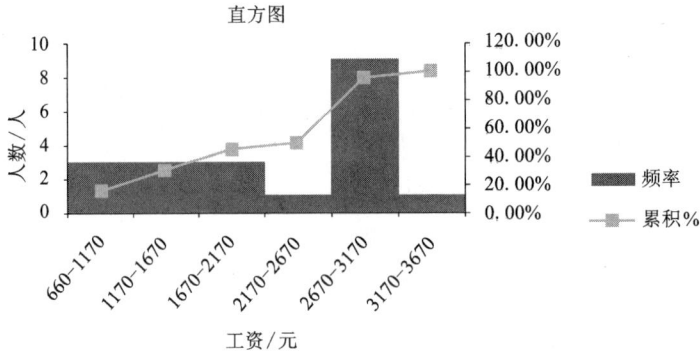

图 3.29　该公司在职员工工资分布的直方图

（3）数据透视表

数据透视表是 Excel 中强有力的数据列表分析工具。它不仅可以用来对单变量数据的次数分布或总和进行分析，还可以用来进行多变量数据的交叉频数分析、总和分析以及其他统计量的分析。数据透视表可以旋转行和列以便看到源数据的不同汇总，而且可以显示感兴趣区域的明细数据。需要注意的是利用数据透视表时，数据源表中的首行必须有列标题。表 3.1 符合数据透视表的条件，下面介绍应用 Excel 2019 版创建一个在表的行变量中给出"学历"和"婚否"，在列变量中给出"部门"，对"奖金"进行交叉汇总的数据透视表。

第 1 步，打开图 3.14 的 Excel 数据清单，选定任一单元格单击"插入"，在出现的"表格"功能区中单击"数据透视表"，得到如图 3.30 所示的"创建数据透视表"对话框。然后根据需要选择要分析的数据和放置数据透视表的位置。单击"确定"按钮后得到如图 3.31 所示的工作簿。该工作簿多出两部分，一是右边的浮动对话框（可拖动），二是其左边的"数据透视表"空白表区域。

图 3.30　"创建数据透视表"对话框

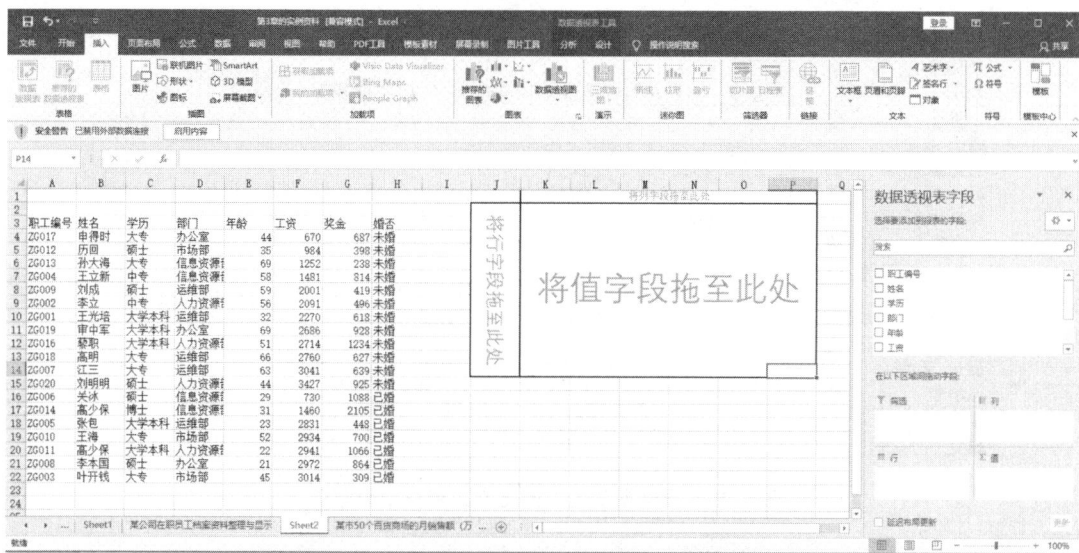

图 3.31　"创建数据透视表"设置结果图示

第 2 步，确定数据透视表的结构。如果要反映该公司不同学历且婚姻状况不同的员工在各部门的分布情况，基本操作方法是将"数据透视表字段"中的"学历"及"婚否"放入行标签、"部门"拖入列标签，结果为如图 3.32 所示的空白数据透视结构表。

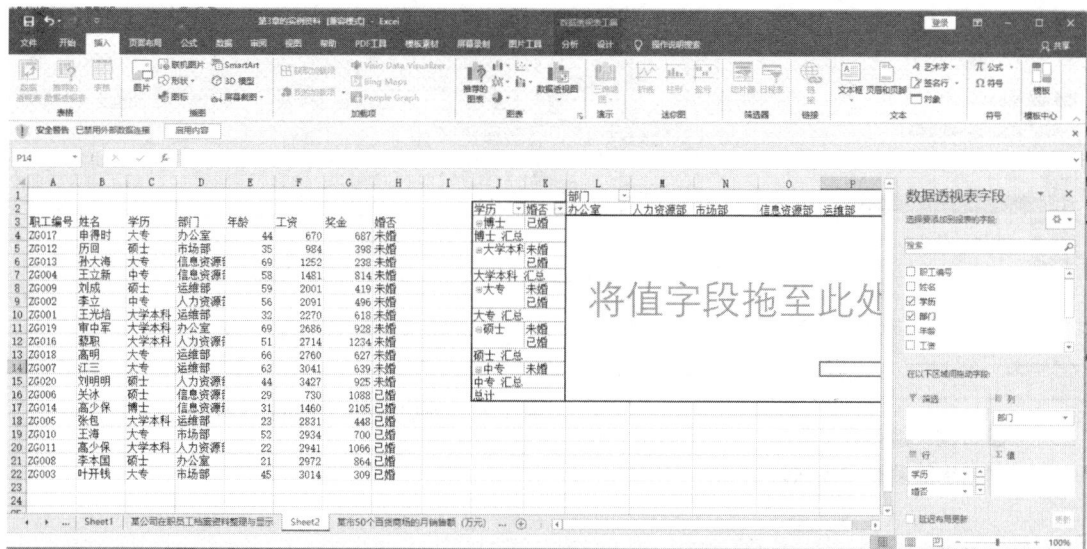

图 3.32　数据透视表的结构设置结果图示

第 3 步，汇总相应的标志总量或频数。先将需要汇总的数量标志(即值字段)拖至图 3.32 数据透视表的空白处，则自动生成汇总不同部门、不同学历、不同婚姻状况的职工工资总量的分布表，如图 3.33 所示。

求和项:工资	部门						
学历	婚否	办公室	人力资源部	市场部	信息资源部	运维部	总计
博士	已婚				1460		1460
博士 汇总					1460		1460
大学本科	未婚	2686	2714			2270	7670
	已婚		2941			2831	5772
大学本科 汇总		2686	5655			5101	13442
大专	未婚	670			1252	5801	7723
	已婚			5948			5948
大专 汇总		670		5948	1252	5801	13671
硕士	未婚		3427	984		2001	6412
	已婚	2972			730		3702
硕士 汇总		2972	3427	984	730	2001	10114
中专	未婚		2091		1481		3572
中专 汇总			2091		1481		3572
总计		6328	11173	6932	4923	12903	42259

图3.33　根据需要建立的交叉工资总量分布表

在图3.33的工资总量分布表中，双击左上角的"求和项"，弹出"值字段设置"对话框，如图3.34所示。在此对话框中选定"计算类型"中的"计数"再点击"确定"，则可得到根据"学历""婚否"、"部门"建立的交叉频数分布表，如图3.35所示。

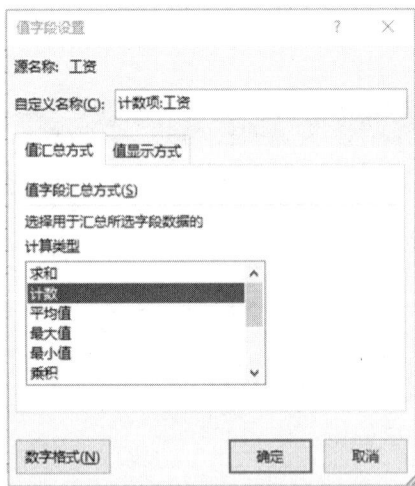

图3.34　数据透视表中
"值字段设置"对话框

计数项:工资	部门						
学历	婚否	办公室	人力资源部	市场部	信息资源部	运维部	总计
博士	已婚				1		1
博士 汇总					1		1
大学本科	未婚	1	1			1	3
	已婚		1			1	2
大学本科 汇总		1	2			2	5
大专	未婚	1			1	2	4
	已婚			2			2
大专 汇总		1		2	1	2	6
硕士	未婚		1	1		1	3
	已婚	1			1		2
硕士 汇总		1	1	1	1	1	5
中专	未婚		1		1		2
中专 汇总			1		1		2
总计		3	4	3	4	5	19

图3.35　根据需要建立的交叉频数分布表

完成数据透视表之后，可按需要修改数据表的显示格式。如果要改变分析要求，建立不同的数据透视表，只需将图3.32对话框中的变量拖到相应位置即可。

3.3.2　SPSS在统计数据整理和显示中的应用

为保证数据及数据分析质量，在数据录入完毕的下一步必须对数据进行预处理，主要包括对已录入数据进行查错或验证，还经常要依据分析方法的要求对已录入的数据进行适用性处理。

1. 数据整理与分析前的预处理

（1）数据核查

①利用数据验证模块

该模块专门用于实现数据核查功能，通过自行定义数据验证规则，运行这些规则并对数据进行检查，以确定取值是否有效。验证规则主要有两种：其一，单变量规则，包含一组应用于单个变量的数值检查规则，如范围外值的检查；其二，交叉变量规则，是设计多个变量间逻辑关系的规则，由标记无效值的逻辑表达式定义，可以应用于单个变量，也可以应用于变量组合。下面以本章导入案例中假定要求年龄变量取值在 18～65 岁、已婚者年龄不小于20 岁为例，分别说明两种规则定义的操作过程。

第 1 步，选择"数据"→"验证"→"定义规则"菜单项，打开如图 3.36(a) 所示的对话框，"单变量规则"和"交叉变量规则"分别作为一个选项卡出现，默认项是前者。

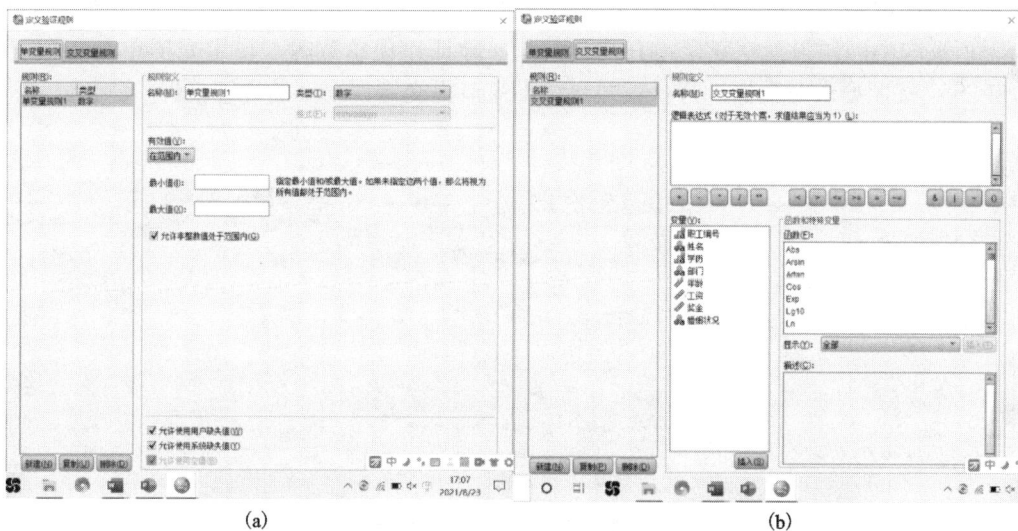

<table>
<tr><td>(a)</td><td>(b)</td></tr>
</table>

图 3.36　定义变量验证规则对话框

第 2 步，若要定义单变量规则，则在该对话框右侧规则定义框组的"名称"文本框中自行输入规则名称，也可使用默认名称。在"类型"下拉列表选择要求的类型，这里均取默认项，然后确定有效值检查方式，有"在范围内"和"在列表中"两种方式，前者即在下方的最小值和最大值输入框分别设定值，这里分别输入"18"和"65"；如果选取后者，则在下方的值列表中依次添加有效值，若变量的数值为少数几个离散型数值，可以选此项。当需要继续定义其他单变量规则时，单击左下方的"新建"按钮，重复上述步骤。

第 3 步，若要定义"交叉变量规则"，则切换到"交叉变量规则"选项卡，如图 3.36(b) 所示，在对话框右侧的规则定义框组，为交叉规则设定适当名称，可以用默认的；在下方的"逻辑表达式"文本框中输入使个案无效的条件表达式，这里输入"年龄<20& 婚姻状况 = 已婚"（注意：将变量名输入逻辑表达式的方法是选中"变量"候选框中相应变量名后点击下方的

"插入"按钮；使用关系运算符时变量间的类型要相同，如果是不同类型变量间的关系运算则要使用相应函数）。当需要继续定义其他交叉变量规则时，则单击左下方的"新建"按钮，重复上述步骤。

第 4 步，选择"数据"→"验证"→"验证数据"菜单项，打开如图 3.37 所示的包括 6 个选项卡的对话框进行设定。"变量"选项卡（如图 3.37(a) 所示）：分别将需要核查的变量及标识个案的变量选入相应列表框中；"基本检查"选项卡：用于对变量/个案的核查/报告标准进行设定，一般使用默认值即可；"单变量规则"选项卡（如图 3.37(b) 所示）：用于将所定义的单变量规则应用到具体变量上，左侧会列出所有分析变量，右侧使用复选框列表将定义好的规则和变量对应起来（要特别注意变量与规则的对应），如果发现规则还不完善，可以单击右下方的"定义规则"按钮新增或者修改单变量规则；"交叉变量规则"选项卡（如图 3.37(c) 所示）：以复选框列表的形式列出所有的交叉规则，使用时将希望应用的规则选中即可，同样，如果发现规则还不完善，可以单击左下方的"定义规则"按钮新增或者修改交叉变量规则；"输出"选项卡：设定数据核查在结果窗口中的错误报告输出格式；"保存"选项卡：可以将数据核查的情况以标记变量的形式保存在数据集中，以便直接对应原始个案进行修改，这些标记变量所反映的问题包括空变量、ID 变量异常、验证违规总数等。设定完毕单击"确定"按钮，SPSS 会按照要求对数据进行核查并在结果窗口提交错误个案的详细报告。

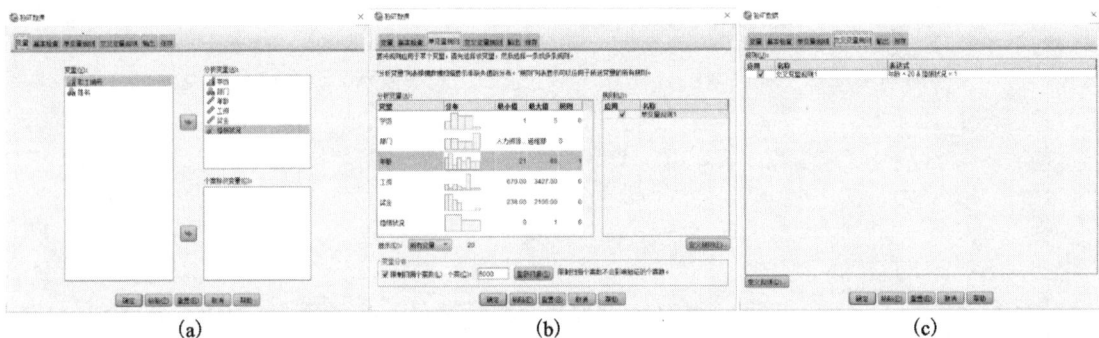

图 3.37　验证数据对话框主要选项卡图示

另外，实践中，同一份个案数据可能会被不同的数据录入人员重复录入，虽然数据核查模块可以发现个案标识变量重复的情况，但比较复杂，可以使用更为简单的标识重复个案过程来迅速发现重复记录。限于篇幅，不予以介绍。

②数据核查的简单方式

除了使用专用模块进行数据核查，还有一些简单方式用以进行不同程度的核查。一是利用变量值标签检查录入错误。在菜单栏上选择"视图"→"值标签"菜单项，或者直接单击工具栏上的按钮，在该按钮被按下后，数据编辑器中所有设定了值标签的变量值均会切换成相应的值标签；该按键弹起后，则仍然显示录入的数值。当单击数据单元格时，相应的变量值标签会以下拉列表的形式呈现供选择，以免出现录入错误，同时通过排序，可以很快发现缺失值和无标签的数值，而后者往往就是错误的数值。二是对每一列变量进行一次"频率"分析，可检查是否出现输入不可能数值错误及错误个案个数。三是对每一列变量进行一次"描述统计"分析,选定最小值和最大值这两个统计量,可检查是否出现输入不可能数值错误。四是利用"交叉表",可检查是否存在一些关联题的逻辑错误。五是利用排序功能快速查找异常值、极端值。第二、三种方式能发现异常值、极端值,但这样做既麻烦也无法马上知道是哪一条记录出错,如果在数据编辑视图中选中列首的相应变量名,然后右击,根据需要选择快捷菜单下方的"升序排列"或"降序排列"菜单项,相应的最小值或缺失值、最大值就会成为第一条记录,数据中有无异常值、极端值即一目了然。

(2)数据适用性预处理

针对同一个研究目的,往往要从各种不同的角度对数据进行研究,采取多种统计方法进行分析,从而在分析前会涉及大量的变量变换、变量计算、数据文件结构调整等工作。

①变量的数值变换

进行变量变换,可以是对原有变量进行数值变换,也可以是基于某些条件计算新变量。这类变量转换的功能基本上集中在"转换"菜单中实现。这里简单介绍几个重要的操作。

a. 变量赋值

变量赋值即在原有数据的基础上,根据要求使用 SPSS 算术表达式及函数,对所有记录或满足 SPSS 条件表达式的某些记录进行运算,并将结果存为指定的变量。该指定变量可以是新变量也可以是已经存在的变量。这是极常用的操作,几乎可占数据管理操作的一半甚至更多,主要通过"转换"菜单中的"计算变量"过程实现。该过程的操作内容非常丰富,限于篇幅,将在第 6 章的 SPSS 应用中略举一例说明其基本操作步骤。

b. 已有变量值的分组合并

将数值型变量转换为顺序变量,或者对不同等级的顺序变量或若干类别变量进行合并是常见的。比如对总体比例进行参数估计或将百分制成绩分成几个等级,在 SPSS 中必须先将具有多种表现的变量归并为两种表现的二分类变量或更少类别的变量。这种转换可以利用"计算变量"过程实现,但操作较麻烦,而变量重编码过程能非常便捷地完成此类任务。"转换"菜单中提供了"重新编码为相同变量"和"重新编码为不同变量"两个过程,前者是对原始变量的取值直接进行重编码,替换原数值;后者是根据原始变量的取值生成一个新变量来记录重编码结果。两者功能相似,后者更强。现以导入案例中的数值型变量"年龄"归并为<30和≥30 岁两个类别并分别赋值为"0""1"为例,说明如何利用"重新编码为不同变量"过程进行变量转换。

第 1 步,选择"转换"→"重新编码为不同变量",打开主对话框,将候选变量列表框中的"年龄"选入中间"输入变量→输出变量"列表框,这时右边的"输出变量"框组被激活,在"名称"文本框中输入名称如"年龄分段",注意,不能输入已有变量名称,即只能建立新变量;标签文本框可以不填,然后点击"变化量"按钮,如图 3.38(a)所示,这时新老变量名间就已建立了对应关系。

第 2 步,点击中间下方的"旧值和新值"按钮,打开如图 3.38(b)所示的对话框,左侧为原有变量的取值情形,右侧为新变量的赋值设定。两边按需要设定完毕后单击"添加"按钮。需注意,所有的范围都包含了端点,设置时要特别小心。这里由于将年龄分为 30 岁以下和 30 及 30 岁以上两个部分,因此可先选定左边"旧值"框组中的"范围,从最低到值",这时输入框被激活,输入"29"(不能写"30",因为 30 岁以下不包括 30 岁),然后在右边的"新值"框组的"值"输入框输入"0",这时下方的"添加"按钮被激活,点击它,旁边的"旧→新"列表框

图 3.38 "重新编码为不同变量"对话框图示

中自动出现对应值如图 3.39(a)所示；接着点击左边的"范围，从值到最高"，在输入框内输入"30"，在右边的"新值"框组的"值"输入框输入"1"，再点击"添加"按钮，这样，新值与旧值设定完毕如图 3.39(b)所示，点击"继续"按钮回到主对话框。这一重编码过程可以将连续变量转化成数值型或者字符型的离散变量，也可将数值型字符变量转化成数值变量，选中"旧值和新值"对话框右边下方的"将数字字符串转换为数字"复选框即可。如果觉得将新值设为"0"和"1"含义不明，有两种处理方法，一是这里操作完成后，在"变量视图"编辑窗口将新变量"年龄分段"定义值标签，二是可以在新值输入框直接输入"30 岁以下""30 及 30 岁以上"，前提是先选中右边下方复选框"输出变量是字符串"，并设定好宽度值，如图 3.40 所示。

图 3.39 "旧值和新值"对话框

第 3 步，点击"确定"按钮，这时，原数据文件的数据编辑窗口自动添加了新变量，如图 3.40(b)所示(在对话框进行了两种不同设定的结果)。

变量转换后，就可以依据新变量进行后续处理了。如果要将年龄划分为 30 岁以下、30~50 岁及 50 岁以上 3 个年龄段，操作步骤也是如此，只是第 2 步需要依据要求对新旧变量进行正确的赋值。可见以上操作满足对数据进行等距或异距分组的要求。

连续型变量的离散化。重编码过程提供了精确分组的功能，如果进行的分组比较有规律，比如等距或等样本量分组，使用重编码过程操作相当麻烦，这时可以使用可视化过程进行分组。"转换"菜单中有自行判断设定的"可视分箱"以及基本全自动的"最优分箱"两种离散化过程。这里以导入案例中的"工资"变量为例说明前者的操作步骤，设定组距为"1000"，

(a)   (b)

图 3.40　输出字符串及变量转换结果图示

最小组的下限为"500"。

　　第1步,选择"转换"→"可视分箱",在弹出的如图3.41(a)所示的对话框中的"变量"列表框选择需进行离散化的"工资"变量,单击"继续"按钮,进入"可视分箱"主对话框,如图3.41(b)所示。

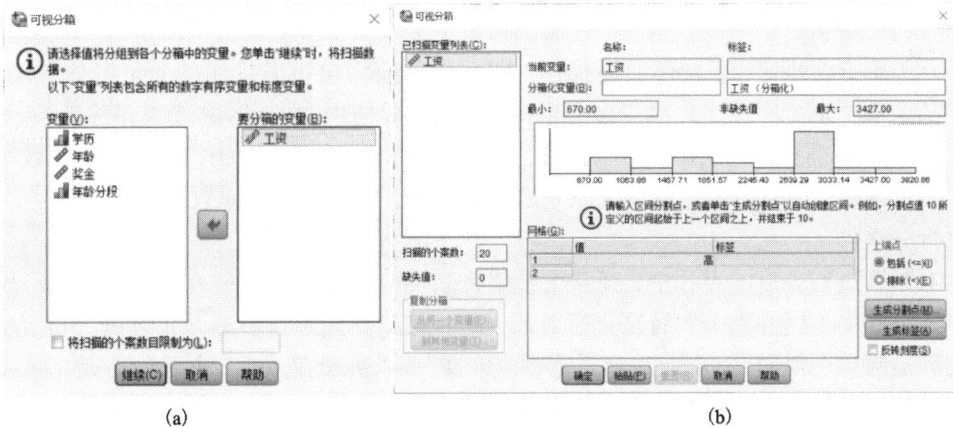

(a)   (b)

图 3.41　"可视分箱"对话框

　　第2步,单击"生成分割点"按钮,在弹出的对话框中设定等宽区间并输入相关数值,3个输入框任意选定两个输入数值即可,本例假设组距为500,则"宽度"框输入"500",可选"第一个分割点位置"框输入"1000",然后将鼠标移至"分割点数"框,这时该框自动显示数值同时下方的"应用"按键被激活,如图3.42(a)所示,单击"应用"返回到主对话框。

　　第3步,可单击"生成标签"按钮,使标签列自动填充;在"分箱化变量"框设定新变量的名称,这里设定为"工资分组",如图3.42(b)所示。要特别注意两点,一是新变量名称即"分箱化变量"框必填,否则操作完成后不会生成任何新变量;二是系统默认各组上限值在本组内,如果按常规上组限不在本组内,则需要在"上端点"单选框组中选取"排除"选项。最后单击"确定"按钮,可见原来的数据文件中自动生成了一个"工资分组"新变量。

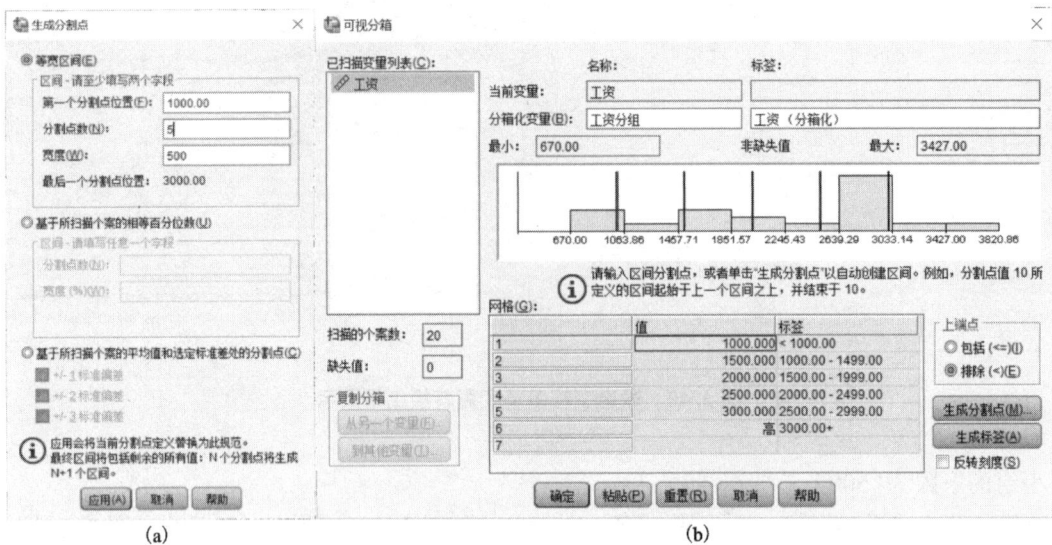

图 3.42 "可视分箱"对话框操作结果图示

②个案排序

对于数据编辑窗口中的数据,可按需求指定一个或多个变量的变量值按升序或降序重新排列。对于单变量排序,可使用简易操作,即在数据编辑窗口需排序的变量名处单击右键,从弹出的菜单选定排序顺序。对于多变量排序,则需要使用"数据"→"个案排序"菜单项,通过弹出的对话框进行。与 Excel 不同的是,排序过程执行后不能撤销,即原来记录数据的排列次序不可恢复,如果需要考虑恢复原先的排序顺序,宜事先保存原数据的备份。

③拆分文件

在对数据进行分析的过程中,经常会希望将某种分析结果做进一步的对比分析,比如对本章导入案例中不同性别个案特征进行对比,此时将数据先进行拆分是很好的办法,还有一种方法就是筛选,但效率不如拆分。选择"数据"→"拆分文件"(注意!不是"拆分为文件"),弹出对话框,该对话框的右上部单选框组用于设定如何拆分文件;右中部"分组依据"列表框用于选入进行数据拆分的变量,可以选入多个;右下部单选框组用于设定文件的排序操作,较少用到。需要注意的是,拆分文件的设定一旦完成,将在后续分析中一直有效,直到再次进行设定为止。

④选择个案

当不需要分析全部数据,而是要按要求分析其中的一部分比如本章导入案例中某部门时,可以使用"数据"→"选择个案"打开如图 3.43(a)所示的对话框来操作,"选择"单选框组用于确定个案的筛选方式,默认的"所有个案"为不做筛选,可用于解除先前的选择;选择"如果条件满足",下方的"如果"按钮自动激活,点击它,在弹出的如图 3.43 (b)所示的对话框中先选择变量,然后定义条件,设定后将只分析满足所指定条件的记录,相当于 Excel 中的"筛选"操作;还可以选择"随机个案样本"指定从原数据中按某种条件抽样选择的记录,选择"基于时间或记录序号"来选择记录等。"输出"单选框组用于选择对没有选中的记录的处理方式,其中"删除未选定的个案"选项是直接从数据集中删除未选定的个案,只有退出文件而不保存任何更改，然后重新打开文件，才能恢复删除的的个案，如果保存了对数据文件的更改，则会永久删除个案，因此此选项一般不要使用，以免无法恢复造成损失。与拆分文件操作相似，筛选功能将在后续分析中一直有效，直到再次改变选择条件为止。

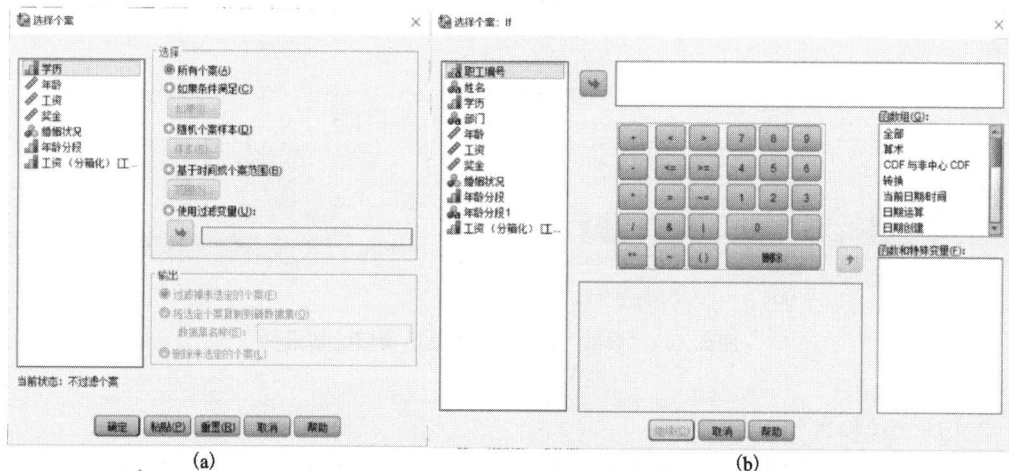

(a)　　　　　　　　　　　　　　　(b)

图 3.43　"选择个案"常用对话

⑤加权个案

一般而言，有两种情形需要进行该操作：一是以频数格式录入的数据，二是个案数据抽样权重调整。操作步骤是选定"数据"→"个案加权"，在弹出的对话框中选中"个案加权系数"选项，然后将左侧的变量列表框中作为权数的变量移入右侧的"频率变量"框。一旦应用了一个权重变量，该权重变量将始终保持有效，且可以被存储到数据文件中，直到选择另一个权重变量或关闭加权，否则将一直按加权对数据进行处理。所以当不使用该权数时，要回到该对话框取消设置，即在对话框中选择"不对个案加权"选项。

2. 数据的频数汇总与显示

（1）利用"分析"过程生成统计图表

①生成频数分布表

"频率"过程专门为产生频数表而设计，它既可产生频数表，还可按要求给出某百分位点的数值及常用的条形图等统计图，步骤如下。

第 1 步，选择"分析"→"描述统计"→"频率"，进入如图 3.44（a）所示的主对话框。

第 2 步，将候选变量列表框中需计算频数的所有变量名选入"变量"列表框，这里选入"学历"和"部门"两个变量。选中左下部的"显示频率表"复选框，然后点击"确定"按钮，即生成频数分布表显示于结果输出窗口，如图 3.44（b）所示。需要注意的是，对于数值型变量，上述操作只能得到单项分组的频数分布表，若想得到组距分组频数分布表，需事先对相应变量进行预处理，即用上一小节介绍的变量重新编码或可视分箱或计算变量过程得到分组后的新变量，然后执行上述操作。

此外，通过"频率"主对话框中的"图表"按钮打开子对话框，还可以选择绘制常用的条形图、饼图等统计图。

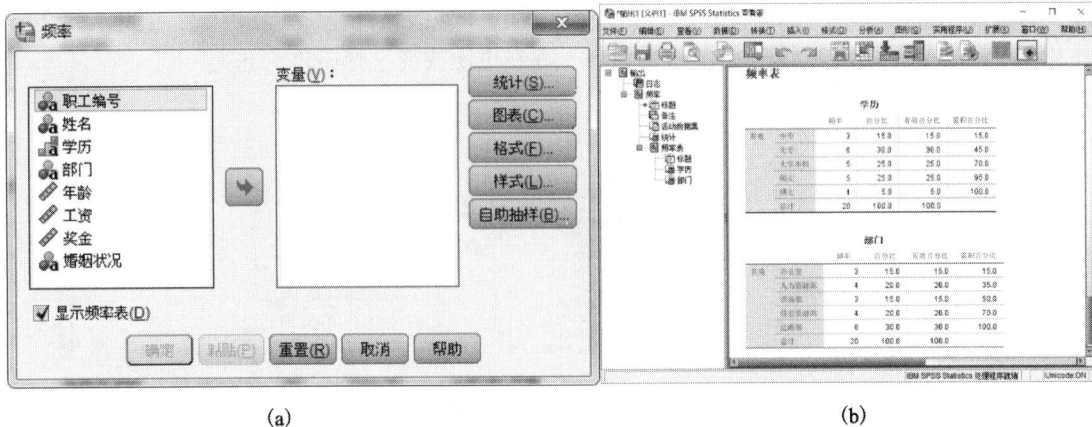

(a)　　　　　　　　　　　　　　　(b)

图 3.44　"频数"主对话框及输出窗口的结果

②生成交叉频数分布表

对于复合分组的频数汇总，利用交叉表过程非常便捷，要求变量均为分组变量，可以是数值型或非数值型的。这里以表 3.1 数据为例介绍最基本、最常用的汇总操作步骤。

第 1 步，选择"分析"→"描述统计"→"交叉表"，进入如图 3.45(a)所示的主对话框。左边是数据编辑窗口中数据文件的所有变量列表。中间从上到下依次是"行""列"和"层"列表框组，分别用于选择交叉表中的行、列、层变量，层框组最多可进行多达 10 层的嵌套，所谓"层"实质上是就 3 个及 3 个以上的标志进行复合分组结果的汇总。行、列、层变量可同时选择多个分类变量。左下角可以指定绘制复式条形图来呈现数据。

单击"单元格"按钮进入如图 3.45(b)所示的子对话框，设定列联表中需要显示的指标，"计数"复选框组用于设定是否输出有关频数；"百分比"复选框组用于设定是否输出以行或列或合计为基数计算的百分数，这两个框组常用；其他框组在特定分析中用到。若需要对列联表计算百分比，点击"单元格"按钮，在"百分比"框组选中需要计算的百分比基准，然后点击"继续"按钮回到主对话框，点击"确定"按钮，结果输出窗口即呈现交叉频数分布表。

为了解不同部门员工的学历构成，可将候选变量列表框中的"部门"选入"行"列表框，"学历"选入"列"列表框；要了解不同部门员工的婚姻状况及学历构成，可将"婚姻状况"选入"行"列表框，"学历"选入"列"列表框，"部门"选入"层"列表框。

第 2 步，可以直接点击主对话框中的"确定"按钮，这时结果输出窗口得到相应默认计数结果表，如表 3.18、表 3.19 所示；如果要得到百分数，则点击"单元格"按钮，在弹出的对话框中的"百分比"框组设定，再点击"继续"按钮回到主对话框，点击"确定"按钮即可。如表3.20 所示是将"部门"选入"行"、"学历"选入"列"列表框后，在"单元格"子对话框中选中"百分比"框组中"行"得到的结果。

此外，如果勾选主对话框左下方的"显示簇状条形图"，还可以得到相应的图形。

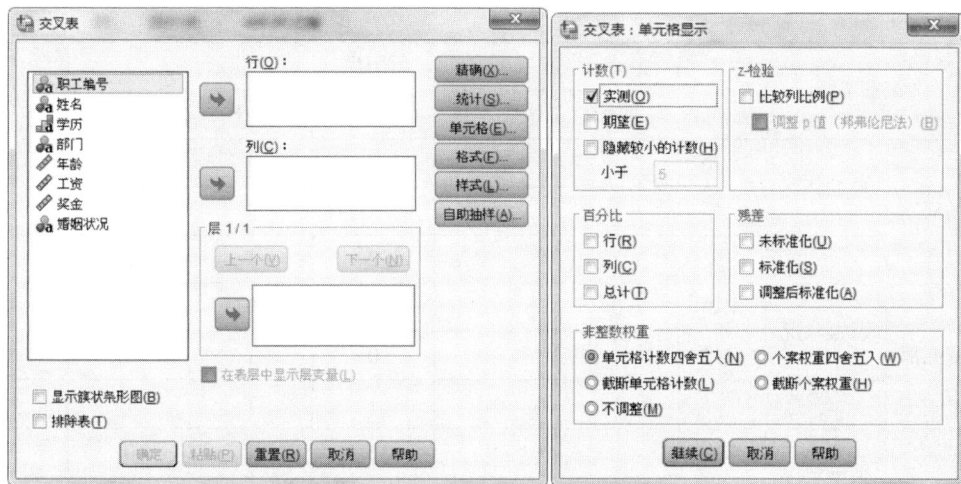

(a)   (b)

图 3.45 "交叉表"主对话框与"单元格"子对话框

表 3.18 部门 ＊ 学历交叉表

部门	学历					总计
	博士	大学本科	大专	硕士	中专	
办公室	0	1	1	1	0	3
人力资源部	0	2	0	1	1	4
市场部	0	0	2	1	0	3
信息资源部	1	0	1	1	1	4
运维部	0	2	2	1	1	6
总计	1	5	6	5	3	20

表 3.19 婚姻状况 ＊ 学历 ＊ 部门交叉表

部门			学历					总计
			博士	大学本科	大专	硕士	中专	
办公室	婚姻状况	未婚		1	1	0		2
		已婚		0	0	1		1
	总计			1	1	1		3
人力资源部	婚姻状况	未婚		1		1	1	3
		已婚		1		0	0	1
	总计			2		1	1	4

续表3.19

部门			学历					总计
			博士	大学本科	大专	硕士	中专	
市场部	婚姻状况	未婚			0	1		1
		已婚			2	0		2
	总计				2	1		3
信息资源部	婚姻状况	未婚	0		1	0	1	2
		已婚	1		0	1	0	2
	总计		1		1	1	1	4
运维部	婚姻状况	未婚		1	2	1	0	4
		已婚		1	0	0	1	2
	总计			2	2	1	1	6
总计	婚姻状况	未婚	0	3	4	3	2	12
		已婚	1	2	2	2	1	8
	总计		1	5	6	5	3	20

表 3.20　部门 * 学历交叉表

部门		学历					总计
		博士	大学本科	大专	硕士	中专	
办公室	计数	0	1	1	1	0	3
	占部门的百分比/%	0.0	33.3	33.3	33.3	0.0	100.0
人力资源部	计数	0	2	0	1	1	4
	占部门的百分比/%	0.0	50.0	0.0	25.0	25.0	100.0
市场部	计数	0	0	2	1	0	3
	占部门的百分比/%	0.0	0.0	66.7	33.3	0.0	100.0
信息资源部	计数	1	0	1	1	1	4
	占部门的百分比/%	25.0	0.0	25.0	25.0	25.0	100.0
运维部	计数	0	2	2	1	1	6
	占部门的百分比/%	0.0	33.3	33.3	16.7	16.7	100.0
总计	计数	1	5	6	5	3	20
	占部门的百分比/%	5.0	25.0	30.0	25.0	15.0	100.0

除了运用以上过程进行频数汇总得到以统计图表显示的汇总结果，还可以利用"分析"→"表"→"多重响应集"、"分析"→"多重响应"等过程对问卷数据中的多选项变量进行频数汇总。

（2）利用"分析"→"表"→"定制表"绘制统计表

"分析"→"表"是一个功能更强大、全交互的操作界面更灵活的非常完善的专业制表模块。选择"分析"→"表"→"定制表"菜单项，进入如图 3.46（a）所示的操作界面。与其他过程不同，自定义表格过程是多层选项卡界面。最常用的是"表"选项卡，用于对表格框架进行定义。基本操作是采用拖放操作将"变量"列表框中需要列入表中的变量拖入右侧界面中部占据绝大部分的空间，类似于画家绘画时的空白画布的画布区域，然后在这张"空白画布"上进行拖放操作，最终得到合适的表格。对于多层表，右上方还提供了"层"按钮，单击后出现"层"列表框，用于选入层变量，具体操作步骤如下：

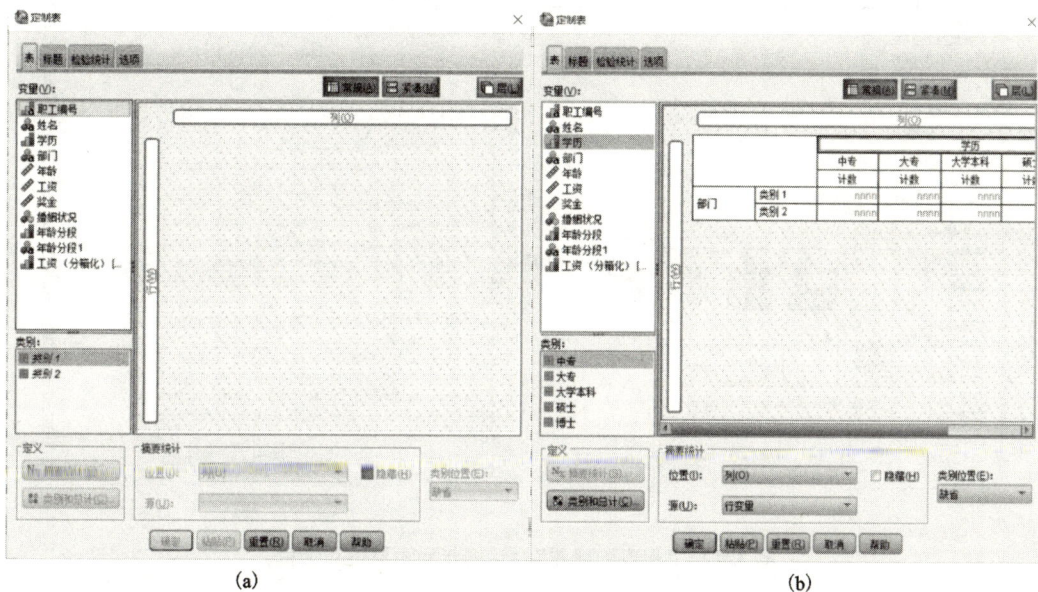

(a)　　　　　　　　　　　　(b)

图 3.46　报表生成器的主对话框

第 1 步，用鼠标左键选中"变量"列表中相应变量，将其拖入画布区内的"行"或"列"，当鼠标接近画布的"行"或"列"区域时，相应区域的边框变红，同时鼠标图标还原为手形，这时松开左键，则变量会被放置在"行"或"列"框中，相应的变量名标签、变量值标签会立刻在画布上显示出来。可以根据需要拖入多个变量放到"行"或"列"，但放置位置的不同可以得到完全不同的结果，如果不满意可以调整；画布中显示的只是框架而非实际数值。

第 2 步，变量拖放完成后，在主对话框的画布普通视图中可以看到变量的默认输出，这里是将"部门"拖入"行"，"学历"拖入"列"的结果，如果与需求不符，则需要继续对各变量的统计量加以设定，相关操作都在"摘要统计"子对话框完成，如图 3.46（b）所示。

最后，还可以对各种显示细节进行调整，具体过程此略。

（3）绘制统计图

①利用"图形"菜单绘制

SPSS 的统计绘图系统一直在不断地演进。"图形"菜单有 3 种常用的对话框操作方式。第一，图表构建器：是类似于画布式的全交互对话框，如图 3.47（a）所示，界面全部采用非常方便的拖放方式操作，而且每一个对话框元素的可操作性都大大强于普通对话框。第二，图形画板模板选择器：是类似于绘图向导的可视化界面，会根据使用者所选择的变量数量和测量尺度，自动给出可供绘制的图形供使用者选择。第三，旧对话框：针对每一种图形均提供不同的对话框操作界面，提供的对话框按图形种类进行区分。

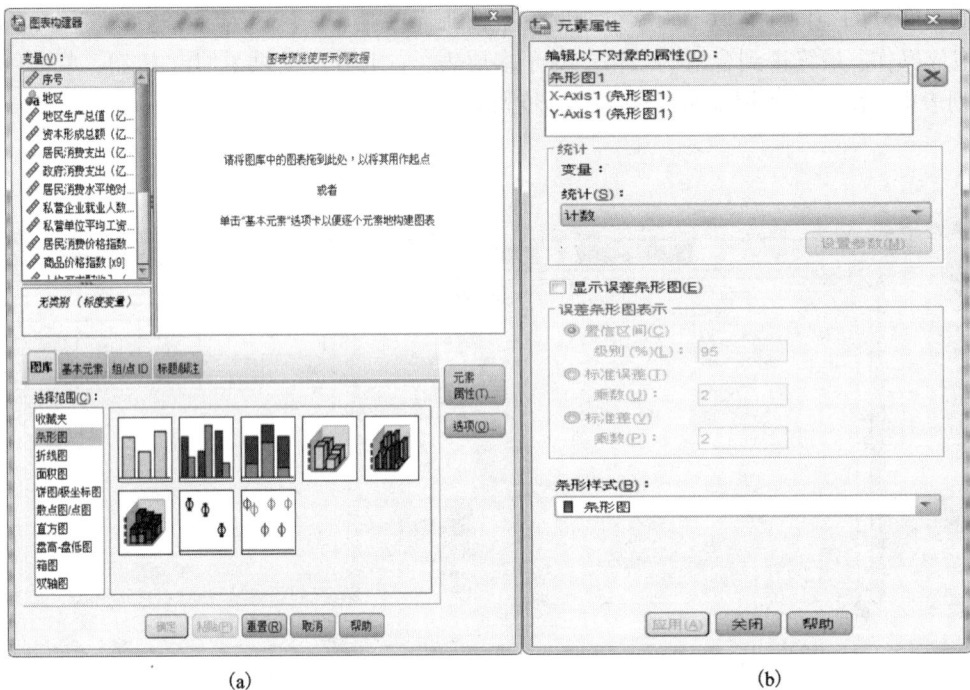

(a)   (b)

图 3.47   "图表构建器"对话框与元素属性对话框

图形的绘制都是基于数据。任何图形的绘制步骤基本相同。针对需要绘制图形的数据，从菜单中选择想要的图形的类型，然后选择或定义图形呈现的形式，最后点击"确定"按钮。很多图形通过各种操作方式都可以绘制。由于不同的操作方式及图形类别的繁简程度不同，下面略举几种简单图形说明各种操作方式的制图过程。

a.单一变量绘图，以条形图为例，使用数据为表 3.1 的"学历"。

操作方式一：利用图表构建器。第 1 步，选择"图形"→"图表构建器"；第 2 步，在主对话框下方的图库中点击"条形图"，选取一个右侧出现的条形图图标拖入上方的画布（或者双击选中图标也可以）；第 3 步，将"学历"变量拖入画布的横轴中，点击"确定"按钮。对话框及输出结果分别如图 3.48(a)、(b)所示。

操作方式二：利用图形画板模板选择器。第 1 步，选择"图形"→"图形画板模板选择器"；第 2 步，在主对话框默认的"基本"选项卡的变量列表框中点击"学历"变量；第 3 步，在右边出现的视图列表中点击"计数条形图"，如图 3.49(a)所示，点击"确定"按钮。输出窗口随即得到与前一种操作方式完全相同的条形图。

操作方式三：利用旧对话框。第 1 步，选择"图形"→"旧对话框"→"条形图"；第 2 步，点击打开的如图 3.49(b)所示的对话框上方的"简单"图标，同时点击下方的"定义"按钮；第

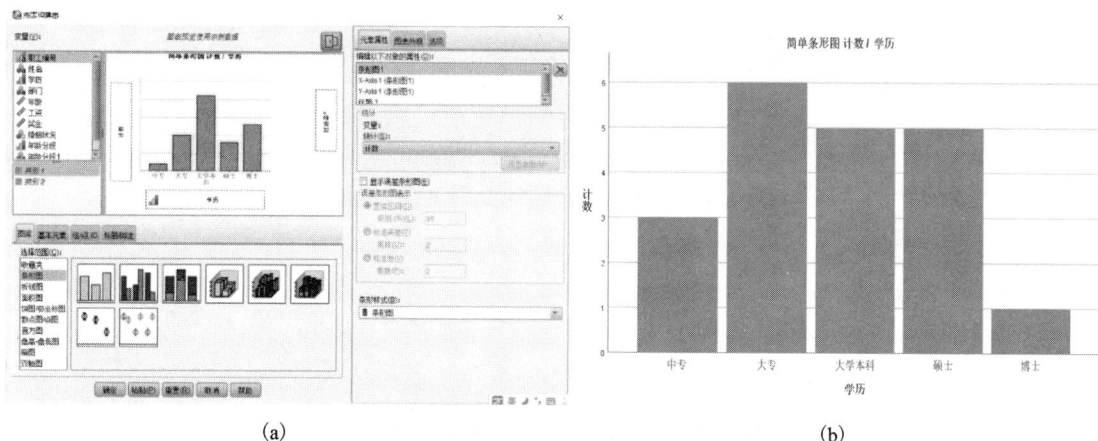

(a)   (b)

图 3.48　"图表构建器"对话框及示例输出结果

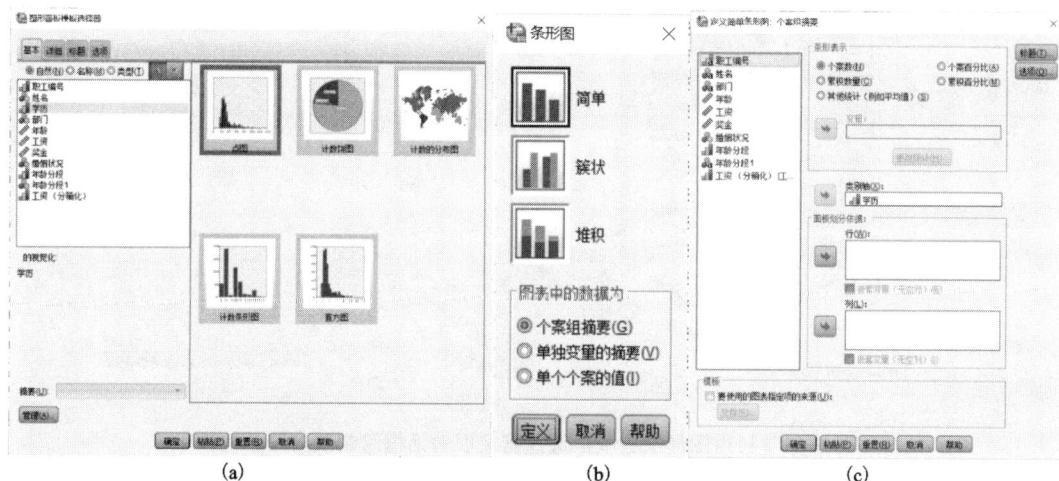

(a)   (b)   (c)

图 3.49　"图形画板模板选择器"及旧对话框操作界面

3 步,在打开的如图 3.49(c)所示的对话框中将"学历"变量选入"类别轴",点击"确定"按钮。输出窗口随即得到与前面操作方式完全相同的条形图。

　　b. 双变量绘图,以散点图为例,使用数据为表 3.1 的"年龄"和"工资"。

　　操作方式一:利用图表构建器。第 1 步,选择"图形"→"图表构建器";第 2 步,在主对话框下方的图库中点击"散点图/点图",选取右侧出现的第一个散点图图标拖入上方的画布(或者双击选中图标也可以);第 3 步,将"年龄"和"工资"变量分别拖入画布的横轴与纵轴中,点击"确定"按钮。对话框及输出结果分别如图 3.50(a)、(b)所示。

　　操作方式二:利用图形画板模板选择器。第 1 步,选择"图形"→"图形画板模板选择器";第 2 步,在主对话框默认的"基本"选项卡的变量列表框中同时选中"年龄"和"工资"变量;第 3 步,在右边出现的视图列表中点击"散点图",如图 3.51(a)所示,点击"确定"按钮。输出窗口随即得到与前一种操作方式完全相同的散点图。

　　操作方式三:利用旧对话框。第 1 步,选择"图形"→"旧对话框"→"散点图/点图";第

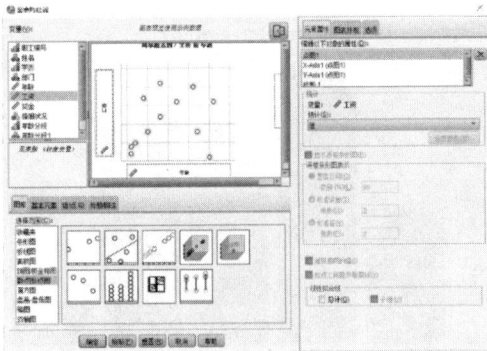
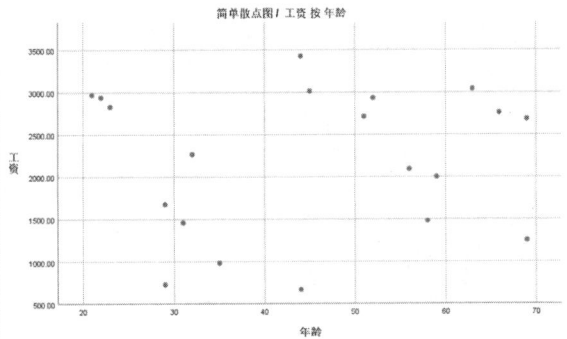

(a)　　　　　　　　　　　　　　　　　　　　(b)

图 3.50　利用图表构建器绘制散点图示例

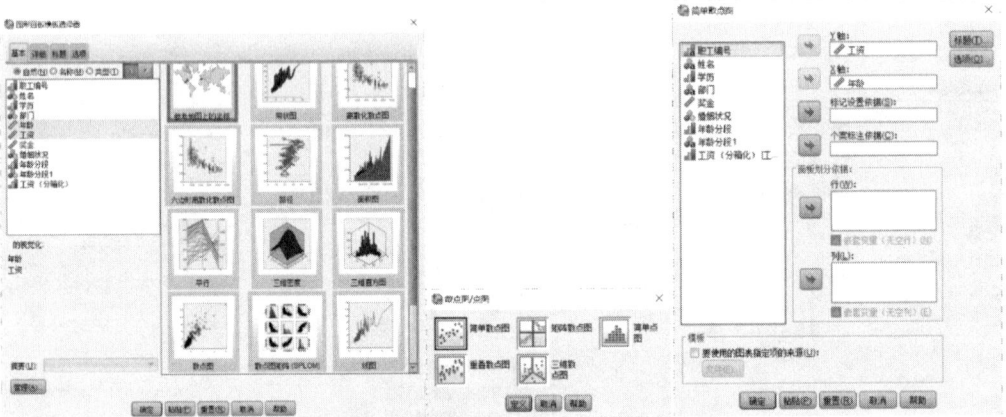

(a)　　　　　　　　　　　(b)　　　　　　　　　　　(c)

图 3.51　利用图形画板模板选择器及旧对话框绘制散点图示例

2步,点击打开的对话框的"简单散点图"图标,同时点击下方的"定义"按钮如图 3.51(b)所示;第 3 步,在打开的对话框中将"年龄"与"工资"变量分别选入"X 轴"和"Y 轴"如图 3.51(c)所示,点击"确定"按钮。输出窗口随即得到与前面操作方式完全相同的散点图。

　　②利用"分析"菜单下的有关过程绘制

　　由"分析"→"描述统计"过程绘制单变量频数分布图。第 1 步,选择"分析"→"描述统计"→"频率"打开对话框,将需要绘制图形的若干变量选入"变量"列表框,这里同时选取了"学历"等 3 个变量,如图 3.52(a)所示,点击"图表"按钮;第 2 步,可在打开的如图 3.52(b)所示的子对话框里设定绘制条形图、饼图或直方图;第 3 步,选定图表类型和图表值显示方式后点击"继续"按钮回到主对话框,点击"确定"按钮,这里分别选了饼图和百分比,输出窗口随即得到对应 3 个变量的饼图,如图 3.52(c)所示。

　　由"分析"→"描述统计"过程绘制双变量频数分布图。第 1 步,"分析"→"描述统计"→"交叉表",打开对话框;第 2 步,将需要绘制图形的若干变量分别选入"行""列"列表框,这里选取"部门"和"婚姻状况"两个变量,勾选左下方的"显示簇状条形图",如图 3.53(a)所示;第 3 步,点击"确定"按钮,输出窗口随即得到对应的条形图,如图 3.53(b)所示。

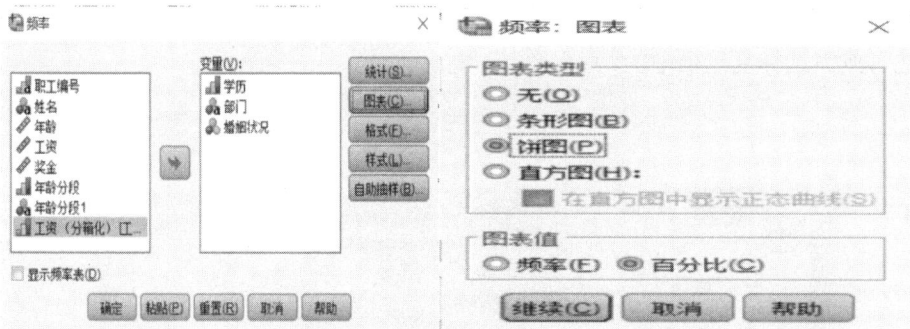

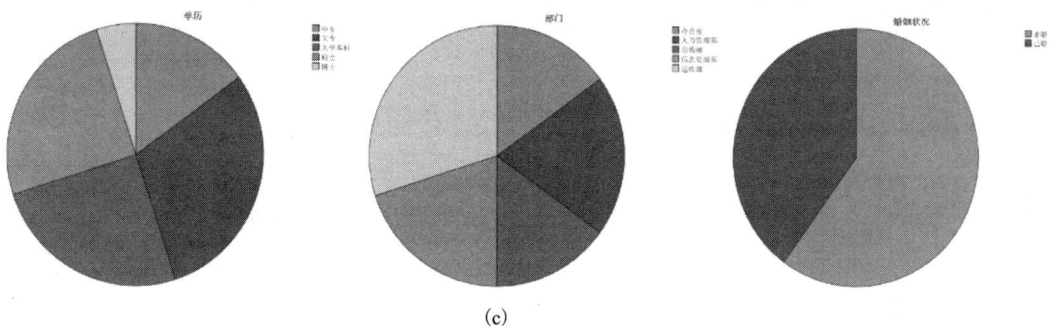

图 3.52 通过"分析"→"描述统计"→"频率"绘制单变量频数分布图示例

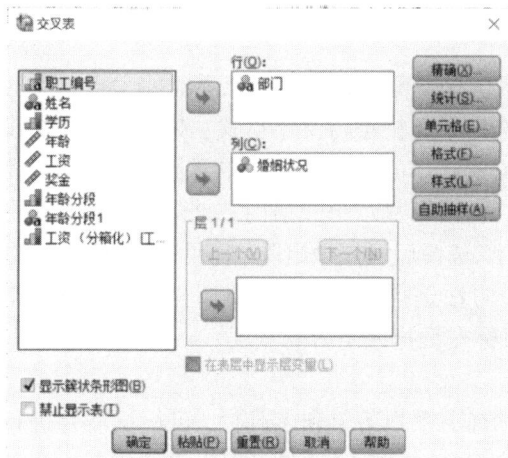

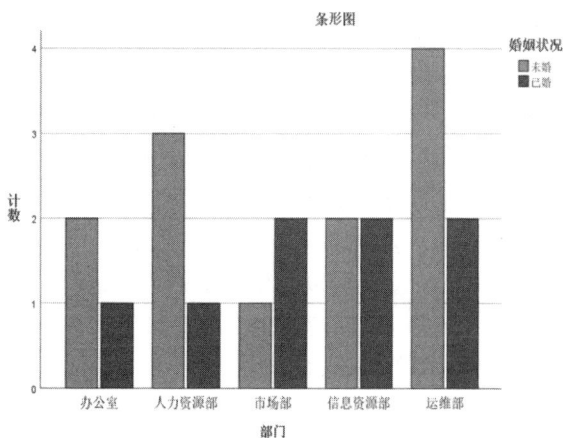

图 3.53 通过"分析"→"描述统计"→"交叉表"绘制双变量频数分布图示例

由"分析"→"描述统计"绘制茎叶图。第 1 步，选择"分析"→"描述统计"→"探索"在打开的如图 3.54(a)所示的主对话框中将需要绘制的变量(这里选"工资")选入"因变量列表"框；第 2 步，点击右边的"图"按钮，在弹出的如图 3.54(b)所示的子对话框中的"描述图"复选框组选择"茎叶图"；第 3 步，点击"继续"回到主对话框，点击"确定"，输出结果如图 3.54(c)所示。输出结果中的"频率"实际上是我们所理解的频数，茎叶图区域的格式实际上既不是图形也不是表格而是文本格式,可双击该茎叶图区域,把鼠标移至"频率"处,将"率"改为"数"即可。(注:子对话框中"箱图"选项默认给出箱线图,不想输出则选该单选框组的"无",还可按需选择复选框中的"直方图")

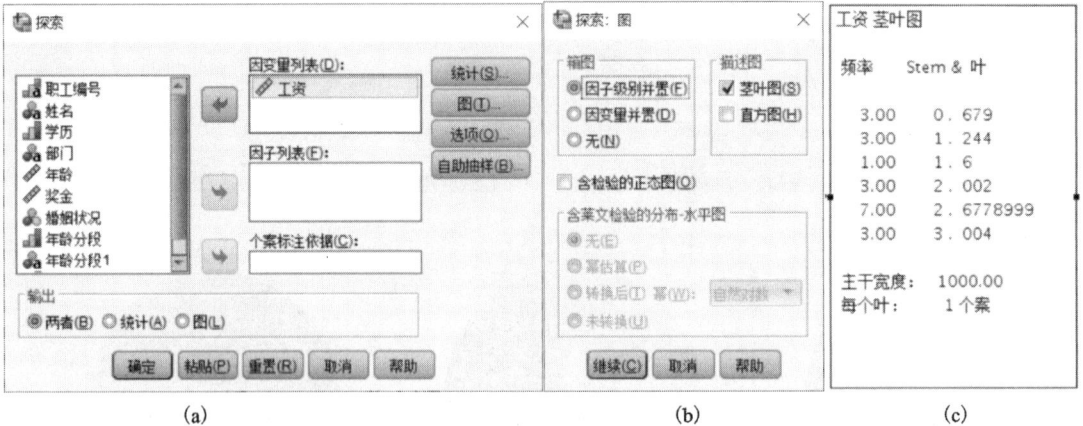

| (a) | (b) | (c) |

图3.54 "探索"子菜单下茎叶图绘制对话框及输出结果示例

(4)结果输出窗口详细结果输出区中的图表编辑

如果对 SPSS 默认的结果输出窗口展示分析得到的统计图表不满意或者想得到更多信息,可以在此窗口进行修改。修改前需要进入编辑模式。双击需修改的图表,可以进入该图表的编辑模式进行编辑、修改。

①统计表的编辑修改

双击需要修改的表格,即进入编辑状态。默认情况下窗口会同时出现浮动的编辑工具栏和透视托盘,方便进行编辑操作。工具栏可以对选定单元格进行文字格式、对齐方式等的设定,透视托盘用于控制和修改表格框架。表格编辑模式中的基本单位为单元格,表格标题和脚注均视为特殊的单元格。单击可以选中单元格,双击则显示单元格内数据的确切值,并可以修改。除了选中某一单元格,也可以选中行或列,选择后可以做删除、拷贝、移动位置、更改格式等操作。还可以对单元格的列宽进行调整,方法是将鼠标指向需要调整列宽的单元格右边线上,这时鼠标指针变为双向箭头状,按住鼠标左键拖放至所需宽度。

②统计图的编辑修改

双击需要编辑修改的图进入编辑窗口,该窗口有一系列菜单和工具栏,可根据需要进行操作,操作完毕关闭该窗口会自动回到结果输出窗口,这时显示的是已编辑修改的图。比如散点图,作为回归问题预分析的重要工具,如果能够在散点图中添加各种回归线,就能够提供更丰富的信息,在这里可以轻松完成这一任务。方法是双击选中输出窗口的散点图,选择"元素"→"总计拟合线"菜单项,或直接点击工具栏上的相应按钮,就可以在图形中添加一条回归趋势线。

本章小结

统计数据的整理是将通过调查取得的大量调查数据进行科学的分组和汇总的过程。统计整理在统计工作中起着承前启后的作用，在统计工作中处于中心地位。统计整理的一般程序是：首先要对原始数据进行预处理，然后进行统计分组，接着汇总各组的单位总量或标志总量，最后得到分布数列，尤其是频数分布。其中统计分组是统计整理的基础，统计汇总是统计整理的中心，分布数列是统计整理的结果。

数据的预处理包括数据的审核、排序与筛选。

统计分组对总体而言是"分"，对总体单位而言是"合"。统计分组应遵循"穷尽"和"互斥"的原则；统计分组按分组标志不同可分品质分组与数量分组，按每组变量值的取值范围可分为单项分组与组距分组，按分组标志的多少及排列方式可分为简单分组、平行分组与复合分组。

数据汇总的组织形式有逐级汇总、集中汇总、综合汇总；汇总的方法有手工汇总和电子计算机汇总，后者是目前最重要的汇总方法；数据汇总的方式按汇总后得到的结果不同主要有计数汇总、求和汇总、平均值汇总三种。

分布数列是数据整理的结果，其中频数分布是其重要组成部分。频数分布由两个基本要素构成：一是各组变量值，二是总体单位在各组中出现的次数（即频数）、频率是各组的频数与总频数的比值，各组频率之和必须等于 1 或 100%；频数分布根据分组标志不同可以分为品质分组的频数分布和数量分组的频数分布，按每组变量值的取值范围可分为单项数列与组距数列。常见的频数分布类型有三种：钟型分布、"U"形分布和"J"分布。

统计表与统计图是数据整理后最为常用的表现形式。

统计表从形式上看由总标题、横行标题、纵栏标题和指标数值四个部分组成，从内容上看由主词和宾词两个部分组成。显示未分组数据的统计表称为简单表，显示分组数据的统计表根据分组标志的多少及其排列方式可分为简单分组表、平行分组表和复合分组表。

统计图一般由标题、坐标轴和网格线、图表区和绘图区、图例四部分组成。常用的统计图有显示分组数据的条形图、直方图、折线图、饼图、圆环图、散点图和显示未分组数据的箱线图、茎叶图等。

思考与练习题

一、思考题

1. 什么是统计分组？统计分组有何作用？

2. 统计分组的原则是什么？

3. 统计分组有哪些基本类型？

4. 组距分组涉及的要素有哪些？

5. 频数分布有哪些种类？

6. 累计频数或频率有何作用？

7. 统计表的种类有哪些？

8. 统计表的构成包括哪些内容？

9. 统计图有哪些主要类型?

二、练习题

(一)填空题

1. _____是数据整理的基础;_____是数据整理的中心;_____是数据整理的结果。

2. 用组中值来代表各组标志值的平均水平,其前提条件是:_____。

3. 数据整理结果的显示方式有:_____和_____。

4. 频数分布是统计整理的重要结果,也是统计分析的基础与前提,其基本构成要素有:_____和_____。

5. 统计表的构成要素包括:总标题、横行标题、纵行标题、_____四个部分。

(二)判断题

1. 在组距分组中,组距的大小和组数的多少成反比。(   )

2. 对连续型数据既可以作单项分组又可以作组距分组,而离散型数据只能作组距式分组。(   )

3. 统计分组数列是把总体单位总量按照总体所分的组进行分配。(   )

4. 统计表的主词是说明总体的各种统计指标。(   )

5. 单项分组通常只适用于离散变量且变量值较少的情况。(   )

6. 在对连续型数据进行组距分组时,统计次数一般应遵循"上组限不在内"的原则。(   )

7. 在全距一定的条件下,组数越多,组距越大。(   )

8. 茎叶图主要用于显示分组数据。(   )

9. 直方图主要用于显示品质数据。(   )

10. 数据透视表可以灵活、快捷地同时对多个变量进行交叉汇总。(   )

(三)单选题

1. 在统计分组时,首先应考虑(   )。

A. 分成多少组   B. 选择什么标志分组

C. 各组差异大小   D. 分组后计算方便

2. 下列分组中哪个是按品质标志进行的分组(   )。

A. 企业按年生产能力分组   B. 家庭按收入水平分组

C. 产品按品种分组   D. 人口按年龄分组

3. 在进行组距式分组时,凡遇到某单位的标志值刚好等于相邻两组上下限的数值时,一般是(   )。

A. 将此值归入上限所在组

B. 将此值归入下限所在组

C. 将此值归入上限所在组或下限所在组均可

D. 另行分组

4. 划分离散变量的组限时,相邻两组的组限(   )。

A. 必须是间断的   B. 必须是重叠的

C. 既可以是间断的,也可以是重叠的   D. 应当是相近的

5. 在累计次数分布中,某组的向上累计次数表明( )。

A. 小于该组下限的次数是多少   B. 小于该组上限的次数是多少

C. 大于该组下限的次数是多少   D. 大于该组上限的次数是多少

6. 在连续型数据的频数分布中,其末组组限为 500 以上,又知其邻组组中值为 480,则末组组中值为( )。

A. 520   B. 510   C. 500   D. 490

7. 在一般情况下,宾词是( )。

A. 统计表的构成形式   B. 统计表要说明的总体

C. 说明总体的统计指标   D. 总体的各个组

8. 分布数列中各组频率的总和应( )。

A. 小于 1   B. 等于 1   C. 大于 1   D. 不等于 1

9. 有 12 名工人看管机器的台数资料如下:2、5、4、4、3、3、4、3、4、4、2、2 按以上资料编制频数分布,应采用( )。

A. 单项分组   B. 等距分组

C. 不等距分组   D. 以上几种形式分组均可

10. 向下累计次数的含义是( )累计次数。

A. 上限以下   B. 上限以上   C. 下限以上   D. 下限以下

11. 要准确反映异距数列的实际分布情况,必须采用( )。

A. 次数   B. 次数密度   C. 频率   D. 累积频率

12. 用圆形及圆内扇形的面积来表示数值大小的图形是( )。

A. 折线图   B. 条形图   C. 直方图   D. 圆形图

13. 某年底,我国共有博物馆 1458 个,其中综合性博物馆 769 个,历史类博物馆 521 个,艺术类博物馆 57 个,自然科技类博物馆 19 个,其他类型博物馆 92 个。反映我国博物馆类别构成应通过绘制( )来显示。

A. 条形图   B. 圆形图   C. 直方图   D. 折线图

14. 对一组数据进行分组,各组的组限依次是 10~20、20~30、30~40、40~50、50~60、60~70。在以上这组数据中,"50"这一数值( )。

A. 由于恰好等于组限,不需要分在某一组中

B. 应分在 50~60 这一组中

C. 应分在 40~50 这一组中

D. 分在 40~50 或 50~60 任意一组中都可以

(四)多选题

1. 采用单项分组与组距分组,主要取决于( )。

A. 变量的类型   B. 变量变动的幅度

C. 统计研究的目的   D. 变量值的多少

E. 不同变量值的多少

2. 按等距分组时,各组次数分布( )。

A. 不受组距大小的影响   B. 受组距大小的影响

C. 它与次数密度的分布一致   D. 它与次数密度的分布不一致

E. 一定是对称分布

3. 下面哪些是数量数列(　　)。

A. 大学生按所学专业的分布　　　　　　B. 大学生按年龄的分布

C. 商店按商品销售额大小的分布　　　　D. 工人按日生产量的分布

E. 企业按职工人数的分布

4. 在次数分布中(　　)。

A. 各组的频数之和等于100

B. 各组频率大于0

C. 频数越小,则该组的标志值所起的作用越小

D. 各组频数之和等于总频数

E. 频率表明各组标志值对总体的相对作用程度

5. 计算累计频数的两种方法是(　　)。

A. 加权　　　　　　B. 简单平均　　　　C. 向上累积　　　　D. 开方

E. 向下累积

6. 组距分组适用于下列情况(　　)。

A. 离散变量　　　　B. 变量值较少　　　C. 连续变量　　　　D. 不同变量值较多

E. 分类数据

7. 在组距分组中,确定分组组数需考虑(　　)。

A. 组数尽可能少　　　　　　　　　　　B. 组数尽可能多

C. 尽量保证组间数据的差异性　　　　　D. 尽量保证组内数据的同质性

E. 组数应能被5除尽

8. 通常情况下,设计统计表要求(　　)。

A. 没有数字的单元格应空白　　　　　　B. 左右两边不封口

C. 表中数据一般是右对齐　　　　　　　D. 列标题之间一般用竖线隔开

E. 行标题之间不必用横线隔开

(五)综合题

1. 为评价家电行业售后服务的质量,随机抽取了由100个家庭构成的一个样本。服务质量的等级分别表示为:A. 好;B. 较好;C. 一般;D. 差;E. 较差。调查结果如下表。

B	E	C	C	A	D	C	B	A	E
D	A	C	B	C	D	E	C	E	E
A	D	B	C	C	A	E	D	C	B
B	A	C	D	E	A	B	D	D	C
C	B	C	E	D	B	C	C	B	C
D	A	C	B	C	D	E	C	E	B
B	E	C	C	A	D	C	B	A	E
B	A	C	D	E	A	B	D	D	C
A	D	B	C	C	A	E	D	C	B
C	B	C	E	D	B	C	C	B	C

①指出上面的数据属于什么类型；

②制作一张频数分布表；

（3）绘制条形图；

(4)分析评价等级的分布特征。

2. 某品牌电脑公司 40 天的电脑销售量数据如下表。(单位：台)

41	37	34	26	25	37	30	38	29	49
46	47	36	32	36	38	45	36	45	46
35	37	37	43	28	37	44	40	38	44
42	34	39	33	36	30	42	44	43	35

（1）根据上面的数据进行适当的分组，编制频数分布表；

（2）绘制直方图与茎叶图，并作比较；

（3）计算出累计频数和累计频率，并绘制向上累计频数和累计频率折线图。

3. 为了确定灯泡的使用寿命(小时)，在一批灯泡中随机抽取 100 只进行测试，所得结果如下表。

700	716	728	719	685	709	691	684	705	717
706	715	712	722	691	708	690	692	707	718
708	729	694	681	695	685	706	661	735	701
668	710	693	697	674	658	698	666	696	665
706	692	691	747	699	682	698	700	710	698
694	690	736	689	696	651	673	749	708	722
688	689	683	685	702	741	698	713	676	727
701	671	718	707	683	717	733	712	683	702
693	697	664	681	721	720	677	679	695	692
713	699	725	726	704	729	703	696	688	691

要求：以组距为 10 进行等距分组，整理成频数分布表，并绘制直方图。

4. 某厂有两个车间，甲车间有职工 150 人，其中男性 100 人、女性为 50 人。男性职工中高级职称职工 10 人，中级职称职工 45 人，其余为初级职称及初级以下；女性职工中高级职称职工 4 人，中级职称职工 17 人，其余为初级及以下。乙车间有职工 200 人，其中男性 145 人，女性为 55 人。男性职工中高级职称职工 19 人，中级职称职工 56 人，其余为初级职称及初级以下；女性职工中高级职称职工 10 人，中级职称职工 15 人，其余为初级及以下。

要求根据上述资料编制：

（1）简单分组表；

（2）平行分组表；

（3）复合分组表。

5. 某市星级酒店某天的销售情况登记表如下。

客户编码	星级	销量/单位	销售金额/单位
92232100	2 星	141	6764
92232084	1 星	73	2423
92232070	2 星	158	7181
92232047	4 星	189	11377
92232044	1 星	99	5754
92231987	2 星	202	10621
92231975	2 星	174	9053
92231967	4 星	406	22359
92231966	2 星	98	3982
92231965	2 星	42	2070
92231964	1 星	54	2193
92231946	3 星	1154	63564
92231939	2 星	108	6986
92231907	4 星	404	19240
92231906	2 星	146	9254
92231882	1 星	5	239
92231881	1 星	98	3159
92231817	2 星	75	3688
92231733	1 星	153	6684
92231730	1 星	51	2931
92231682	1 星	172	7543
92231681	3 星	94	7578
92231672	4 星	52	3725
92231592	4 星	552	33417
92231483	2 星	99	4280
92231481	1 星	322	15414
92231479	1 星	101	3434
92231477	2 星	50	2046
92231473	2 星	52	2107

（1）利用 Excel 或 SPSS 根据星级的状况分类汇总星级的频数；

（2）利用 Excel 或 SPSS 根据星级的状况分类汇总销售量和销售金额。

第4章

统计数据分布特征的描述

学习目标

1. 熟悉描述数据总量与相对量的指标——总量指标和相对指标。
2. 掌握描述数据集中趋势的平均指标——众数、中位数、均值。
3. 掌握描述数据离散趋势的变异指标——异众比率、四分位差、极差、平均差、方差、标准差及离散系数。
4. 领会描述数据分布形态的指标——偏度系数和峰度系数。
5. 了解 Excel 或 SPSS 在统计数据分布特征描述上的应用。

情景导入

亚太地区 25 所知名商学院的有关情况

美国《财富》杂志就在美国攻读 MBA 的费用及毕业后所得的收益进行了一次排名调查，其方法是联系各校共 1.4 万名 1994 届毕业生，要求他们以不记名方式透露学前、刚毕业，及毕业 5 年、10 年后的收入情况，20%的人对调查给予了回复。结果显示，没有 MBA 学位的学生，毕业后历年收入增长率只有 MBA 毕业生的一半。因此，寻求工商管理较高的学历已经成为一种世界趋势。

在亚太地区，成千上万的人对于暂时搁置自己的工作并花两年的时间接受工商管理系统教育显示了日益增长的热情。报考 MBA 逐渐升温，各个商学院也受到大家的密切关注。香港的《亚洲周刊》(AsiaWeek)曾对亚太地区的工商管理教育状况进行了一次调查，其调查结果如表4.1所示。

表 4.1　亚太地区 25 所知名商学院有关情况

商学院名称	录取名额	本国学生学费/美元	外国学生学费/人	年龄/岁	国外学生比例/%	是否要求英语测试	是否要求工作经验	毕业后起薪/美元
墨尔本商学院	200	24420	29600	28	47	否	是	71400
新南威尔士大学(悉尼)	228	19993	32582	29	28	否	是	65200
印度管理学院(阿默达巴得)	392	4300	4300	22	0	否	否	7100
香港大学	90	11140	11140	29	10	否	否	31000
日本国际大学	126	33060	33060	28	60	是	否	87000
亚洲管理学院(马尼拉)	389	7562	9000	25	50	否	是	22800
印度管理学院(班加罗尔)	380	3935	16000	23	1	否	否	7500
新加坡国立大学	147	6146	7170	29	51	是	是	43300
印度管理学院(加尔各答)	463	2880	16000	23	0	否	否	7400
澳大利亚国立大学(堪培拉)	42	20300	20300	30	80	是	是	46600
南洋理工大学(新加坡)	50	8500	8500	32	20	否	是	49300
昆士兰大学(布里斯班)	138	16000	22800	32	26	否	是	49600
香港理工大学	60	11513	11513	26	37	否	是	34000
麦夸里商学院(悉尼)	12	17172	19778	34	27	否	是	60100
Chulalongkorn 大学(曼谷)	200	17355	17355	25	6	否	是	17600
Monash Mt. Eliza 商学院(墨尔本)	350	16200	22500	30	30	是	是	52500
亚洲管理学院(曼谷)	300	18200	18200	29	90	是	是	25000
阿德莱德大学	20	16426	23100	30	10	否	是	66000
梅西大学(新西兰，北帕默斯顿)	30	13106	21625	37	35	是	是	41400
墨尔本皇家工商学院	30	13880	17765	32	30	是	是	48900
Jamnalal Bajaj 管理学院(孟买)	240	1000	1000	24	0	否	是	7000
柯廷理工学院(珀斯)	98	9475	19097	29	43	否	是	55000
拉合尔管理科学院	70	11250	26300	23	2.5	否	否	7500
马来西亚 Sains 大学(槟城)	30	2260	2260	32	15	是	是	16000
De La Salle 大学(马尼拉)	44	3300	3600	28	3.5	否	是	13100

以上一览表提供的数据无法反映亚太地区商学院录取名额、学费、年龄、国外学生比例、起薪等数据系列的分布特征，即使通过整理，将数据整理的结果绘制成统计表，也只能对数据分布的形状和特征有一个大致的了解。要真正把握数据分布的特征，需要找到反映数据分布特征的各个代表值。

数据分布的特征通常从以下几个方面进行测度和描述：一是反映各数据向其中心值靠拢或聚集程度的集中趋势；二是反映各数据远离其中心值的离散趋势；三是反映数据分布形状的偏态和峰态。但要描述数据分布的具体特征，往往需要结合描述数据总量与相对量的总量指标和相对指标。

4.1　数据总量与相对量的描述

4.1.1　总量指标

1.总量指标的概念和作用

总量指标是指描述数据总量特征的指标,用来反映现象在一定条件下的总体规模或总水平。总量指标数值一般是通过将原始数据进行分类汇总后得到的绝对数,所以总量指标也称统计绝对数或绝对数指标。如来自国家统计局《2020 年国民经济和社会发展统计公报》的资料:2020 年国内生产总值为 1015986 亿元,国民总收入 1009151 亿元,固定资产投资 527270 亿元,房地产开发投资 141443 亿元,城镇新增就业 1186 万人,粮食产量 66949 万吨,猪牛羊禽肉产量 7639 万吨,水产品产量 6545 万吨,工业增加值 313071 亿元,发电装机容量 220058 万千瓦,规模以上工业企业利润 64516 亿元,社会消费品零售总额 391981 亿元,居民人均可支配收入 32189 元,居民人均消费支出 21210 元,参加城镇职工基本养老保险人数 45638 万人,全年货物运输总量 463 亿吨,货物运输周转量 196618 亿吨公里,年末互联网上网人数 9.89 亿人,其中手机上网人数 9.86 亿人,研究与试验发展(R&D)经费支出 24426 亿元,国内游客 28.8 亿人次,医疗卫生机构 102.3 万个,等等。这些都是描述我国 2020 年在新冠肺炎疫情肆虐下经济建设和社会发展等方面仍然取得伟大成就的最基本的总量指标。

总量指标具有两个明显的特点:一是总量指标反映的研究对象是有限总体,只有有限总体才能计算总量指标;二是总量指标数值的大小与总体范围成正比,总体范围大,指标数值大,总体范围小,相应指标数值也随之减小。

总量指标是统计中最基本的指标,在实际统计工作中应用十分广泛。其作用可概括为以下三点。

(1)总量指标是认识社会经济现象的起点。比如要了解一个国家或地区的生产水平和经济实力,首先必须了解该国或地区的国内生产总值、粮食产量、钢铁产量、货物运输周转量、发电装机容量等总量指标;要了解一个国家或地区的消费水平,首先要掌握的是该国或地区的商品零售额、零售商业机构数等总量指标。

(2)总量指标是进行宏观经济调控和企业经营管理的基本依据。比如国家要制定有关货币发行量、存贷款利率、存贷款额度、基本建设投资规模等的各项金融政策和财政政策,就得以掌握城乡居民储蓄存款余额、全社会固定资产投资总额、货币流通量等总量指标为前提;企业要进行企业经营效益分析,也得以企业的总产值、利税总额、生产费用总额、职工人数等总量指标作为重要依据。

(3)总量指标是计算相对指标和平均指标的基础。无论是相对指标还是平均指标,一般都是根据两个有联系的总量指标进行对比计算出来的结果,是总量指标的派生指标。比如人口性别比是男性人口数与女性人口数之比,人均粮食消费量是粮食消费总量除以人口数之商。

2. 总量指标的种类

(1)按总量指标反映的内容不同，可分为总体单位总量和总体标志总量

总体单位总量(即总体单位数)是总体内所有总体单位的总计数。总体标志总量是总体内所有总体单位某一数量标志的标志值之和。如要调查了解全国国有工业企业的生产经营状况，总体是"全国所有的国有工业企业"，总体单位是"全国每一个国有工业企业"，"全国国有工业企业数"就是总体单位总量，全国国有工业企业的"职工人数""工资总额""工业增加值"和"利税总额"等，都是总体标志总量。可见，对一个确定的总体而言，总体单体总量是唯一的，总体标志总量则可以是许多个。

总体单位总量和总体标志总量不是固定不变的，随着研究目的和被研究对象的变化而变化。一个总量指标常常在一种情况下为总体标志总量，在另一情况下则表现为总体单位总量。如果把上例的调查目的改为调查了解全国国有工业企业职工的工资水平，那么全国国有工业企业的"职工人数"就不再是总体标志总量，而成了总体单位总量。

(2)按总量指标反映的时间状况不同，可分为时期指标和时点指标

时期指标是反映现象总体在一段时期内发展变化总结果的总量指标，如人口出生数、商品销售额、产品产量、生产总值等。时点指标是反映现象总体在某一时点(瞬间)上所处状况的总量指标，如月末职工人数、年末人口数、季末设备台数、月末商品库存量等。

时期指标可以累加，说明较长时期内现象发生的总量，如年产值是年内各月产值的累计数，表示年内各月产值的总和；而时点指标相加无实际意义，如年内各月末人口数之和不等于年末人口数。时期指标数值的大小与时期长短有直接关系，在一般情况下时期越长数值越大，如年产值必定大于年内某月产值；时点指标数值与时点间隔长短没有直接关系，如年末的设备台数不一定比年内某个月的月末设备台数多。此外，时期指标的数值一般通过连续登记，然后累加求得；时点指标的数值则是通过间断登记取得的。弄清时期指标与时点指标的区别，对于计算总量指标时间序列的平均发展水平是很重要的。

(3)按总量指标所采用计量单位不同可分为实物指标、价值指标和劳动量指标

实物指标是以实物单位计量的总量指标。实物单位是根据事物的属性和特点而采用的计量单位，有自然单位、度量衡单位、标准实物单位、复合单位。自然单位是按照被研究现象的自然状况来度量其数量的一种计量单位，如人口以"人"为单位，汽车以"辆"为单位，牲畜以"头"为单位等。度量衡单位是按照统一的度量衡制度的规定来度量其数量的一种计量单位，如煤炭以"吨"为单位，衣服以"件"为单位，运输里程以"公里"为单位等。标准实物单位是按照统一折算标准来度量被研究现象数量的一种计量单位，如能源按发热量折合为标准吨等。复合单位是两个单位以乘积形式构成的单位，如货物周转量用"吨公里"表示。实物指标能具体反映社会经济现象实际存在的实物数量，体现具体的使用价值量，应用十分广泛。但实物指标的综合性差，不能用以反映复杂现象的总规模或总水平，因而，实物指标的运用有一定的局限性。

价值指标是用货币单位计量的总量指标。货币单位是用货币来度量社会劳动成果或劳动消耗的计量单位，如国内生产总值、社会商品零售额、产品成本等，都是以"元""美元"或扩大为"万元""亿元""万美元"等来计量的。价值指标具有广泛的综合性和概括性，它能将不能直接相加的产品数量过渡到能够相加，用以综合说明具有不同使用价值的产品总量或商品销售量等的总规模或总水平。价值指标广泛应用于统计研究和经营管理之中。但价值指标也

有其局限性，综合的价值量容易掩盖具体的物质内容，比较抽象。因此，在实际工作中，应注意把价值指标与实物指标结合起来使用，以便全面认识客观事物。

劳动量指标是用劳动量单位计量的总量指标。劳动量单位是用劳动时间表示的计量单位，如"工日""工时"等。工时是指一个职工做 1 个小时的工作，工日通常为一个职工做 8 个小时的工作。这种统计指标虽然不多，但常遇到。如工厂考核职工出勤情况，每天要登记出勤人数，把一个月的出勤人数汇总就不能用"人"来计量而应用"工日"来计算。劳动量指标通常只限于在企业内部或同行业之间使用。

3. 计算和应用总量指标应注意的问题

（1）明确规定每项指标的含义和范围

正确统计总量指标的首要问题就是要明确规定每项总量指标的含义和范围。例如要计算国内生产总值、工业增加值等总量指标，首先应清楚这些指标的含义、性质，才能据以确定统计范围、统计方法。要解决好这个问题，必须以经济理论为指导，正确理解被研究现象的含义和性质，同时要熟悉党的方针政策和统计制度的有关规定，才能统一计算口径，正确计算出它们的总量。

（2）注意现象的同质性

在计算实物指标的总量时，只有同质现象才能计算。同质性是由事物的性质或用途决定的。例如，我们可以把各种煤炭如无烟煤、烟煤、褐煤等看作一类产品来计算它们的总产量，但不能把煤炭与钢铁混合起来计算。

（3）正确确定总量指标的计量单位

具体核算总量指标时，究竟采用哪一种计量单位，要根据被研究现象的性质、特点以及统计研究的目的而定，同时要注意与国家统一规定的计量单位一致，以便于汇总并保证统计资料的准确性。

4.1.2　相对指标

总量指标只能说明某一现象总体本身的总量，不能说明现象与现象的相互联系，以及现象在不同时间和空间上的发展变化情况。而社会经济现象是相互联系的，我们对社会经济现象的认识，不仅要研究观察总体总量，而且要对现象间的数量对比关系进行分析研究，以说明研究现象的好与坏、多与少、快与慢。因此，在进行任何一项统计研究时，除了计算一系列的总量指标，还必须计算相对指标。

1. 相对指标的概念、表现形式和作用

（1）相对指标的概念

相对指标是两个相互联系的指标数值进行对比的比值，用来描述数据内部的结构和数据间的联系，如比重、比例、速度、资金利税率、人口密度等都是相对指标。其基本的计算公式为：

$$相对指标 = \frac{分子指标数值}{分母指标数值} \qquad (4.1)$$

可见，相对指标把两个具体的指标数值加以概括或抽象化了。其数值表现为相对数，因此，相对指标亦称为统计相对数。

（2）相对指标的表现形式

相对指标有无名数和有名数两种表现形式。无名数是一种抽象化的数值，常以系数、倍数、百分数、千分数、翻番数、成数、百分点等表示。系数和倍数是将对比的基数抽象化为 1 而计算的相对数。两个指标对比，其分子和分母指标数值相差不大时常用系数，子项较母项大得多时常用倍数。百分数是将对比的基数定为 100 而计算的相对数，是相对指标中最常用的一种表现形式，用符号"%"表示。千分数是将对比的基数定为 1000 而计算的相对数，用符号"‰"表示，一般只适用于对比两数值的分子比分母小很多的情况，如人口出生率、自然增长率等。翻番数是指两个相比较的数值中，一个数是另一数的"2^m"倍，m 是番数。例如，某市 2020 年的工业增加值为 180 亿元，计划到 2030 年翻两番，则该市 2030 年的工业增加值应达到 720 亿元。成数是将对比的基数定为 10 而计算的相对数。百分点是百分比中相当于 1% 的单位，每 1% 为 1 个百分点。亦即百分点说明的是以百分比形式表示的两个相对数相差的幅度。例如，某市经济增长率从上年的 6% 上升为 7%，说明该市经济增长率提高了 1 个百分点，但不能认为该市经济增长率提高了 1%。对于 2 个千分数之差，同样可以用千分点来表示。有名数主要用于强度相对指标，说明事物的强度、密度和普遍程度。它是以相对指标中分子与分母指标数值的双重计量单位即复名数来表示的，如人口密度用"人/平方公里"，人均粮食产量用"公斤/人"，产值利税率用"元/百元"等表示。但有时也可用单名数表示，如商品流转次数用"次"。

（3）相对指标的作用

①利用相对指标可以说明现象的发生、发展过程或现象之间的相互关联程度，进而可以对现象进行更深入的说明和分析。例如通过国内生产总值中三个产业所占比重，可以分析三个产业的发展构成，若将这三个产业的比重与若干年前的比重进行对比计算，就可以反映出这三个产业发展的快慢程度。

②利用相对指标可以使不能直接对比分析的现象总体取得可以比较的基础。例如，将两个企业的利润相比较，无法说明哪个企业的资金利用效果好，因为它们缺乏共同对比的基础。如果采用资金利润率这个相对指标，就能使两者有了共同的比较基础，从而能够说明两个企业经济效益的高低。

2. 相对指标的种类及计算方法

（1）结构相对指标

结构相对指标是指在统计分组的基础上，将总体的部分数值与总体的全部数值对比而求得的比值或比率。它反映总体中各组成部分在总体内所占的比重，通过比重来说明现象的内部结构，故又称比重指标，通常用百分数表示。其计算公式为：

$$结构相对指标 = \frac{总体中某一部分数值}{总体的全部数值} \times 100\% \qquad (4.2)$$

分子、分母的数值可以同为单位数，也可以同为标志总量。总体中各部分的结构相对指标之和等于 100%。

结构相对指标在统计研究中应用十分广泛，主要表现为以下三个方面：①从现象的内部构成说明事物的性质和特征；②对不同时期的相对指标进行连续观察，反映事物内部构成的变化过程和发展趋势；③反映人力、物力和财力的利用程度，判断事物的质量，如出勤率、设备利用率、产品合格率、商品损耗率和资金使用率等。

（2）比例相对数

比例相对数是指总体中的某一部分数值与另一部分数值的比。它反映总体各部分之间的数量联系程度或比例关系，通常以百分比或几比几的形式来表示。其计算公式为：

$$比例相对指标 = \frac{总体中某一部分数值}{总体中另一部分数值} \tag{4.3}$$

应用比例相对指标可以在同类现象之间进行比较，以判断总体中各部分之间的比例关系是否合理，如正常的、合理的人口性别比是 1:1（即 100:100），与之对比就可判断出我国目前大陆人口的性别比例不太合理。同时，通过比例相对指标还可以调控宏观国民经济及微观企业管理中的各种比例关系，使各方面均能协调稳步发展，如国民经济三个产业之间的比例、农轻重之间的比例、积累与消费之间的比例、生产人员与管理人员之间的比例等。

（3）比较相对指标

比较相对指标是指同一时间内两个不同总体的同类指标数值的比值。它反映同类现象在不同空间、不同条件下的数量对比关系，一般用百分数或倍数表示。其计算公式为：

$$比较相对指标 = \frac{某总体的某一指标数值}{另一总体的同一指标数值} \times 100\% \tag{4.4}$$

比较相对指标可以是两个总量指标的比值，也可以是相对指标或平均指标的比值。比较相对指标可以用来比较不同国家、不同地区、不同单位等的经济实力、发展水平和工作优劣，以便互相找差距、挖潜力。

（4）计划完成相对指标

计划完成相对指标是总体的某一指标在一定时期内的实际完成数与计划任务数的比值。它既可以反映某种计划的完成程度，又可以用来检查、监督某种计划的执行情况。其表现形式一般为百分数，故又称计划完成百分比。其基本计算公式为：

$$计划完成相对指标 = \frac{实际完成数}{计划任务数} \times 100\% \tag{4.5}$$

若计划任务数是按提高率或降低率规定的，则计算计划完成程度相对指标时分子和分母都应该包含基数（100% 或 1），不能直接用提高率或降低率来计算，而应根据以下公式来计算：

$$计划完成相对指标 = \frac{1 + 实际提高率}{1 + 计划提高率}$$

$$或：计划完成相对指标 = \frac{1 - 实际降低率}{1 - 计划降低率} \tag{4.6}$$

如果计划指标是以最低限额指标规定下来的，如产品产量、产值、工业增加值、商品销售额、劳动生产率、银行存款余额和财政收入等成果性指标，都只规定最低限额，要求实际完成数超过计划任务数越多越好，则计划完成相对指标以大于 100% 为超额完成计划，是好现象；等于 100% 为刚好完成计划；不足 100% 为未完成计划。如果计划指标是以最高限额指标规定下来的，如单位产品成本、原材料消耗定额、商品流通费用率、财政支出等支出性指标，规定的都是最高限额，不能超过，因此，实际完成数比计划任务数以小为好，其计划完成相对指标应以小于 100% 为超额完成计划，是好现象；等于 100% 正好完成计划；大于 100% 则表示未完成计划。

为了保证中长期计划执行的均衡性，防止前松后紧的现象产生，除检查计划的完成情况外，还要计算一个与计划完成相对数密切相关的计划执行进度指标来监督计划的顺利完成。计划执行进度是将计划期内自计划执行之日起至某一时间的实际完成累计数与计划期计划任务累计数对比计算的比值，通常也用百分数表示，其计算公式为：

$$计划执行进度=\frac{自计划执行之日起至某一时间的实际完成累计数}{计划期计划任务累计数} \qquad (4.7)$$

（5）强度相对指标

强度相对指标是指两个性质不同但又有联系的指标数值的比值。它常用来反映现象或事物发展的强度、密度、普遍程度和经济效益。如人均拥有的商店数、病床数可分别反映商业服务程度与医疗保健程度；人均国内生产总值可以反映国家或地区的经济实力和人民生活水平；资金利税率可以反映企业的经济效益。其计算公式为：

$$强度相对指标=\frac{某一指标数值}{另一性质不同而又有联系的指标数值} \qquad (4.8)$$

强度相对指标常用复名数表示，如"个/人""美元/人"；也可用单名数表示，如商品流转次数用"次"表示；还可用百分数、千分数等无名数表示，如资金利税率可用"%"表示，人口出生率用"‰"表示。

有些强度相对指标虽然用了"平均"二字，但它不是同一总体的标志总量与总体单位数之比，与算术平均指标是有区别的，如人均国内生产总值。有的强度相对指标的分子和分母可以互换计算正指标和逆指标。如商业网密度，可用人口总数除以零售商店数，说明每个零售商店服务的人数，这个数值越大，表示每个商店服务的人数越多，说明商业网的密度越小；相反，商业网密度可用零售商店数除以人口总数，说明每百人拥有的提供服务的零售商店个数，这个数值越大，表示为每百人服务的商店个数越多，说明商业网的密度越高。前者的数值大小与密度大小成反比是逆指标，后者的数值大小与密度大小成正比是正指标。

（6）动态相对指标

动态相对指标是指不同时间、同一总体同一现象的指标数值之比，反映同类现象在不同时间状态下的数量对比关系，说明现象在时间上发展变化的程度，所以又叫发展速度，通常用百分数或倍数表示。其计算公式为：

$$动态相对指标=\frac{报告期指标数值}{基期同一指标数值}\times100\% \qquad (4.9)$$

报告期是指统计研究或计算的时期，基期是指用来对比的时期。

动态相对指标是从动态上观察研究事物，揭示事物发展变化趋势，在实际工作中应用非常广泛。为了方便讲述，本节相对数仅局限于对现象之间的数量关系进行静态分析，有关动态相对数的详细内容将在时间序列分析和统计指数分析这两章做专门介绍。

3.计算和应用相对指标的原则

前面介绍了6种相对指标，它们分别从不同的角度反映了社会经济现象之间的数量对比关系。为了充分发挥这些指标的认识作用，在计算和应用相对指标时，应遵循以下4项原则：

（1）正确选择对比基数

相对指标的基数是进行对比的依据和标准，对比的基数选择不合理，就不能准确地反映现象之间的真实联系，相对指标就会失去应有的作用。

相对指标选择对比基数，应从现象的性质、特点出发，并结合分析研究的目的来考虑。例如反映人口素质水平的文盲率，用全部人口作为对比基数就不太合适，而应该选择学龄以上的人口为对比基数才有实际意义。

（2）保证分子、分母的可比性

分子、分母的可比性是指用来对比的分子指标与分母指标在经济内容、计算范围、计算方法、计量单位以及资料所属时间等方面必须完全一致，或者符合对比要求。保证分子、分母的可比性，是进行对比分析的前提条件。例如，在检查计划时，必须检查实际完成数与计划任务数所包含的指标内容是否一致；在计算人口自然增长率时，必须检查自然增长人口数与人口数所反映的时间是否一致；若将统计资料进行国际对比时，更应慎重考虑指标内容和计算方法的可比性问题。

（3）相对指标应与总量指标结合运用

只用总量指标不易看清事物的差别程度，只用相对指标看不出现象原有的规模和水平，掩盖了现象之间绝对量的差别。只有将相对指标与总量指标结合运用，才能通过对比对社会经济现象有一个比较具体而完整的认识。如 2018 年我国人口自然增长率为 3.81‰，这个数与很多国家相比不算高，但是对于一个人口基数为 139538 万人的中国而言，增长 3.81‰就是增加 530 万人，这比很多国家的总人口还要多。

（4）各种相对数要结合应用

每一种相对数只能说明某种现象某一方面的数量关系，而社会经济现象内部及其他有关现象之间往往存在着复杂的联系，而且这种联系随时都在发生变化。因此，在实际统计工作中，只利用某一种相对数是不能满足需要的，必须根据所掌握的资料灵活应用各种相对数，从不同角度去观察分析问题，以便对所研究的社会经济现象有一个比较全面的认识。例如，分析某企业的生产经营情况，就要用结构相对数反映企业内部的生产构成，用计划完成相对数反映企业生产计划的完成情况，用强度相对数反映企业资金投入的生产效果，用动态相对数反映企业的生产发展速度，用比较相对数反映企业与标准水平或先进水平之间的差异程度，等等，如表 4.2 所示。

表 4.2　某工业企业生产经营情况分析表

指标名称	计量单位	上年实际	本年		本年同行业先进水平	本年计划完成程度/%	本年比上年实际/%	本年实际比同行业先进水平/%
			计划	实际				
（甲）	（乙）	（1）	（2）	（3）	（4）	（5）	（6）	（7）
总产值	万元	12000	13400	14000	—	104.48	116.67	—
利税额	万元	2860	3450	3940		114.20	137.76	—
平均资金占用额	万元	10000	11000	11800	—	107.27	118.00	—
平均职工人数	人	2400	2000	2100	—	105.00	87.50	—

续表4.2

指标 名称	计量 单位	上年 实际	本年		本年同 行业先 进水平	本年计划 完成程度 /%	本年比上 年实际 /%	本年实际 比同行业 先进水平 /%
			计划	实际				
生产工人比重	%	80.00	83.00	81.00	85.00	97.59	101.25	95.29
资金利税率	%	28.60	31.36	33.39	35.00	106.47	116.75	95.40
全员劳动 生产率	万元/人	5.00	6.70	6.67	7.50	99.55	133.40	88.93

表4.2中同时应用了除比例相对指标以外的其他5种相对指标。通过这些指标可以看出：①该工业企业的总产值、利税额、资金利税率、全员劳动生产率在基本完成或超额完成计划的基础上比上年实际都有较大的增幅；②生产工人比重、资金利税率、全员劳动生产率都与同行业先进水平存在一定的差距；③生产工人比重还未完成计划要求；等。所有这些说明该工业企业生产效率虽然比较高，但还有潜力可挖。若能进一步压缩非生产人员数量，提高生产人员比重，总产值就可能增加，利税额也会随之增加，生产工人比重、资金利税率、全员劳动生产率等都可能达到同行业的先进水平，企业的生产效率将得到进一步的提高。

因此，为了全面深入地分析社会经济现象的发展状况及相互间的影响，应将各种相对指标结合起来应用。

4.2 数据集中趋势的描述

集中趋势(central tendency)是指一组数据向某一中心值靠拢的程度，它反映了一组数据中心点的位置所在。对集中趋势的度量就是采用具体的统计方法和统计测度对这一中心数值的测量和计量，以一综合数值来描述数据所趋向的这一中心数值的一般水平。这种描述数据集中趋势的分析指标亦称为平均指标，从不同的角度考虑，反映集中趋势的平均指标有多个，现一一加以介绍。

4.2.1 众数(mode)

众数是一组数据中出现次数最多的变量值，亦即最普遍、最常见的数值，用"m_o"表示。在实际工作中，如果只要求掌握一般常见的数据作为研究问题、安排工作或生产的参考，就可采用众数代替算术平均数说明现象的一般水平。例如，为了解农产品市场某种商品的价格水平，往往以该商品最普遍的成交价格作代表；商场老板在拟定进货单时，经常就某种商品销售量最多的规格进行大量定购；企业主管在制定生产定额时，常常以大多数工人所能达到的日产量为标准。

众数是一个位置平均指标，它不受数据中极端值的影响。从分布的角度看，众数是具有很明显的集中趋势点的数值，一组数据分布的最高点所对应的数值即为众数。当然，如果这组数据的分布没有明显的集中趋势或最高峰点，众数也可能不存在；如果有两个或多个最高峰点，也可以有两个或多个众数。

在一定条件下，众数具有相当的实用价值：计量快速、方便。但众数只有在变量值比较多、而且有明显集中趋势的条件下，才有实际应用的价值。否则，众数的代表性差，从而失去反映现象一般水平的意义。

众数主要用于测度分类数据的集中趋势，当然也适用于作为顺序数据以及数值型数据集中趋势的测度值。

1. 根据未分组数据或单项分组数据计算众数

不管是原始数据还是单项分组数据，都可通过直接观察找出出现次数最多的变量值，即众数。

【例 4.1】　一家市场调查公司为研究不同品牌饮料的市场占有率，对随机抽取的一家超市进行了调查。调查员在某天对 50 名顾客购买饮料的品牌进行了记录，如果一个顾客购买某一品牌的饮料，就将这一饮料的品牌名字记录一次。如表 4.3 所示就是记录的原始数据，请计算"饮料品牌"的众数。

表 4.3　顾客购买饮料的品牌名称

序号	A	B	C	D	E
1	旭日升冰茶	可口可乐	旭日升冰茶	汇源果汁	露露
2	露露	旭日升冰茶	可口可乐	露露	可口可乐
3	旭日升冰茶	可口可乐	可口可乐	百事可乐	旭日升冰茶
4	可口可乐	百事可乐	旭日升冰茶	可口可乐	百事可乐
5	百事可乐	露露	露露	百事可乐	露露
6	可口可乐	旭日升冰茶	旭日升冰茶	汇源果汁	汇源果汁
7	汇源果汁	旭日升冰茶	可口可乐	可口可乐	可口可乐
8	可口可乐	百事可乐	露露	汇源果汁	百事可乐
9	露露	可口可乐	百事可乐	可口可乐	露露
10	可口可乐	旭日升冰茶	百事可乐	汇源果汁	旭日升冰茶

解：这里的变量为"饮料品牌"，不同的品牌就是变量值。在所有调查人当中，购买可口可乐的人数最多，为 15 人，因此众数为"可口可乐"这一品牌，即 $m_o =$ 可口可乐。

【例 4.2】　甲乙两个班各有 40 名学生，某学期期末统计学考试成绩等级分布如表 4.4 所示，试求统计学考试成绩等级的众数。

表 4.4　甲乙两班某学期期末统计学考试成绩等级分布表

考试成绩等级	人数/人	
	甲班	乙班
优	3	6
良	6	15
中	18	9
及格	9	8
不及格	4	2
合计	40	40

解：这里的变量为"考试成绩等级"，其变量值为"优""良""中"、"及格""不及格"。从表 4.4 中看到，甲班考试等级为"中"的最多，有 18 个，因此甲班考试等级众数为"中"，即 m_o = 中；同样，乙班考试等级"良"的最多，为 15 个，因此乙班考试等级众数为"良"这一类别，即 m_o = 良。

【例 4.3】　某厂随机抽查了 25 个工人，得知其日加工产品数的资料如表 4.5 所示，试计算日加工产品数的众数。

表 4.5　某厂工人日加工产品数

产品数/件	工人人数/人
17	2
18	8
19	10
20	5
合计	25

解：表 4.5 中日加工产品数为 19 的工人人数最多，即出现次数最多，所以众数 m_o = 19 件。

2. 根据组距分组数据计算众数

根据组距分组数据计算众数比较复杂。首先，要确定众数所在的组，若为等距分组数据，次数最多的那个组就是众数所在组；若为异距分组数据，需将其换算为次数密度（或标准组距次数），换算后次数密度最多的一组才是众数所在组。然后，运用插值法按比例计算众数的近似值。

$$下限公式：m_o = l + \frac{\Delta_1}{\Delta_1 + \Delta_2} \times d \qquad (4.10)$$

$$上限公式：m_o = u - \frac{\Delta_2}{\Delta_1 + \Delta_2} \times d \qquad (4.11)$$

式中：l 表示众数所在组的下限；u 表示众数所在组的上限；Δ_1 表示众数所在组的频数与

其下限的邻组频数之差；Δ_2 表示众数所在组的频数与其上限的邻组频数之差；d 表示众数组的组距。

【例 4.4】 对在某地区抽取的 120 家企业按利润额进行分组，结果如表 4.6 所示。试计算该地区 120 家企业的利润额的众数。

表 4.6　某地区利润额的分布表

按利润额分组/万元	企业数/个
200～300	23
300～400	30
400～500	42
500～600	14
600 以上	11
合　计	120

解： 首先，确定众数所在组。本例为等距分组数据，频数数值最大的组就是众数所在组，即企业数最多的组"400～500"就是众数所在组。

然后，运用众数的插值公式计算众数。

按下限公式（4.10）计算：

$$m_o = l + \frac{\Delta_1}{\Delta_1 + \Delta_2} \times d = 400 + \frac{42-30}{(42-30)+(42-14)} \times 100 \approx 430（万元）$$

也可以根据上限公式（4.11）计算众数。

$$m_o = u - \frac{\Delta_2}{\Delta_1 + \Delta_2} \times d = 500 - \frac{42-14}{(42-30)+(42-14)} \times 100 \approx 430（万元）$$

从上面计算中可知，众数的数值受到众数所在组相邻两组频数多少的影响。当众数组下限的邻组频数大于众数组上限的邻组频数时，众数接近众数组的下限；反之，当众数组下限的邻组频数小于众数组上限的邻组频数时，众数接近众数组的上限；而当众数所在组前后两组次数相等时，众数所在组的组中值就是众数。

4.2.2　中位数与四分位数

1. 中位数（median）

中位数是指一组数据排序后，处于中间位置上的变量值，用 m_e 表示。显然，中位数将全部数据等分成两部分，每部分包含 50% 的数据，即 50% 的数据大等于中位数，50% 的数据小等于中位数。中位数主要用于测度顺序数据的集中趋势，当然也适用于测度数值型数据的集中趋势，但不适用于分类数据。

（1）根据未分组数据确定中位数

根据未分组数据确定中位数，要先对数据进行排序，然后确定中位数的位置，最后确定中位数的具体数值。中位数位置的确定公式为：

$$中位数位置 = \frac{n+1}{2} \tag{4.12}$$

设一组数据为 x_1，x_2，$\cdots$，x_n，按从小到大的顺序排序后为 $x_{(1)}$，$x_{(2)}$，$\cdots$，$x_{(n)}$，则中位数为：

$$m_e = \begin{cases} x_{\left(\frac{n+1}{2}\right)}，n \text{ 为奇数} \\ \dfrac{1}{2}\{x_{\left(\frac{n}{2}\right)} + x_{\left(\frac{n}{2}+1\right)}\}，n \text{ 为偶数} \end{cases} \tag{4.13}$$

【例 4.5】 某汽车公司的营销部经理随机抽取 9 个汽车销售门店数据，了解 5 月份的汽车销售情况，获得的汽车销售额(单位：万元)数据分别为 700、400、200、1000、1000、1200、1400、1000、1200。试计算这 9 个汽车销售门店销售额的中位数。

解：先将该汽车零售店 9 名销售人员 5 月份的销售额(万元)进行有序排列，依次为 200、400、700、1000、1000、1000、1200、1200、1400；然后计算中位数位置：$\dfrac{n+1}{2} = \dfrac{9+1}{2} = 5$；最后找出第 5 个位置的变量值，即 $m_e = 1000$(万元)。

假若本例抽取的是 12 个汽车销售门店 5 月份的销售额数据，这些数据排序后，依次为 200、400、700、1000、1000、1000、1200、1200、1300、1350、1400、1450。则中位数位置 = $\dfrac{12+1}{2} = 6.5$，说明汽车销售额的中位数在第 6 个与第 7 个数据中间。因此，中位数为第 6 个与第 7 个数据的均值，即 $m_e = \dfrac{1000+1200}{2} = 1100$(万元)。

(2)根据单项分组数据确定中位数

根据单项分组数据确定中位数分以下三步进行：首先，计算各组的累计次数；其次，计算 $\dfrac{\sum f + 1}{2}$ 中位数位置；最后，将中位数位置对照累计次数确定中位数组，并确定中位数。当累计次数刚好等于或首次超过中位数位置时，该累计次数组就是中位数组，该组的变量值即为中位数。

【例 4.6】 试根据例 4.2 的数据计算甲乙两个班统计学考试成绩等级的中位数。

解：首先，在例 4.2 的数据基础上计算累计人数，如表 4.7 所示。

表 4.7 甲乙两班某学期期末统计学考试成绩等级累计分布表

考试成绩等级	人数／人			
	甲班	向下累计	乙班	向下累计
优	3	3	6	6
良	6	9	15	21
中	18	27	9	30
及格	9	36	8	38
不及格	4	40	2	40
合计	40	—	40	—

然后，根据中位数的位置公式计算中位数位置：$\dfrac{\sum f + 1}{2} = \dfrac{40+1}{2} = 20.5$。

最后，确定中位数组与中位数。甲班累计次数 27、乙班累计次数 21 都首次超过中位数位置第 20 与第 21 个变量值的中间位置，由此可以确定甲班累计次数 27、乙班累计次数 21 的组为中位数组，对应的变量值："中"为甲班统计学考试成绩等级的中位数、"良"为乙班统计学考试成绩等级的中位数。

【例 4.7】　根据例 4.3 的数据计算日加工产品数的中位数。

解：首先，计算累计次数，如表 4.8 所示。

表 4.8　工人日加工产品数量

产品数 / 件	工人人数 / 人	向上累计次数	向下累计次数
17	2	2	25
18	8	10	23
19	10	20	15
20	5	25	5
合计	25	—	—

其次，计算中位数位置：$\dfrac{\sum f + 1}{2} = \dfrac{25 + 1}{2} = 13$

最后，确定中位数组与中位数。从表 4.8 中的向上累计次数看，第三组的累计次数为 20，首次超过第 13 个变量值，因此，第 13 个变量值即中位数必然在第三组，该组对应的变量值 19 件即为中位数。从向下累计次数看一样可以得出中位数等于 19 件的结论。

（3）根据组距分组数据计算中位数

如果所掌握的数据为组距分组数据，其中位数的确定除了根据中位数位置及累计次数确定，还需运用插值法按比例计算中位数的近似值。

$$\text{下限公式：} m_e = l + \frac{\dfrac{\sum f}{2} - c_{m-1}}{f_m} \times d \qquad (4.14)$$

$$\text{上限公式：} m_e = u - \frac{\dfrac{\sum f}{2} - c_{m+1}}{f_m} \times d \qquad (4.15)$$

式中：l 表示中位数所在组的下限；u 表示中位数所在组的上限；f_m 表示中位数组的次数；c_{m-1} 表示比中位数所在组下限小的各组累计次数（cumulative frequencies）；c_{m+1} 表示比中位数所在组上限大的各组累计次数；d 表示中位数所在组的组距。

【例 4.8】　利用例 4.4 的数据计算该地区 120 个企业的利润额的中位数。

解：首先，计算累计频数，可以向上累计，也可以向下累计，如表 4.9 所示。

表 4.9　某地区利润额的分布表

按利润额分组 / 万元	企业数(个)	向上累计企业数(个)	向下累计企业数(个)
200 ~ 300	23	23	120
300 ~ 400	30	53	97
400 ~ 500	42	95	67
500 ~ 600	14	109	25
600 以上	11	120	11
合计	120	—	—

　　其次，确定中位数所在组。中位数位置 $= \dfrac{\sum f + 1}{2} = \dfrac{120 + 1}{2} = 60.5$。由向上累计频数看，累计企业数为 95 的组包含了处于中间位置的第 60 与第 61 个企业，则向上累计企业数为 95 对应的组为中位数所在组，即 400 ~ 500 为中位数组；同样也可由向下累计频数分析，累计次数为 67 的组包含了处于中间位置的第 60 与第 61 个企业，由此可以确定 400 ~ 500 是中位数所在组。

　　最后，运用公式(4.14)或公式(4.15)计算中位数。

$$m_e = l + \frac{\dfrac{\sum f}{2} - c_{m-1}}{f_m} \times d = 400 + \frac{\dfrac{120}{2} - 53}{42} \times 100 \approx 416.67(\text{万元})$$

$$m_e = u - \frac{\dfrac{\sum f}{2} - c_{m+1}}{f_m} \times d = 500 - \frac{\dfrac{120}{2} - 25}{42} \times 100 \approx 416.67(\text{万元})$$

　　从上面计算可知，中位数实际上就是位于累计次数 $\dfrac{\sum f + 1}{2}$ 达到的这一组组距中的某个数值。该数值就是这一组下限加上按一定比例分割组距所得的一段组距，或是这一组上限减去按一定比例分割组距所得的一段组距。

　　显然，中位数也是一个位置代表值，其特点是不受极端值的影响，也不受组距分组中开口组设置的影响，当数值型数据中含有极大值或极小值时，可以使用中位数来度量数据的集中趋势。中位数在研究收入分配时很有用。

2. 四分位数(quartile)[①]

　　中位数是从中间点将全部数据等分为两部分。与中位数类似的还有四分位数、十分位数和百分位数等，它们分别是用 3 个点、9 个点、99 个点将数据 4 等分、10 等分、100 等分后各分位点上的值。

　　四分位数也称四分位点，它是一组数据排序后处于 25% 和 75% 位置上的值。四分位数

[①] Excel 给出的四分位数位置的确定方法为：q_l 的位置 $= \dfrac{n + 3}{4}$，q_u 的位置 $\dfrac{3n + 1}{4}$

是通过 3 个点将全部数据等分为 4 部分,其中每部分包含 25% 的数据。很显然,中间的四分位数就是中位数,因此通常所说的四分位数是指处在 25% 位置上的数值,称为下四分位数,用 q_l 表示;以及处在 75% 位置上的数据,称为上四分位数,用 q_u 表示。

四分位数的计算方法与中位数类似。比如根据未分组数据计算四分位数时,也是首先对数据进行排序,确定四分位数所在的位置。

$$q_l \text{ 的位置} = \frac{n+1}{4} \tag{4.16}$$

$$q_u \text{ 的位置} = \frac{3(n+1)}{4} \tag{4.17}$$

然后,确定四分位数。如果四分位数的位置是整数,四分位数就是该位置对应的值;如果是在两整数的中间位置上,则四分位数为这两个整数位置对应值的均值;如果是在两整数位置之间的 0.25 或 0.75 的位置上,则四分位数等于该整数位置上较小的对应值加上按比例分摊两整数位置对应值的差值或等于该整数位置上较大的对应值减去按比例分摊两整数位置对应值的差值。

【例 4.9】 根据例 4.5 中 12 个汽车销售门店 5 月份的汽车销售额,计算四分位数。

解: 将该原始数据排序后,得到有序数据为:

200、400、700、1000、1000、1000、1200、1200、1300、1350、1400、1450

$$q_l \text{ 的位置} = \frac{n+1}{4} = \frac{12+1}{4} = 3.25$$

即 q_l 在第二个数值(700)和第四个数值(1000)之间 0.25 的位置上。因此,

$$q_l = 700 + (1000 - 700) \times 0.25 = 775(\text{万元}) \text{ 或者}$$
$$q_l = 1000 - (1000 - 700) \times 0.75 = 775(\text{万元})$$

$$q_u \text{ 的位置} = \frac{3(n+1)}{4} = \frac{3 \times 13}{4} = 9.75$$

即 q_u 在第九个数值(1300)和第十个数值(1350)之间 0.75 的位置上。因此,

$$q_u = 1300 + (1350 - 1300) \times 0.75 = 1337.5(\text{万元}) \text{ 或者}$$
$$q_u = 1350 - (1350 - 1300) \times 0.25 = 1337.5(\text{万元})$$

利用四分位数、中位数与最大变量值、最小变量值可绘制箱线图,通过箱线图可以看出,在排序数据中,至少 25% 的数据将小于或等于 q_l,最多 75% 的数据将大于或等于 q_l;至少 75% 的数据将小于或等于 q_u,最多 25% 的数据将大于或等于 q_u,q_l 与 q_u 之间则包含了 50% 的数据。

4.2.3 均值(mean)

均值是反映一定时间、地点条件下同质总体各单位某一数量标志一般水平的综合指标,也称平均数,是度量集中趋势的最主要测度值。首先,均值是一个抽象化数值,它将各个数据之间的数量差异抽象掉了,以一个抽象性的综合测度值概括地反映事物的集中趋势;其次,均值将不同总体的总量规模抽象掉了,表现出来的只是一个一般性的代表水平,有利于不同规模的同类总体在不同空间和时间上的广泛比较。均值包含算术均值、调和均值与几何均值。通常情况下所说的均值是指算术均值。

1. 算术均值(average)

算术均值是测度数据集中趋势最主要的平均指标,适用于数值型数据,不适用于用文字表示的分类数据和顺序数据。

凡是总体各单位的标志值之和等于总体的标志总量时,均可使用算术均值来反映总体的一般水平。其基本计算公式为:算术均值 $= \dfrac{总体标志总量}{总体单位总量}$。根据样本数据计算的算术均值称为样本均值,用"算术均值 $= \dfrac{总体标志总量}{总体单位总量}$"表示,但在实际工作中,由于掌握的资料不同,一般并不按算术均值的基本公式直接计算,而是采用简单算术均值和加权算术均值两种形式分别计算。但无论采用哪种算式,均离不开算术均值的基本含义。

(1)简单算术均值(simple average)

简单算术均值为一组数值型数据之和除以该组数据个数的商。设一组数据为 x_1,x_2,…,x_n,则该组数据的简单均值可根据下面的公式计算:

$$\bar{x} = \frac{x_1 + x_2 + x_3 + \cdots + x_n}{n} = \frac{\sum x}{n} \tag{4.18}$$

式中:x 为样本数据(变量值);n 为样本数据的个数,亦即样本的容量;$\sum$ 为求和的符号。

【例4.10】 根据例4.5中的数据,计算9个汽车销售门店的平均销售额。

解:$\bar{x} = \dfrac{200 + 400 + \cdots + 1200 + 1400}{9} = \dfrac{8100}{9} = 900(万元)$

不难看出,简单算术均值只受变量值 x 的影响。

为了避免极大值或极小值对简单算术均值的影响,在实际工作中通常去掉一个最高值和一个最低值,再来求均值。

(2)加权算术均值(weighted average)

在实际工作中,由于数据多,又是重复出现的,我们所掌握的资料常常是已经分组整理好的分组数据。根据分组数据计算的算术均值就是加权算术均值。它是将各组变量值乘以相应的频数,然后加总求和,再除以总频数。设原始数据被分成 k 组,各组的变量值分别用 x_1,x_2,…,x_k 表示,各组变量值出现的频数分别用 f_1,f_2,…,f_k 表示,则加权均值的计算公式为:

$$\bar{x} = \frac{x_1 f_1 + x_2 f_2 + x_3 f_3 + \cdots + x_k f_k}{f_1 + f_2 + f_3 + \cdots + f_k} = \frac{\sum xf}{\sum f} \tag{4.19}$$

式中:x 为每组的变量值或组中值;f 为每组变量值的频数。

【例4.11】 根据例4.3计算该厂工人平均日加工产品数。

解:该厂工人平均日加工产品数为:

$$\bar{x} = \frac{\sum xf}{\sum f} = \frac{17 \times 2 + 18 \times 8 + 19 \times 10 + 20 \times 5}{25} = 18.72(件)$$

如果已知资料为组距分组数据,可以用组中值代替各组变量值计算均值。

【例4.12】 2020年下学期某校随机抽查了经济管理专业19级学生50名,得知其统计学考试成绩的分组资料如表 4.10 所示，试计算这 50 名学生的统计学考试成绩的均值。

表 4.10　某学期某班 50 名学生统计学考试成绩的组中值和频数

考分(分)	组中值 x/ 分	人数 f/ 人	组总分 xf/ 分
60 分以下	55	2	110
60 ~ 70	65	4	260
70 ~ 80	75	24	1800
80 ~ 90	85	14	1190
90 ~ 100	95	6	570
合计	—	50	3930

解： $\bar{x} = \dfrac{\sum xf}{\sum f} = \dfrac{3930}{50} = 78.6（分）$

从以上计算过程可以看出，加权算术均值受两个因素的影响：一个是各组的变量值，另一个是各组变量值出现的频数 f_0。当各组变量值确定不变时，各组频数起着决定性作用。出现频数多的变量值对均值的影响作用大些，使均值向其靠拢；出现频数少的变量值对均值影响作用小些，使均值远离该变量值。从而可以看到，各组变量值的出现频数在计算均值的过程中起着权衡轻重的作用，故也将"频数"称为权数。

但是，如果各组的频数（权数）均相同，即 $f_1 = f_2 = \cdots = f_k$ 时，则权数的权衡轻重作用也就消失了。这时，加权算术均值会变成简单算术均值，即：

$$\bar{x} = \frac{x_1 f_1 + x_2 f_2 + \cdots + x_k f_k}{f_1 + f_2 + \cdots + f_k} = \frac{\sum xf}{\sum f} = \frac{f \sum x}{kf} = \frac{\sum x}{k} \tag{4.20}$$

可见，简单算术均值实质上是加权算术均值在权数相等条件下的一个特例。

权数既可以用绝对数表示，也可以用相对数（比重）来表示。将公式(4.19)略加变形，有：

$$\bar{x} = \frac{\sum xf}{\sum f} = \sum \left(x \frac{f}{\sum f} \right) = \sum xp \tag{4.21}$$

式(4.21)中 p 是样本中各组单位数占样本容量的比例，即为频数分布的相对形式。显然，公式(4.21)更加清晰地解析出频数在均值形成中的意义，均值的具体数值就是各组数值水平和各组频率的乘积之和。有兴趣的同学不妨采用相对权数计算本例的平均成绩，看是否与采用绝对权数计算的平均成绩一致。

此外，根据组距分组数据计算均值时，是用各组的组中值代表各组的实际数据，使用这一代表值时假定数据在组内是均匀分布的，如果实际数据与这一假定相吻合，计算的结果还是比较准确的，否则误差会较大。

(3) 算术均值的两个重要的数学性质

① 各变量值与算术均值的离差之和等于零，即：

$$未分组数据：\sum (x -\bar{x}) = 0 \qquad (4.22)$$

$$分组数据：\sum (x -\bar{x})f = 0 \qquad (4.23)$$

② 各个变量值与算术均值的离差平方和最小。即：

$$未分组数据：\sum (x -\bar{x})^2 = \min \qquad (4.24)$$

$$分组数据：\sum (x -\bar{x})^2 f = \min \qquad (4.25)$$

这条性质说明，变量值与算术均值的离差平方和比变量值减去任何不等于均值的常数离差平方之和都要小。

这两个性质是进行趋势预测、回归预测和建立数学模型的重要数学理论依据。

2. 调和均值(harmonic mean)

算术均值是根据各变量值及其相应频数或比例来计算的。但在某些场合，由于所给资料的限制，不能直接用算术均值的公式计算均值，就要采用变量值的算术均值来计算。这种根据变量值的倒数的算术均值的倒数来计算的均值称为调和均值，通常用"$\bar{x}_h$"表示。根据所掌握的资料不同，调和均值也有简单调和均值和加权调和均值之分。

（1）简单调和均值

简单调和均值是先计算各变量值倒数的简单算术均值，然后求倒数。设有 n 个变量值为 x_1，x_2，…，x_n，则调和均值的计算公式为：

$$\bar{x}_h = \frac{1}{\dfrac{1}{n}\left(\dfrac{1}{x_1} + \dfrac{1}{x_2} + \cdots + \dfrac{1}{x_n}\right)} = \frac{n}{\sum \dfrac{1}{x}} \qquad (4.26)$$

【例 4. 13】 某种水果早市每斤 1 元，午市每斤 0.75 元，晚市每斤 0.6 元。如果早、中、晚各买 1 元，试计算该水果的平均价格。

解： 由于购买单价乘以购买金额没有任何意义，因此不能根据算术均值的公式计算平均价格，此时应考虑采用简单调和均值来计算均值。

$$\bar{x}_h = \frac{n}{\dfrac{1}{x_1} + \dfrac{1}{x_2} + \cdots + \dfrac{1}{x_n}} = \frac{3}{\dfrac{1}{1} + \dfrac{1}{0.75} + \dfrac{1}{0.6}} = \frac{3}{4} = 0.75(元)$$

该水果的平均价格实际上等于该水果的购买金额除以购买数量，这与算术均值的基本含义是一致的。

（2）加权调和均值

加权调和均值是先计算各变量值倒数的加权算术均值，然后求其倒数。计算公式为：

$$\bar{x}_h = \frac{1}{\dfrac{\dfrac{1}{x_1}m_1 + \dfrac{1}{x_2}m_2 + \cdots + \dfrac{1}{x_n}m_n}{m_1 + m_2 + \cdots + m_n}} = \frac{m_1 + m_2 + \cdots + m_n}{\dfrac{1}{x_1}m_1 + \dfrac{1}{x_2}m_2 + \cdots + \dfrac{1}{x_n}m_n} = \frac{\sum m}{\sum \dfrac{1}{x}m} \qquad (4.27)$$

式中：m 为各组的标志总量。

m 对均值的计算也起权衡轻重的作用，因此，这里的"m"也是权数。

【例 4. 14】 某公司下属三个部门的销售资料如表4.11所示，试计算其平均利润率。

表 4.11　某公司下属 3 个部门的销售情况

部门	销售利润率 x/%	利润额 m/ 万元
A	12	120
B	10	200
C	7	105
合计	—	425

　　由于变量值(销售利润率)与已知的利润额相乘没有意义,则此变量值的平均数不可能根据算术均值的公式来计算,而应该考虑采用调和均值的公式来计算。

$$\bar{x_h} = \frac{\sum m}{\sum \dfrac{m}{x}} = \frac{120 + 200 + 105}{\dfrac{120}{12\%} + \dfrac{200}{10\%} + \dfrac{105}{7\%}} = 9.44\%$$

　　通过计算可以看出,这 3 个部门的平均利润率实际上用各部门利润额之和除以总的销售额。如果本例掌握的不是利润额资料,而是相应的销售额资料,如表4.12 所示。

表 4.12　某公司下属三个部门的销售情况

部门	销售利润率 x/%	销售额 f/ 万元
A	12	1000
B	10	2000
C	7	1500
合计	—	4500

　　则这 3 个部门的平均利润率为:

$$\bar{x} = \frac{\sum xf}{\sum f} = \frac{12\% \times 1000 + 10\% \times 2000 + 7\% \times 1500}{1000 + 2000 + 1500} = 9.44\%$$

　　从例 4.14 的计算看出,根据不同的权数资料,采用不同的方法,计算同一时间、同一经济现象的平均水平的结果是完全相同的。这是因为调和均值实质上是算术均值的变形。m 是标志总量,是各组标志值与次数的乘积,即 $m = xf$,将其代入加权调和均值的计算公式可得:

$$\bar{x_h} = \frac{\sum m}{\sum \dfrac{m}{x}} = \frac{\sum xf}{\sum \dfrac{xf}{x}} = \frac{\sum xf}{\sum f} = \bar{x} \tag{4.28}$$

　　由此可见,当各组标志值和各组频数已知时,采用加权算术均值来计算均值;当各组标志值和各组标志总量已知时,则要采用加权调和均值计算公式来计算均值。

3. 几何均值(geometric mean)

　　几何均值是 n 个变量值乘积的 n 次方根,是计算平均比率或计算平均速度最适宜的一种方法，用$\overline{x_g}$表示。根据所掌握的资料不同，几何均值可分为简单几何均值和加权几何均值。

（1）简单几何均值

简单几何均值适用于根据未分组数据来计算平均比率或平均速度。其计算公为：

$$\overline{x_g} = \sqrt[n]{x_1 \times \cdots \times x_n} = \sqrt[n]{\prod x} \tag{4.29}$$

式中：$\prod$为连乘符号。

【例4.15】 某产品的生产过程包括3道流水作业的连续工序，这3道工序的产品合格率分别为80%、95%和90%。试计算生产过程中3道工序的平均合格率。

解： 设平均合格率为$\overline{x_g}$，根据式（4.29）有

$$\overline{x_g} = \sqrt[n]{\prod x} = \sqrt[3]{0.8 \times 0.95 \times 0.9} = 88.11\%$$

即3道流水作业的平均合格率为88.11%。

在此，之所以要用几何均值形式计算3道工序的平均合格率，是因为这3道工序是连续的，它们的合格率连乘后有一定意义，即其相乘的结果为整个生产过程总的合格率。

（2）加权几何均值

加权几何均值适用于根据已分组数据来计算平均比率或平均速度。其计算公式为：

$$\overline{x_g} = \sqrt[\Sigma f]{x_1^{f_1} x_2^{f_2} \cdots x_k^{f_k}} \tag{4.30}$$

【例4.16】 某金融机构以复利计息。近12年来的年利率依次为4年为3%，2年为5%，2年为8%，3年为10%，1年为15%。求平均年利率。

解： 因该金融机构以复利计息，近12年的本利率的乘积应等于这12年的总的本利率。因此应先将这12年的年利率还原为本利率，再计算平均年本利率。

$$\overline{x_g} = \sqrt[\Sigma f]{x_1^{f_1} x_2^{f_2} \cdots x_k^{f_k}} = \sqrt[12]{(1+3\%)^4 \times (1+5\%)^2 \times (1+8\%)^2 \times (1+10\%)^3 \times (1+15\%)^1}$$
$$= \sqrt[12]{2.2154} = 106.85\%$$

平均年利率＝平均年本利率－100% ＝ 106.85% － 100% ＝ 6.85%。

关于几何均值在计算平均速度中的应用将在时间序列一章再做详细介绍。

4.2.4 平均指标的比较和应注意的问题

众数、中位数和均值是反映数据分布集中趋势程度的平均指标，它们具有不同的特点和应用场合。

1. 众数、中位数和均值的关系

从分布的角度看，众数始终是一组数据分布的最高峰值，中位数是处于一组有序数据的中间位置上的值，而均值则是全部数据的平均数，通常为算术平均数。因此，对于具有单峰分布的大多数数据而言，众数、中位数和均值之间具有以下关系：如果数据的分布是对称的，众数（m_o）、中位数（m_e）和均值（$\overline{x}$）必定相等，即$m_o = m_e = \overline{x}$；如果数据是左偏分布，说明数据存在极小值，必然拉动均值向极小值一方靠拢，而众数和中位数由于是位置代表值，不受极值的影响，因此三者之间的关系表现为$\overline{x} < m_e < m_o$；如果数据是右偏分布，说明数据存在极大值，必然拉动均值向极大值一方靠拢，则$m_o < m_e < \overline{x}$。上述关系如图4.1所示。

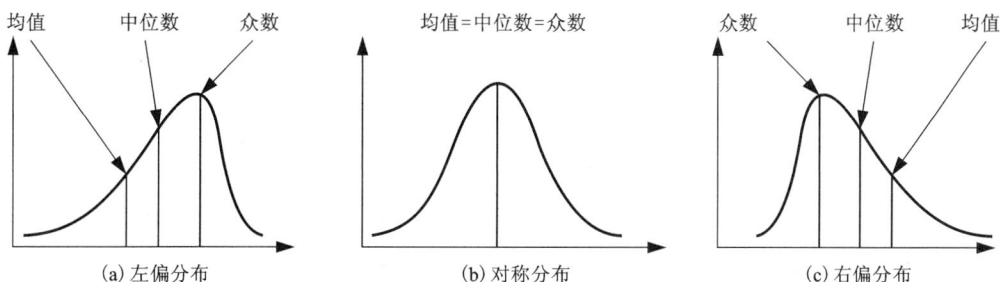

图 4.1　不同分布的众数、中位数和均值

2. 众数、中位数和均值的特点与应用场合

掌握众数、中位数和均值的特点，有助于在实际应用中选择合理的平均指标来描述数据的集中趋势。

众数是一组数据分布的峰值，不受极端值的影响。其缺点是具有不唯一性，一组数据可能有一个众数，也可能有两个或多个众数，也可能没有众数。众数只有在数据较多时才有意义，当数据量较少时，不宜使用众数。众数主要适合作为分类数据的集中趋势测度值。

中位数是一组数据中间位置上的代表值，不受数据极端值的影响。当一组数据的分布偏斜程度较大时，使用中位数也许是一个好的选择。中位数主要适合作为顺序数据的集中趋势测度值。

均值是针对数值型数据进行计算的，而且利用了全部数据信息，它是实际中应用最广泛的集中趋势测度值。但均值易受极端数值的影响，对于偏态分布的数据，均值的代表性较差。因此，当数据为偏态分布，特别是当偏斜程度较大时，可以考虑选择中位数或众数，这时它们的代表性比均值要好。

3. 应用平均指标应注意的问题

平均指标在统计分析中的应用非常广泛。为了保证平均指标的科学性，正确发挥平均指标的认识作用，计算和应用平均指标时要注意以下问题。

（1）平均指标只能应用于同质总体

只有在同质总体的基础上计算和应用平均指标，才有真正的社会实际意义。如我们不能把工人和农民作为一个总体来计算平均收入，不能把经济作物和粮食作物作为一个总体来计算平均亩产量，不能将所有工业产品作为一个总体来计算平均成本，不宜将所有职工作为一个总体来计算职工的平均工资收入等。因为把性质不同的现象混同在一起计算平均数，会掩盖现象的本质区别，造成虚构的假象，不能真实反映现象的一般水平。

（2）要以组平均数补充说明总平均数

在统计分组的条件下，根据同质总体计算的总平均数，虽然可以正确反映现象总体的一般水平，但掩盖了总体内部各组成部分的数量差异，往往不能深入地说明现象总体一般水平变化的内部原因。因此，在对比分析两个总体的平均水平或对比同一总体不同时期的平均水平变动时，不能只观察总平均数的变化，而必须结合组平均数来补充说明总平均数。

【例 4.17】　某企业工人工资变动资料如表 4.13 所示。

表 4.13　某企业工人工资变动情况表①

工种	2019 年				2020 年			
	工人数 /人	比重 /%	工资额 /万元	平均工资 /万元	工人数 /人	比重 /%	工资额 /万元	平均工资 /万元
普通工	10	20	100	10.00	30	37.5	315	10.50
技术工	40	80	600	15.00	50	62.5	800	16.00
合　计	50	100	700	14.00	80	100	1115	13.90

如果仅从总平均工资来看，该企业 2019 年的工资水平要高于 2020 年的工资水平。但无论是普通工还是技术工，2020 年的平均工资都比 2019 年高。为何会得出如此相矛盾的结论呢？这是因为总平均工资除了受各组平均工资的影响，还受工人人数结构的影响。2020 年的总平均工资之所以比 2019 年低，是由于 2020 年工资水平低的普通工人人数大大增加。因此，在分析该企业的总平均工资水平时，必须结合组平均工资来分析，以避免认识的片面性。

（3）要以分布数列补充说明总平均数

平均指标是根据总体各单位的标志值计算的抽象化数值。仅有平均指标看不出总体各单位标志值的具体情况。只有将平均指标与分配数列结合起来，才能从数列的具体数据中看到更全面的内容。

【例 4.18】　某工业集团下属 50 个企业的利润计划完成资料如表 4.14 所示。

表 4.14　某工业集团所属企业利润计划完成情况表

企业利润计划完成程度 （%）	企业数（个）	频率 （%）	累计频率/%	
			向上累计	向下累计
90 以下	1	2	2	100
90 ~ 95	4	8	10	98
95 ~ 100	5	10	20	90
100 ~ 105	20	40	60	80
105 ~ 110	15	30	90	40
110 以上	5	10	100	10
合计	50	100	—	—

根据表 4.14 的资料可计算出该工业集团利润的平均计划完成程度为 103.4%。结果表明该集团公司的利润超额 3.4% 完成了计划。至于各下属企业的完成情况如何，还需结合分配数列来分析。从表 4.14 中的分配布数列可以看出，该集团公司还有 20% 的企业未完成利润计划，其中有一个企业完成最差；有 80% 的企业完成并超额完成了利润计划，其中有 10% 的企业超额完成利润计划的 10% 以上。

---

① 表 4.13 中平均工资的合计栏数字为总平均工资。

4.3 数据离散程度的描述

测定集中趋势就是要寻找数据分布所趋向的中心数值的一般水平,其代表性如何,则取决于被平均的变量值之间的离散程度。离散程度是反映各变量值远离其中心值的程度。数据的离散程度越大,反映集中趋势的平均指标对该组数据的代表性就越差;反之,离散程度越小,其代表性就越好。描述数据离散程度的测度指标亦称为变异指标,主要有异众比率、四分位差、极差和平均差、方差和标准差与离散系数等。

4.3.1 异众比率(variation ratio)

异众比率是指非众数组的频数占总频数的比例,一般用 v_r 表示,其计算公式是:

$$v_r = \frac{\sum f - f_{m_O}}{\sum f} = 1 - \frac{f_{m_O}}{\sum f} \qquad (4.31)$$

异众比率主要用于衡量众数对一组数据的代表程度。异众比率越大,说明非众数组的频数占总频数的比重越大,众数的代表性就越差;异众比率越小,说明非众数组的频数占总频数的比重越小,众数的代表性越好。异众比率主要适合测度分类数据的离散程度,当然,对于顺序数据以及数值型数据也可以计算异众比率。

【例4.19】 根据例4.1中的数据,计算异众比率。

解: $v_r = \dfrac{\sum f - f_{m_O}}{\sum f} = \dfrac{50 - 15}{50} = 70\%$

这说明在所调查的50个人当中,购买其他品牌饮料的人数占70%,异众比率比较大。因此,用可口可乐来代表消费者购买饮料品牌的状况,其代表性不是很好。

4.3.2 四分位差(quartile deviation)

四分位差也称为内距或四分间距,它是上四分位数与下四分位数之差,其计算公式为:

$$q_d = q_u - q_l \qquad (4.32)$$

四分位差反映了中间50%数据的离散程度,其数值越小,说明中间的数据越集中;其数值越大,说明中间的数据越分散。四分位差不受极值的影响。此外,由于中位数处于数据的中间位置,因此,四分位差的大小在一定程度上也说明了中位数对一组数据的代表程度。四分位差主要用于测度顺序数据的离散程度。对于数值型数据也可以计算四分位差,但不适合分类数据。

【例4.20】 根据例4.9的计算结果,计算12个汽车销售门店5月份销售额的四分位差。

解: $q_d = q_u - q_l = 1337.5 - 775 = 562.5$(万元)

在缺乏原始数据的场合,利用已经分组的数值型数据计算四分位差时,需要运用插值公式计算三项中位数的近似数值。一项是全部数据的中位数,然后将数据分为数值较大和较小两部分,再在这两部分数据中计算两项中位数,即上四分位数与下四分位数,最后计算出四分位差。

4.3.3 极差与平均差

1. 极差(range)

一组数据的最大值与最小值之差称为极差,也称全距,用 r 表示。其计算公式为:

$$r = \max(x) - \min(x) \qquad (4.33)$$

式中: $\max(x)$ 和 $\min(x)$ 分别表示一组数据的最大值和最小值。

【例4.21】 根据例4.5中的数据,计算9个汽车销售门店5月份销售额的极差。

解: $r = \max(x) - \min(x) = 1400 - 200 = 1200$(万元)

极差是描述数据离散程度的最简单测度值,计算简单,易于理解,但它容易受极端值的影响。由于极差只是利用了一组数据两端的信息,不能反映出中间数据的分散状况,因而不能准确描述出数据的分散程度。

2. 平均差(mean deviation)

平均差是各变量值与其算术均值离差绝对值的算术均值,用 m_d 表示。由于各变量值与其均值离差之和等于零,所以,在计算平均差时,是取绝对值形式的。平均差的计算根据掌握的数据资料不同而采用两种不同形式。

(1)简单平均差。简单平均差是根据未分组数据计算的平均差。其计算公式为:

$$m_d = \frac{\sum |x - \bar{x}|}{n} \qquad (4.34)$$

(2)加权平均差。加权平均差是根据分组数据计算的平均差。其计算公式为:

$$m_d = \frac{\sum |x - \bar{x}| f}{\sum f} \qquad (4.35)$$

【例4.22】 根据例4.5的数据计算9个汽车销售门店5月份销售额的平均差。

解: $m_d = \dfrac{\sum |x - \bar{x}|}{n} = \dfrac{|200 - 900| + |400 - 900| + \cdots + |1400 - 900|}{9} = 311.11$(万元)

【例4.23】 根据例4.12的数据计算50名学生的统计学考试成绩的平均差。

解: 该班学生统计学考试成绩的平均差计算过程如表4.15所示。

表4.15 某学期某班50名学生统计学考试成绩的平均差计算表

考分(分)	组中值(分)	人数/人	$\bar{x}$	$|x - \bar{x}|$	$|x - \bar{x}| f$
60 分以下	55	2	78.6	23.6	47.2
60 ~ 70	65	4	78.6	13.6	54.4
70 ~ 80	75	24	78.6	3.6	86.4
80 ~ 90	85	14	78.6	6.4	89.6
90 ~ 100	95	6	78.6	16.4	98.4
合计	—	—	—	50	376

运用式(4.35) 有

$$m_d = \frac{\sum |x - \bar{x}|f}{\sum f} = \frac{376}{50} = 75.2 \text{ （分）}$$

平均差以均值为中心，反映了每个数据与均值的平均差异程度，它能全面准确地反映一组数据的离散状况。平均差越大，说明数据的离散程度越大；反之，则说明数据的离散程度越小。为了避免离散之和等于零而无法计算平均差这一问题，在计算平均差时对离差取了绝对值，以离差的绝对值来表示总离差，这就给计算带来了不便，因而实际中应用较少。但平均差的实际意义比较清楚，容易理解。

4.3.4　方差(variance) 与标准差(standard deviation)

方差是各变量值与其算术均值离差平方的算术均值。根据总体数据计算的方差称总体方差，用 σ^2 表示；根据样本数据计算的方差称样本方差，用 s^2 表示。方差的平方根称为标准差。总体标准差为 σ，样本标准差为 s。之所以称其为标准差，是因为在正态分布条件下，它和均值有明确的数量关系，是真正度量离散趋势的标准。因此，在对实际问题进行分析时更多地使用标准差。

1. 总体方差与标准差

由于所掌握的总体数据不同，总体方差与总体标准差的计算形式也有所不同。

(1) 简单总体方差与标准差。其是根据未分组的总体数据计算的方差与标准差，计算公式为：

$$\sigma^2 = \frac{\sum (X - \mu)^2}{N} \tag{4.36}$$

式中：X 为总体变量值；μ 为总体均值；N 为总体单位数。

$$\sigma = \sqrt{\frac{\sum (X - \mu)^2}{N}} \tag{4.37}$$

(2) 加权总体方差与标准差。其是根据已分组的总体数据计算的方差与标准差，计算公式为：

$$\sigma^2 = \frac{\sum (X - \mu)^2 F}{\sum F} \tag{4.38}$$

式中：F 为总体变量值对应的频数。

$$\sigma = \sqrt{\frac{\sum (X - \mu)^2 F}{\sum F}} \tag{4.39}$$

2. 样本方差与标准差

大多数情况下我们只能得到样本的数据，由于所掌握的样本数据不同，样本方差与标准差的计算也有两种形式。

(1) 简单样本方差与标准差。其是根据未分组的样本数据计算的方差与标准差，计算公式为：

$$s^2 = \frac{\sum (x - \bar{x})^2}{n - 1} \tag{4.40}$$

$$s = \sqrt{\frac{\sum (x - \bar{x})^2}{n - 1}} \tag{4.41}$$

（2）加权样本方差与标准差。其是根据已分组的样本数据计算的方差与标准差，计算公式为：

$$s^2 = \frac{\sum (x - \bar{x})^2 f}{\sum f - 1} \tag{4.42}$$

$$s = \sqrt{\frac{\sum (x - \bar{x})^2 f}{\sum f - 1}} \tag{4.43}$$

值得注意的是，样本方差是用样本数据个数减 1 后去除离差平方和，其中样本数据个数减 1（即 $n-1$）称为自由度。自由度是一组数据中可以自由取值的数据的个数。例如，样本有 3 个数值，即 $x_1 = 2$，$x_2 = 4$，$x_3 = 9$，则 $\bar{x} = 5$。当 $\bar{x} = 5$ 确定后，x_1、x_2 和 x_3 有两个数据可以自由取值，另一个则不能自由取值，比如 $x_1 = 5$，$x_2 = 6$，那么 x_3 则必然取 4，而不能取其他值。样本方差的分母之所以要用 $n-1$，是因为在抽样估计中，当用样本方差 s^2 去估计总体方差 σ^2 时，自由度为 $n-1$ 的 s^2 才是 σ^2 的无偏估计量。相关内容将在第 8 章介绍。

【例 4.24】 根据例 4.5 的数据计算 9 个汽车销售门店 5 月份销售额的方差与标准差。

解：$s^2 = \dfrac{\sum (x - \bar{x})^2}{n - 1} = \dfrac{(200 - 900)^2 + (400 - 900)^2 + \cdots + (1400 - 900)^2}{9 - 1} = 155000$

$s = \sqrt{\dfrac{\sum (x - \bar{x})^2}{n - 1}} = \sqrt{\dfrac{(200 - 900)^2 + (400 - 900)^2 + \cdots + (1400 - 900)^2}{9 - 1}} = 393.7（万元）$

【例 4.25】 根据例 4.3 的资料计算日加工产品数的标准差。

解：该厂随机抽查的 25 个工人的日加工产品数的标准差计算如表 4.16 所示。

表 4.16 日加工产品数的标准差计算表

产品数 x/ 件	工人人数 f/ 人	$\bar{x}$	$(x - \bar{x})$	$(x - \bar{x})^2$	$(x - \bar{x})^2 f$
17	2	18.72	-1.72	2.96	5.92
18	8	18.72	-0.72	0.52	4.15
19	10	18.72	0.28	0.08	0.78
20	5	18.72	1.28	1.64	8.19
合计	25	—	—	—	19.04

由式（4.43）可得

$$s = \sqrt{\frac{\sum (x - \bar{x})^2 f}{\sum f - 1}} = \sqrt{\frac{19.04}{25 - 1}} \approx 0.89（件）$$

【**例 4. 26**】 根据例 4. 12 的数据计算 50 名学生的统计学考试成绩的方差与标准差。

解：50 名学生统计学考试成绩的方差与标准差计算如表 4. 17 所示。

表 4. 17 某学期某班 50 名学生统计学考试成绩的方差与标准差计算表

考分(分)	组中值 x(分)	人数 f(人)	$\bar{x}$	$x - \bar{x}$	$(x - \bar{x})^2$	$(x - \bar{x})^2 f$
60 分以下	55	2	78.6	−23.6	556.96	1113.92
60 ~ 70	65	4	78.6	−13.6	184.96	739.84
70 ~ 80	75	24	78.6	−3.6	12.96	311.04
80 ~ 90	85	14	78.6	6.4	40.96	573.44
90 ~ 100	95	6	78.6	16.4	268.96	1613.76
合 计	—	50	—	—	—	4352.00

运用式(4. 42) 有：

$$s^2 = \frac{\sum (x - \bar{x})^2 f}{\sum f - 1} = \frac{4352}{50 - 1} = 88.82$$

运用式(4. 43) 有：

$$s = \sqrt{\frac{\sum (x - \bar{x})^2 f}{\sum f - 1}} = \sqrt{\frac{4352}{50 - 1}} = 9.42(分)$$

标准差是根据全部数据计算的，它反映了每个数据与其均值相比平均相差的数值，因此，它能准确地反映出数据的离散程度。与平均差相比，标准差在数学处理上是通过平方消去离差的正负号，更便于数学上的处理。而且标准差是具有量纲的，它与变量值的计量单位相同。因此，标准差是最常见的反映数据离散程度的变异指标。

3. 相对位置的度量

在均值和标准差不同的数据系列中，不同数据系列的变量值不能直接对比。如某大学女生的跳远成绩是 4. 45 m，掷铁饼的成绩是 6. 85 m，我们不能据此判断该女生哪项体育成绩更优。此时，我们可以根据不同数据系列的均值与标准差计算一组数据中各个数值的标准分数，以测度每个数据在该组数据中的相对位置，并可以用它来判断一组数据是否有离群数据。

（1）标准分数(standard score)

变量值与其均值的离差除以标准差后的值称为标准分数，常称 z 值或 t 值。一般来说，在大样本或总体标准差已知时称为 z 值，但小样本而且总体标准差未知时称为 t 值。

$$z = \frac{x - \bar{x}}{\sigma}$$

$$t = \frac{x - \bar{x}}{s} \tag{4.44}$$

标准分数给出了一组数据中各数值的相对位置。比如，如果某个数值的标准分数为 − 1.

5，就知道该数值低于均值 1.5 倍的标准差。式（4.44）也就是我们常用的计算标准化值的公式，在对多个具有不同量纲或性质不同的变量进行处理时，常常需要对各变量进行标准化处理。只有这样，我们才能将不同性质或不同量纲的变量值转化为同一规格、尺度下的数据并进行比较。

【例 4.27】 在某大学某专业女生中随机抽取 10 个女生进行体育测试，其中跳远和掷铁饼的成绩分别如表 4.18 所示。

表 4.18　某专业 10 个女生跳远与掷铁饼的成绩　　　　　　　　　　单位：米

学生序号	跳远 x_1	掷铁饼 x_2
1	4.25	7.31
2	3.78	6.68
3	4.09	6.59
4	3.99	6.38
5	3.97	6.14
6	4.45	6.85
7	4.56	7.56
8	4.65	6.75
9	3.89	6.89
10	4.75	6.64

试比较 6 号同学哪一项测试成绩更好？

解： 首先，分别计算 10 个同学跳远与掷铁饼的平均成绩与标准差。

$$\bar{x}_1 = 4.23（米）\quad \bar{x}_2 = 6.78（米）$$

$$s_1 = 0.34 \quad s_2 = 0.41$$

然后，分别计算 6 号同学跳远与掷铁饼的标准值。

$$t_1 = \frac{x_1 - \bar{x}_1}{s_1} = \frac{4.45 - 4.23}{0.34} = 0.65$$

$$t_2 = \frac{x_2 - \bar{x}_2}{s_2} = \frac{6.85 - 6.78}{0.41} = 0.17$$

最后，进行判断。

因为 6 号同学的跳远成绩比平均成绩高出 0.65 个标准差，而掷铁饼的成绩只比相应平均成绩高出 0.17 个标准差，所以 6 号同学的跳远成绩好于掷铁饼的成绩，而且都高于测试成绩的平均水平。

标准化值具有均值为 0、标准差为 1 的特性。实际上，z 值只是将原始数据进行了线性变换，它并没有改变一个数据在该组数据中的位置，也没有改变该组数据分布的形状，而只是将该组数据变为均值为 0、标准差为 1 的标准化数据。

（2）经验法则

当一组数据对称分布时，经验法则表明：

约有 68% 的数据在均值正负 1 个标准差的范围之内。

约有 95% 的数据在均值正负 2 个标准差的范围之内。

约有 99% 的数据在均值正负 3 个标准差的范围之内。

可以想象，一组数据中低于或高于均值 3 倍标准差之外的数值是很少的，也就是说，在均值正负 3 个标准差的范围内几乎包含了全部数据，而在 3 个标准差之外的数据，在统计上称为离群点。比如 9 个汽车销售门店 5 月份的汽车销售额数据中就没有离群点。

4.3.5　离散系数(coefficient of variation)

方差和标准差是反映数据分散程度的绝对值，其数值的大小一方面受原变量值本身水平高低的影响，也就是与变量的均值大小有关，变量值绝对水平高的，离散程度的测度值自然也就大；绝对水平低的，离散程度的测度值自然也就小。另一方面，它们与原变量值的计量单位相同，采用不同的计量单位计量的变量值，其离散程度的测度值也就不同。因此，对于平均水平不同或计量单位不同的变量值，是不能用标准差直接比较其离散程度的。为消除变量值水平高低和计量单位不同对离散程度测度值的影响，需要计算离散系数。

离散系数也称为变异系数，是极差、四分位差、平均差、标准差等反映离散程度的测度值与算术平均数的比值，是以相对数形式表示的离散程度度量值。最常用的离散系数是用标准差与其相应的算术均值计算的比值，称为标准差系数。其计算公式为：

$$v_s = \frac{s}{\overline{x}} \tag{4.45}$$

离散系数是测度数据离散程度的相对统计量，也可以用百分比表示，其作用主要是用于比较对不同样本数据的离散程度。离散系数大，说明数据离散程度也大；离散系数小，说明数据的离散程度也小。

【例 4.28】　已知某公司 A、B 两种产品的日产量及其标准差数据，要求计算 A、B 两种产品日产量的离散系数，对该公司 A、B 两种产品生产过程的均衡性进行比较分析。

解： 采用式（4.45）可分别计算 A、B 两种产品日产量的离散系数，如表 4.19 所示。

表 4.19　某公司产品日产量的离散系数计算表

产品	均值（吨）	标准差（吨）	离散系数 /%
A	5	3	60
B	800	240	30

该公司两种产品的计量单位是相同的，但是均值水平相差明显，两者相差 160 倍，这时的标准差显然不具有可比性。A 产品的标准差数值小，且仅为 B 产品的 1/80，不能就此认为 A 产品日产量的离散程度小，生产过程均衡性优于 B 产品。这时需要计算出这两个产品日产量的离散系数，剔除均值水平不等的不可比因素。计算得出 A 产品离散系数为 60%，B 产品为 30%，说明 B 产品日产量的离散程度低，生产过程均衡性优于 A 产品。

上述介绍的反映数据离散程度的各个测度值适用于各种不同类型的数据。对于分类数据,主要用异众比率来测度其离散程度;对于顺序数据,虽然也可以计算异众比率,但主要是用四分位差来测度其离散程度;对于数值型数据,虽然可以计算异众比率、四分位差、极差和平均差等,但主要是用方差和标准差来测度其离散程度。实际应用时,选用哪一种测度值来描述数据的离散程度,要根据所掌握的数据的类型和分析目的确定。但当对平均水平不同的样本数据的离散程度进行比较时,则需要使用离散系数。

4.4 数据分布形态的描述

集中趋势和离散程度是关于数据分布的基本特征。对于正态分布,只要知道了均值和方差,就可以确定其分布。但对于未知的分布,需要全面了解数据分布的特点,不仅要掌握数据的集中趋势和离散程度,还需要知道数据分布的偏斜程度与扁平程度等。描述这些分布特征的指标有偏度系数和峰度系数。

4.4.1 偏度系数(coefficient of skewness)

"偏态"一词是统计学家 K. Pearson 于 1895 年首次提出的,它是对数据分布对称性的测度。其实,利用众数、中位数和平均数之间的关系就可以大致判断数据分布是否对称、左偏还是右偏。显然,判断偏态的方向并不困难,但要测度偏斜程度则需要计算偏度系数,记作 sk。

偏度系数通常采用以下公式计算:

$$sk = \frac{\sum (x - \bar{x})^3 f}{ns^3} \tag{4.46}$$

从式(4.46)可以看到,偏度系数是离差三次方的均值再除以标准差的三次方。当分布对称时,离差三次方后正负离差可以相互抵消,因而 sk 的分子等于 0,则 $sk = 0$;若分布不对称,正负离差不能抵消,就形成了正或负的偏度系数 sk。当 sk 为正值时,可以判断为正偏或右偏;反之,当 sk 为负值时,表示负离差值较大,可判断为负偏或左偏,如图 4.2 所示。

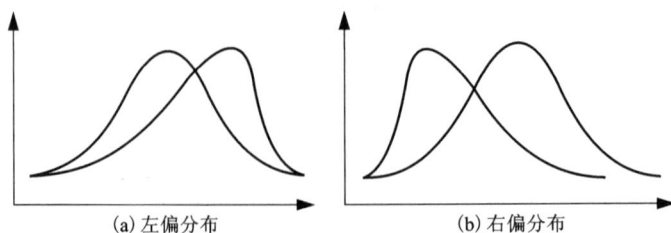

(a) 左偏分布　　　　　　　　(b) 右偏分布

图 4.2　数据分布偏态的示意图

偏度系数 sk 的数值一般在 0 与 ± 3 之间,数值越接近 0,分布的偏斜度越小,其绝对值越大,表示偏斜的程度就越大。

4.4.2 峰度系数(coefficient of kurtosis)

"峰态"一词是由统计学家 K. Pearson 于 1905 年首次提出的。它是对数据分布平峰或尖峰程度的测度。测度峰态的统计量则是峰度系数,记作 k。

峰态通常是与标准正态分布相比较而言的。如果一组数据服从标准正态分布,则峰度系数的值等于 0;若峰度系数的值不为 0,则表明分布比正态分布更平或更尖,通常称为扁平分布或尖峰分布,如图 4.3 所示。

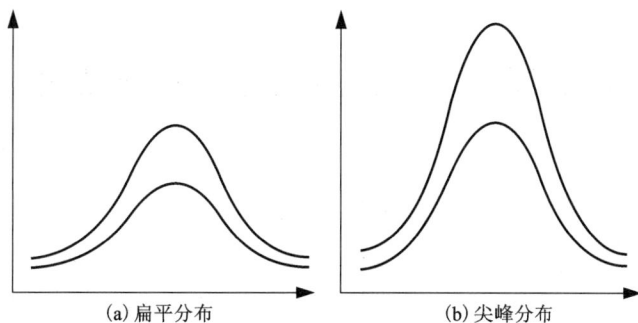

图 4.3 数据分布峰态的示意图

峰度系数的计算公式为:

$$k = \frac{\sum (x - \bar{x})^4 f}{ns^4} - 3 \tag{4.47}$$

式中,将离差的四次方的均值除以 s 的四次方是为了将峰度系数转化为相对数。由于正态分布的峰度系数为 0,当 $k > 0$ 时为尖峰分布,数据的分布更集中;当 $k < 0$ 时为扁平分布,数据的分布更分散。

【例 4.29】 根据例 4.12 计算 50 名学生的统计学考试成绩的偏度系数和峰度系数。

解:在组距分组数据基础上,以各组中值近似替代变量值,采用式(4.46) 和(4.47),计算偏度系数和峰度系数,如表 4.20 所示。

表 4.20 某学期某班 50 名学生考试成绩偏度系数和峰度系数计算表

考分(分)	组中值(分)	人数 / 人	$\bar{x}$	$x - \bar{x}$	$(x - \bar{x})^3 f$	$(x - \bar{x})^4 f$
60 分以下	55	2	78.6	− 23.6	26288.5	620408.9
60 ~ 70	65	4	78.6	− 13.6	− 10061.8	136840.8
70 ~ 80	75	24	78.6	− 3.6	− 1119.7	4031.1
80 ~ 90	85	14	78.6	6.4	3670.0	23444.1
90 ~ 100	95	6	78.6	16.4	26465.7	434036.9
合计	—	50	—	—	45242.7	1218761.8

$$sk = \frac{\sum (x - \bar{x})^3 f}{ns^3} = \frac{45242.7}{50 \times 9.42^3} = 1.082$$

$$k = \frac{\sum (x - \bar{x})^4 f}{ns^4} - 3 = \frac{1218761.8}{50 \times 9.42^4} - 3 = 0.096$$

偏度系数为 1.082，表明该班 50 名学生考试成绩略呈右偏分布，意味着低于平均成绩的学生偏多；峰度系数为 0.096，接近 0，近似正态分布，表明学生成绩相对集中在平均成绩附近。

4.5　Excel 与 SPSS 在统计数据分布特征描述上的应用

4.5.1　Excel 在统计数据分布特征描述上的应用

在使用 Excel 进行数据分析时，要经常使用到 Excel 中一些函数和数据分析工具。"插入函数"及"数据分析"工具在不同的版本中只是所处的菜单选项的位置有差异，具体操作完全相同。下面以 Excel 2019 版本为例，结合表 4.1 中的数据，介绍与统计数据分布特征相关的统计函数以及数据分析工具下的"描述统计"工具。

1. 反映数据分布特征的统计函数

（1）反映数据集中趋势的主要统计函数

① 计算众数使用 MODE 函数，格式为：MODE(number1，number2，……)

② 计算中位数使用 MEDIAN 函数，格式为：MEDIAN(number1，number2，……)

③ 计算四分位数使用 QUARTILE 函数，格式为：QUARTILE(array，quart)

array 是需要求四分位数值单元格区域；quart 是决定求哪一个四分位值，其取值为 0 ~ 4："0"为最小数值，"1"为第一个四分位数（第 25 个百分排位），"2"为中位数（第 50 个百分排位），"3"为第三个四分位数（第 75 个百分排位），"4"为最大数值。

④ 计算算术均值使用 AVERAGE 函数，格式为：AVERAGE(number1，number2，……)

⑤ 计算调和均值使用 HARMEAN 函数，格式为：HARMEAN(number1，number2，……)

⑥ 计算几何均值使用 GEOMEAN 函数，格式为：GEOMEAN(number1，number2，……)

（2）反映数据离中趋势的主要统计函数

① 计算极差使用 MAX 函数，格式为：MAX(array)—MIN(array)

array 是指原始资料的存放区域，并且前后应该一致。

② 计算平均差使用 AVEDEV 函数，格式为：AVEDEV(number1，number2，……)

③ 计算标准差有两个函数：一是样本标准差 STDEV 函数，二是总体标准差 STDEVP 函数。格式为：STDEV 或 STDEVP(number1，number2，……)

④ 计算方差有两个函数：一是样本方差 VAR 函数，二是总体方差 VARP 函数。格式为：VAR 或 VARP(number1，number2，……)

（3）反映数据分布形态的统计函数

① 计算偏斜度使用 SKEW 函数，格式为：SKEW(number1，number2，……)

② 计算峰度使用 KURT 函数，格式为：KURT(number1，number2，……)

2."描述统计"工具

Excel"描述统计"工具用于生成对输入区域中数据的单变量或多变量进行分析，提供均值、中位数、众数、标准差、方差、峰度系数、偏度系数、全距、最小值、最大值、求和、计数、第 k 个最大值、第 k 个最小值、置信度等数据集中趋势和离散趋势等描述统计。

3.利用 Excel 对对亚太地区 25 所知名商学院的相关数据进行描述性分析

（1）利用统计函数进行描述统计分析

第 1 步，打开 Excel 数据源表，如图 4.4 所示。

	A	B	C	D	E	F	G	H	I
1				亚太地区25所知名商学院有的关情况					
2	商学院名称	录取名额	本国学生学费（$）	外国学生学费（$）	年龄	国外学生比例（%）	是否要求英语测试	是否要求工作经验	起薪（$）
3	麦夸里商学院（悉尼）	12	17172	19778	34	27	否	是	60100
4	阿德莱德大学	20	16426	23100	30	10	否	是	66000
5	梅西大学（新西兰，北帕默斯顿）	30	13106	21625	37	35	是	是	41400
6	墨尔本皇家工商学院	30	13880	17765	32	30	是	是	48900
7	马来西亚 Sains 大学（槟城）	30	2260	2260	32	15	是	是	16000
8	澳大利亚国立大学（堪培拉）	42	20300	20300	30	80	是	是	46600

图 4.4　亚太地区 25 所知名商学院的数据清单

第 2 步，以录取名额为例，计算集中趋势统计量。在单元格 K3 输入"= MODE(B3：B27)"，回车后即可得众数为 30；在单元格 K4 输入"= MEDIAN(B3：B27)"，回车后即可得中位数为 126；在单元格 K5 输入"= QUARTILE(B3：B27，1)"，回车后即可得下四分位数 44；在单元格 K6 输入"= QUARTILE(B3：B27，3)"，回车后即可得上四分位数 240；在单元格 K7 输入"= AVERAGE(B3：B27)"，回车后即可得算术均值 165.16。

第 3 步，以录取名额为例，计算离散趋势统计量。在单元格 M3 输入"= MAX(B3：B27) - MIN(B3：B27)"，回车后即可得极差为 451；在单元格 M4 输入"= QUARTILE(B3：B27，3) - QUARTILE(B3：B27，1)"，回车后即可得四分位差 196；在单元格 M5 输入"= AVEDEV(B3：B27)"，回车后即可得平均差 119.23；在单元格 M6 输入"= STDEV(B3：B27)"，回车后即可得样本标准差 140.84；在单元格 M7 输入"= VAR(B3：B27)"，回车后即可得方差 19836.22。

第 4 步，以录取名额为例，计算分布形态统计量。在单元格 O3 输入"= SKEW(B3：B27)"，回车后即可得偏态系数 0.756613；在单元格 O4 输入"= KURT(B3：B27)"，回车后即可得峰态系数 - 0.751274。

第 5 步，结合三类统计量进行简要分析，如图 4.5 所示。

J	K	L	M	N	O
集中趋势统计量		离散趋势统计量		分布形态统计量	
众数	30.00	极差	451.000	偏态系数	0.756613
中位数	126.00	四分位差	196.000	峰态系数	-0.751274
下四分位数	44.00	平均差	119.232		
上四分位数	240.00	样本标准差	140.841		
算术均值	165.16	样本方差	19836.223		

图 4.5　亚太地区 25 所知名商学院录取名额的描述统计量

从图 4.5 可以看出：① 反映亚太地区 25 所知名商学院录取名额的离散趋势的度量值很大，说明数据分布极为分散，在此情况下，用众数来反映录取名额的集中趋势不可取；② 偏态系数为正，说明数据呈右偏分布，录取名额较少的学院较多，又因峰态系数为负，说明数据呈扁平分布，数据比较分散，在此情况下，用算术均值来反映集中趋势也不是很理想；③ 四分位差不到极差的一半，说明有 50% 的商学院录取名额在 44 ~ 240 人，中位数 126 人的代表性相对较高。相比之下，用中位数来和四分位差反映亚太地区 25 所知名商学院录取名额的分布特征较为合适。

利用这些函数同样可以对其他变量进行分析。

（2）利用"描述统计"工具进行描述统计分析

利用函数计算统计量，一次只能计算一个变量的某一个统计量，而且必须记住函数的名称、格式与内涵才能准确计算相应统计量。而利用 Excel 中的"描述统计"工具，可以一次完成多个变量多个样本统计量的计算，具体操作如下。

第 1 步，打开 Excel 数据源表。

第 2 步，单击"数据"菜单下的"数据分析"选项卡，在"数据分析"对话框中选择"描述统计"分析工具，如图 4.6 所示。

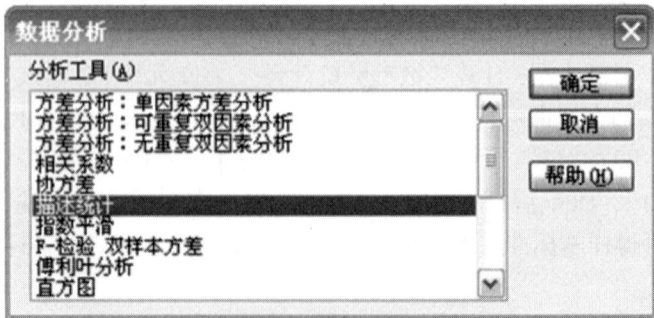

图 4.6　"数据分析"对话框

第 3 步：单击"确定"按钮，弹出"描述统计"对话框，如图 4.7 所示。

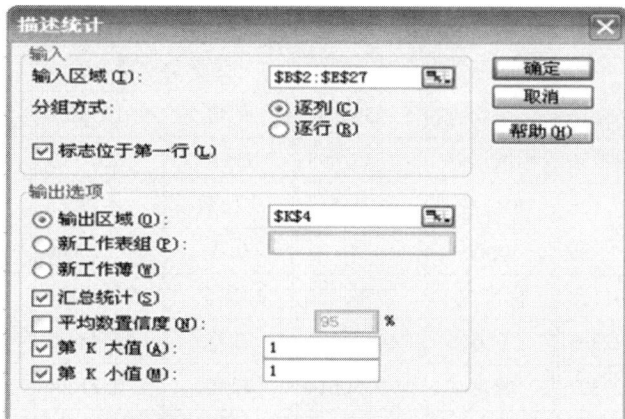

图 4.7　"描述统计" 对话框

第 4 步，设置描述统计工具的相关参数。

输入区域：在此输入待分析数据区域的单元格范围。一般情况下 Excel 会自动根据当前单元格确定待分析数据区域。本例输入 B2：F27。

分组方式：如果需要指出输入区域中的数据是按行还是按列排列，则单击"逐行" 或 "逐列"。本例选 "逐列"。

标志位于第一行／列：如果输入区域的第一行中包含标志项（变量名），则选中 "标志位于第一行" 复选框；如果输入区域的第一列中包含标志项，则选中 "标志位于第一列"。本例选中 "标志位于第一行" 复选框。

输出区域：在此框中可填写输出结果表左上角单元格地址，用于控制输出结果的存放位置。整个输出结果分为两列，左边一列包含统计标志项，右边一列包含统计值。根据所选择的 "分组方式" 选项的不同，Excel 将为输入表中的每一行或每一列生成一个两列的统计表。本例输入 K4。

新工作表：单击此选项，可在当前工作簿中插入新工作表，并由新工作表的 A1 单元格开始存放计算结果。如果需要给新工作表命名，则在右侧编辑框中键入名称。

新工作簿：单击此选项，可创建一新工作簿，并在新工作簿的新工作表中存放计算结果。

汇总统计：指定输出表中生成下列统计结果，则选中此复选框。这些统计结果有平均值、标准误差、中值、众数、标准偏差、方差、峰值、偏斜度、极差（全距）最小值、最大值、总和、样本个数。

均值置信度：在本例暂不选。

第 k 个最大／小值：如果需要在输出表的某一行中包含每个区域的数据的第 k 个最大／小值，则选中此复选框，然后在右侧的编辑框中输入 k 的数值。

第 5 步：填完 "描述统计" 对话框之后，单击 "确定" 按钮。Excel 输出的是 4 个变量的全部描述统计量，如表 4.21 所示。

表 4. 21　亚太地区 25 所知名商学院四个变量的描述统计量结果

录取名额		本国学生学费 / $		外国学生学费 / $		年龄 / 岁	
平均	165.16	平均	12374.92	平均	16581.8	平均	28.36
标准误差	28.1682256	标准误差	1555.685	标准误差	1826.969	标准误差	0.756924
中位数	126	中位数	11513	中位数	17765	中位数	29
众数	30	众数	—	众数	16000	众数	29
标准差	140.841128	标准差	7778.423	标准差	9134.846	标准差	3.784618
方差	19836.22333	方差	60503872	方差	83445412	方差	14.32333
峰度	-0.75127397	峰度	0.50614	峰度	-0.71266	峰度	-0.26633
偏度	0.756612995	偏度	0.622248	偏度	-0.01168	偏度	0.117445
区域	451	区域	32060	区域	32060	区域	15
最小值	12	最小值	1000	最小值	1000	最小值	22
最大值	463	最大值	33060	最大值	33060	最大值	37
求和	4129	求和	309373	求和	414545	求和	709
观测数	25	观测数	25	观测数	25	观测数	25

　　从表 4.21 可知，这 25 个知名商学院的录取名额略呈右偏、扁平分布，但数据差异很大，最小的只有 12 人，最多的有 463 人，集中分布在 165 人左右；本国学生学费略呈右偏、尖峰分布，大多集中在 12375 美元左右，学费差距较大；外国学生学费大致呈对称、扁平分布，普遍在 16582 美元左右，收费差距相对较小；学生的年龄呈低度右偏与扁平分布，大都在 29 岁左右。

　　有兴趣的同学可对要求或不要求工作经验、要求或不要求英语测试的学校学生起薪进行比较分析。

4.5.2　SPSS 在统计数据分布特征描述中的应用

　　关于数据集中趋势、离散程度及分布形态的描述，SPSS"分析"菜单下的许多模块均可完成，但专门为该目的设计的模块集中在"描述统计"菜单中，最常用的是"频率""描述""探索"。下面以本章导入案例表 4.1 数据为例分别说明操作步骤。

1. 频率过程

　　对于此过程，在 3.3.2 节的数据整理与显示中介绍了用于频数汇总的功能，其主对话框中的"统计"按钮还提供了丰富的描述数据的集中趋势、离散程度及分布形态特征值的功能，具体操作如下。

　　第 1 步，选择"分析"→"描述统计"→"频率"，打开如图 3.44(a) 所示的主对话框后，将候选变量列表框中需计算集中趋势、离散程度、偏度及峰度系数的一个或多个数值型变量选入"变量"列表框。

　　第 2 步，单击"统计"按钮，得到如图 4.8 所示的对话框，选定需要计算的描述统计量。然后点击"继续"按钮回到主对话框，再点击"确定"按钮。如表 4.22 所示是在主对话框中将录取名额等 5 个变量选入后，在子对话框中选择四分位数等指标得到的结果。

表 4.22　情景导入案例 5 个变量的描述统计量

		录取名额	本国学生学费 / $	外国学生学费 / $	年龄	起薪 / $
个案数	有效	25	25	25	25	25
	缺失	0	0	0	0	0
平均值		165.16	12374.92	16581.80	28.36	37292.00
平均值标准误差		28.168	1555.685	1826.969	.757	4691.851
中位数		126.00	11513.00	17765.00	29.00	41400.00
众数		30	1000	16000	29	7500
标准偏差		140.841	7778.423	9134.846	3.785	23459.254
方差		19836.223	60503871827	83445411.667	14.323	550336600.0
偏度		.757	.622	-.012	.117	.223
偏度标准误差		464	.464	464	.464	464
峰度		-.751	.506	-.713	-.266	-.932
峰度标准误差		.902	.902	.902	.902	.902
范围		451	32060	32060	.15	80000
百分位数	25	43.00	5223.00	8750.00	25.00	14550.00
	50	126.00	11513.00	17765.00	29.00	41400.00
	75	270.00	17263.50	22650.00	31.00	53750.00

a. 存在多个众数。显示了最小的值。

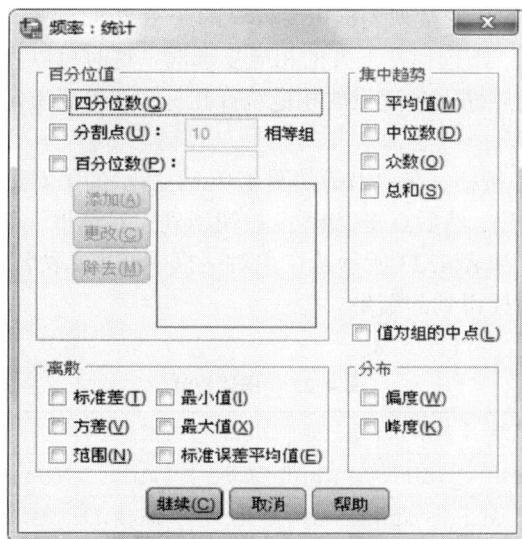

图 4.8　"统计"子对话框

如果想得到不同类型组别或不同条件下的数值变量的集中趋势等分布特征指标，该过程也能做到，不过需要先执行"数据"菜单下的"拆分文件"或"选择个案"过程，然后执行"频率"过程。

2.描述过程

该过程是对数值型数据进行一般性的统计描述,与频率过程相比,它能计算的统计量较少,但输出格式非常紧凑。还可将原始数据转换成标准 Z 分值并以变量的形式存入数据文件。操作步骤如下。

第1步,选择"分析"→"描述统计"→"描述",进入如图4.9(a)所示的主对话框,可以看到候选变量列表框自动显示数据编辑窗口中所有数值型变量名。

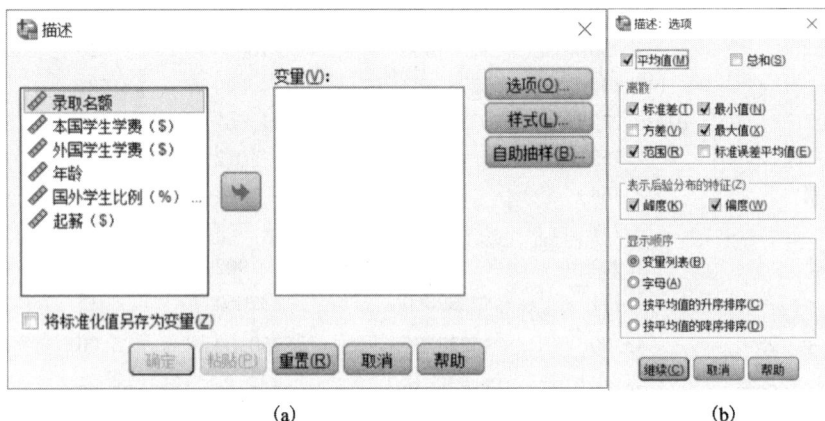

(a)   (b)

图 4.9　"描述" 主对话框及"选项" 子对话框

第2步,将主对话框候选变量列表框中要计算的变量选入"变量" 列表框。如果要将原始数据的标准分存为新变量,则选择左下方的相应复选框。这时可以直接点击"确定" 按钮,结果会输出系统默认的排列顺序下各变量的相应统计指标;如果要指定变量统计指标及排列顺序,则进入第3步。

第3步,点击"选项" 按钮,在弹出的如图4.9(b)所示的子对话框中选择想要输出的统计指标,以及变量排列顺序,然后点击"继续" 按钮回到主对话框,点击"确定" 按钮,相应指标显示到输出结果窗口。如表4.23所示是在主对话框中将"录取名额" 等5个变量选入后,在子对话框中选择相关指标得到的结果。

表 4.23　描述统计

	N	范围	最小值	最大值	均值	标准偏差	偏度		峰度	
	统计	统计	统计	统计	统计	统计	统计	标准错误	统计	标准错误
录取名额	25	451	12	463	165.16	140.841	.757	.464	-.751	.902
本国学生学费 / $	25	32060	1000	33060	12374.92	7778.423	.622	.464	.506	.902
外国学生学费 / $	25	32060	1000	33060	16581.80	9134.846	-.012	.464	-.713	.902
年龄 / 岁	25	15	22	37	28.36	3.785	.117	.464	-.266	.902
起薪 / $	25	80000	7000	87000	37292.00	23459.254	.223	.464	-.932	.902
有效个案数(成列)	25									

　　同样，如果想得到不同类型组别或不同条件下的数值变量的集中趋势等分布特征指标，该过程也能做到，也是需要先执行"数据"菜单下的"拆分文件"或"选择个案"过程，然后执行"描述"过程。

3.探索过程

　　此过程用于对数值变量分布状况不清楚时的探索性分析，它可以计算许多描述统计量，除常见的均值等指标外，还可以给出截尾均值、极端值列表等，并绘制出各种统计图，是功能最强大的描述过程。如前所述，如果要对不同类型组别的数值变量进行分布特征描述，采用频率或描述过程的话，需要事先对数据文件进行拆分，然后执行频率或描述过程才能得到相应的分析结果；而探索过程可以直接得到这种分组的分析结果，使用上更方便。

　　第1步，选择"分析"→"描述统计"→"探索"，进入如图4.10(a)所示的主对话框。"因变量列表"框用于选入需要分析的变量，"因子列表"框用于选入分组变量，"个案标注依据"框可选入标签变量，"输出"单选框组可选择结果中是否包含统计描述、统计图或者两者都包括。

　　第2步，点击"统计"按钮，弹出子对话框如图4.10(b)所示，默认选中的"描述"复选框可以输出一系列常用指标，详见操作示例；"M－估计量"复选框给出集中趋势的最大稳健估计值；"离群值"复选框会输出5个最大值与5个最小值备查；"百分位数"复选框会输出第5%、10%、25%、50%、75%、90%、95%分位数备查。

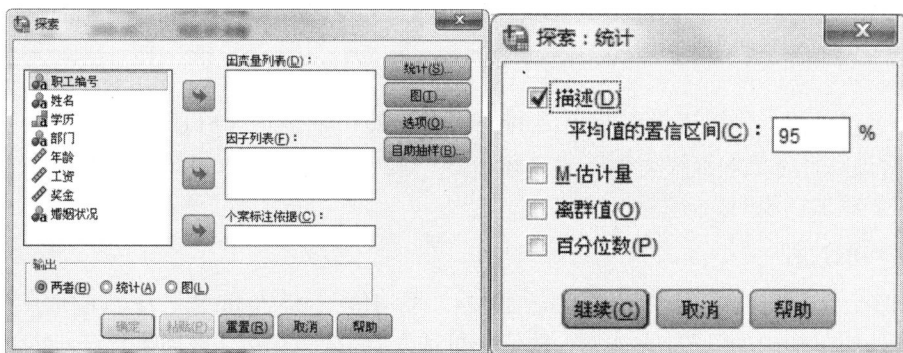

(a)　　　　　　　　　　　　　(b)

图4.10　"探索"过程主对话框及"统计"子对话框

　　如表4.24所示是将"起薪"选入因变量列表框，将"是否要求工作经验"选入因子列表框，得到的有无工作经验状态下的统计描述结果(在输出结果窗口通过透视托盘更改了默认显示格式)。

表 4.24   有无工作经验要求的工资描述统计量

| | | 是否要求工作经验 | | | |
| | | 否 | | 是 | |
		统计	标准错误	统计	标准错误
起薪 / $	平均值	24583.330	13066.023	41305.260	4462.767
	平均值的 95% 置信区间 — 下限	− 9003.950		31929.340	
	平均值的 95% 置信区间 — 上限	58170.610		50681.190	
	5% 剪除后平均值	22087.040		41539.180	
	中位数	7500.000		46600.000	
	方差	1024325666.667		378409415.205	
	标准偏差	32005.088		19452.748	
	最小值	7100		7000	
	最大值	87000		71400	
	全距	79900		64400	
	四分位距	37675		32200	
	偏度	2.041	.845	− .297	.524
	峰度	4.111	1.741	− 1.058	1.014

虽然上述过程都可以进行组与组之间平均水平的比较,但"分析"→"比较平均值"→"平均值"过程将各组的描述指标输出结果放在一起便于相互比较,更加简单快捷。故此也将其操作步骤加以说明。

4. 平均值过程

第 1 步,选择"分析"→"比较平均值"→"平均值",进入如图 4.11(a) 所示的主对话框。将候选变量框内的"录取名额"等数值变量选入"因变量列表"框即需要分析的数值变量列表框,可以是一个或多个变量。"自变量列表"框即分组变量列表框,可以选入一个或多个变量,而且分组变量还可以分层。比如将候选变量框内的"是否要求英语测试"及"是否要求工作经验"变量同时选入分组变量列表框后,操作完毕输出结果窗口显示各分组变量对应的描述统计指标表,若按第一层"是否要求英语测试"、第二层"是否要求工作经验"分组,则将"是否要求英语测试"变量选入后,点击"下一个"按钮,再将左边框内的"是否要求工作经验"变量选入"自变量列表"框,操作完毕得到的是一个层叠表。

第 2 步,可直接点击"确定"按钮,这时输出默认均值、观察单位数目及标准差 3 个统计量的表格。若点击"选项"按钮,打开如图 4.11(b) 所示的子对话框,右边的"单元格统计"列表框有 3 个默认统计量,左边"统计"列表框包括另外 18 个描述统计量,可根据需要将不需要的默认统计量移出,将"统计"列表框中要计算的统计量选入"单元格统计"列表框。需注意,输出表中统计量的顺序与该列表框的一致,因此对输出顺序有要求时,可以直接在这里拖放调整。如表 4.25 所示是将"是否要求工作经验"选入"自变量列表"框,选定了平均值、

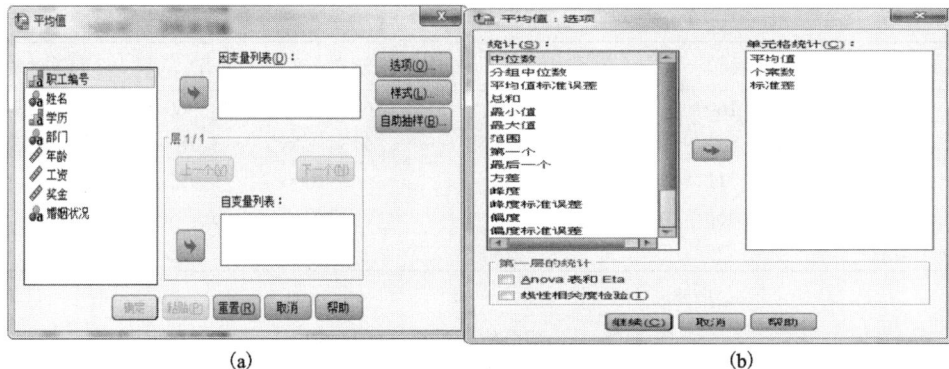

(a)　　　　　　　　　　　　　　(b)

图 4.11　"平均值"主对话框及"选项"子对话框

标准差、最小值、最大值和个案数这几个统计量的分析结果。如表 4.26 所示是将两个分组变量分层后的分析结果。

表 4.25　各组别的变量均值比较

是否要求工作经验		求取名额	本国学生学费 / \$	外国学生学费 / \$	年龄	起薪 / \$
否	平均值	253.500	11094.17	17800.000	24.670	24583.330
	标准偏差	176.485	11379.026	10375.001	3.011	32005.088
	最小值	70	2880	4300	22	7100
	最大值	463	33060	33060	29	87000
	个案数	6	6	6	6	6
是	平均值	137.26	12779.370	16197.110	29.530	41305.260
	标准偏差	119.890	6632.127	8983.846	3.255	19452.748
	最小值	12	1000	1000	24	7000
	最大值	389	24420	32582	37	71400
	个案数	19	19	19	19	19
总计	平均值	165.160	12374.920	16581.800	28.360	3729200
	标准偏差	140.841	7778.423	9134.846	3.785	23459.254
	最小值	12	1000	1000	22	7000
	最大值	463	33060	33060	37	87000
	个案数	25	25	25	25	25
否	平均值	180.820	10954.180	15980.290	27.180	33623.530
	标准偏差	147.418	6775.993	9195.820	3.644	24236.247
	最小值	12	1000	1000	22	7000
	最大值	463	24420	32582	34	71400
	个案数	17	17	17	17	17
是	平均值	131.880	15394.000	17860.000	30.880	45087.500
	标准偏差	128.353	9336.826	9490.289	2.850	21026.544
	最小值	30	2260	2260	28	16000
	最大值	350	33060	33060	37	87000
	个案数	8	8	8	8	8

续表4.25

是否要求工作经验		求取名额	本国学生学费/$	外国学生学费/$	年龄	起薪/$
总计	平均值	165.160	12374.920	16581.800	28.360	37292.000
	标准偏差	140.841	7778.423	9134.846	3.785	23459.254
	最小值	12	1000	1000	22	7000
	最大值	463	33060	33060	37	87000
	个案数	25	25	25	25	25

表 4.26 分层分组后的描述统计结果

是否要求英语测试	是否要求工作经验		录取名额	本国学生学费/$	外国学生学费/$	年龄	起薪/$
否	否	平均值	279.000	6701.000	14748.000	24.000	12100.000
		标准偏差	184.545	4135.629	8043.042	2.828	10566.693
		最小值	70	2880	4300	22	7100
		最大值	463	11250	26300	29	31000
		个案数	5	5	5	5	5
	是	平均值	139.920	12726.330	16493.750	28.500	42591.670
		标准偏差	114.102	6994.007	9924.676	3.148	22704.163
		最小值	12	1000	1000	24	7000
		最大值	389	24420	32582	34	71400
		个案数	12	12	12	12	12
	总计	平均值	180.820	10954.180	15980.290	27.180	33623.530
		标准偏差	147.418	6775.993	9195.820	3.644	24236.247
		最小值	12	1000	1000	22	7000
		最大值	463	24420	32582	34	71400
		个案数	17	17	17	17	17
是	否	平均值	126.000	33060.000	33060.000	28.000	87000.000
		标准偏差					
		最小值	126	33060	33060	28	87000
		最大值	126	33060	33060	28	87000
		个案数	1	1	1	1	
	是	平均值	132.710	12870.290	15688.570	31.290	39100.000
		标准偏差	138.613	6500.805	7814.660	2.812	13461.055
		最小值	30	2260	2260	29	16000
		最大值	350	20300	22500	37	52500
		个案数	7	7	7	7	
	总计	平均值	131.880	15394.000	17860.000	30.880	45087.500
		标准偏差	128.353	9336.826	9490.289	2.850	21026.544
		最小值	30	2260	2260	28	16000
		最大值	350	33060	33060	37	87000
		个案数	8	8	8	8	8

续表4.26

是否要求英语测试		是否要求工作经验	录取名额	本国学生学费/ $	外国学生学费/ $	年龄	起薪/ $
总计	否	平均值	253.500	11094.170	17800.000	24.670	24583.330
		标准偏差	176.485	11379.026	10375.001	3.011	32005.088
		最小值	70	2880	4300	22	7100
		最大值	463	33060	33060	29	87000
		个案数	6	6	6	6	6
	是	平均值	137.260	12779.370	16197.110	29.530	41305.260
		标准偏差	119.890	6632.127	8983.846	3.255	19452.748
		最小值	12	1000	1000	24	7000
		最大值	389	24420	32582	37	71400
		个案数	19	19	19	19	
	总计	平均值	165.160	12374.920	16581.800	28.360	37292.000
		标准偏差	140.841	7778.423	9134.846	3.785	23459.254
		最小值	12	1000	1000	22	7000
		最大值	463	33060	33060	37	87000
		个案数	25	25	25	25	25

本章小结

1. 总量指标是用来反映现象总体的总规模、总水平或工作总量的指标,亦称为绝对数,常用实物、货币或劳动量等单位来计量,其数值大小与总体规模成正比。按其反映的内容可分为总体单位总量与总体标志总量;按反映的时间状况不同可分为时期指标与时点指标。

2. 相对指标是将两个有联系的指标数值进行对比计算的比值,亦称相对数,有无名数与有名数两种计量形式,数值大小与总体规模无关。常用相对指标有结构相对数、比例相对数、计划完成程度相对数、比较相对数、强度相对数与动态相对数。

3. 反映数据集中趋势的平均指标有众数、中位数(四分位数)、算术均值、调和均值、几何均值。众数是一组数据中出现次数最多的变量值,用 m_o 表示,主要用于测度分类数据的集中趋势。中位数是一组数据按从小到大排序后,处于中间位置上的变量值,用 m_e 表示,主要用于描述顺序数据的集中趋势。均值是本章的重点。最常用的均值是算术均值,是反映集中趋势最主要的测度值,主要适用于数值型数据,不适用于分类数据和顺序数据。算术均值具有两个重要数学性质:一是各变量值与其均值的离差之和等于零;二是各变量值与其均值的离差平方之和等于最小值。众数与中位数不受极端数值的影响,均值易受极端数值影响。若数据的 $m_o = m_e = \bar{x}$,说明该数据呈现正态分布;若数据的 $\bar{x} < m_e < m_o$,说明数据呈现左偏分布;若数据的 $m_o < m_e < \bar{x}$,说明数据呈现右偏分布。

4. 反映数据离散趋势的变异指标有异众比率、四分位差、极差、平均差、方差与标准差、离散系数,其中重点是标准差。异众比率是指非众数组的频数占总频数的比率,主要用于分类数据;四分位差是上四分位数与下四分位数之差,主要用于反映顺序数据的离散程度,不能用于分类数据离散趋势的测度；极差是一组数据中的最大值与最小值之差；平均差是各变量值与其均值离差绝对值的平均数，方差是各变量值与其均值离差平方的平均数；标准差是方差的平方根，是描述数值型数据离散程度最主要的方法，标准差系数是一组数据的标准差与其相应的均值之比。所有这些都可用来测度数值型数据的离散趋势，但不能用于分类数据与顺序数据离散程度度量。

5.反映数据分布形态的度量指标有偏度系数与峰度系数。偏度系数反映数据的分布偏斜方向和程度；峰度系数反映数据分布集中趋势高峰的形状。

思考与练习题

一、思考题

1.什么是总量指标？总量指标的计量单位有哪些？

2.时期指标与时点指标有何区别？

3.什么是相对指标？相对指标的计量形式有哪些？

4.常用的相对指标有哪些？

5.什么是集中趋势？测度集中趋势的常用平均指标有哪些？

6.算术均值、众数和中位数有何关系？

7.什么是几何平均数？其适用场合是什么？

8.什么叫离散趋势？测度离散趋势常用指标有哪些？

9.为什么要计算离散系数？

二、练习题

（一）填空题

1.统计数据分布的特征，可以从三个方面进行测度和描述：一是分布的_____，反映所有数据向其中心值靠拢或聚集的程度；二是分布的_____，反映各数据远离其中心值的趋势；三是分布的_____，反映数据分布的形状。

2.在某城市随机抽取 13 个家庭，调查得到每个家庭的人均月收入（单位：元）数据如下：1080、750、1080、850、960、2000、1050、1080、760、1080、950、1080、660，则其众数为_____，中位数为_____。

3.算术均值有两个重要数学性质：各变量值与其算术均值的_____等于零；各变量值与其算术均值的_____等于最小值。

4.简单算术均值是_____的特例。

5.几何均值主要用于计算_____的平均。

6.在一组数据分布中，当算术均值大于中位数、众数时属于_____分布；当算术均值小于中位数、众数时属于_____分布。

7._____是各变量值与其算术均值离差平方的算术均值，是测度数值型数据_____最主要的方法。

8.为了比较人数不等的两个班级学生学习成绩的优劣，需要计算_____；而为了说明哪个班级学生的学习成绩比较整齐，需要计算_____。

9. 偏度系数是对数据分布_____的测度；而峰度系数是对数据分布_____或_____的测度。

（二）判断题

1. 众数的大小只取决于众数组与相邻组次数的多少。（　　）

2. 当总体单位数 n 为奇数时，中位数 $= (n+1)/2$。（　　）

3. 根据组距分组数据计算的均值是一个近似值。（　　）

4. 若已知甲企业工资的标准差小于乙企业，则可断言：甲企业平均工资的代表性好于乙企业。（　　）

5. 标准分数只是将原始数据进行线性变换，没有改变该组数据分布的形状，也没有改变一个数据在该组数据中的位置，只是使该组数据的均值为0，标准差为1。（　　）

6. 已知一组数列的方差为9，离散系数为30%，则其均值等于30。（　　）

7. 投资者连续3年股票投资收益率为4%、2%和5%，则该投资者3年内平均收益率为3.66%。（　　）

8. 要反映一个国家或地区的经济实力，应该采用强度相对指标人均GDP，不能用GDP总量指标。（　　）

9. 当偏度系数 $sk > 0$ 时，表明数据分布属于对称分布。（　　）

10. 当峰度系数 $k < 0$ 时，表明数据分布属于正态分布。（　　）

（三）单选题

1. 某商场某月商品销售额为1000万元，月末商品库存额为300万元，这两个总量指标是（　　）。

A. 时期指标　　　　　　　　　　　B. 前者是时期指标，后者是时点指标

C. 时点指标　　　　　　　　　　　D. 前者是时点指标，后者是时期指标

2. 下列各项中超额完成计划的有（　　）。

A. 单位成本计划完成103.5%　　　　B. 流通费用率计划完成103.5%

C. 利润计划完成103.5%　　　　　　D. 生产费用计划完成103.5%

3. 由组距分组数据确定众数时，如果众数组相邻两组的次数相等，则（　　）。

A. 众数为零　　　　　　　　　　　B. 众数组的组中值就是众数

C. 众数不能确定　　　　　　　　　D. 众数组的组限就是众数

4. 加权算术均值中的权数为（　　）。

A. 变量值　　　　B. 次数的总和　　　　C. 变量值的总和　　　　D. 次数或比重

5. 以下是根据8位销售员一个月销售某产品的数量制作的茎叶图。

```
4 | 5  5
5 | 8  7  6  2
6 | 0  3
```

则该产品销售量的中位数为（　　）。

A. 5　　　　　　　　B. 45　　　　　　　　C. 56.5　　　　　　　　D. 7.5

6. 某车间3个班生产同种产品，6月份劳动生产率分别为2、3、4件／工日，产量分别为400、500、600件，则该车间平均劳动生产率计算式应为（　　）。

A. $\dfrac{2+3+4}{3}=3$

B. $\dfrac{2\times400+3\times500+4\times600}{1500}=3.13$

C. $\sqrt[3]{2\times3\times4}=2.88$

D. $\dfrac{1500}{\dfrac{400}{2}+\dfrac{500}{3}+\dfrac{600}{4}}=2.9$

7.受极端数值影响最小的集中趋势值是( )。

A.算术均值　　　　B.众数和中位数　　　　C.几何均值　　　　D.调和均值

8.若某总体次数分布呈轻微左偏分布,则下列关系式成立的有( )。

A.$\bar{x}>m_e>m_0$　　B.$\bar{x}<m_e<m_0$　　C.$\bar{x}>m_0>m_e$　　D.$\bar{x}<m_0<m_e$

9.标准差系数抽象了( )。

A.总体单位数多少的影响　　　　　　　　B.算术均值高低的影响

C.总体指标数值大小的影响　　　　　　　D.标志变异程度的影响

10.某公司职工中年薪4万元的人最多,平均收入为4万元,则职工年薪的分布( )。

A.正偏　　　　　　B.负偏　　　　　　C.对称　　　　　　D.不能得出结论

11.总体内各部分的结构相对数之和( )。

A.等于0　　　　　B.小于1　　　　　C.等于1　　　　　D.大于1

12.比较两组工作成绩发现 $\sigma_{甲}>\sigma_{乙}$,$\bar{x}_{甲}>\bar{x}_{乙}$,由此可推断( )。

A.乙组 $\bar{x}$ 的代表性高于甲组　　　　　　B.甲组 $\bar{x}$ 的代表性高于乙组

C.甲、乙组的工作均衡性相同　　　　　　D.无法确定

13.离散程度的测度值愈大,则( )。

A.反映变量值愈分散,算术均值代表性愈差

B.反映变量值愈集中,算术均值代表性愈差

C.反映变量值愈分散,算术均值代表性愈好

D.反映变量值愈集中,算术均值代表性愈好

14.若各个标志值都扩大2倍,而频数都减少为原来的1/3,则均值( )。

A.扩大2倍　　　　B.减少到1/3　　　　C.扩大2/3　　　　D.不变

(四)多选题

1.加权算术均值的大小受下列因素的影响( )。

A.各组变量值大小的影响　　　　　　　　B.各组频数多少的影响

C.与各组变量值大小无关　　　　　　　　D.与各组频数多少无关

E.各组变量值和频数共同影响

2.测定数值型数据的离散程度,依据研究目的及资料的不同,可用的指标有( )。

A.算术均值　　　B.标准差　　　C.几何均值　　　D.四分位差

E.离散系数

3.对于数值型数据,描述集中趋势可选用的度量值有( )。

A.众数　　　　　B.中位数　　　　C.算术均值　　　　D.四分位数

E.全距

4.下列分析正确的有( )。

A.某厂今年计划实现产值8000万元,实际完成9000万元,超额完成计划12.5%

B. 销售利润率计划达到 12%，实际达到 15%，超额完成计划 3%

C. 产品成本计划下降 5%，实际降低了 3%，超额完成计划二个百分点

D. 劳动生产率计划较上年增长 8%，实际增长了 10%，超额完成计划 125%

E. 计划引进技术工人 4 人，实际只引进了 2 人，差 50% 完成计划

5. 将所有变量值都减去 10，那么其(　　　)。

A. 算术均值不变　　　　　　　　　　B. 算术均值减去 10

C. 方差不变　　　　　　　　　　　　D. 标准差不变

E. 标准差系数不变

6. 据报道，若中国大陆 GDP 平均每年增长 6.5%，2020 年可达到 101.6 万亿美元，约占全球比重的 23.89%，人均约为 10276 美元。该资料中用到的指标有(　　　)。

A. 绝对数　　　　B. 动态相对数　　　　C. 强度相对数　　　　D. 结构相对数

(五) 计算题

1. 某百货公司在全年的日销售数据中随机抽取 30 天的销售额数据如下(单位：万元)：

257	276	297	252	238	310	240	236	265	278
271	292	261	281	301	274	267	280	291	258
272	284	268	303	273	263	322	249	269	295

(1) 计算该百货公司日销售额的算术均值、中位数和四分位数；

(2) 计算日销售额的标准差。

2. 某车间随机抽取 20 个工人进行日生产零件统计，所得分组资料如下：

按日生产零件分组(个)	工人数／人
40 ~ 50	2
50 ~ 60	4
60 ~ 70	8
70 ~ 80	5
80 ~ 90	1
合计	20

(1) 计算这 20 个工人日生产零件的算术均值、众数和中位数；

(2) 说明该车间工人日生产零件的分布特征。

3. 某公司所属 3 个企业生产同种产品，2020 年实际产量计划完成情况及产品优质品率资料如下：

企业	实际产量(万件)	完成计划(%)	实际优质品率(%)
甲	100	120	95
乙	150	110	96
丙	250	80	98

(1) 计算该公司产量计划完成百分比；

(2) 计算该公司实际的优质品率。

4. 甲乙两个企业生产 3 种产品的单位成本和总成本资料如下：

产品 名称	单位成本 /元	总成本/元	
		甲企业	乙企业
A	15	2100	3255
B	20	3000	1500
C	30	1500	1500

比较哪个企业的总平均成本高？并分析其原因。

5. 一项关于大学生体重状况的研究发现，男生的平均体重为60公斤，标准差为5公斤；女生的平均体重为50公斤，标准差为5公斤。请回答下面的问题：

(1) 是男生的体重差异大还是女生的体重差异大？为什么？

(2) 粗略地估计一下，男生中有百分之几的人体重在55公斤到65公斤之间？

(3) 粗略地估计一下，女生中有百分之几的人体重在40公斤到60公斤之间？

6. 随机抽取10名成年人和10名幼儿的身高(单位：厘米)，分别计算其算术均值与标准差如下：

组别	均值/cm	标准差/cm
成年组	172.1	4.2
幼儿组	71.3	2.3

(1) 要比较成年组和幼儿组的身高差异，你会采用什么样的指标测度值？为什么？

(2) 计算必要的度量值，比较分析哪一组的身高差异更大？

7. 一种产品需要人工组装，现有3种可供选择的组装方法。为检验哪种方法更好，随机抽取15个工人，让他们分别用3种方法组装。下面是15个工人分别用3种方法在相同的时间内组装的同款产品数量(单位：个)：

方法 A	方法 B	方法 C
164	164	125
167	165	126
166	164	126
165	165	125
170	166	126
165	165	125
164	164	127
166	162	126
164	163	127
162	163	127
163	162	125
145	163	126
167	163	124
166	160	126
165	167	125

试利用 Excel 或 SPSS 处理数据并回答以下问题：

（1）你准备采用什么方法来评价组装方法的优劣？

（2）如果让你选择一种方法，你会做出怎样的选择？试说明理由。

（六）综合题

1.在股票市场上，高收益率往往伴随着高风险。下表是某交易所 3 只股票连续 10 个交易日的收盘价格（单位：元）：

交易日	1	2	3	4	5	6	7	8	9	10
甲股票	22	21	26	28	33	24	30	33	28	25
乙股票	23	24	25	25	29	28	26	29	30	31
丙股票	22	18	15	23	30	34	38	33	31	26

根据上表数据计算得到这 3 只股票在 10 个交易日的平均收盘价格均为 27，标准差分别为 4.19、2.75、7.44。

（1）如果要你来判断这 3 只股票的投资风险，你认为应该采用哪个指标来判断？（　　）

A.极差　　　　B.四分位差　　　　C.标准差　　　　D.标准差系数

（2）如果你是位稳健型投资者，进行股票投资，你会选的股票是（　　）。

A.甲股票　　　　B.乙股票　　　　C.丙股票　　　　D.都选

（3）如果你是位风险偏好型投资者，进行股票投资，你会选的股票是（　　）。

A.甲股票　　　　B.乙股票　　　　C.丙股票　　　　D.都选

（4）如果你是位风险厌恶型投资者，进行股票投资，你会选的股票是（　　）。

A.甲股票　　　　B.乙股票　　　　C.丙股票　　　　D.都选

2.假设你是一个大型加工厂的采购代理商，你定期向两个不同的供应商订货。两个供应商都指出订货后大约 10 天才能交货。运营了几个月以后，你发现两个供货商交货时间的平均数都是 10 天左右。二者交货所需工作日的数据直方图如下。两个供货商的供货平均时间均为 10 天，二者是否在按时供货的可靠性上一致（　　），你更愿意向哪一个供货商订货（　　）。请说明理由。

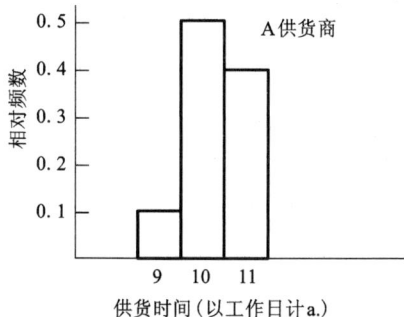

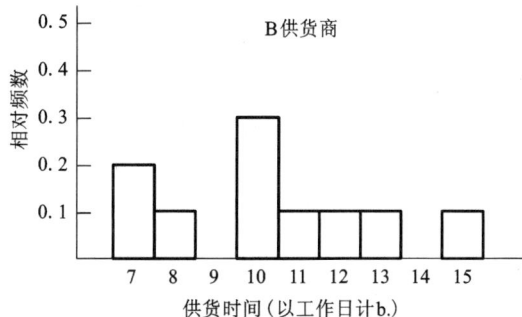

A.一致　　　　B.不一致　　　　C.A 供货商　　　　D.B 供货商

第5章

时间序列分析

学习目标

1. 理解时间序列的概念、构成及分类。
2. 掌握时间序列的描述性分析方法。
3. 熟悉时间序列长期趋势分析的移动平均法与线性模型法。
4. 掌握时间序列季节变动分析的同期平均法与趋势剔除移动平均法。
5. 了解 Excel 或 SPSS 在时间序列分析中的应用。

情景导入

学校周边"网红"饭店食品销售额的预测

"网红"饭店位于学校周边商贸一条街上,是一个学生与老师常去的场所。它由李娜拥有和经营。经营期间,李娜一直在寻求建立新鲜食材设置的高质量正餐的饭店信誉。李娜及其员工的努力被证实是成功的,她的饭店成为学校周边最好、营业额增长最快的饭店之一。李娜为确定饭店未来的增长计划,需要建立一个系统,这个系统可使她提前一年预测今后每个月的食品销售额。李娜拥有如下资料,如表5.1所示。

表5.1 近3年"网红"饭店有关食品销售总额   单位:万元

月份	第一年	第二年	第三年
1 月	242	263	282
2 月	235	238	255
3 月	232	247	265
4 月	178	193	205
5 月	184	193	210
6 月	140	149	160

续表5.1

月份	第一年	第二年	第三年
7 月	145	157	166
8 月	152	161	174
9 月	110	122	126
10 月	130	130	148
11 月	152	167	173
12 月	206	230	235

为了更好地掌握"网红"饭店食品的销售情况，以便为来年各月食品的购买决策提供依据，李娜需要知道的是：这三年来该饭店食品销售额的月或年平均水平；销售额同比与环比的增长情况；销售额平均增长的程度，等等。此外，李娜还需知道饭店食品的销售额变化是否存在某种变化趋势，是否与季节变化有关，是否可以建立一个模型对来年各月的销售额做出预测。通过本章有关时间序列分析方法的学习，我们可以帮助李娜找到答案。

时间序列分析是一种被广泛应用的数量分析方法，主要用于描述和探索现象随时间发展变化的数量规律性。就其发展的历史阶段和使用的统计分析方法来看，时间序列分析有传统的时间序列分析与现代的时间序列分析。前者研究时间序列的描述性分析以及长期变动、季节变动、循环变动等趋势性分析；后者则主要研究 AR 模型（自回归模型）、MA 模型（移动平均模型）和 ARMA 模型（自回归移动平均模型）。本章主要讨论传统的时间序列分析。

5.1　时间序列概述

5.1.1　时间序列的概念及构成

大千世界，任何现象都处于不断的运动和发展变化之中。为了探索现象发展变化的规律性，需要观察现象随时间变化的数量特征，这就必须具备一定的统计资料，即时间序列。时间序列就是将反映某种现象的统计指标在不同时间上的数值按时间顺序排列而成的序列。经济数据中大多数都以时间序列给出，如表 5.2 所示。

时间序列由两个基本部分组成：一是现象所属的时间，时间长度可长可短，可以以日、旬为时间单位，也可以以月、季、年为时间单位，甚至更长；二是反映现象的统计指标，统计指标在一定时间条件下的数值可以是绝对数、相对数，也可以是平均数，绝对数最为常见。

表 5.2　某地区 2011—2020 年若干指标的时间序列

	年末总人口 /人	国内生产总值 /万元	第一产业比重 /%	第二产业比重 /%	第三产业比重 /%	人均国内生产总值 /元	人均社会消费品零售额 /元
2011 年	129988	160714	13.01	45.75	41.24	—	—
2012 年	130756	185896	11.73	46.87	41.40	14259	5243
2013 年	131448	217657	10.71	47.40	41.89	16602	6037
2014 年	132129	268019	10.37	46.69	42.94	20337	7100
2015 年	132802	316752	10.34	46.76	42.91	23912	8669
2016 年	133450	345629	9.88	45.67	44.45	25963	9966
2017 年	134091	408903	9.62	46.17	44.20	30567	11736
2018 年	134735	484124	9.53	46.14	44.32	36018	13683
2019 年	135404	534123	9.53	44.97	45.50	39544	15570
2020 年	136072	588019	9.41	43.67	46.92	43320	17520

5.1.2　时间序列的分类

时间序列按照统计指标数值的表现形式不同可分为绝对数时间序列、相对数时间序列和平均数时间序列。其中,绝对数时间序列是基本序列,相对数时间序列和平均数时间序列是派生序列。

1.绝对数时间序列

如果时间序列中所排列的指标数值是绝对数,则这个时间序列就是绝对数时间序列。它反映现象在不同时间上所达到的绝对水平。由于构成绝对数时间序列的指标所反映现象的时间状况不同,绝对数时间序列又可以分为时期序列和时点序列。

（1）时期序列

如果时间序列中的指标数值是反映现象在一段时期内的活动总量,则这个时间序列就是时期序列,如表 5.2 中的国内生产总值序列。其特点是:①时期序列中的各个指标数值具有可加性;②时期序列中每个指标数值的大小与其时期(每个指标所包括的时间长度)长短有直接的关系,时期愈长,指标数值愈大,反之则相反;③时期序列中的每个指标数值通常是通过连续登记得到的。

（2）时点序列

如果时间序列中的每个指标数值都反映现象在某一时点(或时刻)上的状态或水平,则这个时间序列就是时点序列,如表 5.2 中年末总人口序列。其特点是:①时点序列中的各个指标数值不具有可加性;②时点序列中每个指标数值的大小与其间隔(两个相邻指标数值在时间上的距离)长短没有直接的关系;③时点序列中的每个指标数值通常是通过每隔一段时间登记一次得到的。

2. 相对数时间序列

如果时间序列中所排列的指标数值是相对数，则这个时间序列就是相对数时间序列。它包括：①由两个时期序列对比所形成的相对数时间序列；②由两个时点序列对比所形成的相对数时间序列；③由一个时期序列和一个时点序列对比所形成的相对数时间序列。如表 5.2 中的比重序列属于前者，人均国内生产总值序列属于后者。显然，相对数时间序列是由绝对数时间序列派生出来的，它反映现象之间相互联系的发展变化动态。由于时间序列中各相对数的对比基数不同，因此相对数序列中的各指标数值不能直接相加。

3. 平均数时间序列

如果时间序列中所排列的指标数值是平均数，则这个时间序列就是平均数时间序列。平均数时间序列反映现象一般水平的发展趋势。如表 5.2 中的人均社会消费品零售额序列。平均数时间序列也是由绝对数时间序列派生出来的，序列中的各个指标数值也不能直接相加。

5.1.3　时间序列的编制原则

编制时间序列是为了从动态上分析说明现象的发展过程，反映现象发展变化的基本趋势和数量规律性。因此，编制时间序列时必须保证时间序列中各个指标数值的可比性。具体应注意以下两点。

1. 时间方面的可比性

对于时期序列来说，由于每个指标数值的大小与其时期长短有直接的关系，因此，应该编制时期长度一致的时期序列。但这个原则也不是绝对的，有时为了特殊的研究目的，如研究各个历史阶段某些现象的发展变化，也可将时期长度不等的指标数值编成时期序列。

对于时点序列来说，由于每个指标数值的大小与其间隔长短没有直接的关系，因此，时间间隔相等不是编制时点序列必须具备的条件。但是，为了更准确地反映现象的发展趋势和发展规律，应该尽可能编制时间间隔相等的时点序列。

2. 指标方面的可比性

同一时间序列中，按时间先后顺序排列的各个指标数值所包含的指标内涵、计算范围、空间范围、计算方法、计算价格、计量单位等各方面都必须前后一致。如果某一方面不一致，整个时间序列就不可比。这时，只有按照研究目的，以现行规定为准进行调整，才能保证各个指标数值具有可比性。

5.2　时间序列的描述性分析

时间序列是进行时间序列分析的基础。我们对时间序列进行分析研究的目的主要有三：一是描述现象发展的动态变化；二是判断现象发展变化的趋势，并探索其数量规律性；三是预测现象未来的发展趋势。

为了反映各种现象在不同时间条件下的发展变化，分析其发展变化的规律，需首先对时间序列进行描述性分析，其内容主要包括图形分析与指标分析。

5.2.1 图形描述分析

折线图是显示时间序列统计数据基本变动规律最简单、最直观的方法,它对时间序列的进一步分析有很大的帮助。如图 5.1 所示是我们根据表 5.2 提供的资料利用 Excel 绘制的时间序列折线图。每一幅图的横轴代表时间变量,纵轴代表现象的统计指标。

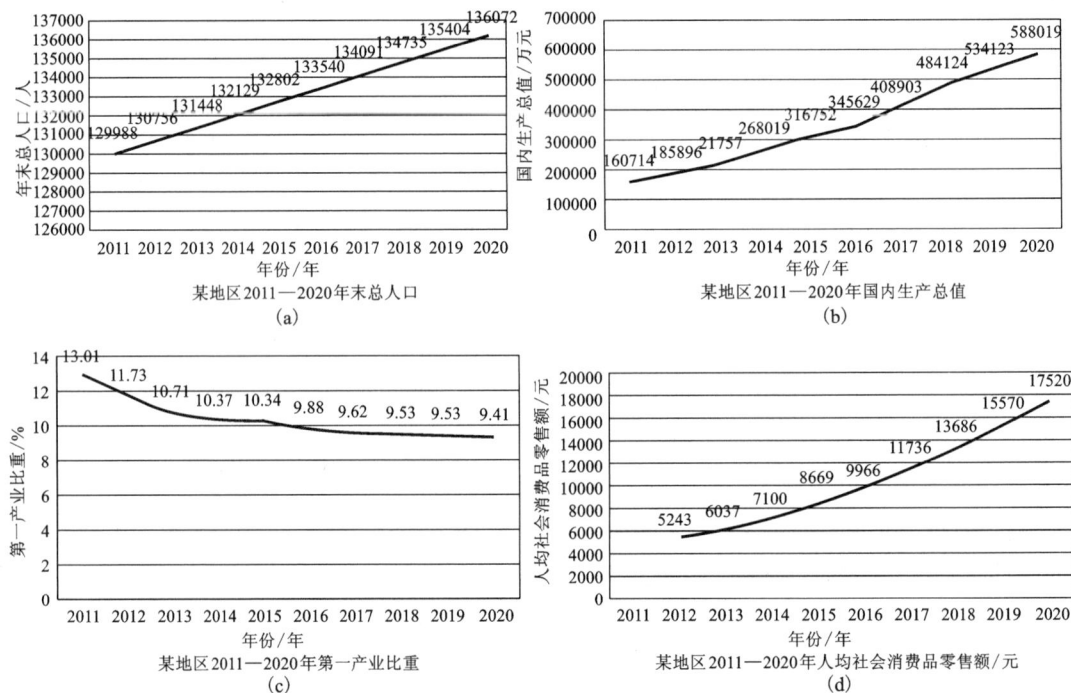

某地区 2011—2020年末总人口
(a)

某地区 2011—2020年国内生产总值
(b)

某地区 2011—2020年第一产业比重
(c)

某地区 2011—2020年人均社会消费品零售额/元
(d)

图 5.1　不同时间序列的图形

从图 5.1 可以看出,年末人口序列呈现明显的线性变动趋势;国内生产总值、第一产业比重以及人均社会消费品零售额序列呈现非线性变动趋势,如果通过 Excel 配合趋势线,可发现国内生产总值、第一产业比重以及人均社会消费品零售额序列均呈现一定的多项式(三阶)变动趋势。显然,通过对图形的观察与分析,可为以后选择预测模型提供基本依据。

5.2.2 指标描述分析

时间序列分析最基本的任务就是要从时间的角度对现象发展变化的基本状态进行描述。这种描述包括两个方面的基本内容:一个是回答"多少"的问题,一个是回答"快慢"的问题。在统计分析中,一般将描述前者的动态分析指标称为"水平指标",将描述后者的动态分析指标称为"速度指标"。

1. 时间序列的水平指标

(1)发展水平

时间序列中的每一项指标数值都称为发展水平,它反映了某种现象在一定时期或时点所达到的规模和水平,通常为绝对数,一般用 y 表示。如果用 y_0, y_1, $\cdots$, y_n 表示时间序列中各个时间的发展水平,则处于时间序列中第一期的指标数值为 y_0,被称为最初水平;处于最后一期的指标数值为 y_n,被称为最末水平;处于第一期和最后一期之间的指标数值,统称为中间水平。对于一个特定的时间序列,最初水平、最末水平和中间水平是固定不变的。此外,在做动态对比分析时,将用以分析研究的时期称为报告期,其指标数值被称为报告期发展水平,通常用 y_i 表示;将用来作为对比基础的时期称为基期,其指标数值也相应地被称为基期发展水平。基期发展水平可以是报告期的前一期发展水平(简称为前期水平)y_{i-1},也可以是某一固定时间的发展水平(为了简便起见,通常用最初水平 y_0 来代替)。报告期发展水平与基期发展水平是随着研究目的的不同而改变的。

(2)平均发展水平

平均发展水平是将不同时间的发展水平加以平均而得到的平均数。由于它从动态上说明了现象在不同时间上发展的一般水平,故又称动态平均数或序时平均数。

由于时间序列中各时间发展水平的表现形式不同,平均发展水平的计算方法也不同,因此计算平均发展水平的基本思路是:首先判断时间序列的类型,然后选择相应的计算公式。下面分别讲述各种不同时间序列的平均发展水平的计算方法。

①根据绝对数时间序列计算平均发展水平

由于绝对数时间序列有时期序列和时点序列之分,其计算方法也有区别。

A. 时期序列的平均发展水平

时期序列平均发展水平的计算非常简单,就是采用简单算术平均法直接将各期发展水平相加求和再除以时期数。

$$\bar{y} = \frac{y_1 + y_2 + \cdots + y_n}{n} = \frac{\sum y}{n} \tag{5.1}$$

式中:$\bar{y}$ 为序时平均数;y 为各时期的发展水平;n 为时期数。

【例 5.1】　根据表 5.2 某地区国内的生产总值序列,计算该地区 2011—2020 年的年平均国内生产总值。

解:代入公式(5.1),得:

$$\bar{y} = \frac{160714 + 185896 + \cdots + 588019}{10} = \frac{3509836}{10} \approx 350983.6(万元)$$

结果表明:该地区从 2011 年到 2020 年的 10 年里平均每年完成国内生产总值 350983.6 万元。

B. 时点序列的平均发展水平

时点序列的发展水平是在某一时点上取得的,根据取得资料的连贯性不同,时点序列有连续时点序列和间断时点序列之分。

连续时点序列通常指时间单位为"日"的时点序列。逐日登记的连续时点序列跟时期序列一样,采用简单算术平均法计算平均发展水平;如果掌握的不是逐日登记的连续时点序列,而是间断登记的连续时点序列(即一段时期中每次变动都要登记的时点序列),则应采用加权算术平均法计算平均发展水平。

$$\bar{y} = \frac{y_1 f_1 + y_2 f_2 + \cdots + y_n f_n}{f_1 + f_2 + \cdots + f_n} = \frac{\sum yf}{\sum f} \tag{5.2}$$

式中：y 为每次变动的发展水平；f 为各时点发展水平所持续的时间长度（日数）。

【例 5.2】 假定某企业 5 月份每日实有人数资料如表 5.3 所示。

表 5.3 某企业 5 月份每日实有人数

日期	1 日	10 日	16 日	23 日
实有人数 / 人	780	784	786	783

解： 上表中实有人数时间序列为非逐日登记的连续时点序列，应采用公式(5.2)来计算。将上表资料代入公式(5.2)，得：

$$\bar{y} = \frac{780 \times 9 + 784 \times 6 + 786 \times 7 + 783 \times 9}{9 + 6 + 7 + 9} = \frac{24273}{31} = 783（人）$$

结果表明：该企业 5 月份实有人数为平均每天 783 人。

间断时点序列通常指时间单位为"月""季""年"的时点序列。其平均发展水平采用分层平均的方法来计算。首先依次将相邻两个时点的发展水平进行简单平均，得到两个时点的平均发展水平；然后将这些平均发展水平与相应的时点间隔长度进行加权平均。

$$\bar{y} = \frac{\frac{y_0 + y_1}{2} \times f_1 + \frac{y_1 + y_2}{2} \times f_2 + \cdots + \frac{y_{n-1} + y_n}{2} \times f_n}{f_1 + f_2 + \cdots + f_n} \tag{5.3}$$

式中：y 为各时点的发展水平，一般用 y_0 表示最初水平；$f_1, f_2, \cdots, f_n$ 代表相邻时点的间隔长度。

如果相邻时点的间隔相等，上式可变形为：

$$\bar{y} = \frac{\frac{y_0 + y_1}{2} + \frac{y_1 + y_2}{2} + \cdots + \frac{y_{n-1} + y_n}{2}}{n} = \frac{\frac{y_0}{2} + y_1 + \cdots + y_{n-1} + \frac{y_n}{2}}{n} \tag{5.4}$$

用公式(5.4)计算时点序列平均发展水平的方法又称为首末折半法。

【例 5.3】 根据表 5.2 中年末人口序列，计算该地区 2012—2020 年的年平均人口数。

解： 表 5.2 中的年末人口序列为时点间隔相等的间断时点序列，可采用首尾折半法计算其平均发展水平。现将表 5.2 中的年末人口资料代入公式(5.4)，得：

$$\bar{y} = \frac{\frac{129988}{2} + 130756 + \cdots + 135404 + \frac{136072}{2}}{9} = \frac{11197845}{9} = 133093.89（人）$$

结果表明：该地区 2012—2020 年共 9 年中平均每年的人口为 133093.89 人。

需要注意的是，根据间断时点序列计算平均发展水平的方法，是假定现象在相邻时点之间的变动是均匀的，但是实际上并不完全如此，所以根据间断时点序列计算的平均发展水平只能是近似值。由于间隔愈短，误差愈小，因此，为了使平均发展水平能基本反映实际情况，时点序列的间隔不宜过长。

此外，在理论上，一定时期内时点序列的年平均发展水平 = 季平均发展水平 = 月平均发展水平 = 日平均发展水平。

② 根据相对数时间序列或平均数时间序列计算平均发展水平

由于相对数时间序列或平均数时间序列相对数都是由两个绝对数时间序列对比形成的，

所以各相对数和平均数的分母不同，不能直接将不同时间的相对数或平均数相加来计算其平均数，而应该先分别计算构成相对数或平均数时间序列的分子、分母两个绝对数时间序列的平均发展水平，然后将它们对比求得相对数时间序列或平均数时间序列的平均发展水平。

$$\bar{y} = \frac{\bar{a}}{\bar{b}} \tag{5.5}$$

式中：$\bar{a}$ 为分子序列的平均发展水平；$\bar{b}$ 为分母序列的平均发展水平；$\bar{y}$ 为相对数或平均数时间序列的平均发展水平。

【例 5.4】 某地区 GDP 及相关指标如表 5.4 所示，求 2015—2020 年人均 GDP 的平均值。

表 5.4 2014—2020 年某地区 GDP、人口数与人均 GDP 资料

年份		2014 年	2015 年	2016 年	2017 年	2018 年	2019 年	2020 年
GDP(万元)	a	86638	89468	97315	104791	116694	136515	182321
年末总人口(人)	b	125786	126743	127627	128453	129227	129988	130756
人均 GDP(元／人)	y	—	7086	7651	8184	9057	10533	13985

解： 表 5.4 中的人均 GDP 是根据 GDP 与人口数对比而来的。要计算这里的人均 GDP 的平均值，不能采用简单平均法，而应根据公式(5.5)来计算。首先，分别计算构成人均 GDP 时间序列的分子与分母序列的平均数。

$$\bar{a} = \frac{\sum a}{n} = \frac{89468 + 97315 + \cdots + 182321}{6} = \frac{727104}{6} = 121184(\text{万元})$$

$$\bar{b} = \frac{\frac{b_0}{2} + b_1 + \cdots + b_{n-1} + \frac{b_n}{2}}{n} = \frac{\frac{125786}{2} + 126743 + \cdots + 129988 + \frac{130756}{2}}{6}$$

$$= \frac{770309}{6} = 128384.8(\text{人})$$

然后，将 $\bar{a}$、$\bar{b}$ 代入公式(5.5)，得：

$$\bar{y} = \frac{\bar{a}}{\bar{b}} = \frac{121184 \text{ 万元}}{128384.8 \text{ 人}} \approx 9439 \text{ 元／人}$$

结果表明：该地区 2015—2020 年共 6 年间，平均每年的人均 GDP 为 9439 元。需要注意的是，在计算 2015—2020 年的年平均人口数时，要将 2015 年初的人口数(即 2014 年末的人口数)作为最初水平，这样才能保证对比指标在时间上的可比性。

（3）增长量

增长量是时间序列中报告期发展水平与基期发展水平之差，反映现象的报告期发展水平比基期增加或减少的数量。

$$\text{增长量} = \text{报告期发展水平} - \text{基期发展水平} \tag{5.6}$$

增长量为正数，表明增加；为负数，表明减少。由于基期发展水平可以是报告期的前期

水平,也可以是时间序列的某一固定时期发展水平(通常为最初水平),因此可将增长量分为逐期增长量和累计增长量。

① 逐期增长量

逐期增长量是指时间序列中各期发展水平与其前期发展水平之差,说明现象逐期增加或减少的数量。

$$逐期增长量 = 报告期发展水平 - 前期发展水平 = y_i - y_{i-1} \tag{5.7}$$

② 累计增长量

累计增长量是指时间序列中报告期发展水平与某一固定基期发展水平(通常为最初发展水平)之差,说明现象在一定时期内增加或减少的总量。

$$累计增长量 = 报告期发展水平 - 固定基期发展水平 = y_i - y_0 \tag{5.8}$$

【例 5.5】 根据表 5.4 中的 GDP 资料,以 2015 年为最初水平,计算 2015—2020 年的逐期增长量与累计增长量。

解: 根据公式(5.7)、(5.8) 计算,所得结果如表 5.5 所示。

表 5.5 逐期增长量与累计增长量计算表

年份	2015 年	2016 年	2017 年	2018 年	2019 年	2020 年
GDP/ 万元	89468	97315	104791	116694	136515	182321
逐期增长量 / 万元	—	7847	7476	11903	19821	45806
累计增长量 / 万元	0	7847	15323	27226	47047	92853

从表 5.5 可以看出,在同一时间序列中,各逐期增长量的代数和等于相应时期的累计增长量,相邻时期的累计增长量之差等于相应时期的逐期增长量。即:

$$\sum_{i=1}^{n} (y_i - y_{i-1}) = y_i - y_0 \qquad (y_i - y_0) - (y_{i-1} - y_0) = y_n - y_0 \tag{5.9}$$

③ 年距增长量

在实际统计过程中,对于按月(季) 编制的时间序列,为了消除季节变动的影响,需要计算年距增长量,以反映报告期发展水平与上年同期发展水平增加或减少的数量。

$$年距增长量 = 报告期发展水平 - 上年同期发展水平 \tag{5.10}$$

(4) 平均增长量

平均增长量是指时间序列中各逐期增长量的序时平均数,说明现象在一段时期内平均每期增加或减少的数量,一般用简单算术平均法计算。

$$平均增长量 = \frac{逐期增长量之和}{逐期增长量的个数} = \frac{累计增长量}{时间序列项数 - 1}$$

$$= \frac{\sum_{i=1}^{n} (y_i - y_{i-1})}{n} = \frac{y_n - y_0}{(n+1) - 1} \tag{5.11}$$

【例 5.6】 根据表 5.5,计算 2016—2020 年该地区 GDP 的平均增长量。

解: 由表 5.5 可知,2016—2020 年该地区 GDP 的逐期增长量有 5 个,GDP 资料有 6 项,其平均增长量根据公式(5.11)计算如下：

$$平均增长量 = \frac{7847 + 7476 + 11903 + 19821 + 45806}{5} = \frac{92853}{6-1} = 18571(万元)$$

结果表明：该地区 GDP 在 2016—2020 年间平均每年增长 18571 万元。

2. 时间序列的速度分析指标

（1）发展速度

发展速度是反映现象发展变化快慢程度的动态相对指标，它是根据两个不同时期的发展水平对比求得的。其计算结果一般用百分数表示。

$$发展速度 = \frac{报告期发展水平}{基期发展水平} \times 100\% \qquad (5.12)$$

根据对比的基期不同，发展速度可分为环比发展速度和定基发展速度两种。

① 环比发展速度

环比发展速度是时间序列中报告期发展水平与前期发展水平之比，表明现象逐期发展变化的方向与程度。

$$环比发展速度 = \frac{报告期发展水平}{前期发展水平} = \frac{y_i}{y_{i-1}} \qquad (5.13)$$

② 定基发展速度

定基发展速度是报告期发展水平与某一固定时期发展水平(通常为最初发展水平)之比，说明现象在较长时期内总的发展变动方向与程度。在统计实践中，通常将时间序列最后一期的定基发展速度称为总速度，一般用 R 表示。

$$定基发展速度 = \frac{报告期发展水平}{固定时期发展水平} = \frac{y_i}{y_0}$$

$$总速度(R) = \frac{最末发展水平}{最初发展水平} = \frac{y_n}{y_0} \qquad (5.14)$$

【例5.7】 根据表 5.5 中的 GDP 资料，以 2015 年为最初水平，计算 2015—2020 年该地区 GDP 的环比发展速度与定基发展速度。

解： 根据公式(5.13)、(5.14)计算，所得结果如表 5.6 所示。

表5.6　环比发展速度与定基发展速度计算表

年份	2015年	2016年	2017年	2018年	2019年	2020年
GDP/万元	89468	97315	104791	116694	136515	182321
环比发展速度/%	—	108.77	107.68	111.36	116.99	133.55
定基发展速度/%	100	108.77	117.13	130.43	152.59	203.78

不难发现，在同一时间序列中，各环比发展速度相乘等于相应时期的定基发展速度，相邻两个时期的定基发展速度相除等于相应的环比发展速度。即：

$$\frac{y_1}{y_0} \times \frac{y_2}{y_1} \times \cdots \times \frac{y_{n-1}}{y_{n-2}} \times \frac{y_n}{y_{n-1}} = \frac{y_n}{y_0}$$

$$\frac{y_i}{y_0} \div \frac{y_{i-1}}{y_0} = \frac{y_i}{y_{i-1}} \qquad (5.15)$$

③ 年距发展速度

类似于年距增长量,对于按月(季)编制的时间序列,为了消除季节变动的影响,也需计算年距发展速度,反映报告期发展水平对于上年同期发展水平的变化方向与程度。

$$年距发展速度 = \frac{报告期发展水平}{上年同期发展水平} \times 100\% \qquad (5.16)$$

(2)增长速度

增长速度是增长量与基期发展水平之比,表明现象在一定时期内增长或减少的程度,一般用百分数表示。

$$增长速度 = \frac{增长量}{基期发展水平} \times 100\% = \frac{报告期发展水平 - 基期发展水平}{基期发展水平} \times 100\%$$
$$= 发展速度 - 100\% \qquad (5.17)$$

可见,增长速度等于发展速度减 100%。当报告期发展水平高于基期发展水平时,发展速度大于 100%,此时的增长速度为正值,称增长率,表示现象增长的程度;当报告期发展水平低于基期发展水平时,发展速度小于 100%,此时的增长速度为负值,称降低率,表示现象降低的程度。

同发展速度一样,由于采用的基期不同,增长速度可分为定基增长速度和环比增长速度两种。前者表明现象逐期增减的程度,后者表明现象在一段时期内总的增减程度。

$$环比增长速度 = \frac{报告期发展水平 - 前期发展水平}{前期发展水平} \times 100\%$$
$$= \frac{报告期发展水平}{前期发展水平} \times 100\% - 100\% \left(= \frac{y_i}{y_{i-1}} \times 100\% - 100\% \right)$$
$$= 环比发展速度 - 100\% \qquad (5.18)$$

$$定基增长速度 = \frac{报告期发展水平 - 固定时期发展水平}{固定时期发展水平} \times 100\% = 定基发展速度 - 100\%$$
$$\qquad (5.19)$$

为了避免季节变动的影响,对于按月(季)编制的时间序列,常常需要计算年距增长速度,表明报告期发展水平比上年同期增长或降低的程度。

$$年距增长速度 = \frac{年距增长量}{上年同期发展水平}$$
$$= \frac{报告期发展水平 - 上年同期发展水平}{上年同期发展水平}$$
$$= 年距发展速度 - 100\% \qquad (5.20)$$

【例5.8】 根据表5.6中的资料,计算2015—2020年该地区GDP的环比增长速度和定基增长速度。

解: 根据公式(5.18)、(5.19)计算,所得结果如表5.7所示。

表 5.7　环比增长速度与定基增长速度的计算

年份	2015 年	2016 年	2017 年	2018 年	2019 年	2020 年
GDP/ 万元	89468	97315	104791	116694	136515	182321
环比发展速度 /%	—	108.77	107.68	111.36	116.99	133.55
定基发展速度 /%	100	108.77	117.13	130.43	152.59	203.78
环比增长速度 /%	—	8.77	7.68	11.36	16.99	33.55
定基增长速度 /%	0	8.77	17.13	30.43	52.59	103.78

注意：环比增长速度与定基增长速度之间不存在直接的推算关系。

（3）平均发展速度和平均增长速度

现象在一定时期内逐期发展或增长的速度有快有慢，为了研究其平均发展或平均增长变化的程度，需要将各期环比发展速度或环比增长速度之间的差异抽象化，计算平均发展速度与平均增长速度。

平均发展速度是指一定时期内各环比发展速度的平均数，它是用来描述现象逐期发展变化的一般程度的指标。平均增长速度是指在一定时期内各环比增长速度的平均数，用来描述现象在一定时期内平均增长的程度。这两个指标在国民经济管理和统计分析中有广泛的应用，都是编制和检查国民经济计划的重要依据，也是用于比较一个国家或地区不同阶段发展状况以及同一时期不同国家或地区发展状况的依据，同时还可用来对现象的未来发展情况进行预测。

平均发展速度与平均增长速度之间存在如下数量关系：

$$平均发展速度 = 平均增长速度 + 100\% \tag{5.21}$$

由于平均增长速度既不能由各环比增长速度求得，也不能根据一定时期的总增长速度计算，因此平均增长速度通常是通过平均发展速度来计算。即：

$$平均增长速度 = 平均发展速度 - 100\% \tag{5.22}$$

平均增长速度大于0，称为递增率，表明现象在一定时期内是逐期平均递增的；平均增长速度小于0，称为递减率，表明现象在一定时期内是逐期平均递减的。

至于平均发展速度的计算通常采用两种方法，即几何平均法与高次方程法。

① 几何平均法（水平法）

几何平均法就是对环比发展速度计算几何平均数的方法。假设时间序列中各期环比发展速度分别为 x_1，x_2，$x_3\cdots$，x_n，则平均发展速度的计算公式为：

$$\bar{x} = \sqrt[n]{x_1 \cdot x_2 \cdot x_3 \cdots x_n} = \sqrt[n]{\prod x} \tag{5.23}$$

由于 x_1，x_2，x_3，$\cdots$，$x_n = \dfrac{y_n}{y_0}$，则：

$$\bar{x} = \sqrt[n]{\frac{y_n}{y_0}} = \sqrt[n]{R} \tag{5.24}$$

从公式（5.24）中可以看出，平均发展速度的大小只取决于最末发展水平与最初发展水平的大小，与中间各期的发展水平无关，这也是几何平均法又称为水平法的缘由。当我们仅仅掌握到最初发展水平及最末发展水平时，或当我们仅仅关心现象在最后一期所应达到的发展水平时，宜采用该方法。

如果现象的发展过程划为几个时期，并掌握了各个不同时期的平均发展速度 x，要对全过程求平均发展速度 $\bar{x}$，则应以各时期的时间长度 f 为权数，对各个不同时期的平均发展速度进行加权几何平均。

$$\bar{x} = \sqrt[\sum f]{x_1^{f_1} \cdot x_2^{f_2} \cdot x_3^{f_3} \cdots x_i^{f_i}} \tag{5.25}$$

在实际工作中，通常还将公式(5.24)变形，得到：

$$y_n = y_0 \bar{x}^n \tag{5.26}$$

$$n = \frac{\lg y_n - \lg y_0}{\lg \bar{x}} \tag{5.27}$$

根据公式(5.26)可预测某种现象从时间序列的最初发展水平 y_0 开始，各期以时间序列的平均速度 $\bar{x}$ 去发展，经过 n 期(年、季、月)后，报告期可能达到的发展水平 y_n。

根据公式(5.27)可预测某种现象从时间序列的最初发展水平 y_0 开始，各期以时间序列的平均速度 $\bar{x}$ 去发展，要求报告期发展水平达到 y_n 所需要的时间。

② 高次方程法(累计法)

高次方程法的基本思想是：某种现象从最初发展水平 y_0 开始，经过 n 期(年、季、月)的发展，如果平均发展变化的程度为 $\bar{x}$(未知数)，则按此推算出的各期发展水平之和应等于实际各期发展水平之和。即：

$$y_0 \bar{x} + y_0 \bar{x}^2 + y_0 \bar{x}^3 + \cdots + y_0 \bar{x}^n = y_1 + y_2 + y_3 + \cdots + y_n$$

$$\bar{x} + \bar{x}^2 + \bar{x}^3 + \cdots + \bar{x}^n = \frac{\sum_{i=1}^{n} y_i}{y_0} \tag{5.28}$$

求解上述高次方程所得的正根就是平均发展速度。不难看出，高次方程法计算的平均发展速度取决于各期发展水平的累计总量，累计法也由此得名。这种方法适用于计算基本建设投资额、新增固定资产额、住宅建筑面积、造林面积等波动大的指标的平均发展速度。

在一般情况下，求解高次方程式相当复杂。在实际应用中可以查找事先编好的《平均增长速度查对表》得到平均增长速度，然后将其加 100% 得到平均发展速度。但随着信息技术的普及，利用 Excel 处理数据越来越普遍。利用 Excel 的"单变量求解"功能可以很快解出高次方程。具体求解步骤将在本章的第 5.4 节中加以介绍。

【例 5.9】 某汽车制造厂 2015 年的产量为 30 万辆。

(1)若规定 2016—2018 年年递增率不低于 6%，其后 2 年递增率不低于 5%，问 2021 年该厂汽车产量至少将达到多少？

(2)若规定 2025 年汽车产量在 2015 年的基础上翻一番，而 2016 年的增长速度可望达到 7.8%，问以后各年应以怎样的速度增长才能达到预定目标？

(3)若规定 2025 年汽车产量在 2015 年的基础上翻一番，并要求每年保持 7.4% 的增长速度，问能提前多少时间达到预定目标？

解：

(1)已知该汽车制造厂在 2016—2018 年间的各年发展速度 x_1 至少为 106%，$f_1 = 3$；

2019—2020 年间的各年发展速度 x_2 至少为 105%，$f_2 = 2$。而且 $y_{2015} = 30$（万辆）。

根据 $y_n = y_0 \bar{x}^n$ 和 $\bar{x} = \sqrt[\sum f]{x_1^{f_1} \cdot x_2^{f_2} \cdot x_3^{f_3} \cdots x_i^{f_i}}$，$n = \sum f$，得：

$$y_n = y_0 x_1^{f_1} x_2^{f_2} \cdots x_i^{f_i}$$

即：2021 年该厂汽车产量：

$$y_{2021} = y_{2015} \cdot x_1^{f_1} \cdot x_2^{f_2} = 30 \times (106\%)^3 \times (105\%)^2 \approx 39.39 \text{（万辆）}$$

（2）2025 年汽车产量在 2015 年的基础上翻一番，意味着 2025 年的汽车产量为 2015 年的 2 倍，即 $\dfrac{y_{2025}}{y_{2015}} = 2$，则：

$$y_{2025} = y_{2015} \times 2 = 30 \times 2 = 60 \text{（万辆）}$$

又已知 2016 年的增长速度可望达到 7.8%，则：

$$y_{2016} = y_{2015} \times (100\% + 7.8\%) = 32.34 \text{（万辆）}$$

从 2017 年开始到 2025 年该厂汽车产量的平均发展速度为：

$$\bar{x} = \sqrt[9]{\frac{y_{2025}}{y_{2016}}} = \sqrt[9]{\frac{60}{32.34}} = 107.11\%$$

$$\bar{x} - 100\% = 107.11\% - 100\% = 7.11\%$$

即 2017—2025 年共 9 年间如果每年以 7.11% 的速度增长，到 2025 年时，该厂汽车产量就可以在 2015 年的基础上实现翻番的目标。

（3）根据 $n = \dfrac{\lg y_n - \lg y_0}{\lg \bar{x}}$ 可得该汽车制造厂完成预定目标的时间：

$$n = \frac{\lg 60 - \lg 30}{\lg (107.4\%)} = 9.71 \text{（年）}$$

$$10 - 9.71 = 0.29 \text{（年）}$$

即可提前 0.29 年达到预定目标。

3. 增长 1% 绝对值

在大多数时间序列中，特别对于社会经济现象的时间序列，经常利用增长速度来描述其增长情况。由于对比基期的发展水平不同，可能会造成速度指标上的较大差异，进而造成高速度掩盖低水平、低速度隐藏高水平的现象。为此，需要把速度指标与水平指标结合起来应用。最具代表性的指标就是增长 1% 绝对值。

增长 1% 绝对值等于增长的绝对量除以增长的百分比，通常表示为逐期增长量除以环比增长速度，反映环比增长速度每增长一个百分点而报告期发展水平比前期发展水平增加的绝对数量，也就是等于基期水平的 1%。即：

$$
\begin{aligned}
\text{增长 1\% 绝对值} &= \frac{\text{报告期发展水平} - \text{前期发展水平}}{\text{环比增长速度} \times 100} \\
&= \frac{\text{报告期发展水平} - \text{前期发展水平}}{\dfrac{\text{报告期发展水平} - \text{前期发展水平}}{\text{前期发展水平}} \times 100} \\
&= \frac{\text{前期发展水平}}{100} = \frac{y_{i-1}}{100}
\end{aligned}
$$

（5.29）

【例5.10】 假定有两个生产条件基本相同的企业，2019—2020年的利润额及有关的速度值如表5.8所示。

表5.8　甲、乙两个企业的有关资料

年份	甲企业		乙企业	
	利润额/万元	增长速度/%	利润额/万元	增长速度/%
2019年	500	—	40	—
2020年	550	10	80	100

试比较2020年哪个企业的业绩更好？

解：从利润额的发展水平看，甲企业远远高于乙企业，约为乙企业的7倍；但从利润额的增长速度看，乙企业又比甲企业高很多，为甲企业的10倍。在此情况下，要比较两个企业经营业绩的好坏，就应结合发展水平与增长速度计算增长1%绝对值指标来衡量。

代入公式(5.29)得：

$$2020年甲企业利润额增长1\%的绝对值 = \frac{2019年的利润额}{100} = \frac{500}{100} = 5（万元）$$

$$2020年乙企业利润额增长1\%的绝对值 = \frac{2019年的利润额}{100} = \frac{40}{100} = 0.4（万元）$$

显然，2020年甲企业利润增长一个百分点而增加的利润额远远高于乙企业，说明甲企业的经营业绩优于乙企业。

5.3　时间序列的分解分析

5.3.1　时间序列的影响因素与模型

1.时间序列的影响因素

在时间序列中，数据的大小受各种因素的影响。这些因素中，有长期起决定性作用的必然因素，也有临时起非决定性作用的偶然因素；有可以预知的可控制因素，也有不可预知的不可控制因素。这些因素相互作用和影响，从而使时间序列的变化趋势呈现不同的形态。为研究现象发展变化的趋势或规律，并以此为依据来预测未来，就需要将这些不同因素的不同作用的结果从时间序列的实际数据中分离出来。按作用特点与影响效果一般可将时间序列的影响因素归纳为四类：长期趋势、季节变动、循环变动及不规则变动。

（1）长期趋势(T)

长期趋势是指现象在相当长的一段时期内，受某种长期的、决定性的因素影响而呈现出的持续上升或持续下降，或停留在某一水平上的倾向。如中国改革开放以来GDP、财政收入、居民的可支配收入呈现持续上升的态势。

(2) 季节变动(S)

季节变动是指现象在一年内, 由于受到自然条件或社会条件的影响而形成的随季节更替而呈现的周期性变动。如农产品收购量、农业生产资料和时令商品的销售量、旅行社的旅游收入、公交车的车流量等都会随季节呈现年复一年的规律性变动。要注意的是, 这里提到的"季节"并非通常意义上的"四季", 而应该理解为可以是一年中的季度, 也可以是一年中的月、周、日, 甚至时。

(3) 循环变动(C)

循环变动是指现象由于受系统内部因素影响而产生的以若干年为周期、上升与下降交替出现的循环往复的运动。循环变动的周期长短不一, 没有规律, 而且通常较长。如经济发展中由危机、萧条、复苏、繁荣的一个周期再到下一个危机、萧条、复苏、繁荣的周期是最常见的循环变动, 一个经济周期通常为几年, 甚至几十年。

(4) 不规则变动(I)

不规则变动是指现象由于受偶然性因素而引起的无规律、不规则变动, 如受到天灾、人祸、战乱等突发事件或偶然因素等不可抗力的影响而引起的无周期性波动。这种变动一般无法做出解释。

2. 时间序列的分析模型

时间序列的发展水平 Y 是上述 4 种影响因素共同作用的结果。时间序列的发展水平 Y 可以表示为以上 4 个因素的函数, 即:

$$Y = f(T, S, C, I) \tag{5.30}$$

在统计分析中, 一般将时间序列四大影响因素的关系概括为以下两种假设模型:

第一种假设模型: 四大影响因素是相互独立的、可加的, 表现为时间序列各时期发展水平是各因素影响值之和。即:

$$Y = T + S + C + I \tag{5.31}$$

此模型称为加法模型。式中的 T 是与 Y 有相同计量单位的总量指标, S、C、I 是因季节变动、循环变动与不规则变动对长期趋势产生的或正或负的偏差。

第二种假设模型: 四大影响因素是相互依存、可乘的, 表现为时间序列各时期发展水平是各因素影响值之积。即:

$$Y = T \cdot S \cdot C \cdot I \tag{5.32}$$

此模型称为乘法模型。式中的 T 是与 Y 有相同计量单位的总量指标, 但 S、C、I 是季节变动、循环变动与不规则变动对长期趋势产生影响的百分比。

3. 影响因素的分解

影响因素的分解取决于时间序列分析模型的类型。对于加法模型采用减法分解各影响因素, 对于乘法模型则采用除法分解各影响因素。下面以两种常见的时间序列为例予以说明。

(1) 仅包含趋势变动与随机变动

这是不包含循环变动的年度数据资料所具有的特征, 其分析模型如下。

加法模型:

$$Y = T + I \tag{5.33}$$

乘法模型:

$$Y = T \cdot I \tag{5.34}$$

此时，分解分析的主要任务就是消除随机变动，也就是要对时间序列进行修匀，以显示在较长时期内现象发展变动的基本形态。

（2）包含趋势变动、季节变动以及随机变动

按月（季）编制的时间序列大多具有这种形态。这种时间序列的分解分析一般应分以下三步完成。

第1步，分析和测定现象的长期变动趋势，求得趋势值 T。

第2步，对原时间序列进行调整，得出不包含趋势变动的新时间序列 $(S+I)$ 或 $(S \times I)$。

用加法模型时：

$$Y - T = (T + S + I) - T = S + I \tag{5.35}$$

用乘法模型时：

$$\frac{Y}{T} = \frac{(T \cdot S \cdot I)}{T} = S \cdot I \tag{5.36}$$

第3步，对新时间序列进行修匀，消除随机变动，得出季节变动的测定值 S。

其实，任何一个时间序列的分解分析都遵循上述思路。

在实际应用中，一般以乘法模型为主。本教材将在乘法模型的基础上，从时间序列的发展水平 Y 中将影响因素 T、S、C、I 分离出来，一一测定它们的影响程度，分析研究它们各自的统计规律，从而达到对现象 Y 的深刻认识，进而提高对现象进行预测的准确性。

5.3.2 时间序列的长期趋势分析

分析时间序列的长期趋势，不仅可以揭示现象发展变化的规律，为预测现象未来的发展趋势提供依据，而且可以为研究季节变动时消除长期趋势的影响提供依据。测定现象长期趋势变动的方法有很多，常用的有移动平均法和数学模型法。

1. 移动平均法

移动平均法是通过扩大原时间序列的时间间距，采用逐项递移的方式，分别计算出一系列序时平均数，最终形成一个新时间序列的方法。其基本思想是：在构成时间序列的4个因素中，除长期趋势外，其他3个因素，即季节变动、循环变动和不规则变动，都可以通过平均的方法使它们相互抵消，而抵消后的结果就是长期趋势。

移动平均法的具体操作步骤如下。

首先，确定序时平均数的时间间距，即确定对多少项数据进行平均。

① 序时平均数的时间间距一般以季节周期、循环变动周期长度为准而确立。如果是季度资料，序时平均数的时间间距通常为1年，即计算序时平均数时应对连续4个季度的数据进行平均；如果是月度资料，序时平均数的时间间距通常也为1年，即计算序时平均数时应该是对连续12个月的数据进行平均。

② 如果时间序列不存在明显的季节周期和循环周期，一般而言，序时平均数的时间间距宜取奇数。假设我们掌握的是年度资料，那序时平均数的时间间距根据资料的多少可以是3年、5年、7年不等，相应的移动步长为3、5、7。

其次，边移动边计算序时平均数，编制新的时间序列。

如果序时平均数的时间间距为奇数，计算的序时平均数应放在中间时期所对应的位置上，边移动边平均，每一项序时平均数都有与之对应的时间；如果序时平均数的时间间距是偶数（如4或12），序时平均数同样也应放在中间时期所对应的位置上，但由于时间间距为偶

数，序时平均数所对应的时期应介于两个时间之间，不能构成时间序列，此时，统计中的一般做法就是对相邻的序时平均数再进行一次平均。

【例5.11】 如表5.9所示显示了某地区2003—2020年的粮食产量，试对其进行移动平均，并作图观察。

表 5.9 某地区 2003—2020 年的粮食产量

年份／年	粮食产量／吨	年份／年	粮食产量／吨
2003	44624.0	2012	50838.6
2004	43529.0	2013	46217.5
2005	44265.8	2014	45264.0
2006	45648.8	2015	43069.5
2007	44510.1	2016	45705.8
2008	46661.8	2017	46946.9
2009	50453.5	2018	48402.2
2010	49417.1	2019	49804.2
2011	51229.5	2020	50160.3

解：表5.9为某地区粮食产量的年度资料，现计算3年、4年、5年的移动平均数如表5.10所示。

表 5.10 某地区粮食产量移动平均数计算表

时间／年	粮食产量／吨	3年移动平均数	4年移动平均数		5年移动平均数
			一次移动平均	二次移动平均	
2003	44624.00	—	—	—	—
2004	43529.00	44139.60	44516.90	—	—
2005	44265.80	44481.20	44488.43	44502.66	44515.54
2006	45648.80	44808.23	45271.63	44880.03	44923.10
2007	44510.10	45606.90	46818.55	46045.09	46308.00
2008	46661.80	47208.47	47760.63	47289.59	47338.26
2009	50453.50	48844.13	49440.48	48600.55	48454.40
2010	49417.10	50366.70	50484.68	49962.58	49720.10
2011	51229.50	50495.07	49425.68	49955.18	49631.24
2012	50838.60	49428.53	48387.40	48906.54	48593.34
2013	46217.50	47440.03	46347.40	47367.40	47323.82
2014	45264.00	44850.33	45064.20	45705.80	46219.08
2015	43069.50	44679.77	45246.55	45155.38	45440.74

续表5.10

时间／年	粮食产量／吨	3年移动平均数	4年移动平均数		5年移动平均数
			一次移动平均	二次移动平均	
2016	45705.80	45240.73	46031.10	45638.83	45877.68
2017	46946.90	47018.30	47714.78	46872.94	46785.72
2018	48402.20	48384.43	48828.40	48271.59	48203.88
2018	49804.20	49455.57	—	—	—
2020	50160.30	—	—	—	—

根据表5－1中3年与5年的移动率平均数据以及4年移动平均中的第二次移动平均数据绘制图5.2。

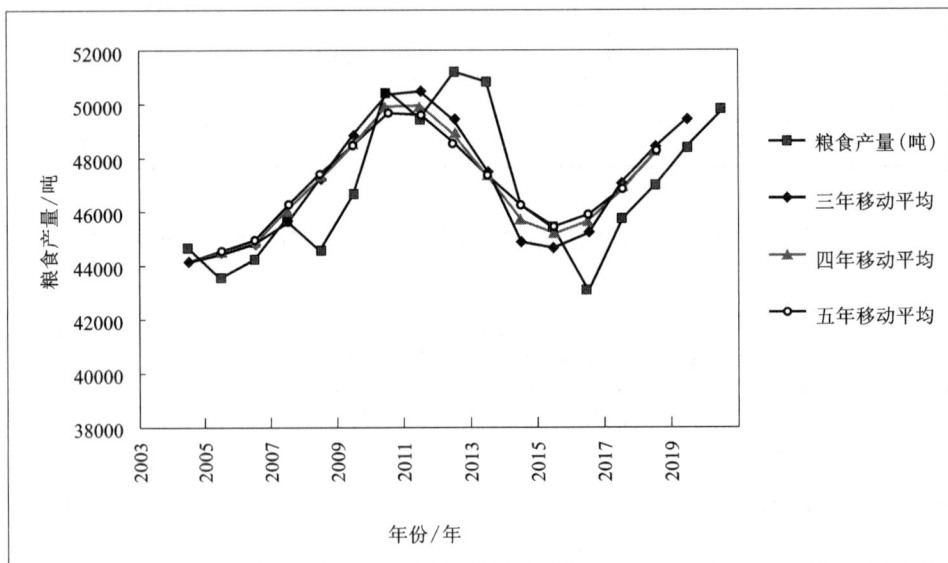

图5.2　某地区粮食产量3、4、5年的移动平均图示

从图5.2中不难发现，移动平均数的时间间距越大，计算的序时平均数越少，绘制的折线越平滑，对原序列修匀的效果越好，不足的是形成的新序列项数比原序列项数少，两端数值缺项，无法进行外推预测。

在实际应用中，一般将最近若干期的数据进行简单平均作为下一期的趋势值或预测值。这种测定长期趋势较为简单的移动平均法在股市技术分析中应用非常广泛。比如对某一只股票的日收盘价序列分别求5日、10日、20日移动平均数，就可以得到其5日、10日、20日移动平均股价系列，进而得到该股票收盘价5日线、10日线、20日线，用以反映股价变动的长期趋势。

2. 数学模型法

数学模型法就是根据时间序列发展形态的特点，配合一条理想的趋势线，使其与原序列曲线达到最优拟合，建立数学模型的方法，亦称趋势线配合法。用数学模型法测定长期趋势的基本程序如下。

第 1 步：判断长期趋势变动的类型，选择合理的数学模型。

时间序列的长期趋势可表现为线性趋势和非线性趋势。数学模型也有线性和非线性两种。因此，在建立模型之前首先要判断趋势的形态。具体方法有两种。

（1）绘制散点图，即用直角坐标系做两个变量的散点图，横坐标为时间变量 t、纵坐标为现象变动的实际观测值 y，然后根据散点图的形状来确定现象变动的长期趋势。

（2）分析数据特征，即通过计算时间序列的动态分析指标来确定时间序列的类型，基本结论是：① 若时间序列的环比增长量大体相等，则其趋势线近似于一条直线；② 若时间序列的逐期增长量同量增加或减少，则其趋势线近似于一条抛物线；③ 若时间序列的各期环比发展速度大体相等，则其趋势线近似于一条指数曲线；等等。根据直线配合的模型为线性模型，根据抛物线、指数曲线等配合的模型都属于非线型模型。

因非线性趋势可以理解为无数线性趋势的组合，在研究方法上基于线性趋势分析方法。因此本部分仅研究最简单、最基础的线性趋势。

第 2 步：确定模型中的参数。

求解模型实际上就是确定模型中的待定系数，即参数。从数学方法的角度看，最理想的方法就是"最小平方法"。现以线性趋势为例，选择线性模型来分析其长期趋势。

假设线性模型的一般表达式为：

$$\hat{y} = a + bt$$

式中：$\hat{y}$ 为时间序列 y 的长期趋势估计值（预测值）；t 为时间序号；a、b 为待定参数，其中 a 表示趋势线在 y 轴上的截距，b 表示该趋势线的斜率。

根据最小平方法的原理，对时间序列配合一条趋势线，使之满足反映客观现象的实际观测值与其估计值的离差平方和为最小，即 $\sum (y - \hat{y})^2 = \min$。由此条件，我们可以推导出参数 a、b 的计算公式：

$$b = \frac{n \sum ty - \sum t \sum y}{n \sum t^2 - (\sum t)^2}$$

$$a = \frac{\sum y}{n} - b \frac{\sum t}{n} = \bar{y} - b\bar{t} \tag{5.37}$$

最后，把各个时期的时间变量值代入该线性模型中，便可得到各期的长期趋势估计值。

【例 5.12】　根据表 5.2 中的某地区年末人口资料，分析其发展趋势，并应用最小平方法，建立数学模型，绘出效果图，预测 2027 年的年末人口数。

解：从图 5.1(a) 可以看出，该地区 2011—2020 年的年末人口大致呈线性趋势变化，为此可以建立线性模型 $\hat{y} = a + bt$。为了简化计算过程，通常将多位数的时间简化，如表 5.11 所示。

表 5.11　某地区年末人口资料及其计算表

年份 / 年	t	年末总人口 y / 人	ty	t^2	$\hat{y}$
2011	1	129988	129988	1	130080
2012	2	130756	261512	4	130749
2013	3	131448	394344	9	131417
2014	4	132129	528516	16	132085
2015	5	132802	664010	25	132753
2016	6	133450	800700	36	133422
2017	7	134091	938637	49	134090
2018	8	134735	1077880	64	134758
2019	9	135404	1218636	81	135426
2020	10	136072	1360720	100	136095
合计	55	1330875	7374943	385	—

现将表 5.11 中的资料代入公式(5.37)，可得：

$$b = \frac{n \sum ty - \sum t \sum y}{n \sum t^2 - (\sum t)^2} = \frac{10 \times 7374943 - 55 \times 1330875}{10 \times 385 - (55)^2} \approx 668.25$$

$$a = \frac{\sum y}{n} - b \frac{\sum t}{n} = \frac{1330875}{10} - 668.25 \times \frac{55}{10} \approx 129412.13$$

故 $\hat{y} = 129412.13 + 668.25t$ (令 $t_{2011} = 1$)。

将 2011—2020 年对应的时间序号 t 值代入上式，可得 2011—2020 年年末总人口的估计值，如表 5.11 的最后一栏。其效果图如图 5.3 所示。

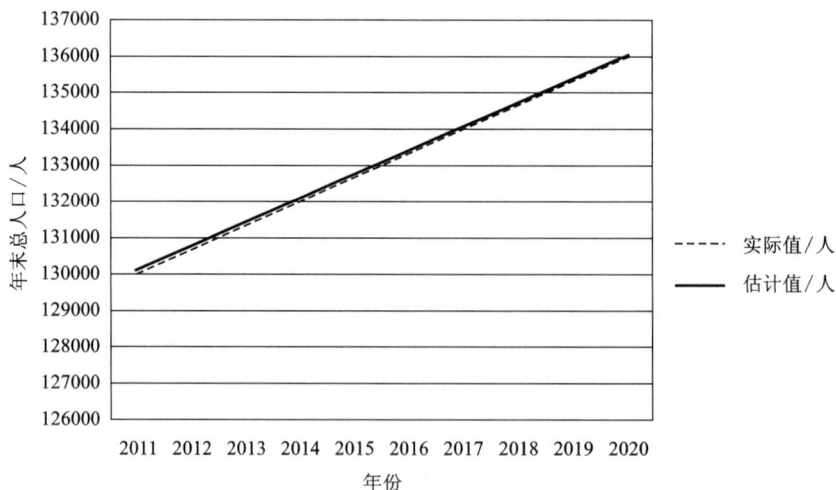

图 5.3　年末人口实际值与估计值对比图

显然,估计值与实际值非常吻合,据此预测的结果准确性高,尤其是最近年份的预测结果准确性更高。

要根据表 5.11 的年末人口数预测我国 2027 年末人口总数,需将 2027 年对应的时间序号"17"代入线性模型 $\hat{y} = 129412.13 + 668.25t$,即可计算我国 2027 年末人口的估计值: $\hat{y}_{2025} = 129412.13 + 668.25 \times 17 \approx 140772(人)$。

值得注意的是,利用此线性模型进行预测时,必须假定趋势变化的因素到预测年份仍然在起作用。

此外,时间序号 t 的设定比较灵活,可以顺序设为 1,2,……;也可使时间序列的时间序号由负到正,使 $\sum t = 0$,从而使计算过程更为简单。但在使用这种方法时需注意,当时间序列有奇数项数值时,t 的取值为 …… -3,-2,-1,0,1,2,3……;当时间序列含有偶数项数值时,t 的取值为 …… -5,-3,-1,1,3,5……。当然,如果采用 Excel 分析处理数据的话,就不需要这么麻烦了,直接把年份当 t 就可以了。

5.3.3　时间序列的季节变动分析

在现实生活中,季节变动是一种极为普遍的现象。例如商业经营中毛衣、羽绒衣、冰激凌、啤酒等时令商品的销售量,农业生产中蔬菜、水果、禽蛋的生产量,工业生产中的服装、水力发电等,都受生产条件和气候变化等因素的影响而形成有规则的周期性重复变动。季节变动的测定有助于了解现象季节变动的规律,对未来现象的季节变动做出预测,以便正确指导生产,及时组织货源安排市场供应,满足市场需要。

季节变动的测定主要是计算一系列季节指数,又称季节比率。其基本思想是:以总平均水平为对照物,用各季节的平均数与之比较,来反映季节变动的高低程度。季节指数是各季(月)平均数与全时期总的季(月)平均数的比率,反映某月(季)的数值占全年平均数值的大小,一般用百分数表示。如果现象的发展没有季节变化,则各期的季节指数应等于 100%;如果现象的发展存在明显的季节变动,则各期的季节指数应大于 100% 或小于 100%。季节指数的个数由资料的时间间隔决定,且季节指数之和也与所掌握资料有关。如掌握资料为月份资料,则有 12 个季节指数,季节指数之和为 1200%;如为季度资料,则有 4 个季节指数,季节指数之和为 400%。

对季节变动进行具体分析时,要消除构成时间序列 4 个因素中除了季节变动的其他 3 个因素,即长期趋势、循环变动和不规则变动。如果现象变动的长期趋势不明显,测定季节变动时,实际上就只需要消除循环变动和不规则变动,这时测定季节变动的方法也可以用平均的方法来消除循环变动和不规则变动,在统计学中将这种方法称为"同期平均法";如果现象具有明显的长期趋势,一般应先消除长期趋势,再用平均的方法消除循环变动和不规则变动,在统计学中,把这种方法称为"趋势剔除移动平均法"。

1. 同期平均法

同期平均法是在现象不存在长期趋势或长期趋势不明显的情况下,测定季节变动的一种最基本的方法。它的基本思想和长期趋势测定中的移动平均法的思想是相同的。同期平均法实际上就是在同季(月)内"平均",而在不同季(月)之间"移动"的一种"移动平均"法。其基本步骤如下:

① 计算各年同季(月) 的平均数, 消除非季节因素的影响;

② 计算各年同季(月) 平均数的平均数, 即时间序列的总的季(月) 平均数;

③ 计算季节指数, 即将各年同季(月) 的平均数分别和时间序列的总的季(月) 平均数进行对比得到的比值, 用来反映各年同季(月) 的平均数相对于总的季(月) 平均数的变化程度。

$$季节指数(S) = \frac{同季(或月) 平均数}{总季(或月) 平均数} \times 100\% \qquad (5.37)$$

【例 5.13】 某地区 2013—2020 年各月某彩电销售量资料如表 5.12 所示。

表 5.12　同期平均法计算表　　　　　　　　　　　　　　单位: 万台

月份 年份	1 月	2 月	3 月	4 月	5 月	6 月	7 月	8 月	9 月	10 月	11 月	12 月	合计
2013 年	16.10	14.40	14.20	15.10	15.50	14.30	13.80	14.70	17.20	18.40	20.20	19.90	193.80
2014 年	16.20	15.00	15.10	14.20	13.40	13.70	14.50	15.60	17.50	17.90	18.70	19.00	190.80
2015 年	16.70	16.30	15.30	14.50	14.50	13.90	14.60	15.80	18.00	19.30	21.40	20.30	200.60
2016 年	17.00	17.80	16.70	16.30	15.60	15.20	15.90	17.10	18.40	20.00	21.60	19.60	211.20
2017 年	17.10	17.30	16.50	16.40	15.90	15.70	16.20	17.40	18.00	20.30	21.90	19.80	213.00
2018 年	17.40	16.10	15.20	15.40	15.00	14.30	13.20	12.80	14.20	16.30	17.80	17.50	185.20
2019 年	14.80	15.00	15.10	14.80	14.60	14.30	14.90	15.50	16.20	17.00	17.80	17.80	188.80
2020 年	13.60	13.20	12.70	13.10	13.60	13.00	14.20	14.70	15.60	17.20	18.20	18.10	177.20
合计	128.90	125.10	120.80	119.80	117.80	115.40	117.30	123.60	135.90	146.40	157.60	152.00	1560.60
月平均数	16.11	15.64	15.00	14.98	14.73	14.43	14.66	15.45	16.99	18.30	19.70	19.00	16.26
季节指数/%	99.10	96.20	92.90	92.10	90.60	88.80	90.10	95.00	104.50	112.60	121.20	116.90	1200.00

解:

(1) 计算 2013—2020 年同月平均销售量, 计算结果见表 5.12"月平均数"一行;

(2) 计算 2013—2020 年总的月平均销售量, 即:

$$总的月平均数 = \frac{各年各月的销售量之和}{总的月份数} = \frac{1560.6}{8 \times 12} = 16.26(万台)$$

(3) 根据公式(5.38) 计算季节指数(S), 计算结果见表 5.12"季节指数"一行。

从季节指数上可以判断, 该地区的某彩电销售量 9、10、11、12 月是销售旺季, 尤其在后 3 个月, 而 6 月是销售淡季。

需要注意的是, 如果各月的季节指数之和不等于 1200% 或如果各季度的季节指数之和不等于 400%, 就需要调整。调整的方法是首先计算调整系数, 然后用调整系数分别乘以各月(季) 季节指数, 即得调整后的季节指数。调整系数的公式为:

$$调整系数 = \frac{400\%}{各季季节比率之和}$$

$$或：调整系数 = \frac{1200\%}{各月季节比率之和} \qquad (5.39)$$

2. 趋势剔除移动平均法

趋势剔除移动平均法，就是在现象具有明显长期趋势的情况下，测定季节变动的一种基本方法。它的基本思路是：先从时间序列中将长期趋势剔除掉，再应用同期平均法剔除循环变动和不规则变动，最后通过计算季节指数测定季节变动的程度。其基本步骤如下：

① 用移动平均法或数学模型等方法求得长期趋势值 T；

② 将实际观测值除以长期趋势值 T，得到已剔除长期趋势变动的相对数序列 Y/T；

③ 再用同期平均法消除循环变动 C 和不规则变动 I，得到季节指数 S 序列。

【例 5.14】　我国某地区 2017—2020 年各季度的农业生产资料零售额（单位：万元）如表 5.13，试用趋势剔除移动平均法求季节指数。

解：首先，利用 4 项移动平均法求得该序列的长期趋势值 T，并将长期趋势从时间序列中剔除，求得 Y/T，计算结果如表 5.13 所示；其次，将表中 Y/T 重新排列，求出各年同季平均数，使不规则变动消除，得到季节指数，但由于 4 个季度季节指数的总和不等于 400%，就需要进行调整。其调整系数为 $\frac{400\%}{399.75\%} \approx 1.001$，用调整系数乘以同季平均数，即得季节指数，如表 5.14 所示。

表 5.13　趋势剔除移动平均法求季节指数计算表（一）

时间		农业生产资料 零售额 Y	4 项移动 平均	2 项移正半均 得趋势值 T	Y/T /%
年份	季度				
2017 年	一季度	95.80	—	—	—
	二季度	130.00	107.85	—	—
	三季度	117.40	107.88	107.86	108.84
	四季度	88.20	106.88	107.38	82.14
2018 年	一季度	95.90	106.63	106.75	89.84
	二季度	126.00	107.25	106.94	117.83
	三季度	116.40	109.58	108.41	107.37
	四季度	90.70	113.10	111.34	81.46
2019 年	一季度	105.20	116.33	114.71	91.71
	二季度	140.10	118.28	117.30	119.44
	三季度	129.30	118.55	118.41	109.19
	四季度	98.50	122.08	120.31	81.87

续表5.13

时间		农业生产资料 零售额 Y	4 项移动 平均	2 项移正平均 得趋势值 T	Y/T /%
年份	季度				
2020 年	一季度	106.30	123.80	122.94	86.47
	二季度	154.20	126.75	125.28	123.09
	三季度	136.20	—	—	—
	四季度	110.30	—	—	—

表 5.14   趋势剔除移动平均法求季节指数计算表(二)

年份	季度			
	一季度	二季度	三季度	四季度
2017 年	—	—	108.84	82.14
2018 年	89.84	117.83	107.37	81.46
2019 年	91.71	119.44	109.19	81.87
2020 年	86.47	123.09	—	—
合计	268.02	360.36	325.40	245.47
季节平均数	89.34	120.12	108.47	81.82
季节指数/%	89.40	120.20	108.53	81.87

从季节指数上判断,该地区每年二、三季度的农业生产资料零售额明显高于一、四季度,说明二、三季度是该地区农业生产资料销售旺季,而一、四季度是该地区农业生产资料的销售淡季。

5.3.4 时间序列的循环变动与不规则变动分析

1.循环变动分析

在社会经济生活中,循环波动是大量存在的,但最典型的应该是国民经济的循环波动。循环波动不同于长期趋势,它所表现的并不是朝着某一单一方向持续上升或下降,而是涨落相间的波浪式发展。循环波动也不同于季节变动。季节变动一般是以一年、一季或月等为周期,它们都在一年以内,可以预见;而循环变动没有固定的循环周期,一般在数年以上,并且没有固定的变动期限或规律,很难事先预知。

测定循环变动的目的在于发现循环变动的规律,为预测提供依据。测定循环变动的思路与前文基本一致,先将 S、T、I 从原始数据 Y 中剔除,剩余的部分作为循环变动的估计值,常用的方法是剩余法。

仍然假定时间序列各影响因素满足乘法模型 $Y=T\times S\times C\times I$,剩余法的基本步骤如下。

第 1 步:计算季节指数 S,用 Y 除以季节指数 S,得无季节变动数据 $T\times C\times I$;

第 2 步:计算长期趋势 T;

第 3 步：用 $(T×C×I)$ 除以 T，得无季节无长期趋势的数据 $C×I$；

第 4 步：利用移动平均预测法消除不规则变动 I，得循环变动预测值 C。

【例5.15】 根据表5.13的数据进行循环变动分析，如表5.15所示。

表 5.15　循环变动计算表

时间		时间序号	农业生产资料零售额 Y	季节指数 S /%	Y/S	趋势值 T	$C×I$/%	C/%
年份	季度							
2017 年	一季度	1	95.80	89.40	107.16	104.16	102.88	—
	二季度	2	130.00	120.20	108.15	105.61	102.41	—
	三季度	3	117.40	108.53	108.17	107.06	101.04	100.74
	四季度	4	88.20	81.87	107.73	108.51	99.29	99.04
2018 年	一季度	5	95.90	89.40	107.27	109.96	97.56	97.24
	二季度	6	126.00	120.20	104.83	111.41	94.09	96.20
	三季度	7	116.40	108.53	107.25	112.86	95.03	96.41
	四季度	8	90.70	81.87	110.79	114.31	96.92	97.60
2019 年	一季度	9	105.20	89.40	117.67	115.76	101.66	98.94
	二季度	10	140.10	120.20	116.56	117.21	99.45	100.01
	三季度	11	129.30	108.53	119.14	118.66	100.41	99.94
	四季度	12	98.50	81.87	120.31	120.11	100.17	100.07
2020 年	一季度	13	106.30	89.40	118.90	121.56	97.82	100.73
	二季度	14	154.20	120.20	128.29	123.01	104.29	101.63
	三季度	15	136.20	108.53	125.50	124.46	100.84	—
	四季度	16	110.30	81.87	134.73	125.91	107.01	—

解：

（1）先消除季节变动，得无季节变动资料，见表5.15中"Y/S"栏；

（2）利用原始资料建立线性模型 $\hat{y} = 102.71 + 1.45t$，将 $t = 1，2，…，16$ 代入方程得趋势值 T；

（3）将前两项结果相除即 Y/TS，得无季节无趋势资料，见表5.15中"$C × I$"栏；

（4）最后通过4项移动平均消除不规则变动，得循环变动值，即表5.15中的最后一栏。

循环变动值变化不大，基本上都围绕100%做小幅波动，此种时间序列可视为不存在循环变动。

2. 不规则变动分析

不规则变动是时间序列分离了长期趋势、季节变动、循环变动以后的变动，通常由某些不可预测的原因所引起，其中有些原因比较突出，如战争、自然灾害、政治危机等，有些则不容易找出变化的原因。由于各种因素作用程度和时间的长短不一，所以时间序列呈无规则的随机变动。

对不规则变动,也可采用上述的剩余法进行测定,即利用已经计算得到的循环变动与不规则变动资料($C \times I$)除以循环变动 C 求出。有兴趣的同学可根据表5.15的数据进行不规则变动分析。

5.4 Excel 与 SPSS 在时间序列分析中的应用

5.4.1 Excel 在时间序列分析中的应用

现结合本章开篇案例表5.1的数据介绍 Excel 2019 版在时间序列中的应用,以帮助李娜分析网红饭店食品销售额的变化规律,并对来年网红饭店各月的销售额进行预测。

1.用图形分析网红饭店食品销售额的变动趋势

在 Excel 中,系统有多种不同格式的图表可供选用,现根据表5.1的资料采用 Excel 2019 绘制网红饭店近三年各月食品销售额的折线图。

第1步:选定制作折线图的数据源 B2:D13,网红饭店近三年 36 个月的销售额。

第2步:单击"插入""推荐的图表"按钮;在其对话框中选择"所有图表"选项卡,从中选择需要的折线图样式,单击"确定";然后单击已经生成的折线图,右上角会出现一个十字星的符号"+",即"图表元素"按钮,再单击"图表元素"列表框右侧的下拉按钮,在弹出的下拉列表中选择要处理的图表项。比如勾选"坐标轴标题",就可以在绘图区域填写图表标题(也可以不填)以及横轴名称(即时间变量,年份、月份等)与纵轴名称(统计指标名称与计量单位)等。得到的销售额折线图如图5.4所示。最后得到图5.4左侧的折线图。

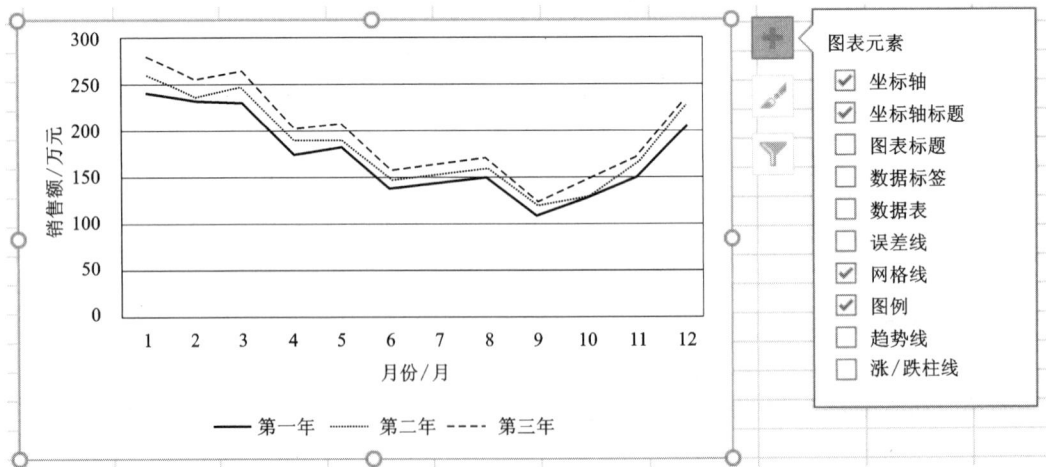

图5.4 近三年网红饭店食品销售额折线图

从图5.4中不难看出,第三年的销售额折线明显高于第二、第一年的销售额折线,而且交叉不明显，这说明网红饭店的销售额数据中既含有季节变动，也含有上升趋势。

2. 用平均速度分析网红饭店销售额的变动方向与程度

在此以该网红饭店第二年 12 月以及第三年的各月销售额为例，主要介绍如何利用 Excel 中的"单变量求解"功能求解用累计法计算第三年的月平均发展速度。

第 1 步：建立一个新的工作表格，把第二年 12 月的销售额 y_0 录入 A1，把第三年的销售额 y_1，…，y_{12} 录入 B1：B12。

第 2 步：在 B13 单元格将网红饭店第三年的销售额求和，并在单元格 B14 中输入公式"= B13/A1"，按一下回车键，这时可以看到 B14 单元格中会显示 $\dfrac{\sum y}{y_0}$ 的值 10.43。

第 3 步：在 C1 单元格中输入公式"= $\bar{x}+\bar{x}^2+\bar{x}^3+\cdots+\bar{x}^{12}$"，但必须先给 $\bar{x}$ 赋值，可以是 A1 也可以是 B1，还可以是任意单元格的任意值，一旦确定，输入公式时就应将 $\bar{x}$ 用相应的单元格代替。此处在 E1 单元格输入数值 1，然后将 C1 公式中的 $\bar{x}$ 改为"E1"后回车，结果显示为 12，如图 5.5 所示。

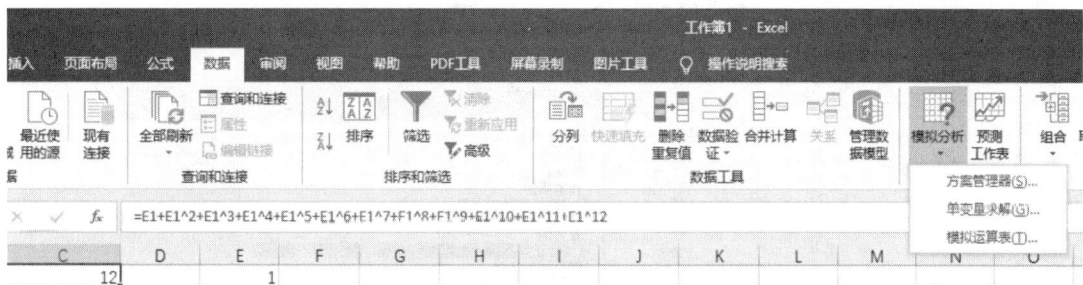

图 5.5　"模拟分析"下的单变量求解功能

第 4 步：选定单元格 C1，打开"数据"菜单"模拟分析"下的"单变量求解"，如图 5.5 右上角所示；在弹出的对话框中填写目标值 10.43，可变单元格为 E1，如图 5.6 左所示；然后单击"确定"，得到如图 5.6 右所示。

图 5.6 右显示，当目标单元格的值为 10.43 时，可变单元格的值则变为 0.978224。这个 0.978224 就是高次方程 $\bar{x}+\bar{x}^2+\bar{x}^3+\cdots+\bar{x}^{12}=10.43$ 的正根，即平均发展速度约为 97.82%，表明该网红饭店第三年各月的销售额与第二年 12 月对比，平均每月降低了 2.18%。

3. 分析网红饭店销售额的长期趋势变动

（1）移动平均预测法

移动平均预测法有简单移动平均预测法与加权移动平均预测法，在此仅介绍如何使用 Excel 中的"移动平均"选项分析网红饭店近三年食品销售额变动的趋势，并对下一期的销售额进行预测。具体操作步骤如下。

第 1 步：将网红饭店近三年的食品销售额数据纵向排列，然后选定了其所在单元格 C2 - C37 区域。

第 2 步：单击"工具"菜单中的"数据分析"命令，弹出"数据分析"对话框，然后在"分析工具"列表框中选择"移动平均"选项，如图 5.7 所示。

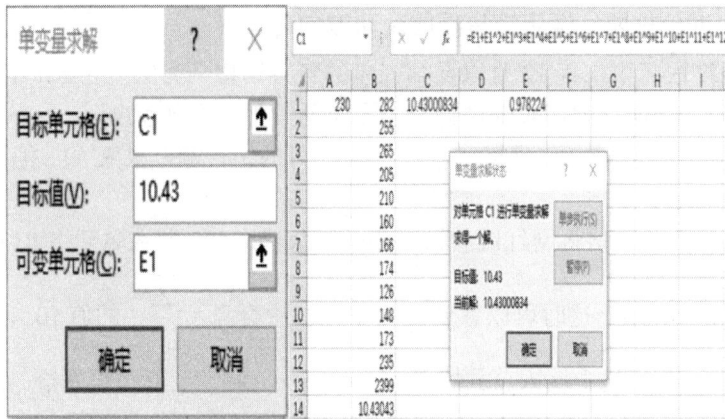

图5.6 "单变量求解"对话框

图5.7 "数据分析"对话框

第3步：单击"确定"按钮，弹出"移动平均"对话框，如图5.8所示。

图5.8 "移动平均"对话框

输入区域：输入待分析数据所在的单元格区域＄C＄2：＄C＄37。

标志值位于第一行：输入区域的第一行中未包含标志项，此复选框不要选。

间隔：在此输入用来进行移动平均计算的间隔数 12。因为是月份资料，为消除季节变动的影响，移动平均的间隔数宜选择资料的周期数，即一年的月份数。

输出区域：在此输入单元格＄D＄3。

此分析工具的输出区域必须与输入区域在同一张工作表中。因此，"新工作表"和"新工作簿"选项均不可使用。

图标输出：选中此复选框在输出表中生成一个嵌入式的直方图。

标准误差：选中此复选框，可在输出表的一列中包含标准误差值。

第 4 步：单击"确定"按钮，给出计算结果，如图 5.9 所示。

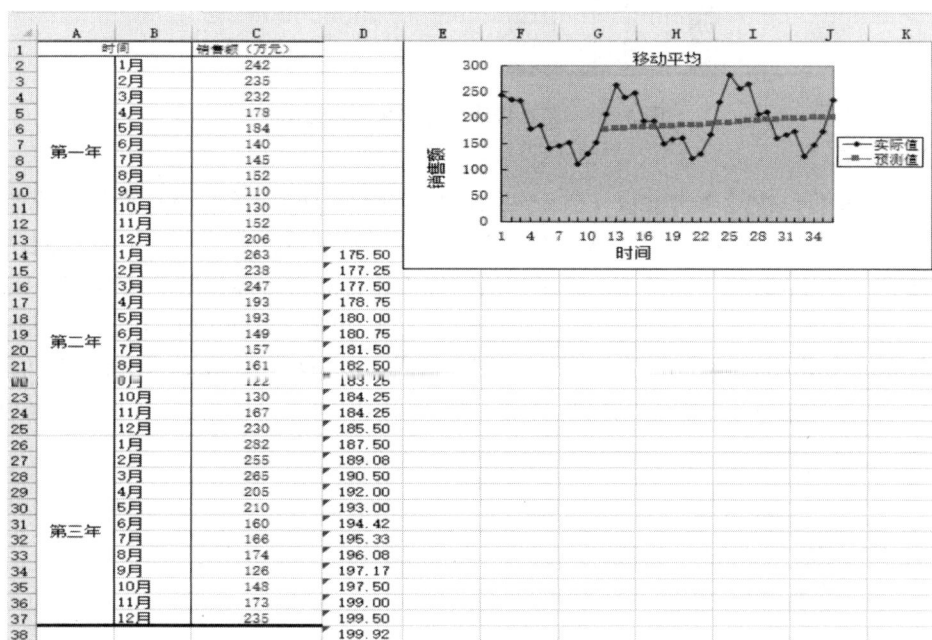

图 5.9　移动平均值和趋势图

从图 5.9 可以看出，网红饭店近三年食品销售额数据通过移动平均后呈现缓慢上升的趋势，而且可以据此预测第四年 1 月份的销售量为 199.92 万元。但这个预测数据与第四年 1 月份的实际销售量将存在很大的差异。因为该时间序列存在明显的季节变动趋势，要想得到与客观实际接近的预测数据必须用季节指数加以修正。

（2）数学模型法

一个时间序列中的长期趋势分线性和非线性两种形态。此处重点讲解如何对具有线性长期趋势的时间序列进行预测。

现将图 5.9 中通过移动平均消除季节变动、循环变动、不规则变动后的趋势值绘成折线图，如图 5.10 所示。消除其他因素影响的网红饭店销售额呈线性变动趋势，据此可以建立线性模型 $\hat{y} = a + bt$。而建立模型的关键是要确定待定参数 a 和 b。

191

	A	B	C	D
1	时间		时间序号t	销售额（万元）
2	第二年	1月	1	175.50
3		2月	2	177.25
4		3月	3	177.50
5		4月	4	178.75
6		5月	5	180.00
7		6月	6	180.75
8		7月	7	181.50
9		8月	8	182.50
10		9月	9	183.25
11		10月	10	184.25
12		11月	11	184.25
13		12月	12	185.50
14	第三年	1月	13	187.50
15		2月	14	189.08
16		3月	15	190.50
17		4月	16	192.00
18		5月	17	193.00
19		6月	18	194.42
20		7月	19	195.33
21		8月	20	196.08
22		9月	21	197.17
23		10月	22	197.50
24		11月	23	199.00
25		12月	24	199.50

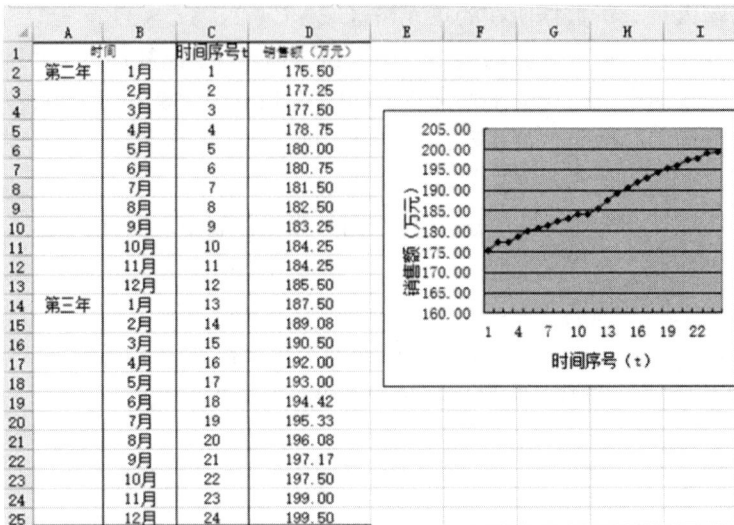

图 5.10　网红饭店食品销售额趋势图

利用 Excel 可以快捷求出参数 a 与 b，并预测第四年各月销售额，具体操作步骤如下。

第 1 步：打开 Excel 数据源表，选定时间变量对应的数据单元格 C2：C25（即时间序号，可以主观设定）和相应时间消除其他因素影响的网红饭店食品销售额数据单元格 D2：D25。

第 2 步：选择"工具"下拉菜单中"数据分析"选项，并在"分析工具"中选择"回归"。当出现回归分析对话框时，在"Y 值输入区域"框内键入 D2：D25，在"X 值输入区域"框内键入 C2：C25，在"输出选项"中输入"A28"，单击"确定"按钮。Excel 输出的回归分析的结果如图 5.11 所示。

28	SUMMARY OUTPUT					
29						
30	回归统计					
31	Multiple	0.995956				
32	R Square	0.991929				
33	Adjusted	0.991562				
34	标准误差	0.702701				
35	观测值	24				
36						
37	方差分析					
38		df	SS	MS	F	nificance F
39	回归分析	1	1335.157	1335.157188	2703.903	1.6E-24
40	残差	22	10.86336	0.493788931		
41	总计	23	1346.021			
42						
43		Coefficien	标准误差	t Stat	P-value Lower 95%Upper 95%下限 95.0%上限 95.0%	
44	Intercep	174.1181	0.296083	588.0708256	1.16E-47 173.504 174.7321 173.504 174.7321	
45	X Variabl	1.0775	0.020722	51.99906371	1.6E-24 1.034526 1.120474 1.034526 1.120474	

图 5.11　回归统计分析结果

图 5.11 显示的内容将在相关与回归分析一章做详细介绍，在此，知道参数 a、b 的值即可。参数 a 即线性模型的截距（Intercept），为 174.1181；参数 b 为时间变量 t 的系数（X Variable），约为 1.0775，所得线性模型为 $\hat{y} = 174.1181 + 1.0775t$。

第 3 步：预测第四年 1 月的销售额。

既可以利用 Excel 中的统计函数 FORECAST 对直线趋势方程的未来趋势值进行预测，也可以利用"复制""粘贴"公式来完成。现利用 Excel 中的统计函数 FORECAST 根据给定的自变量 $t = 25$ 的数值情况，计算出因变量 Y 的预测值。首先，单击存放结果的单元格；然后，单击"公式"，选择"插入函数"，弹出插入函数对话框，在"选择类别"列表框中选择"统计"选项，在"选择函数"列表框选择"FORECAST"函数；再单击"确定"按钮，弹出"FORECAST"对话框，如图 5.12 所示；最后单击"确定"按钮，给出计算结果 201.0556。其他各月的预测值也可依此方法得出。

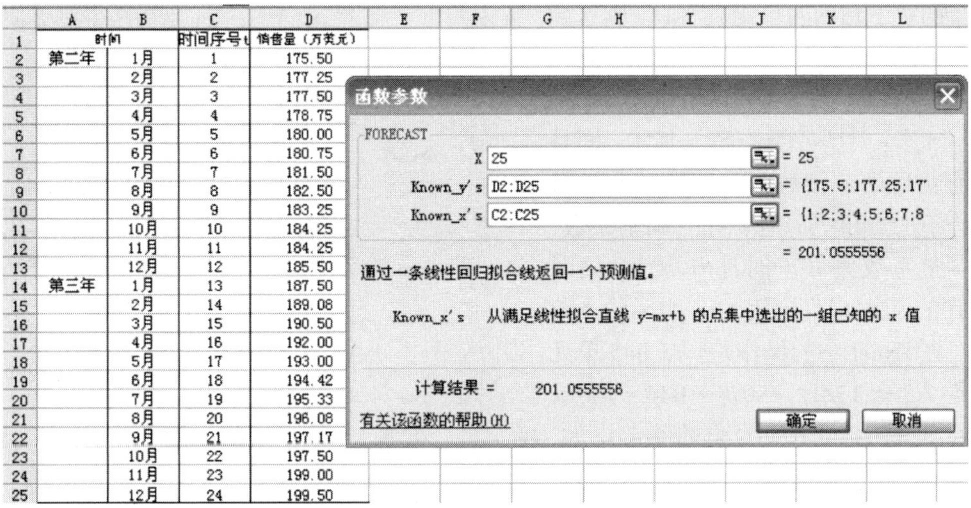

图 5.12　"FORECAST"对话框及第四年 1 月销售额的预测值

4. 分析网红饭店销售额的季节变动

前面已经分析了网红饭店近三年食品销售额数据不仅包含长期趋势，而且包含季节变动。下面介绍在 Excel 中如何对包含长期趋势又包含季节变动的时间序列进行分析。

第 1 步：打开 Excel 数据源表，为了使用前面建立的线性模型，第一年第一个月的时间变量 t 的数据从 -11 开始，然后依次递增 1，直到第三年 12 月的时间序号为 24。时间变量数据位于单元格 C2：C37，相应的销售额数据位于单元格 D2：D37，如图 5.13 所示。

第 2 步：根据线性模型 $\hat{y} = 174.1181 + 1.0775t$ 预测网红饭店近三年各月销售额的长期趋势值 T。点击单元格 E2，并输入"$= 174.1181 + 1.0775 * C2$"，回车，可得网红饭店第一年 1 月销售额的趋势值，然后将 E2 这个结果筐住，并将这个筐的右下角向下拖动到 E37，可得到网红饭店近三年各月食品销售额趋势值 T 的全部结果，如图 5.13 所示。

第 3 步：在 F2 单元格中键入"$= D2/E2$"，单击回车键，则有 F2 的计算结果，然后将 F2 这个结果筐住，再将这个筐的右下角向下拖动到 F37，可得到消除长期趋势的新序列 Y/T，即包含季节变动、循环变动与不规则变动的新序列 SCI，如图 5.13 所示。

第 4 步：为了消除循环变动与不规则变动的影响，需要将图 5.13 中的 Y/T 采用同期平均法计算 Y/T 的同月平均值。具体操作程序为：① 复制第一年的 Y/T 值，右击单元格 B41，点

"选择性粘贴",在"选择性粘贴"复选框中选定"数值"与"转置",然后点"确定",得到第一年的 Y/T 值横置在单元格 B41:M41;同样可以将第二年的 Y/T 值横置在单元格 B42:M42,将第三年的 Y/T 值横置在单元格 B43:M43;② 在 B44 单元格中输入"=(B41+B42+B43)/3",单击回车键,则得到近三年 Y/T 的 1 月平均值;然后,将 B44 这个结果筐住,再将这个筐的右下角向右拖动到 M44,则得到近三年 Y/T 的各月平均值,如表 5.16 所示。

第 5 步:计算季节指数。其实,同月平均值就是季节指数,因各月季节指数之和等于 12.48078,需要计算调整系数,并用调整系数去修正同月平均值,同时乘上 100,就可以得到用"%"表示的季节指数。在 Excel 中的操作是:在 B45 单元格中键入"=12/12.48078*B44*100",单击回车键,则得到 1 月份的季节指数,然后将 B45 这个结果筐住,将这个筐的右下角向右拖动到 M45,可得到全部结果,如表 5.16 所示,如果要进一步分析循环波动和随机波动,则可仿照以上过程进行。

	时间		时间序号	销售额(万元)	T	Y/T
第一年	1月		-11	242	162.266	1.4914
	2月		-10	235	163.343	1.4387
	3月		-9	232	164.421	1.4110
	4月		-8	178	165.498	1.0755
	5月		-7	184	166.576	1.1046
	6月		-6	140	167.653	0.8351
	7月		-5	145	168.731	0.8594
	8月		-4	152	169.808	0.8951
	9月		-3	110	170.886	0.6437
	10月		-2	130	171.963	0.7560
	11月		-1	152	173.041	0.8784
	12月		0	206	174.118	1.1831
第二年	1月		1	263	175.196	1.5012
	2月		2	238	176.273	1.3502
	3月		3	247	177.351	1.3927
	4月		4	193	178.428	1.0817
	5月		5	193	179.506	1.0752
	6月		6	149	180.583	0.8251
	7月		7	157	181.661	0.8642
	8月		8	161	182.738	0.8810
	9月		9	122	183.816	0.6637
	10月		10	130	184.893	0.7031
	11月		11	167	185.971	0.8980
	12月		12	230	187.048	1.2296
第三年	1月		13	282	188.126	1.4990
	2月		14	255	189.203	1.3478
	3月		15	265	190.281	1.3927
	4月		16	205	191.358	1.0713
	5月		17	210	192.436	1.0913
	6月		18	160	193.513	0.8268
	7月		19	166	194.591	0.8531
	8月		20	174	195.668	0.8893
	9月		21	126	196.746	0.6404
	10月		22	148	197.823	0.7481
	11月		23	173	198.901	0.8698
	12月		24	235	199.978	1.1751

图 5.13 销售额数据的趋势剔除

表 5.16 各月季节指数计算表

	年份	月份											
		1月	2月	3月	4月	5月	6月	7月	8月	9月	10月	11月	12月
41	第一年	1.491	1.439	1.411	1.076	1.105	0.835	0.859	0.895	0.644	0.756	0.878	1.183
42	第二年	1.501	1.350	1.393	1.082	1.075	0.825	0.864	0.881	0.664	0.703	0.898	1.230
43	第三年	1.499	1.348	1.393	1.071	1.091	0.827	0.853	0.889	0.640	0.748	0.870	1.175
44	同月平均值	1.497	1.379	1.399	1.076	1.090	0.829	0.859	0.888	0.649	0.736	0.882	1.196
45	季节指数 $S/\%$	143.950	132.580	134.490	103.470	104.830	79.710	82.580	85.430	62.430	70.740	84.810	14.990

从表 5.16 中不难看出:网红饭店食品销售旺季在 1、2、3、4、5、12 月,尤其在 1、2、3 与 12 月;销售淡季在 6、7、8、9、10、11 月,尤其是 9、10 月。

至此,我们可以根据反映网红饭店食品销售额长期趋势的线性模型 $\hat{y} = 174.1181 +$

1.0775t 以及剔除长期趋势后的季节指数来预测网红饭店第四年各月的销售额。

第 1 步：打开 Excel 数据表，在 A2：A12 中输入"月份"数据；在 B2：B22 中输入时间序号，这里的序号必须与建立线性模型时的时间序号相衔接。

第 2 步：在单元格 C2 中输入"= 174.1181 + 1.0775 * B2"，回车，得到第四年 1 月不含季节变动的销售额预测值。然后将 C2 这个结果筐住，将这个筐的右下角向下拖动到 C13，可得到第四年各月不含季节变动的销售额预测值。

第 3 步：将剔除趋势变动的季节指数输入 D2：D13，再在 E2 单元格输入"= C2 * D2/100"，回车，就可得到第四年 1 月包含季节变动的销售预测值，然后将 E2 这个结果筐住，将这个筐的右下角向下拖动到 E13，可得到第四年各月网红饭店包含季节变动的销售额预测值，如表 5.17 所示。

表 5.17　第四年 1 – 12 月网红饭店食品销售额的预测值(万元)

	A	B	C	D	E
1	月份	时间序号	不含季节变动的预测值	季节指数S（%）	含季节变动的预测值
2	1	25	201.06	143.95	289.42
3	2	26	202.13	132.58	267.98
4	3	27	203.21	134.49	273.30
5	4	28	204.29	103.47	211.38
6	5	29	205.37	104.83	215.29
7	6	30	206.44	79.71	164.55
8	7	31	207.52	82.58	171.37
9	8	32	208.60	85.43	178.20
10	9	33	209.68	62.43	130.89
11	10	34	210.75	70.74	149.09
12	11	35	211.83	84.81	179.65
13	12	36	212.91	114.99	244.82

5.4.2　SPSS 在时间序列分析中的应用

SPSS 中涉及三大部分专门用于分析时间序列资料：一是预处理。须处理包括用于建立时间变量的"数据"→"定义日期和时间"菜单项和"转换"→"日期和时间向导"菜单项，将序列平稳化的"转换"→"创建时间序列"以及用于填补序列缺失值的"转换"→"替换缺失值"菜单项。二是图形化观察／分析。时间序列分析中高度依赖图形，SPSS 提供了特有的观察工具：序列图、自相关图等。三是分析模块。其包括创建时间因果模型、创建传统模型、季节性分解等子菜单。第二、三部分的分析都在"分析"→"时间序列预测"菜单中。

1. 变动趋势图形观察

这里以绘制时间序列折线图为例。点击"分析"→"时间序列预测"→"序列图"，在弹出的如图 5.14(a) 所示的对话框中，将需要分析的一个或多个变量选入"变量"框，将时间变量选入"时间轴标签框"，再点击"确定"按钮，即完成折线图的绘制，因为该过程默认的图形是折线图，因此也可以通过对话框中的"格式"按钮打开的子对话框选择面积图。如图 5.14(b) 是表5.1 数据操作的结果(数据集仅输入 3 年的销售总量，月份为通过"数据"→"定义日期和时间"菜单项自动生成)。

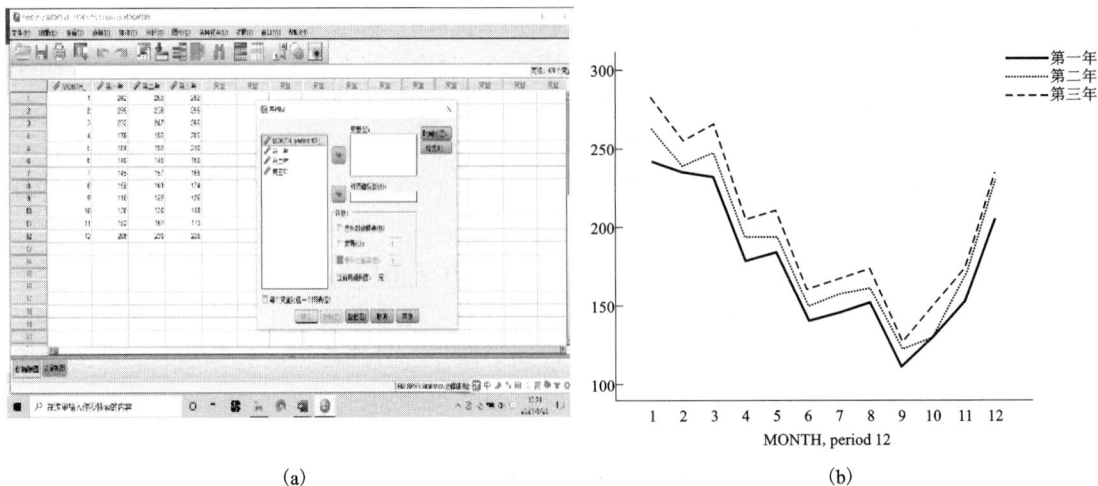

图 5.14

2. 长期趋势测定

（1）将序列平稳化 —— 移动平均

这里以例 5.11 为例说明操作步骤。

第 1 步，选择"转换"→"创建时间序列"，如图 5.15(a) 所示，在打开的对话框中，将左侧的"粮食产量"变量移入右侧的"变量"→"新名称"列表框，并在下方的"名称"输入框输入"三项移动平均"，在"函数"下拉列表中选择"中心移动平均""跨度"输入框中输入"3"，如图 5.15(b) 所示。

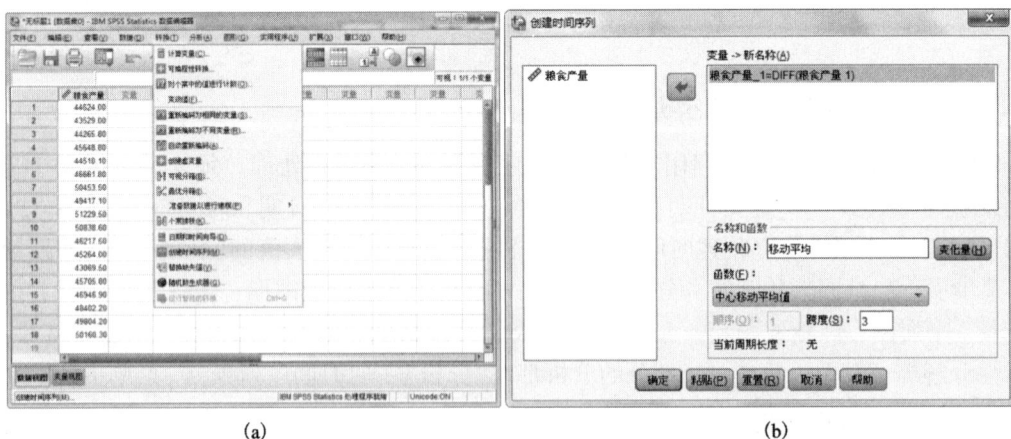

图 5.15　移动平均输出结果

第 2 步，点击"名称"输入框旁边的"变化量"按钮，再点击"确定"按钮，数据视图窗口得到如图 5.16(a) 所示的输出结果，即生成"三项移动平均"新变量。

如果要进行 4 项移动平均、5 项移动平均等，重复上述操作步骤，只需要在"名称"输入框输入相应的 4 项移动平均等变量名，把"跨度"相应地改为"4"等，如图 5.16(b) 所示即继

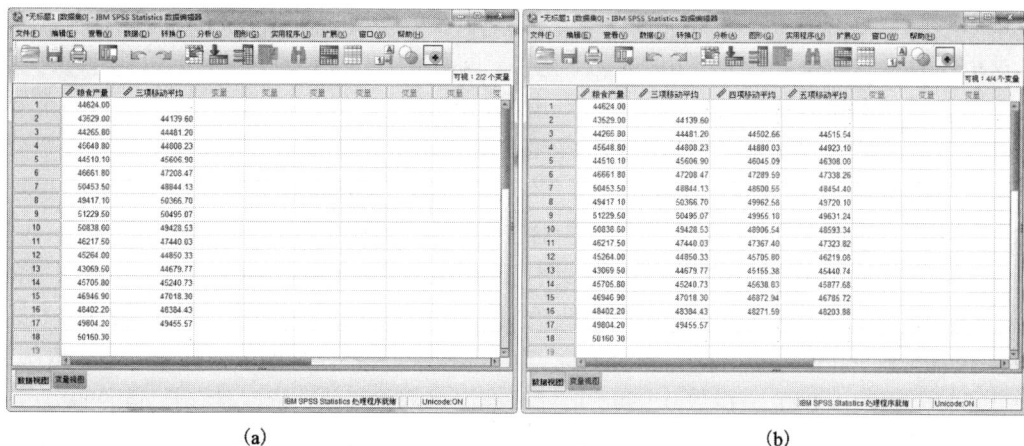

图 5.16　移动平均输出结果

续分别进行 4 项移动平均与 5 项移动平均的结果，特别方便的是，进行偶数项移动平均时，无须进行"正位"处理即进行第二次两项移动平均，而是直接得到"正位"后的结果。需要注意的是"函数"下拉列表有很多选项，以上操作必须选定"中心移动平均值"。

（2）建立长期趋势模型

SPSS 的分析菜单中有专门的"时间序列预测"模块进行一系列分析。不过，对于本章介绍的长期趋势模型的确定，使用"分析"→"回归"→"曲线估算"过程非常便捷。一是可以同时对相同时间段内的多个变量建模，二是可以同时建立多种模型然后通过比较各模型的趋势图特别是估计标准误差选择最合适的模型。这里以本章表 5.2 中的年末总人口和国内生产总值数据为例说明建模步骤。

第 1 步，选择"分析"→"回归"→"曲线估算"打开如图 5.17(a) 所示的对话框，可见模型复选框组有包括线性模型在内的 11 种模型，默认的是线性模型。

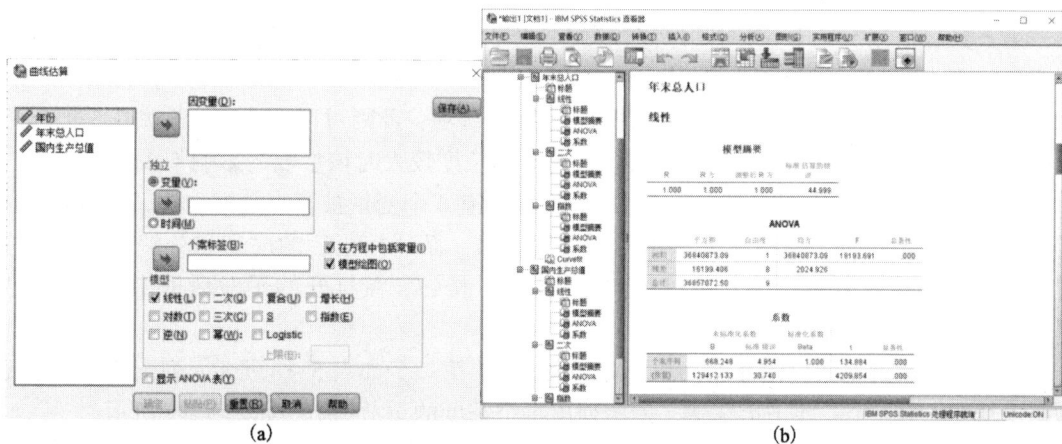

图 5.17　曲线估算对话框及分析输出结果窗口

第 2 步，将需要建模的一个或多个变量选入"因变量"列表框，这里将两个变量一并选入；选中"独立"框组中的"时间"；除了默认选项，在模型复选框组还可以选择其他若干模型，这里作为示例选择了"二次"和"指数"两种；再勾选"显示ANOVA表"，勾选此项才会有模型显著性检验和拟合优度检验的结果；点击"确定"按钮。如图5.17(b)所示是两个变量的分析结果窗口。通过滚动条可以看到每个变量都输出了3种模型，每种模型都有3个分析结果表，即根据"模型摘要表"分析模型拟合优度，根据ANOVA表分析模型显著性，根据系数表可写出拟合模型；每个变量还有一个拟合图如图5.18所示。

从显著性检验结果来看，各种模型都具有显著性；从拟合图直观观测，年末总人口的3种趋势模型几乎重合，国内生产总值则直线模型显然不佳，因此宜通过"模型摘要表"中的估计标准误差比较，其值最小的模型相对最优，年末总人口三种模型的R方非常接近，依次是：线性1.000＝二次1.000＞指数0.999，估计标准误差都相当小，依次是线性44.999＞二次28.813＞指数0.000，可见三种模型相差无几，结合图形特征综合分析，以拟合线性模型最优。国内生产总值三种模型的R方依次是线性0.985、二次0.997、指数0.993，估计标准误差差异较大，依次是线性19077.798、二次9388.364、指数0.040，可见指数模型为优。

3.季节变动测定

对季节变动因素进行测定，在SPSS中需要用专用的过程来定义时间变量，即使在数据中直接输入时间数值，也无法将其自动识别为时间变量，特别是无法识别时间变量中的季、月、周、日等周期变化信息。当需要定义的时间变量比较复杂时，可以选择"转换"→"日期和时间向导"菜单项，然后按打开的对话框中提示选择所需的功能进行操作；比较简单时，可使用"数据"→"定义日期和时间"菜单项操作。这里的示例属于后者。下面以例5.14为例说明季节变动测定的步骤。

第1步，选择"数据"→"定义日期和时间"，打开的对话框如图5.19(a)所示。在左边的"个案是"列表中选中"年，季度"，然后在右侧对应的年、季文本框中分别输入"2017"和"1"，点击"确定"按钮。这时，数据文件中自动添加两个新产生的时间变量YEAR_、QUARTER_分别代表年和季，另外还有一个DATE_，为字符串格式的时间标签，如图5.19(b)中数据视图所示。

第2步，选择"分析"→"时间序列预测"→"季节性分解"，在打开的主对话框中将"农业生产资料零售额"选入"变量"框，如图5.19(b)中浮动对话框所示，模型类型默认即可，"移动平均值权重"单选框当周期长度为奇数时多用默认项；否则可以改为"端点按0.5加权"，即当周期长度为偶数时多选此项。实际上，当周期长度较大时该参数的影响不大。

第3步，点击"确定"按钮，此时系统会提示将有4个变量被存入数据文件，它们分别代表季节校正后的序列、模型中分解出的季节性因素、循环校正后的序列和分解出的残差序列。如果不想保存这些变量，可以先点击"保存"按钮，在打开的子对话框中选择"不创建"。

季节性分解的结果输出非常简单，有两个表格，第一个如表5.18所示，列出所拟合模型的基本情况；第二个是季节因子表，依次列出每个季度的季节指数，如表5.19所示。

需要特别注意，使用SPSS进行季节变动因素测定不能少于4个周期的数据，此外，分析结果中季节比率数值与例5.14略有差异，是移动平均值的算法导致。

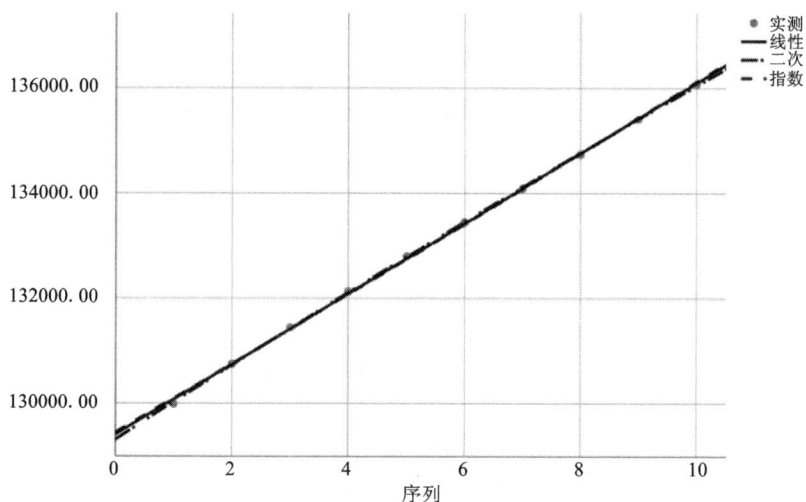

(a) 年末总人口

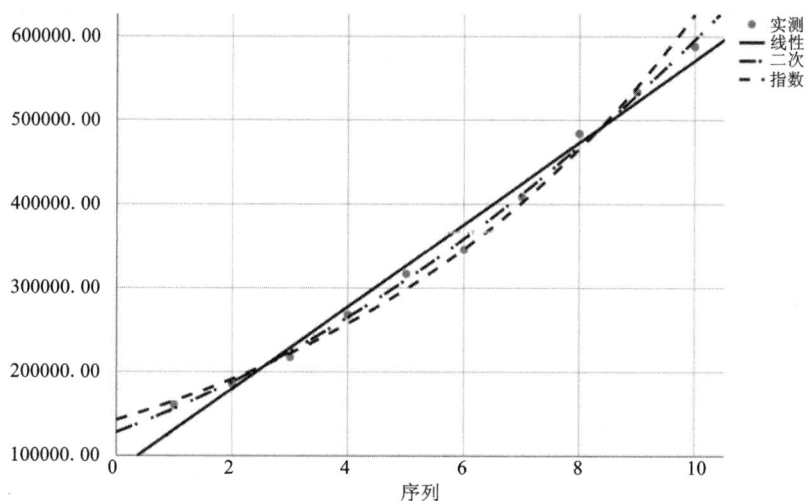

(b) 国内生产总值

图 5.18　趋势模型拟合图

表 5.18　模型描述

模型名称	MOD_4
模型类型	乘性
序列名称　1	零售额
季节性周期长度	4
移动平均值的计算方法	跨度等于周期长度加 1，且端点按 0.5 加权
正在应用来自 MOD_4 的模型指定项	

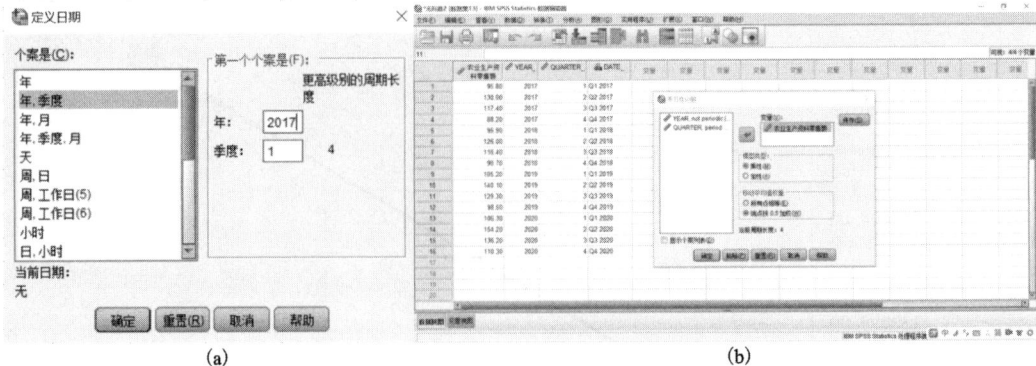

图 5.19 "定义日期"及"季节性分解"对话框

表 5.19 季节因子

序列名称: 零售额

周期	季节因子 /%
1	89.8
2	119.4
3	108.8
4	81.9

本章小结

　　时间序列就是将某个统计指标在不同时间上的数值,按时间先后顺序排列而成的数列,由两个部分组成:一是现象所属的时间,二是反映现象的统计指标。按照指标的性质不同,时间序列可分为绝对数时间序列、相对数时间序列和平均数时间序列。其中,绝对数时间序列又可以分为时期序列和时点序列。

　　编制时间序列必须遵循可比性原则,具体包括时间方面的可比性原则与指标方面的可比性原则。时间序列分析研究的目的主要有三:一是描述现象发展的动态变化;二是判断现象发展变化的趋势,并探索其数量规律性;三是预测现象未来的发展趋势。

　　折线图是显示时间序列统计数据基本变动规律最简单、最直观的方法。时间序列的水平分析指标主要有发展水平、平均发展水平、增长量、平均增长量;时间序列的速度分析指标主要有发展速度、增长速度、平均发展速度、平均增长速度;水平与速度结合应用的指标是增长 1% 绝对值。

　　时间序列的影响因素归纳为四类,即长期趋势、季节变动、循环变动及不规则变动。在统计分析中,一般将时间序列四大影响因素的关系概括为以下两种假设模型:加法模型与乘法模型。在实际应用中,一般以乘法模型为主。

　　测定现象长期趋势变动的方法很多,常用的有移动平均法和数学模型法。移动平均法是通过扩大原时间序列的时间间距,采用逐项递移的方式,分别计算出一系列序时平均数,最终形成一个新时间序列的方法。移动步长越大，计算的序时平均数越少，绘制的折线越平滑，对原序列修匀的效果越好。为了进行外推预测，往往将最近 k 期数据进行简单平均作为下一期的趋势值或预测值。数学模型法就是根据时间序列发展形态的特点，配合一条理想的趋势线，使其与原序列曲线达到最优拟合，建立数学模型的方法。线性模型是最简单、最基础的数学模型。线性模型的一般公式为 $\hat{y} = a + bt$，其中参数 a 与 b 采用最小平方法求得。

季节变动的测定主要是通过计算一系列季节指数来反映季节变动程度的方法，常用的有同期平均法和移动平均趋势剔除法。同期平均法是在现象不存在长期趋势或长期趋势不明显的情况下，测定季节变动的一种最基本的方法。趋势剔除移动平均法，就是在现象具有明显长期趋势的情况下，测定季节变动的一种基本方法。季节指数是各季（月）平均数与全时期总的季（月）平均数的比率。如果现象的发展没有季节变化，则各期的季节指数应等于100%；如掌握资料为月份资料，则一年有 12 个季节指数，季节指数之和为 1200%，如为季度资料，则一年有 4 个季节指数，季节指数之和为 400%。如果季节指数之和不等于 400% 或 1200%，就需要调整。

测定循环变动的目的在于发现循环变动的规律，为预测提供依据，常用的方法是剩余法。对不规则变动，也可采用上述的剩余法进行测定。

思考与练习题

一、思考题

1. 什么是时间序列？简述其种类。

2. 常用的水平指标与速度指标有哪些？

3. 什么是增长 1% 绝对值？

4. 影响时间序列变化的因素有哪些？

5. 简述长期趋势分析的常用方法。

6. 如果你是一家公司的总经理，根据公司历年的销售额数据，可以进行哪些方面的分析来为公司生产经营决策提供参考依据？

二、练习题

（一）填空题

1. 时间序列一般由_____和_____两个基本要素构成。

2. 从指标值的表现形式看，时间序列可分为_____时间序列、_____时间序列和_____时间序列三种。其中_____和_____是派生序列。

3. 增长量有_____增长量和_____增长量之分，二者的关系是：_____。

4. 平均发展水平是对_____求平均数，统计学上又称_____。

5. 前一期水平除以 100，可得_____指标。

6. 水平法平均发展速度仅受_____和_____的影响，而不受_____的影响。

7. 时间序列的构成因素通常可归纳为季节变动、循环变动和_____。按其影响方式可以设定为乘法模型和_____。

8. 采用_____移动平均，一次移动平均即可得到趋势值；采用_____移动平均，要两次平均才能得到趋势值，故对于不存在自然周期的资料，一般宜采用_____移动平均。

9. 若对以季度为单位的时间序列求季节比率，则一年内季节比率之和等于_____；若对以月份为单位的时间序列求季节比率，则一年内季节比率之和等于_____。

10. 对于不存在长期趋势的时间序列，宜用_____来测定季节变动；而对于存在长期趋势的时间序列，则宜用_____先剔除长期趋势，再求季节变动值。

（二）判断题

1. 第六次全国人口普查资料显示，我国人口总数已达 13.4 亿人，这是一个时点序列。（　　）

2. 若某公司产值的环比发展速度每年都等于 120%，那么其间各年的逐期增长量是逐年增加的。（　　）

3. 假设某企业利润额每年都增加 120 万元，那么其间各年的环比增长速度保持不变。（　　）

4. 平均发展速度就是对各期环比发展速度求几何平均数。（　　）

5. 相邻的两个环比发展速度之商，等于相应的定基发展速度。（　　）

6. 以 1978 年为基础，2020 年为报告期，计算粮食的年平均发展速度时，需要开 43 次方。（　　）

7. 最小二乘法既适用于线性趋势的拟合，又适用于非线性趋势的拟合。（　　）

8. 在确定移动平均数项数时，若原时间序列的指标数值出现周期性变化，应以周期数作为移动平均的项数。（　　）

9. 移动平均法中，n 越大，则移动平均法的修匀作用越小。（　　）

10. 如果现象的发展在月份或季度有明显的季节变动，则其季节指数一般会大于或小于 100%。（　　）

（三）单选题

1. 把某工厂各个时期工人劳动生产率按时间先后顺序排列起来，这样形成的序列是（　　）。

A. 时期序列　　　　B. 时点序列　　　　C. 相对数时间序列　　D. 平均数时间序列

2. （　　）是计算其他时间序列分析指标的基础。

A. 发展速度　　　B. 平均发展速度　　C. 发展水平　　　　D. 平均发展水平

3. 平均增长量是一种（　　）。

A. 序时平均数　　B. 调和平均数　　　C. 几何平均数　　　D. 静态平均数

4. 发展速度与增长速度的关系是（　　）。

A. 环比增长速度等于定基发展速度 − 1

B. 环比增长速度等于环比发展速度 − 1

C. 定基增长速度的连乘积等于定基发展速度

D. 环比增长速度的连乘积等于定基增长速度

5. 在分析时期序列资料时，若侧重研究这种现象在各时期发展水平的累计总和，那么，计算平均发展速度应用（　　）。

A. 水平法　　　　B. 算术平均法　　　C. 方程法　　　　　D. 调和平均法

6. 如果采用三项移动平均修匀时间序列，那么所得修匀序列比原序列首尾各少

（　　　　）。

A．一项数值　　　　　　B．二项数值　　　　　　C．三项数值　　　　　　D．四项数值

7．周末超市的营业额常常会大大高于平日数额，这种波动属于（　　　　）。

A．长期趋势　　　　　　B．季节变动　　　　　　C．循环变动　　　　　　D．不规则变动

8．某地区 2010 年工业增加值为 850 亿元，若按每年平均增长 6% 的速度发展，2020 年该地区工业增加值将达到（　　　　）亿元。

A．$850 \times (1 + 6\%)^{11}$　B．$850 \times (1 + 6\%)^{10}$　C．$850 \times 6\%^{11}$　　　　D．$850 \times 6\%^{10}$

9．某地区粮食作物产量 2016—2018 年的年平均发展速度为 103%、2019—2020 年平均增长 5%，试确定该地区粮食作物产量 2016—2020 年 5 年的年平均发展速度（　　　　）。

A．$\sqrt{1.03 \times 1.05}$　　B．$\sqrt[5]{1.3^3 \times 1.05^2}$　　C．$\sqrt[5]{1.03^3 \times 1.05^2}$　　D．$\sqrt[4]{1.03^3 \times 1.05^2}$

10．用最小平方法配合的直线趋势方程 $\hat{y} = a + bt$，如果 b 为负数，则配合的直线呈
（　　　　）。

A．上升趋势　　　　　　B．不升不降趋势　　　　C．下降趋势　　　　　　D．无法判断

11．对企业前 5 年销售量进行直线趋势估计，为 $y = 90 + 5.5t$，这 5 年的时间代码分别是
-2、-1、0、1、2，据此预测今年的销售量是（　　　　）。

A．106.5　　　　　　　　B．123　　　　　　　　　C．108　　　　　　　　　D．113.5

12、根据各季度商品销售额数据计算的季节指数分别为：一季度 70%，二季度 95%，三季度 110%，四季度 125%。受季节因素影响最大的是（　　　　）。

A．一季度　　　　　　　B．二季度　　　　　　　C．三季度　　　　　　　D．四季度

13、在用移动平均趋势剔除法测定季节变动时，剔除长期趋势的方法是（　　　　）。

A．按月度资料移动平均　　　　　　　　　　　B．按季度资料移动平均

C．将实际值除以趋势值　　　　　　　　　　　D．将实际值乘以趋势值

（四）多选题

1．将不同时期的发展水平加以平均所得到的平均数称为（　　　　）。

A．一般平均数　　　　B．平均发展水平　　　　C．动态平均数　　　　D．算术平均数

E．序时平均数

2．定基增长速度等于（　　　　）。

A．环比发展速度的连乘积　　　　　　　　　　B．定基发展速度减 100%

C．逐期增长量除以基期发展水平　　　　　　　D．累积增长量除以基期发展水平

E．环比发展速度的连乘积减 100%

3．长期趋势有以下几种情形（　　　　）。

A．呈稳定的水平趋势　　　　　　　　　　　　B．向上发展变化趋势

C．向下发展变化趋势　　　　　　　　　　　　D．等比上升趋势

E．等差上升趋势

4．用趋势剔除法测定季节变动（　　　　）。

A．考虑了现象发展中长期趋势的影响

B．所得季节比率之和正好等于零

C．要求具备连续 3 年以上的分月（季）资料

D．各季季节比率之和调整后等于 400%

E. 适用于没有长期趋势的时间序列

5. 影响时间序列构成的因素有( )。

A. 长期趋势   B. 季节变动

C. 不规则变动   D. 循环变动

6. 测定现象长期趋势变动的方法有( )。

A. 移动平均法   B. 线性模型法

C. 非线性模型法   D. 季节比率法

(五) 计算题

1. 某公司 2020 年 1 - 4 月的相关资料如下:

月份	1 月	2 月	3 月	4 月
月初工人数 a/ 人	500	515	530	560
工业总产值 b/ 万元	1600	1650	1850	2000

(1) 计算该公司一季度的月平均工人数;

(2) 计算该公司一季度的月平均工业总产值;

(3) 计算该公司一季度的月平均劳动生产率;

(4) 计算该公司一季度的劳动生产率。

2. 某公司 2015—2020 年各年利润额资料如下:

年份	2015 年	2016 年	2017 年	2018 年	2019 年	2020 年
利润额 / 万元	650	748	795	810	860	910

试以 2015 年的利润额为最初水平, 计算 2016—2020 年:

(1) 各年逐期增长量和累计增长量;

(2) 各年环比发展速度和定基发展速度;

(3) 各年环比增长速度和定基增长速度;

(4) 各年增长 1% 绝对值;

(5) 平均发展水平和平均增长量;

(6) 平均发展速度和平均增长速度。

3. 某地历年粮食产量资料如下:

年份	2014 年	2015 年	2016 年	2017 年	2018 年	2019 年	2020 年
产量 / 万吨	241	246	252	257	262	276	281

(1) 用最小平方法建立线性模型;

(2) 预测 2023 年的粮食产量。

4. 某高等学校历届毕业生人数如下表, 用方程法计算平均发展速度。

年份	2013 年	2014 年	2015 年	2016 年	2017 年	2018 年	2019 年	2020 年
毕业生人数 / 人	521	640	780	900	920	1012	1120	1300

5. 某省 2017—2020 年各月社会商品零售额资料(万元)如下表, 试利用 Excel 与 SPSS 分析其变动趋势, 并预测 2021 年各月的社会商品零售额。

某省 2017—2020 年各月社会商品零售额资料　　　　　　　　单位：万元

月份	年份			
	2017 年	2018 年	2019 年	2020 年
1 月	2544425	2943662	3458125	4273908
2 月	2267095	2671297	3158150	3721797
3 月	2086696	2431805	2964517	3466662
4 月	2031503	2371658	2868811	3369104
5 月	2292089	2702656	3324446	3948107
6 月	2304631	2737061	3421418	4070549
7 月	2253573	2674383	3346530	3966998
8 月	2221973	2645995	3308594	3938703
9 月	2400889	2881304	3620079	4312800
10 月	2630788	3127171	3892338	4652484
11 月	2514343	3022871	3686267	4406173
12 月	2812774	3378865	4156090	5010152

（六）综合题

某 5 年间，我国农村住户拥有现代家庭生活的耐用消费品普及率明显提高。电冰箱、空调、热水器、移动电话、电脑等数量成倍增长。有关数据如下表：

耐用消费品	计量	每百户家庭拥有量		累计增长率 /%	5 年间年
	单位	第五年	累计增长量		平均增长率/%
洗衣机	台	57	14	33	6
电冰箱	台	45	23	106	16
空调	台	16	9	122	17
抽油烟机	台	11	5	86	13
热水器	台	28	16	129	18
摩托车	辆	59	15	33	6
移动电话	部	137	77	130	18
彩电	台	112	22	24	4
电脑	台	10	8	320	33

试依据上表数据分析下列问题。

1. 第五年，我国农村普及率最高的耐用品是什么？并说明理由。

2. 5 年间，我国农村增长最快的耐用品是什么？并说明理由

3. 5 年前，我国农村耐用品普及率最高的是什么？并说明理由。

第6章

统计指数分析

学习目标

1. 理解统计指数的概念、性质、作用及分类。
2. 掌握综合指数、平均指数与平均指标指数的概念及编制方法。
3. 掌握利用指数体系对现象的总量指标与平均指标进行因素分析。
4. 了解几种常用经济指数的概念及编制方法。
5. 熟悉 Excel 与 SPSS 在统计指数分析中的应用。

情景导入

如何衡量物价, 什么是 CPI, 如何计算?

在日常工作生活中, 为了解物价的总体变化, 我们有必要了解每一项消费品与服务项目的价格变化吗? 其实, 我们只要看一看统计部门公布的相关价格指数就可以了, 特别是与我们生活密切相关的居民消费价格指数(CPI)。据某地区统计部门统计, 2020 年 CPI 为 104.57%, 其中各类消费品与服务项目价格指数以及权数资料如表 6.1。

表 6.1 2020 年某地区居民消费价格指数资料

商品类别及名称	类指数/%	权数 w/%	类指数 x 权数/%
居民消费价格指数	104.57	100	—
一、食品类	105.42	42	44.28
1.粮食	105.32	35	36.86
(1)细粮	105.60	65	68.64
面粉	105.00	40	42.00
大米	106.00	60	63.60
(2)粗粮	104.80	35	36.68

续表6.1

商品类别及名称	类指数/%	权数 w/%	类指数 x 权数/%
2.副食品	105.20	45	47.34
3.烟酒茶	102.30	11	11.25
4.其他食品	110.80	9	9.97
二、衣着类	98.20	10	9.82
三、家庭设备用品类	101.50	6	6.09
四、医疗保健类	102.40	8	8.19
五、交通和通信类	99.60	7	6.97
六、娱乐教育文化用品类	106.40	9	9.57
七、居住类	112.50	12	13.50
八、服务项目类	102.60	6	6.15

从表6.1可以看出，消费品与服务项目价格指数有的上升、有的下降，那么综合起来看，价格是怎样变动的呢？究竟什么是 CPI，它如何计算和编制的？CPI 的上涨下跌对我们的生活又有什么影响？这些都是本章统计指数分析所要解决的问题。

统计指数是分析社会经济现象数量变化的一种重要统计方法。它产生于 18 世纪后半叶，也是欧洲资本主义迅速发展的时期，最早是用于测定物价的变动。此后 200 多年，统计指数的理论和应用不断发展，其应用逐步扩大到工业生产、进出口贸易、工资、铁路运输、生活费用、成本、劳动生产率、股票证券等各个领域。目前，统计指数在分析社会经济和景气预测等方面发挥着重要的作用。

统计指数是测定多项内容数量综合变动的相对数，一般有广义和狭义两种理解。本章主要从狭义的角度，分析综合指数、平均指数、平均指标指数的概念及应用，并就狭义的指数体系进行重点剖析，同时以国内外常见的主要经济指数为例，对指数方法的具体应用加以介绍。

6.1　统计指数概述

6.1.1　统计指数的概念、性质和作用

统计指数(index) 作为一种应用非常广泛的统计对比分析指标，如居民消费价格指数、零售商品物价指数、生产资料价格指数、股票价格指数等与人们的生活休戚相关，已成为社会经济的晴雨表。那么，什么是指数？它又有何作用呢？

1.统计指数的概念

统计指数简称指数，有广义和狭义之分。广义指数泛指两个关联数值对比所形成的相对

数,例如前面介绍的发展速度、计划完成相对数等。狭义指数仅指反映不能直接相加的复杂现象总体在不同时间或空间上综合变动情况的特殊相对数,如要说明一个国家或一个地区多种商品价格的综合变动情况,由于各种商品的经济用途、规格、型号、计量单位等不同,不能直接将各种商品的价格简单相加对比,要解决这种复杂现象总体的价格变动,就要编制狭义统计指数来综合反映它们的变动情况。本章所研究的指数主要指狭义的统计指数。

2. 统计指数的性质

狭义的统计指数具有下述性质和特点。

(1)相对性

统计指数是不同时间或不同空间的现象水平的对比,是一种对比性的分析指标。它表示总体数量的相对变动程度,具有相对数的表现形式,通常用百分数表示。比如已知某年湖南省的零售物价指数为102%,表明湖南省当年的零售物价对比基年(通常为上年)的相对变动程度,即上涨了2%。

(2)综合性

统计指数反映的不是个体事物的变化,而是综合反映复杂现象总体的数量变化关系。复杂现象总体的数量变化通常受到多种因素的影响。比如消费者价格指数反映的就是多种商品和服务价格的综合变动水平。没有综合性,指数就不可能发展成为一种独立的理论和方法论体系。

(3)平均性

统计指数所反映的综合变动是多种事物的平均变动,是复杂现象中每个项目共同变动的一般水平,其数值是各个个体事物数量变化的代表值。如某地区零售商品的价格指数为103%,说明单个商品价格可能有涨有跌,而且涨跌幅度也不一样,但总体来说,各种商品价格平均上涨了3%。

3. 统计指数的作用

(1)综合反映现象总体的变动方向和变动程度

指数的一个主要作用是它可以综合说明现象总体的变动方向和变动程度。指数的计算结果一般用百分比表示,这个百分比大于或小于100%,表示变动的方向是上升(增长)或下降(减少),比100%大多少或小多少,就是升降或增减变动的程度。

(2)分析现象总变动中各个因素的影响大小和影响程度

运用指数可以分析复杂现象总体变动中各个因素的变动,以及它们的变动对总体变动的影响大小和影响程度。现象的变动是相互联系的。某种现象的变动往往受到两个或两个以上因素的影响。例如,商品销售额的变动取决于销售量和价格的变动,工业产品产量的变动取决于工人人数和工人劳动生产率的变动,职工平均工资的变动受工资水平与职工人数构成两个因素的影响等。这种影响可通过建立指数体系从相对数和绝对数两个方面进行分析。

(3)研究事物的长期变动趋势

由于指数具有平均性,利用指数可以解决不同性质序列之间不能对比的问题,因此指数法适用于有联系而又性质不同的时间序列之间的对比研究,通过对指数序列的分析反映事物的发展变化趋势。例如,根据某省2013—2020年共8年的零售商品与服务价格资料编制了环比价格指数,构成如表6.2所示的价格指数序列。表6.2揭示了该省居民消费价格呈现的变动趋势。

表 6.2　某省 2014—2020 年居民消费价格指数　　　　　　　　　　　　　单位：%

年份	2014 年	2015 年	2016 年	2017 年	2018 年	2019 年	2020 年
居民消费价格指数	100.7	99.2	101.2	103.9	101.8	101.5	104.8
城市居民消费价格指数	100.7	99.0	100.9	103.3	101.6	101.5	104.5
农村居民消费价格指数	100.8	99.6	101.6	104.8	102.2	101.5	105.4

6.1.2　统计指数的分类

1. 按照考察对象的范围不同，统计指数可分为个体指数和总指数

个体指数是说明个体现象或个别事物的数量变动的相对数。如反映某一种商品价格变动的指数为个体价格指数，反映某一种产品产量变动的指数为个体产量指数，反映某一种产品单位成本变动的指数为个体成本指数等。个体指数通常记为 i，如：

$$个体价格指数\ i_p = \frac{p_1}{p_0}$$

$$个体销售量指数\ i_q = \frac{q_1}{q_0} \qquad\qquad (6.1)$$

$$个体成本指数\ i_c = \frac{c_1}{c_0}$$

式中：i 为个体指数；q 为产量或销售量等数量指标；p 为价格；c 为单位成本；下标"1"代表报告期，下标"0"代表基期，以下均同。

总指数是说明多种事物综合变动的相对数，即综合反映复杂现象总体数量变动的相对数，通常记为 I。如综合反映多种商品价格变动的价格总指数用"I_p"表示，综合反映多种产品产量变动的产量总指数用"I_q"表示，综合反映不同工人工资变动的工资指数用"I_x"表示。总指数和个体指数的区别不仅在于考察范围不同，也在于计算方法不同。

总指数的计算方法比较复杂，按其计算形式不同可分为综合指数、平均指数和平均指标指数。综合指数是两个可以同度的总量指标进行对比以综合反映复杂现象总体总变动的指数。平均指数是对个体指数进行加权平均计算的指数，通常作为综合指数的变形形式来使用。平均指标指数是反映总平均指标变动的相对数，是由两个反映同一经济内容的总平均指标进行对比计算的比值。

在总体分组的情况下，可以计算组（类）指数，它是介于个体指数和总指数之间的指数，用来反映现象总体内各组（类）的变动状态。如粮食价格指数、油料价格指数和棉花价格指数等都属于农作物价格总指数中的类指数，重工业生产指数、轻工业生产指数都是工业生产总指数的类指数。类指数所反映的对象范围比个体指数大，比总指数小，但计算原理与总指数相同。因此，类指数实质上是总指数，但在计算总指数的过程中，它却起着个体指数的作用。

2. 按指数化指标的性质不同，统计指数可分为数量指数和质量指数

指数化指标是指在指数中反映其数量变化或对比关系的那种变量。例如，物价指数的指数化指标就是商品或产品的价格，销售量指数的指数化指标就是商品的销售量，股价指数的指数化指标就是股票价格等。

数量指数是数量指标指数的简称，是反映现象总规模和总水平发展变化的相对数，亦即反映数量指标变动程度的相对数。如工业产品产量指数、商品销售量指数、工人人数指数等。

质量指数是质量指标指数的简称，是用来说明现象质量、内涵变动情况的指数，亦即反映质量指标变动程度的相对数。如产品成本指数、商品零售价格指数、劳动生产率指数等。

那种反映可以分解为数量指标与质量指标乘积的总量指标变动的指数我们称为总量指数，如商品销售额指数、总产值指数、总成本指数、总产量指数等。这种总量指数在考察范围上往往属于总指数一类，而在计算方法和分析性质上属于个体指数一类。

3. 按所反映的时间状况不同，统计指数可分为动态指数和静态指数

动态指数是指由两个不同时期的同类经济变量值对比形成的指数，说明现象在不同时间上发展变化的过程和程度，也称时间指数。在社会经济统计中，许多重要的指数都属于动态指数，这些指数通常按月、季或年连续编制形成指数序列。根据所采用基期的不同，动态指数可分为定基指数和环比指数。在同一个指数序列中，如果各个指数都是以某一个固定时期作为基期计算的，就称为定基指数。如果各个指数都是以报告期的前一期作为基期计算的，则称之为环比指数。常见的动态指数有股票价格指数、零售物价指数和居民消费价格指数等。

静态指数主要包括空间指数和计划完成情况指数两种。空间指数（地域指数）是将不同空间（如不同国家、地区、部门、企业等）的同类现象进行比较的结果，反映现象在不同空间的差异程度，如地区经济综合评价指数。计划完成程度指数是由同一地区、单位的实际指标值与计划指标数值对比而形成的指数，反映计划的执行情况完成与未完成的程度，如计划完成情况指数。

6.2　总指数

个体指数反映的是单个事物或现象在不同时期的变动程度，计算简单，如表 6.3 中的个体指数栏。而总指数反映的是复杂现象总体的综合变动，是对个体指数的综合。复杂现象总体往往是指使用价值不同、计量单位不一，其数量不能直接相加和对比的多种产品或商品共同构成的总体，如表 6.3 中的食盐、面粉、牛肉、服装、电视机等商品构成的总体。要反映这些复杂现象总体的综合变动就必须编制总指数，如销售量总指数和价格总指数。

表 6.3　某商场商品的价格与销售量资料

商品类别	计量单位	价格／元		销售量		个体指数／%	
		基期 p_0	报告期 p_1	基期 q_0	报告期 q_1	$i_p = p_1/p_0$	$i_q = q_1/q_0$
食盐	0.5 kg	1.0	0.8	2500	3000	80.00	120.00
面粉	100 kg	300.0	350.0	80000	90000	116.67	112.50
牛肉	kg	20.0	22.0	10000	11000	110.00	110.00
服装	件	100.0	150.0	25000	20000	150.00	80.00
电视机	台	2000.0	1500.0	500	580	75.00	116.00
合计	—	—	—	—	—	—	—

　　一般来讲，总指数的计算形式有三种，即综合指数、平均指数和平均指标指数。其中综合指数是总指数的基本形式。

6.2.1　综合指数

　　综合指数有简单综合指数和加权综合指数两种形式。简单综合指数是不加权的指数，是直接将指数化指标加总之后进行对比的结果；加权综合指数则是对各个项目依据重要程度赋予不同的权数，而后再将指数化指标进行加权求和，最后进行对比计算的比值。我们通常所说的综合指数都是指加权综合指数。

　　综合指数是通过引入一个同度量因素将不能相加的变量转化为可相加的总量指标，而后对比所得到的相对数。同度量因素是指在编制综合指数时，将不能直接相加的指标乘上另一个因素，使之可以相加，那么，乘上的这个因素就是同度量因素，也可称为媒介因素，同时该因素又是加权综合指数编制时的权数。因此，同度量因素起着两个作用，即同度量（媒介）作用和权数作用。其编制方法是先综合后对比，即先解决不能相加的问题，然后进行对比。

　　对于同度量因素选择的问题，当我们编制数量指标指数时，其指数化指标是数量指标 q，而其同度量因素必须是一个与之相应的质量指标 p；当我们编制质量指标指标指数时，其指数化指标是质量指标 p，而其同度量因素必须是一个与之相应的数量指标 q。通过这种方式，我们就能把不能直接加总的不同单位的数量指标或质量指标转化为可以同度量的形式 qp。例如，在表 6.3 中，我们不能直接把食盐、牛肉、面粉、电视机等的数量直接相加，也不能把它们的价格直接相加，但分别乘以对应的同度量因素后，就可以以销售额这种价值量形式进行加总（如表 6.4 所示的销售额）。

表 6.4　产品销售价格、销售量及销售额资料

商品类别	计量单位	价格／元		销售量		销售额／百元			
		基期 p_0	报告期 p_1	基期 q_0	报告期 q_1	p_0q_0	p_1q_1	p_0q_1	p_1q_0
食盐	0.5 kg	1.0	0.8	2500	3000	25	24	30	20
面粉	100 kg	300.0	350.0	80000	90000	240000	315000	270000	280000
牛肉	kg	20.0	22.0	10000	11000	2000	2420	2200	2200
服装	件	100.0	150.0	25000	20000	25000	30000	20000	37500
电视	台	2000.0	1500.0	500	580	10000	8700	11600	7500
合计	—	—	—	—	—	277025	356144	303830	327220

解决了复杂总体的加总问题，就可以将不能同度的指数化指标通过同度量因素转换为能够同度的总量指标进行对比。

$$商品销售量综合指数\ I_q = \frac{\sum q_1 p}{\sum q_0 p} \qquad (6.2)$$

$$商品价格综合指数\ I_p = \frac{\sum p_1 q}{\sum p_0 q} \qquad (6.3)$$

由于编制综合指数的目的是测定指数化指标的变动，因此，在对比过程中应将同度量因素固定在某一个时期，以便单纯反映指数化指标的变动情况。同度量因素的时期可以选择基期、报告期或特定期等，不同的选择就会有不同的综合指数编制公式。

1. 拉氏指数(Laspeyres index, 或拉斯拜尔指数)

拉氏指数是最重要的加权综合指数公式之一，它把同度量因素固定在基期，由德国的拉斯拜尔(E. Laspeyres)1864 年提出并得名。为了便于区别，我们将拉氏指数简记为 L，则相应的质量指标指数与数量指标指数公式分别为：

$$L_p = \frac{\sum p_1 q_0}{\sum p_0 q_0} \qquad (6.4)$$

$$L_q = \frac{\sum q_1 p_0}{\sum q_0 p_0} \qquad (6.5)$$

【例 6.1】　根据表 6.4 中的资料，计算拉氏价格指数和拉氏销售量指数。

解：根据公式(6.4)和(6.5)，计算得到如下结果：

$$L_p = \frac{\sum p_1 q_0}{\sum p_0 q_0} = \frac{327220}{277025} = 118.12\%$$

$$L_q = \frac{\sum q_1 p_0}{\sum q_0 p_0} = \frac{303830}{277025} = 109.68\%$$

综合指数除了可以反映现象的相对变动程度，还可以进行绝对变动程度分析。根据上述资料，我们还可以进行这样的计算：

$$\sum p_1 q_0 - \sum p_0 q_0 = 327220 - 277025 = 50195（百元）$$

$$\sum p_0 q_1 - \sum p_0 q_0 = 303830 - 277025 = 26805（百元）$$

2. 派氏指数（Paasche Index，或派许指数）

派氏指数同拉氏指数一样，也是最重要的加权综合指数公式之一，它把同度量因素固定在报告期，由德国的派许（H. Paasche）1874 年提出并得名。若将派氏指数简记作 P，则相应的质量指标指数与数量指标指数公式分别为：

$$P_p = \frac{\sum p_1 q_1}{\sum p_0 q_1} \tag{6.6}$$

$$P_q = \frac{\sum q_1 p_1}{\sum q_0 p_1} \tag{6.7}$$

【例 6.2】 根据表 6.4 中的资料，计算派氏价格指数和派氏销售量指数。

解：根据公式（6.6）和（6.7），计算得到如下结果：

$$P_p = \frac{\sum p_1 q_1}{\sum p_0 q_1} = \frac{356144}{303830} = 117.22\%$$

$$P_q = \frac{\sum q_1 p_1}{\sum q_0 p_1} = \frac{356144}{327220} = 108.84\%$$

同样，根据上述资料，我们也可以进行这样的计算：

$$\sum p_1 q_1 - \sum p_0 q_1 = 356114 - 303830 = 52314（百元）$$

$$\sum p_1 q_1 - \sum p_1 q_0 = 356114 - 327220 = 28924（百元）$$

从上面的计算结果可以看出，拉氏指数与派氏指数由于选取的同度量因素不同，即使利用同样的资料来编制指数，两者的结果一般不会相同。

以价格指数为例，拉氏价格指数以基期商品销售量作为同度量因素，这说明它是在基期的销售数量和销售结构的基础上考察各种商品价格的综合变动程度的；而派氏价格指数以报告期商品销售量作为同度量因素，则说明它是在报告期的销售数量和销售结构的基础上来考察各种商品价格的综合变动程度的。尽管二者的基本作用都是反映价格水平的综合变动，但两者的出发点不一样，导致其分析问题的经济含义不相同。

拉氏指数与派氏指数各有一定的经济意义，曾在统计工作中广泛应用，但它们各有不足。派氏销售量指数说明的是在报告期价格水平条件下销售量的综合变动程度，它不仅包含了销售量的变动，也包含了价格的变动，与我们编制商品销售量指数的目的不相符。因此，在我国的统计实践中通常采用拉氏销售量指数来综合反映商品销售量的总动态，说明商品价格保持在基期不变的情况下，单纯测定商品销售量的综合变动程度。拉氏价格指数反映的是基期商品的价格变化，没有现实意义，而派氏价格指数说明的是报告期商品的价格变化，符合我们编制商品价格指数的目的。因此，在我国的统计实践中通常采用派氏价格指数来综合反映商品价格的总动态。其他数量指标指数和质量指标指数的编制也可以采用上述原理。

综上所述，编制综合指数，关键要解决两个问题：一是同度量因素的选择；二是同度量因素时期的选择（基期还是报告期）。编制综合指数的一般原则是：编制数量指标（如销售量）综合指数时，同度量因素质量指标（如价格）固定在基期，即采用拉氏数量指数公式；在编制质量指标（如销售价格）综合指数时，同度量因素数量指标（如销售量）固定在报告期，即采用派氏质量指数公式。

$$\text{数量指标综合指数：} I_q = \frac{\sum q_1 p_0}{\sum q_0 p_0} = L_q \tag{6.8}$$

$$\text{质量指标综合指数：} I_p = \frac{\sum p_1 q_1}{\sum p_0 q_1} = P_p \tag{6.9}$$

$I_q - 100\%$ 为数量指标变动的增减率，据此可分析数量指标的变动程度和方向。

由于数量指标的变动必然引起总量指标发生变化，其影响总量指标变动的绝对额为。

$I_p - 100\%$ 为质量指标变动的增减率，据此可分析质量指标的变动程度和方向。

由于质量指标的变动必然引起总量指标发生变化，其影响总量指标变动的绝对额为 $\sum q_1 p_1 - \sum q_1 p_0$。

显然，要计算式(6.8)、式(6.9)的综合指数，必须要有 q_1、q_0、p_1、p_0 等全面资料作为计算基础；但在实际工作中不一定能够直接得到这些数据，于是我们应考虑对公式进行变形改造。

6.2.2 平均指数

平均指数是以指数化指标的个体指数为基础，通过对个体指数进行平均计算的一种总指数，即采用先对比，后平均的方式编制总指数。平均指数也有简单平均指数与加权平均指数之分。简单平均指数就是个体指数的简单平均，没有考虑计入指数的各个项目（比如不同商品或产品等）的重要程度，这是很不合理的。因此，我们通常所说的平均指数都是指加权平均指数。

编制加权平均指数的基本方法是：先对比计算出各种数量指标或质量指标的个体指数，然后根据研究目的，采用不同时期的总量指标进行加权平均，用来综合反映复杂现象总体的总动态。加权的目的，是衡量不同事物的数量（或质量）的变动对总指数造成的不同影响。常用的平均指数有加权算术平均指数、加权调和平均指数和固定权数平均指数。

1. 加权算术平均指数

加权算术平均指数是对个体指数进行加权算术平均所得的指数，通常是指以基期总量 $p_0 q_0$ 为权数，以指数化指标的个体指数为变量计算的加权算术平均数，也称基期总量加权平均指数。它是拉氏综合指数的变形，在经济意义上与拉氏综合指数没有区别，只是形式不同。其计算公式由拉氏综合指数公式演变而来（从右往左看）。

$$I_p = \frac{\sum i_p p_0 q_0}{\sum p_0 q_0} = \frac{\sum \frac{p_1}{p_0} p_0 q_0}{\sum p_0 q_0} = \frac{\sum p_1 q_0}{\sum p_0 q_0} = L_p \tag{6.10}$$

$$I_q = \frac{\sum i_q p_0 q_0}{\sum p_0 q_0} = \frac{\sum \dfrac{q_1}{q_0} p_0 q_0}{\sum p_0 q_0} = \frac{\sum q_1 p_0}{\sum q_0 p_0} = L_q \tag{6.11}$$

【例 6.3】　根据表 6.3 中的个体指数以及 6.4 中基期销售额，采用基期总量加权的算术平均指数公式分别计算价格总指数和销售量总指数。

解： 首先利用已知数据计算 $i_p \cdot p_0 q_0$ 和 $i_q \cdot p_0 q_0$，如表 6.5 所示。

表 6.5　加权算术平均指数计算表

商品类别	计量单位	价格个体指数 $i_p/\%$	销售量个体指数 $i_q/\%$	销售额 / 百元		
				$p_0 q_0$	$i_q \cdot p_0 q_0$	$i_p \cdot p_0 q_0$
食盐	0.5 kg	80.00	120.00	25	30	20
面粉	100 kg	116.67	112.50	240000	270000	280000
牛肉	kg	110.00	110.00	2000	2200	2200
服装	件	150.00	80.00	25000	20000	37500
电视	台	75.00	116.00	10000	11600	7500
合计	—	—	—	277025	303830	327220

利用公式(6.10) 和(6.11) 计算：

$$I_p = \frac{\sum i_p \cdot p_0 q_0}{\sum p_0 q_0} = \frac{327220}{277025} = 118.12\%$$

$$I_q = \frac{\sum i_q \cdot p_0 q_0}{\sum p_0 q_0} = \frac{303830}{277025} = 109.68\%$$

上述计算结果与拉氏综合指数的计算结果完全一致，这也说明以基期总量为权数的加权算术平均指数可以看作拉氏综合指数的变形。因此，在掌握了各种个体指数 i_q 或 i_p，以及相应的基期总量 $p_0 q_0$ 资料的前提下，就可以运用基期总量加权的算术平均指数公式来计算拉氏综合指数。

由于在编制统计指数的实践中，拉氏综合指数主要用来编制数量指标指数，因此，基期总量加权的算术平均指数也主要用来编制数量指标指数。

2. 加权调和平均指数

加权调和平均指数是对个体指数进行加权调和平均所得的指数，通常是指以报告期总量 $p_1 q_1$ 为权数，以指数化指标的个体指数为变量计算的加权调和平均数，也称报告期总量加权平均指数。它是派氏综合指数的变形，在经济意义上与派氏综合指数没有区别，只是形式不同。其计算公式由派氏综合指数公式演变而来(从右往左看)。

$$I_p = \frac{\sum p_1 q_1}{\sum \frac{1}{i_p} p_1 q_1} = \frac{\sum p_1 q_1}{\sum \frac{p_0}{p_1} p_1 q_1} = \frac{\sum p_1 q_1}{\sum p_0 q_1} = P_p \qquad (6.12)$$

$$I_q = \frac{\sum p_1 q_1}{\sum \frac{1}{i_q} p_1 q_1} = \frac{\sum p_1 q_1}{\sum \frac{q_0}{q_1} p_1 q_1} = \frac{\sum p_1 q_1}{\sum p_1 q_0} = P_q \qquad (6.13)$$

【例 6.4】 根据表 6.3 中的个体指数以及表 6.4 中的报告期销售额，采用报告期总量加权的调和平均指数公式分别计算价格总指数和销售量总指数。

解：首先利用表 6.5 中的已知数据计算 $1/i_p \cdot p_1 q_1$ 和 $1/i_q \cdot p_1 q_1$，如表 6.6 所示。

表 6.6　加权调和平均指数计算表

商品 类别	计量 单位	价格个体指数 $i_p/\%$	销售量个体指数 $i_q/\%$	销售额 / 百元		
				$p_1 q_1$	$(1/i_p) \cdot p_1 q_1$	$(1/i_q) \cdot p_1 q_1$
食盐	0.5 kg	80.00	120.00	24	30	20
面粉	100 kg	116.67	112.50	315000	270000	280000
牛肉	kg	110.00	110.00	2420	2200	2200
服装	件	150.00	80.00	30000	20000	37500
电视	台	75.00	116.00	8700	11600	7500
合计	—	—	—	356144	303830	327220

利用公式 (6.12) 和 (6.13)，计算得到：

$$I_p = \frac{\sum p_1 q_1}{\sum \frac{1}{i_p} p_1 q_1} = \frac{356144}{303830} = 117.22\%$$

$$I_q = \frac{\sum p_1 q_1}{\sum \frac{1}{i_q} p_1 q_1} = \frac{356144}{327220} = 108.84\%$$

上述计算结果与派氏综合指数的计算结果完全一致，这也说明以报告期总量为权数的加权调和平均指数可以看作派氏综合指数的变形。因此，在掌握了各种个体指数 i_q 或 i_p，以及相应的报告期总量 $p_1 q_1$ 资料的前提下，就可以运用报告期总量加权的调和平均指数公式来计算派氏综合指数。

由于在编制统计指数的实践中派氏综合指数主要用来编制质量指标指数，因此，报告期总量加权的调和平均指数也主要用来编制质量指标指数。

3. 固定权数平均指数

固定权数平均指数是以指数化指标的个体指数为基础，使用固定权数对个体指数进行加权平均计算的一种总指数。固定权数的算术平均指数是最为常见的固定权数平均指数,所用的权数既不固定在基期也不固定在报告期,而是采用某种固定权数(W)。固定权数是指某一个固定时期的权数,既可以根据全面调查资料,又可以采用各种有关抽样调查资料,用相对数(比重)的形式固定下来,在相当长的时期内一直使用,相当方便。如我国的商品零售物价指数就是采用某一固定时期的相对权数来计算的加权算术平均指数。其计算公式为:

$$I_p = \frac{\sum i_p \cdot w}{\sum w} = \sum i_p \cdot w \qquad (6.14)$$

式中:i_p 为各类代表商品的个体指数或类指数;w 为各类商品消费额在总消费额中所占的百分比(这个百分比在一定时期内是固定不变的),$\sum w = 100\%$。

这种采用固定权数计算的商品零售物价指数,只能反映其物价的相对变动,无法测定因其变动而影响的绝对额。就此而言,平均指数又是一种独立的指数形式。

6.2.3 平均指标指数

平均指标指数是同一经济现象的平均指标进行对比计算的相对数,它说明总平均水平变动的方向和程度。平均指标指数是总指数的另一种表现形式,是与前面介绍的编制对象是完全不同的,前者是研究综合总量的变动,而后者是专门用来研究总体平均水平的变动的。

在对数据进行分组的前提下,总平均指标 $\bar{x}$ 的计算公式为:

$$\bar{x} = \frac{\sum xf}{\sum f} = \sum x \times \frac{f}{\sum f} \qquad (6.15)$$

总平均指标变动大小受组平均数(x)和总体结构($f/\sum f$)两个因素影响。同一个总体不同时期的总平均指标直接对比计算的相对数就是总平均指标指数。这种反映总平均指标的变动方向与程度的指数在统计中又称为可变构成指数。要分析影响总平均指标变动的某一因素指标的变动影响时,应将另一个因素指标视为同度量因素并固定不变,这样编制的指数都称平均指标指数。因为组平均数(x)是质量指标,而总体结构($f/\sum f$)虽然是以相对数形式表示的,但其实质还是数量指标。因此,根据指数编制的一般方法和原则,测定组平均数的变动对总平均数的变动影响时,要把各组的总体结构固定在报告期;测定总体结构的变动对总平均数的变动影响时,要把组平均数固定在基期。

平均指标指数包括总平均指标指数、组平均数指数、结构影响指数。

1. 总平均指标指数

总平均指标指数可用 $I_{\bar{x}}$ 表示,它是在分组条件下反映总平均指标变动程度的相对数,是报告期总平均指标 $\bar{x}_1$ 与基期总平均指标 $\bar{x}_0$ 之比。它说明总体受各组水平和结构都发生变化的情况下总体平均水平的变动情况,其计算公式为:

$$I_{\bar{x}} = \frac{\bar{x}_1}{\bar{x}_0} = \frac{\dfrac{\sum x_1 f_1}{\sum f_1}}{\dfrac{\sum x_0 f_0}{\sum f_0}} \qquad (6.15)$$

式中：$\bar{x}$ 为总平均指标；x 为各组标志值即组平均水平；f 为各组单位数。

2. 组平均数指数

组平均数指数也称固定构成指数，可用 $I_{固定}$ 或 I_x 表示。它是将总体结构固定起来计算的平均指标指数。其计算公式是：

$$I_x = \frac{\sum x_1 \dfrac{f_1}{\sum f_1}}{\sum x_0 \dfrac{f_1}{\sum f_1}} \tag{6.16}$$

组平均数指数既能反映由于各组平均水平的变化引起总平均水平变动的方向和程度，也能反映各组平均水平自身的变动方向与程度。

3. 结构影响指数

结构影响指数可用 $I_{结构}$ 或 $I_{f/\sum f}$ 表示。它是指反映总体结构变动对总平均指标变动影响的平均指标指数。其计算公式是：

$$I_{f/\sum f} = \frac{\sum x_0 \dfrac{f_1}{\sum f_1}}{\sum x_0 \dfrac{f_0}{\sum f_0}} \tag{6.17}$$

结构影响指数只能说明总体结构的变化对总平均水平的变动影响，本身没有独立的经济意义。

【例 6.5】 某企业报告期与基期劳动生产率资料如表 6.7 所示，试计算该企业的平均指标指数。

表 6.7　某企业工人劳动生产率统计表

工人类别	人数／人		劳动生产率(件／人)		生产量／件		
	f_0	f_1	x_0	x_1	$x_0 f_0$	$x_1 f_1$	$x_0 f_1$
熟练工	700	660	80	86	56000	56760	52800
学徒工	300	740	50	55	15000	40700	37000
合计	1000	1400	71	69.61	71000	97460	89800

解：平均指标指数包括总平均指标指数、组平均数指数和结构影响指数。为了简化计算过程，我们通常先计算三个平均指标。

第一个是根据报告期组平均水平与报告期总体结构计算的报告期总平均指标，此处为该企业报告期的总平均劳动生产率。

$$\bar{x}_1 = \frac{\sum x_1 f_1}{\sum f_1} = \frac{97460}{1400} = 69.61$$

第二个是根据基期组平均水平与基期总体结构计算的基期总平均指标，此处为该企业基期的总平均劳动生产率。

$$\overline{x_0} = \frac{\sum x_0 f_0}{\sum f_0} = \frac{71000}{1000} = 71$$

第三个是根据基期组平均水平与报告期总体结构计算的假定总平均指标，此处为该企业假定时期的总平均劳动生产率。

$$\overline{x_{01}} = \frac{\sum x_0 f_1}{\sum f_1} = \frac{89800}{1400} \approx 64.14$$

然后分别计算相应的平均指标指数。

总平均劳动生产率指数：$I_{\bar{x}} = \dfrac{\dfrac{\sum x_1 f_1}{\sum f_1}}{\dfrac{\sum x_0 f_0}{\sum f_0}} = \dfrac{\overline{x_1}}{\overline{x_0}} = \dfrac{69.61}{71} = 98.05\%$

结果表明，该企业的总劳动生产率报告期比基期平均降低了 1.95%。

组劳动生产率指数：$\qquad I_x = \dfrac{\overline{x_1}}{\overline{x_{01}}} = \dfrac{69.61}{64.14} = 108.53\%$

结果表明、该企业熟练工与学徒工的劳动生产率报告期比基期平均提高了 8.53% 同时说明由于该企业各组劳动生产率的提高使该企业总劳动生产率提高了 8.53%。

$$I_{f/\sum f} = \frac{\overline{x_{01}}}{\overline{x_0}} = \frac{64.14}{71} = 90.34\%$$

结果表明，由于该企业的工人结构发生了变化，使得该企业的总劳动生产率平均下降了 9.64%。

6.3　指数体系与因素分析

6.3.1　指数体系

1. 指数体系的概念

在经济分析中，一个指数通常只能说明某一方面的问题，而实践中往往需要将多个指数结合起来加以运用，这就要求建立相应的"指数体系"。

指数体系包括广义指数体系与狭义指数体系。广义指数体系泛指若干个内容上互相关联的统计指数所构成的体系。比如，工业品批发价格（或出厂价格）指数、农产品收购价格指数、消费品零售价格指数就可以构成市场物价指数体系。而狭义的指数体系是若干个在经济上有联系、数量上有对等关系的指数所形成的整体。最为典型的指数体系表现形式为一个总量指数等于若干个（两个或两个以上）因素指数的乘积，如：

销售额指数 = 销售量指数 × 销售价格指数

总产量指数 = 工人人数指数 × 劳动生产率指数

销售利润指数 = 销售量指数 × 销售价格指数 × 销售利润率指数

上述指数体系可以归纳为：

现象总体变动指数 = 数量指标指数 × 质量指标指数

指数体系内部的数量对等关系不仅表现在相对数上，即现象总变动指数等于各因素指数的连乘积；也表现在绝对数上，即现象总变动的绝对差额等于各因素变动影响的绝对差额之和。

现以第一个指数体系为例，综合指数体系的内容可表示以下形式。

相对数形式：

销售额指数 = 销售量指数 × 销售价格指数

$$即：I_{qp} = L_q \times P_p$$

$$\frac{\sum q_1 p_1}{\sum q_0 p_0} = \frac{\sum q_1 p_0}{\sum q_0 p_0} \times \frac{\sum q_1 p_1}{\sum q_1 p_0} \tag{6.18}$$

绝对数形式：

商品销售额的增减额 = 销售量变动影响的销售额增减额 + 价格变动影响的销售额增减额

$$\sum q_1 p_1 - \sum q_0 p_0 = \left(\sum q_1 p_0 - \sum q_0 p_0 \right) + \left(\sum q_1 p_1 - \sum q_1 p_0 \right) \tag{6.19}$$

2. 指数体系的作用

指数体系的作用主要表现在以下两个方面：

① 利用各指数之间的联系进行指数间的相互推算，即根据已知的指数推算未知的指数。例如，我国商品销售量总指数往往就是根据商品销售额总指数和价格总指数进行推算的，即

商品的销售量指数 = 销售额指数 ÷ 价格指数

② 进行因素分析，即分析现象的总变动中各有关因素的影响方向与程度。

6.3.2 因素分析

因素分析，是指利用指数体系从数量上分析现象总变动中各个因素的影响程度和绝对效果。按分析现象的特点不同，因素分析可分为简单现象的因素分析与复杂现象的因素分析，前者采用个体指数体系进行分析，后者必须采用综合指数体系或平均指标指数体系来分析；按现象总变动指标的表现形式不同，因素分析可分为总量指标变动的因素分析、相对指标变动的因素分析与平均指标变动的因素分析，由于后二者的分析方法一致，通常忽略相对指标变动的因素分析；按影响现象总变动的因素多少，因素分析可分为两因素分析与多因素分析。本教材主要介绍复杂现象总量指标变动的两因素分析和平均指标变动的两因素分析。

1. 总量指标变动的两因素分析

凡是能分解为 2 个或 2 个以上因素指标乘积的总量指标都可以进行因素分析。对由两个因素构成的总量指标进行因素分析的步骤是：首先计算所要研究现象总量指标变动的相对程度与绝对差额，其次分别计算两个影响因素指数及由此引起现象总量变动的绝对差额，最后

列出三者之间的数量关系建立指数体系,并用文字做出简要分析。

【例 6.6】 以表 6.4 的资料为例,说明总量指标变动的两因素分析方法。

解:

第 1 步,确定分析对象 —— 该商场的销售额,计算反映该商场销售额变动的总指数及实际变动的绝对差额。

销售额总指数:$I_{qp} = \dfrac{\sum q_1 p_1}{\sum q_0 p_0} = \dfrac{356144}{277025} \approx 128.56\%$

销售额变动的绝对额:$\sum q_1 p_1 - \sum q_0 p_0 = 356144 - 277025 = 79119$(百元)

结果表明,该商场五种商品的总销售额报告期比基期增长了 28.56%,绝对额增加了 79119 百元。

第 2 步,编制因素指数,分析销售额总变动的具体原因,也就是利用指数体系分离出销售量的变动和价格的变动对销售额变动的影响方向、程度和实际效果。

(1)分析销售量的变动影响

销售量指数:$I_q = \dfrac{\sum q_1 p_0}{\sum q_0 p_0} = \dfrac{303830}{277025} = 109.68\%$

销售量变动影响销售额变动的绝对额:

$$\sum q_1 p_0 - \sum q_0 p_0 = 303830 - 277025 = 26805(\text{百元})$$

结果表明,由于该商场报告期商品销售量比基期增长 9.68%,使商品销售额增长了 9.68%,绝对额增加了 26805 百元。

(2)分析价格的变动影响

价格指数:$I_p = \dfrac{\sum q_1 p_1}{\sum q_1 p_0} = \dfrac{356144}{303830} = 117.22\%$

价格变动影响销售额变动的绝对额:

$$\sum q_1 p_1 - \sum q_1 p_0 = 356144 - 303830 = 52314(\text{百元})$$

结果表明,由于该商场报告期商品销售价格比基期提高 17.22%,使商品销售额增长了 17.22%,绝对额增加了 52314 百元。

第 3 步:构建指数体系,做出简要分析。

销售额指数 = 销售量指数 × 价格指数

从相对数分析:$I_{qp} = I_q \times I_p$

即:128.56% = 109.68% × 117.22%

上述相对数表明,该商场五种商品的销售额报告期比基期增长了 28.56%,是销售量增长 9.68%、价格上涨 17.22% 共同影响的结果。

从绝对数分析:$\sum q_1 p_1 - \sum q_0 p_0 = (\sum q_1 p_0 - \sum q_0 p_0) + (\sum q_1 p_1 - \sum q_1 p_0)$

即:79119 百元 = 26805 百元 + 52314 百元

上述绝对数表明,该商场五种商品的销售额报告期比基期增加了 79119 百元,是销售量增长使销售额增加了 26805 百元,价格上涨使销售额增加了 52314 百元,两因素共同影响的结果。

以上分析还可表述为：该商场五种商品的销售额报告期比基期增长了 28.56%，其绝对额增加了 79119 百元，是由于五种商品的销售量平均增长了 9.68%，使销售额增加了 26805 百元，以及五种商品的价格平均上涨了 17.22%，使销售额增加了 52314 百元，是两个因素共同影响的结果。

2. 平均指标变动的两因素分析

前面已经介绍，在数据分组的条件下，总平均指标 $\bar{x}$ 的变动受两个因素的影响，一是受各组平均水平 x 变动的影响，二是受各组单位数在总体中所占比重 $(f/\sum f)$ 变动的影响。为了测定这两个因素对总平均指标变动的影响方向、程度和绝对效果，同样可以运用指数体系进行因素分析，即平均指标变动的两因素分析。分析步骤与总量变动的两因素分析基本一样。

【例 6.7】 以如表 6.8 所示的资料为例，说明平均变动的两因素分析法。

表 6.8 某企业工人月平均工资资料计算表

工人类别	工人数／人		月平均工资／元		$x_0 f_0$	$x_1 f_1$	$x_0 f_1$
	基期 f_0	报告期 f_1	基期 x_0	报告期 x_1			
技术工人	33	35	4000	4500	132000	157500	140000
普通工人	42	43	2800	3100	117600	133300	120400
合计	75	78	—	—	249600	290800	260400

解：

第 1 步，确定分析对象——该企业总的月平均工资，计算反映该企业总的月平均工资变动的总指数（总平均指标指数）及实际变动的绝对差额。

$$\text{总的月平均工资指数：} I_{\bar{x}} = \frac{\dfrac{\sum x_1 f_1}{\sum f_1}}{\dfrac{\sum x_0 f_0}{\sum f_0}} = \frac{\dfrac{290800}{78}}{\dfrac{249600}{75}} = \frac{3728.21}{3328.00} = 112.03\%$$

$$\text{总的月平均工资变动的绝对额：} \left(\frac{\sum x_1 f_1}{\sum f_1} - \frac{\sum x_0 f_0}{\sum f_0}\right) = 3728.21 - 3328.00 = 400.21(\text{元})$$

结果表明，该企业总的月平均工资报告期比基期上涨了 12.30%，平均每个工人每月增加工资 400.21 元。

第 2 步，分析总的月平均工资变动的具体原因，计算组平均数指数和结构影响指数。

$$(1)\text{组平均数指数：} I_x = \frac{\dfrac{\sum x_1 f_1}{\sum f_1}}{\dfrac{\sum x_0 f_1}{\sum f_1}} = \frac{\dfrac{290800}{78}}{\dfrac{260400}{78}} = \frac{3728.21}{3338.46} = 111.67\%$$

由各组月平均工资变动引起的总的月平均工资变动的绝对额为：

$$\left(\frac{\sum x_1 f_1}{\sum f_1} - \frac{\sum x_0 f_1}{\sum f_1}\right) = 3728.21 - 3338.46 = 389.75(元)$$

结果表明，由于该企业各组工人月平均工资的提高，使总的月平均工资上涨了 11.67%，使得每个工人每月平均增加工资 389.75 元。

（2）结构影响指数：$I_{\frac{\bar{x}}{\sum f}} = \dfrac{\dfrac{\sum x_0 f_1}{\sum f_1}}{\dfrac{\sum x_0 f_0}{\sum f_0}} = \dfrac{\dfrac{260400}{78}}{\dfrac{249600}{75}} = \dfrac{3338.46}{3328.00} = 100.31\%$

由各组工人结构变动引起的总的月平均工资变动的绝对额为：

$$\left(\frac{\sum x_0 f_1}{\sum f_1} - \frac{\sum x_0 f_0}{\sum f_0}\right) = 3573.08 - 3338.46 = 10.46(元)$$

结果表明，由于该企业各组工人结构的变化，使总的月平均工资仅上涨了 0.31%，使得每个工人每月平均增加工资 10.46 元。

第 3 步，构建平均指标指数体系，并做出简要的分析结论。

总的月平均工资指数$(I_{\bar{x}})$ = 工人结构变动指数$(I_{f/\sum f})$ × 组平均工资指数(I_x)

上述三个指数之间的关系为：112.03% = 100.31% × 111.67%

各因素影响的绝对额之间的关系为：400.21 元 = 10.46 元 + 389.75 元

上述计算分析表明，该企业总的月平均工资报告期比基期提高了 12.03%，是由于工人结构变动(由普通工人向技术工人方向变动) 使的月平均工资提高了 0.31%，各组月平均工资的提高使总的月平均工资提高 11.67%，是两因素共同作用的结果；从绝对数看，该企业总的月平均工资报告期比基期增加了 400.21 元，是由于工人结构的变动使得总的月平均工资增加 10.46 元，各组月平均工资的变动使得总的月平均工资增加 389.75 元所致。

6.4　几种常见的经济指数

指数作为一种重要的测评和分析方法，在实践中获得了十分广泛的应用。考虑到指数在不同应用场合的经济意义和计算的可行性及所分析事物的不同特征，指数的计算常运用不同的指数形式，下面我们将以国内外常见的主要经济指数为例，具体介绍指数的应用方法。

6.4.1　居民消费价格指数

1.居民消费价格指数的概念

居民消费价格指数是度量居民消费品和服务项目价格水平变动的相对数，反映居民家庭所购买的消费品和服务价格水平的变动情况，简称 CPI(Consumer Price Index)。居民消费价格指数可按城乡分别编制，形成城市居民消费价格指数和农村居民消费价格指数，也可按全社会编制全国居民消费价格总指数。它可以用于分析市场价格的基本动态，是政府制定物价政策和工资政策、确定银行存款利率的重要依据。

2.居民消费价格指数的作用

（1）反映通货膨胀状况

通货膨胀的严重程度是用通货膨胀率来反映的，它说明了一定时期内商品价格持续上升的幅度。通货膨胀率一般以居民消费价格指数来表示。

$$通货膨胀率 = \frac{报告期消费价格指数 - 基期消费价格指数}{基期消费价格指数} \times 100\% \qquad (6.20)$$

（2）反映货币购买力变动

货币购买力是指单位货币能够购买到的消费品和服务的数量。居民消费价格指数上涨，货币购买力下降；反之则上升。居民消费价格指数的倒数就是货币购买力指数。

$$货币购买力指数 = \frac{1}{消费价格指数} \times 100\% \qquad (6.21)$$

（3）反映对职工实际工资的影响

居民消费价格指数的提高意味着实际工资的减少，居民消费价格指数的下降意味着实际工资的提高。因此，可利用居民消费价格指数将名义工资转化为实际工资，其计算公式为：

$$实际工资 = \frac{名义工资}{消费物价指数} \qquad (6.22)$$

3.我国居民消费价格指数的编制

我国居民消费价格指数于1926年开始编制。从理论上讲，编制居民消费价格指数需要所有消费品与服务项目在两个不同时间的价格资料。但消费品与服务项目的种类繁多，我们很难列举出市场上所有消费商品与服务项目，所以编制CPI指数时首先要选择消费量大、供应稳定、价格变动代表性强的消费品与服务项目作为代表规格品。当然这些代表规格品不是固定的，可以根据社会的发展情况进行调整。至于同样的消费品或服务项目在不同地点、不同时间购买或消费时的价格是不同的，这就需要有专门的价格信息员按要求执行价格采集任务。

我国居民消费价格指数的编制基本按以下步骤进行。

第1步，选择代表规格品。根据以往全国城乡近10万户居民家庭消费支出构成资料和有关规定，遵循消费量大、供应稳定、价格变动代表性强的原则，确定目前共包括食品、衣着、家庭设备用品、医疗保健、交通和通信、娱乐教育文化用品、居住及服务项目等八大类，251个小类近千种代表规格品。

第2步，调查点的选择。选择方法是划类选点。调查点的选择既要考虑其代表性，又要注意调查点类型的多样性以及地区分布上的合理性和稳定性。一般采用分层抽样与等距抽样的方法抽取价格调查市县和价格调查点。

第3步，价格的调查计算。价格调查的方法是定人、定点、定时直接调查。价格调查应遵守的原则：同一规格品的价格必须同质可比；采集的价格必须是实际的成交价格；对于与居民生活密切相关且价格变动频繁的代表规格品，至少每5天调查1次价格，一般性代表规格品每月采集2～3次价格，对于政府监督的水电气与交通通信等价格一般每月采集1次。

代表规格品的平均价格则采用简单算术平均法计算。

第 4 步，权数的确定。根据 10 万户城乡居民家庭消费支出构成确定居民消费价格指数计算中所用的权数。比如根据居民用于各类商品和服务项目的消费支出额计算各种商品、服务项目的实际消费支出额的构成比重作为权数，同类消费品同层次的权数之和必须等于 100%。

第 5 步，居民消费价格指数的计算。一般采用固定加权算术平均指数公式计算 CPI。具体计算过程是先计算小类价格指数，然后分层逐级计算中类、大类和总指数。需要注意的是，在计算总指数的过程中要把相应的类指数视为个体指数。下面我们详细讨论以下案例中 CPI 为 104.57% 是如何计算出来的。

【例 6.8】　据某地区统计部门统计，2020 年各类消费品与服务项目价格指数以及权数资料如表 6.9 所示，试计算该地区居民的消费价格总指数。

表 6.9　某地区居民消费价格指数计算表

商品类别及名称	代表规格品	计算单位	平均价格 / 元		权数 w /%	类指数 /%	指数 x 权数 /%
居民消费价格指数					100	104.57	—
一、食品类					42	105.42	44.28
1. 粮食					35	105.32	36.86
（1）细粮					65	105.60	68.64
面粉	标准	千克	2.40	2.52	40	105.00	42.00
大米	粳米	千克	3.50	3.71	60	106.00	63.60
（2）粗粮					35	104.80	36.68
2. 副食品					45	105.20	47.34
3. 烟酒茶					11	102.30	11.25
4. 其他食品					9	110.80	9.97
二、衣着类					10	98.20	9.82
三、家庭设备用品类					6	101.50	6.09
四、医疗保健类					8	102.40	8.19
五、交通和通信类					7	99.60	6.97
六、娱乐教育文化用品类					9	106.40	9.57
七、居住类					12	112.50	13.50
八、服务项目类					6	102.60	6.15

解：

（1）计算出各代表规格品的价格指数。如面粉价格指数为：

$$i_p = \frac{p_1}{p_0} = \frac{2.52}{2.40} = 105.00\%$$

（2）根据各代表规格品的价格指数及给出的相应权数，采用加权算术平均计算小类指数。如细粮类价格指数为：

$$I_p = \frac{\sum i_p w}{\sum w} = \sum i_p w = 105\% \times 40\% + 106\% \times 60\% = 105.60\%$$

（3）根据各小类指数及相应的权数，采用加权算术平均计算中类指数。如粮食类价格指数为：

$$I_p = \sum i_p w = 105.60\% \times 65\% + 104.80\% \times 35\% = 105.32\%$$

（4）根据各中类指数及相应的权数，采用加权算术平均计算大类指数。如食品类价格指数为：

$$I_p = \sum i_p w = 105.32\% \times 35\% + 105.20\% \times 45\% + 102.30\% \times 11\% + 110.80\% \times 9\%$$
$$= 105.42\%$$

（5）根据各大类指数及相应的权数，采用加权算术平均计算总指数，即居民消费价格指数 CPI。

$$I_p = \sum i_p w = 105.42\% \times 42\% + 98.20\% \times 10\% + \cdots + 102.60\% \times 6\% = 104.57\%$$

6.4.2　工业生产指数

1. 工业生产指数的概念

工业生产指数（Industrial Production Index）是典型的数量指标指数，概括地反映一个国家或地区各种工业产品产量的综合变动程度，是衡量经济增长水平的重要指标。世界各国都非常重视工业生产指数的编制，但采用的编制方法却不完全相同。

2. 工业生产指数的编制原理与方法

在我国，工业生产指数采用固定加权综合指数法，通过计算各种工业产品的不变价格产值来加以编制。其基本编制过程是：首先，对各种工业产品分别制定相应的不变价格标准（记为 p_c）；然后，逐项计算各种产品的不变价格产值，加总起来就得到全部工业产品的不变价格总值；将不同时期的不变价格总值加以对比，就得到相应时期的工业生产指数。

假设 t 时期的不变价格总产值为 $\sum q_t p_c$（$t = 1, 2, \cdots$），则该时期的工业生产指数就是采用某一固定时期的价格为权数计算的加权综合指数。其计算公式如下：

$$I_q = \frac{\sum q_t p_c}{\sum q_0 p_c} \text{ 或 } I_q = \frac{\sum q_t p_c}{\sum q_{t-1} p_c} \tag{6.23}$$

采用不变价格法编制工业生产指数的特点是，只要具备了完整的不变价格产值资料，就能够很容易地计算出有关的生产指数；而且可以在不同层次上（如各地区、各部门、各企业等）进行编制，满足各方面的分析需要。但不变价格的制定和不变价格产值的计算很烦琐，而这项工作又必须连续不断地、全面地展开，其难度可想而知。因此，我国工业生产指数编制方法的改革势在必行。

在国外，较为普遍地采用平均指数形式来编制工业生产指数。计算公式为：

$$I_q = \frac{\sum i_q p_0 q_0}{\sum p_0 q_0} \tag{6.24}$$

式中：i_q 为各种工业品的个体产量指数；$q_0 p_0$ 则为相应产品的基期增加值。

编制这种工业生产指数的目的是说明工业增加值中物量因素的综合变动程度，其分析意义与一般的工业总产量指数是有所不同的。

在实践中，为了简化指数的编制工作，常常以各种工业品的增加值比重作为权数，并且将这种比重权数相对固定起来，连续地编制各个时期的工业生产指数：

$$I_q = \frac{\sum i_q w}{\sum w} \tag{6.25}$$

6.4.3　股票价格指数

1. 股票价格指数简介

股票价格指数(简称股价指数)，是由证券交易所或金融服务机构编制的表明股票行市变动的一种供参考的指示数字。股票价格指数作为金融指数族的代表已成为投资者据此检验自己投资的效果，预测股票市场的动向的主要依据，同时也成为新闻界、企业界乃至政界领导人等观察、预测社会政治、经济发展形势的重要工具。虽然股票价格指数的编制原理相同，但在具体问题中不同指数有各自的处理方法。

2. 股票价格指数的编制原理与方法

编制股价指数，通常以某年某月为基础，以这个基期的股票价格作为100，用以后各时期的股票价格和基期价格比较，计算出升降的百分比，这就是该时期的股价指数。投资者根据指数的升降，可以判断出股票价格的变动趋势。并且，为了能实时向投资者反映股市的动向，所有的股市几乎都是在股价变化的同时即时公布股票价格指数。

由于上市股票种类繁多，计算全部上市股票的价格平均数或指数的工作是艰巨而复杂的，因此人们常常从上市股票中选择若干种富有代表性的样本股票，并计算这些样本股票的价格平均数或指数，用以表示整个市场的股票价格总趋势及涨跌幅度。

股价指数的计算方法有三种：一是相对法，二是综合法，三是加权法。

（1）相对法

相对法又称平均法，就是先计算各样本股价指数，再加总求总的算术平均数。其计算公式为：

$$I_p = \frac{\sum \dfrac{p_1}{p_0}}{n} \tag{6.26}$$

（2）综合法

综合法是先将样本股票的基期和报告期价格分别加总，然后相比求出股价指数。即：

$$I_p = \frac{\sum p_1}{\sum p_0} \tag{6.27}$$

从平均法和综合法计算股价指数来看，两者都未考虑到由于各种采样股票的发行量和交易量的不相同，而对整个股市股价的影响不一样等因素，因此，计算出来的指数亦不够准确。为使股价指数计算精确，需要加入权数，这个权数可以是交易量，亦可以是发行量。

（3）加权法

加权股价指数是根据各期样本股票的相对重要性予以加权，其权数可以是成交股数、股票发行量等。按时间划分，权数可以是基期权数，也可以是报告期权数。以基期成交股数（或发行量）为权数的指数称为拉氏指数，以报告期成交股数（或发行量）为权数的指数称为派氏指数。目前世界上大多数股价指数都是派氏指数。其计算公式为：

$$I_p^* = \frac{\sum q_1 p_1}{\sum q_1 p_0} \tag{6.28}$$

3. 世界上几种著名的股价指数

（1）道·琼斯股价指数

道·琼斯股价指数是世界上历史最悠久的股价指数，它的全称为道·琼斯股票价格平均指数。它是在 1884 年由道·琼斯公司的创始人查理斯·道开始编制的。其最初的道·琼斯股票价格平均指数是根据 11 种具有代表性的铁路公司的股票，采用算术平均法计算编制而成，发表在查理斯·道自己编辑出版的《每日通信》上。其计算公式为：

$$I_p = \frac{\dfrac{\sum p_t}{n}}{\dfrac{\sum p_0}{n}} = \frac{\sum p_t}{\sum p_0} \tag{6.29}$$

自 1897 年起，道·琼斯股票价格平均指数开始分成工业与运输业两大类，其中工业股票价格平均指数包括 12 种股票，运输业股票价格平均指数则包括 20 种股票，并且开始在道·琼斯公司出版的《华尔街日报》上公布。在 1929 年，道·琼斯股票价格平均指数又增加了公用事业类股票，使其所包含的股票达到 65 种，并一直延续至今。

目前，道·琼斯股票价格平均指数共分四组，第一组是工业股票价格平均指数，它由 30 种有代表性的大工商业公司的股票组成，且随经济发展而变化，大致可以反映美国整个工商业股票的价格水平，这也就是人们通常所引用的道·琼斯工业股票价格平均数。第二组是运输业股票价格平均指数，包括 20 种有代表性的运输业公司的股票，即 8 家铁路运输公司、8 家航空公司和 4 家公路货运公司。第三组是公用事业股票价格平均指数，是由代表着美国公用事业的 15 家煤气公司和电力公司的股票所组成。第四组是平均价格综合指数，它是综合前三组股票价格平均指数 65 种股票而得出的综合指数，这组综合指数虽然为优等股票提供了直接的股票市场状况，但现在通常引用的是第一组 —— 工业股票价格平均指数。

道·琼斯股票价格平均指数是目前世界上影响最大、最有权威性的一种股票价格指数，它是反映美国股市行情变化最敏感的股票价格平均指数之一，是观察市场动态和从事股票投资的主要参考。当然，由于道·琼斯股票价格指数是一种成分股指数，它包括的公司仅占目前 2500 多家上市公司的极少部分，而且多是热门股票，且未将近年来发展迅速的服务性行业和金融业的公司包括在内，所以它的代表性也一直受到人们的质疑和批评。

（2）上证指数

上证指数由上证综合指数、上证 180 指数、上证 50 指数、上证 380 指数、上证 A 股指数、上证 B 股指数、上证基金指数等一系列指数构成。其中编制最早也是最具典型意义的是上证综合指数。该指数自 1991 年 7 月 15 日起正式发布，以 1990 年 12 月 19 日为基准日，基准日指数为 100 点，以现有所有在上海交易所上市的股票为样本，以报告期股票发行量为权数编制。其计算公式为：

$$报告日股价指数 = \frac{报告日市价总值}{基准日市价总值} \times 100 \tag{6.30}$$

式中市价总值等于收盘价乘股票发行数量，遇发行股票新增或扩股时需要进行修正。

（3）深证指数

深证指数是指由深圳证券交易所编制的股价指数，该股票指数的计算方法基本与上证指数相同，其样本为所有在深圳证券交易所挂牌上市的股票，权数为股票的总股本。由于以所有挂牌的上市公司为样本，其代表性非常广泛，且它与深圳股市的行情同步发布。深圳证券交易所并存着两个股票指数，一个是老指数——深圳综合指数；另一个是现在的深圳成份股指数，但从运行势态来看，两个指数间的区别并不是特别明显。深圳证券交易所股价指数有：综合指数（深证综合指数、深证 A 股指数、深证 B 股指数、深证行业分类指数）、成份股指数（包括深证成份指数、深证成份 A 股指数、深证成份 B 股指数）、行业指数和深证基金指数。

深圳指数综合指数类和成份股指数类均为派氏加权价格指数，即以指数股的计算日股份数作为权数进行加权计算。每年的 1 月、5 月、9 月，深交所根据上市交易日期的长短、上市规模及交易活跃程度定期考察成份股的代表性，更换代表性降低的公司，选入更有代表性的公司。

（4）恒生指数

恒生指数由香港恒生银行全资附属的恒生指数服务有限公司编制，是以香港股票市场中的 43 家上市股票为成份股样本，以其发行量为权数的加权平均股价指数，是反映香港股市价幅趋势最有影响的一种股价指数。该指数于 1969 年 11 月 24 日首次公开发布，基期为 1964 年 7 月 31 日，基期指数定为 100。恒生指数的成份股具有广泛的市场代表性，其总市值占香港联合交易所市场资本额总和的 90% 左右。为了进一步反映市场中各类股票的价格走势，1985 年 1 月 2 日，恒生指数增加 4 只分类指数，把 33 只成份股以行业分为 4 个分类，即恒生金融分类指数、恒生公用事业分类指数、恒生地产分类指数、恒生工商分类指数。

恒生综合指数于 2001 年 10 月 3 日设立，提供更具广泛代表性的股市指标，综合指数包括在香港股市市值头 200 位的上市公司，共代表香港交易所上市公司 97% 的市值，取代 1998 年 4 月 20 日设立的恒生 100 指数。

恒生指数的计算公式为：

$$现时指数 = \frac{现时成份股的总市值}{上日收市时成份股的总市值} \times 上日收市指数 \tag{6.31}$$

6.5 Excel 与 SPSS 在统计指数分析中的应用

6.5.1 Excel 在统计指数分析中的应用

Excel 在统计指数分析中的应用主要体现在利用公式与公式的填充功能计算各种指数与及其分子与分母的绝对差额。现利用 Excel2019 对表 6.3 中所有商品的基期与报告期的价格和销售量资料进行处理，计算各种商品的个体价格指数与个体销售量指数、全部商品的价格综合指数与销售量综合指数，并就所有商品销售额变动作因素分析。

1. 个体指数的计算

第 1 步：把表 6.3 中的数据复制到 Excel 工作表中，并在 G3 单元格输入公式"＝D3/C3"，回车后得到食盐的个体价格指数，如图 6.1 所示。

	A	B	C	D	E	F	G	H
G3			$\times$ $\checkmark$ f_x	=D3/C3				
1	商品类别	计量单位	价格（元）		销售量		个体指数（%）	
2			基期p_0	报告期p_1	基期q_0	报告期q_1	$i_p=p_1/p_0$	$i_q=q_1/q_0$
3	食盐	0.5kg	1	0.8	2500	3000	=D3/C3	
4	面粉	100kg	300	350	80000	90000		
5	牛肉	kg	20	22	10000	11000		
6	服装	件	100	150	25000	20000		
7	电视机	台	2000	1500	500	580		
8	合计	—	—	—	—	—		

图 6.1　个体价格指数计算式

第 2 步：所有商品个体价格指数填充计算。将鼠标放在刚输入公式的单元格右下角，当指针变成黑色十字时按下左键并向下拖动直到最后一个商品位置，计算所有商品个体价格指数，如图 6.2 所示。

A	B	C	D	E	F	G	H
商品类别	计量单位	价格（元）		销售量		个体指数	
		基期p_0	报告期p_1	基期q_0	报告期q_1	$i_p=p_1/p_0$	$i_q=q_1/q_0$
食盐	0.5kg	1	0.8	2500	3000	0.80	
面粉	100kg	300	350	80000	90000	1.17	
牛肉	kg	20	22	10000	11000	1.10	
服装	件	100	150	25000	20000	1.50	
电视机	台	2000	1500	500	580	0.75	
合计	—	—	—	—	—		

图 6.2　个体价格指数的填充计算

第 3 步：设置单元格格式。将所计算出的指数选定后，设置单元格格式为百分比，小数位数两位，点"确定"后得到小数位两位的百分比指数形式。同理，对个体销售量指数进行计算，结果如图 6.3 所示。

商品类别	计量单位	价格（元）		销售量		个体指数	
		基期p_0	报告期p_1	基期q_0	报告期q_1	$i_p=p_1/p_0$	$i_q=q_1/q_0$
食盐	0.5kg	1	0.8	2500	3000	80.00%	120.00%
面粉	100kg	300	350	80000	90000	116.67%	112.50%
牛肉	kg	20	22	10000	11000	110.00%	110.00%
服装	件	100	150	25000	20000	150.00%	80.00%
电视机	台	2000	1500	500	580	75.00%	116.00%
合计	—	—	—	—	—	—	—

图 6.3　个体指数的计算及格式调整

2. 综合指数的计算

第 1 步：根据综合指数计算公式，我们需要计算 3 个总量指标，即 p_0q_0、p_1q_1、p_0q_1。在单元格 I3、J3、K3 中输入公式"= E3 * C3""= F3 * C3""= F3 * D3"，然后用填充的方法把所有商品的 p_0q_0、p_1q_1、p_0q_1 计算出来，如图 6.4 所示)。

	A	B	C	D	E	F	G	H	I	J	K
1	商品类别	计量单位	价格（元）		销售量		个体指数		p0q0	p0q1	p1q1
2			基期p_0	报告期p_1	基期q_0	报告期q_1	$i_p=p_1/p_0$	$i_q=q_1/q_0$			
3	食盐	0.5kg	1	0.8	2500	3000	80.00%	120.00%	2500	3000	2400
4	面粉	100kg	300	350	80000	90000	116.67%	112.50%	24000000	27000000	31500000
5	牛肉	kg	20	22	10000	11000	110.00%	110.00%	200000	220000	242000
6	服装	件	100	150	25000	20000	150.00%	80.00%	2500000	2000000	3000000
7	电视机	台	2000	1500	500	580	75.00%	116.00%	1000000	1160000	870000
8	合计	—	—	—	—	—	—	—			

图 6.4　综合指数计算第一步

第 2 步：在单元格 I8、J8、K8 中输入公式"= SUM(I3：I7)""= SUM(J3：J7)""= SUM(K3：K7)"，对上述计算结果分别求和，然后在单元格 H9 和 H10 中分别输入"价格综合指数"与"销售量综合指数"，在单元格 I9 输入价格综合指数公式"= k8/J8"，在 I10 输入销售量指数的计算公式"= J8/I8"，并设置单元格格式为百分比，小数位数两位，点"确定"后得到小数位两位的百分比指数形式，如图 6.5 所示。

3. 因素分析

第 1 步：在单元格 H11 中输入"销售额指数"，在 I11 输入其计算公式"= K8/I8"，计算得到销售额综合指数为 128.56%；在单元格 H12 中输入"Ip * Iq"，并在单元格 I12 输入公式"= I9 * I10"，得到销售量综合指数 × 价格综合指数 = 128.56%。这说明该商场报告期的销售额比基期增加了 28.56%，是由于价格增加 17.22%，销售量增加 9.68%，两因素共同影响所致。

图6.5　综合指数计算

第2步：在单元格 J9 输入"由价格影响的销售额"，并在单元格 K9 中输入公式"= k8 - J8"，回车；在单元格 J10 输入"由销售量影响的销售额"，并在 K10 中输入公式"= (J8 - I8)"，回车；在单元格 J11 中输入"销售额变动总额 $\sum qp - \sum qp$"并在 K11 中输入公式"= K8 - I8"，回车。在单元格 J12 输入"$(\sum q_1p_0 - q_0p_0) + (\sum p_1q_1 - \sum p_0q_1)$"，并在 K12 中输入公式"= K9 + K10"得到的结果与销售额总的变动额一致，均为 79119 百元(如图 6.6 所示)。

结果表明，报告期与基期相比，销售额增加了 79119 百元，是销售量上升使销售额增加 26805 百元，销售价格提高使销售额增加 52314 百元共同作用的结果。

图6.6　因素分析

6.5.2　SPSS 在统计指数分析中的应用

SPSS 没有直接进行指数分析的过程，指数分析的基础是计算指数，已知每个个体的全面数据时，个体指数可以通过"转换"菜单的"计算变量"过程完成。综合指数可以通过"分析"菜单的"描述统计"子菜单的"比率"过程完成。现以表 6.3 数据为例加以介绍。

1.计算个体指数

选择"转换"→"计算变量"，打开对话框，以计算个体价格指数为例，在对话框左上部"目标变量"文本框中可输入"个体价格指数"；然后选中左边中部候选变量列表框中的"报告期价格"变量名，双击或点击变量移动按钮或拖入右边上方的"数字表达式"列表框；接着可点击对话框中部软键盘的"/"号或从电脑键盘输入；再选中候选变量列表框中的"基期价格"变量名移到"/"后面，这样就完成了表达式的构造。如果希望结果以百分数的形式呈现，可以在上述表达式后输入"＊100"，如图 6.7(a) 所示。最后点击"确定"按钮，这时数据文件的数据视图窗口原有变量最后一列后面会自动生成个体价格指数。个体销售量指数操作步骤也一样。如图 6.7(b) 所示，可看到上述操作后得到的个体价格指数和个体销售量指数。

图 6.7　"转换"菜单计算变量主对话框及计算结果

2. 计算综合指数

第 1 步，个案加权。以计算价格指数为例。派氏价格指数是以报告期销售量作为权数，因此要先将报告期销售量设定为频数变量。具体操作如下：选择"数据"→"个案加权"，在打开的对话框中，先选中"个案加权系数"，这时下方的移动按钮和"频率变量"框变为可用状态，然后将候选变量列表框中的"报告期销售量"移入"频率变量"框，如图 6.8 所示，点击"确定"按钮，完成设定。需要特别注意：① 一旦应用了一个权重变量，该权重变量将始终保持有效，当不使用该权数时，要回到该对话框取消设置；② 由于是对个案加权，要求为整数个案权重，否则会按四舍五入处理，导致后续结果不精确。

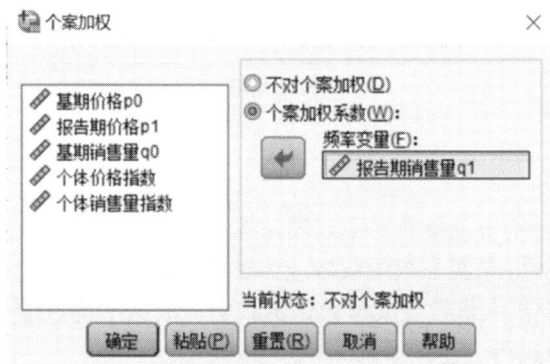

图 6.8　"个案加权"对话框设定权数

第2步，选择"分析"→"描述统计"→"比率"，在打开的对话框中将"报告期价格p1"移入"分子"列表框，将"基期价格p0"移入"分母"列表框，如图6.9(a)所示。

图6.9 "比率统计"对话框

第3步，点击右下方的"统计"按钮，打开对话框，在左上方"集中趋势"复选框组选中"加权平均值"，将右上方"离散"复选框的默认选项去除，如图6.9(b)所示。点击"继续"按钮回到主对话框，点击"确定"按钮，结果输出窗口给出的加权平均值即为派氏综合价格指数，如表6.10所示。

表 6.10　报告期价格 p_1 / 基期价格 p_0 的比率统计

加权平均值
1.172

表 6.11　报告期销售量 q_1 / 基期销售量 q_0 的比率统计

加权平均值
1.097

同样可得到拉氏综合销售量指数。不过要注意两点：① 一定要先执行"个案加权"过程，把基期价格设定为权数；② 个案加权的权数应为整数，如果基期价格为带小数的非整数，为避免分析时四舍五入，应扩大倍数变成整数作为权数，依据平均数的性质，不会影响比率的结果。如表6.11所示即执行上述操作的结果。

"比率"过程给出的结果仅有指数一个数值，如果需要了解分子分母各自的总和，可以在第1步完成后，通过"分析"→"描述统计"→"频率(或描述)"过程选定需要计算的分子及分母变量名后再由相关子对话框选择"总计"统计量获得。不过要注意，当权重是以扩大倍数为整数充当权重时，其总计结果应缩减相应倍数以还原。

本章小结

指数作为统计分析方法的重要组成部分，在实际分析中起着十分重要的作用。统计指数的概念有广义和狭义两种理解。在本章中，我们所介绍的主要内容如下：

1. 狭义指数仅指反映不能直接相加的复杂现象总体综合变动的相对数。这是我们本章所研究的重点。

2. 从不同的角度，统计指数可以划分成不同的种类。按照考察对象的范围不同，统计指数分为个体指数和总指数；按照按指数化指标的不同，统计指数分为数量指标指数和质量指标指数；指数按所反映的时间状况的不同，分为动态指数和静态指数，动态指数又可分为定基指数和环比指数。

3. 综合指数的编制方法是先综合后对比，即先解决不能相加的问题，然后进行对比。编制综合指数首先要明确两个概念：一是指数化指标，二是同度量因素。同度量因素的选择必须以指数的经济意义为依据，综合指数编制的常见方式有拉氏指数和派氏指数。在我国统计指数编制的实践中，数量指数通常采用拉氏指数形式，质量指数通常采用派氏指数形式。

4. 平均指数是以指数化指标的个体指数为基础，通过对个体指数的加权平均而计算的一种总指数，即采用先对比，后平均的方式编制总指数。它是编制总指数的又一种重要形式。加权平均指数主要包括加权算术平均指数和加权调和平均指数两种主要形式。

5. 平均指标指数是反映同一经济现象的平均指标进行对比计算的相对数。平均指标指数有总平均指标指数、结构影响指数与组平均数指数三种。

6. 狭义指数体系是指若干个在经济上有联系、数量上有对等关系的指数所形成的整体。利用狭义指数体系，可从绝对数与相对数两个层面在现象变动的总指数与各因素指数之间进行相互推算。

7. 因素分析，是指利用指数体系从数量上分析复杂现象总体中各个因素的影响程度和绝对额。

8. 在统计应用中，常见的经济指数有居民消费价格指数、工业生产指数、股票价格指数等。

思考与练习题

一、思考题

1. 什么是统计指数？它有何作用？

2. 与一般相对数比较，总指数所研究的现象总体有何不同？

3. 何谓同度量因素，它在综合指数计算中有何作用？它与平均指数的权数有何不同？

4. 什么是指数体系？它有何作用？

5. 综合指数与平均指数有何联系与区别？

6. 平均数指数与平均指标指数有何不同？

7. 什么是指数体系，指数体系的作用有哪些？

二、练习题

（一）填空题

1. 总指数的基本形式是_____。

2. 拉氏指数是将同度量因素固定在_____编制的指数。

3. 加权平均指数是从_____出发来编制总指数的，它的主要计算形式有_____、_____和_____。

4. 平均指标指数是两个_____之比，又叫_____。它可以分解为_____和_____。

5. 在指数体系中，指数之间在相对数和绝对数两方面存在_____。相对数分析要求总变动指数等于各因素指数的_____；绝对数分析要求总变动绝对额等于各因素变动影响绝对额的_____。

6. 我国消费者价格指数是按照_____方法计算的。

（二）判断题

1. 单位成本指数是数量指标指数。（   ）

2. 综合指数是统计总指数的基本形式，只可用于全面调查资料。（   ）

3. 平均指数只可用于非全面调查的资料。（   ）

4. 派氏指数的同度量因素固定在报告期。（   ）

5. 拉氏指数的同度量因素固定在报告期。（   ）

6. 当销售量上升时，销售额指数一定大于100%。（   ）

7. 2020年与2019年相比，同样多的货币只能购买90%的商品，说明物价指数上升10%。（   ）

8. 在由三个指数构成的指数体系中，两个因素指数的同度量因素指标是不同时期的。（   ）

9. 根据同样资料计算的派氏指数结果一般大于其拉氏指数结果。（   ）

10. 综合指数是平均指数的变形。（   ）

（三）单选题

1. 统计指数划分为个体指数和总指数的依据是(   )。

A. 指数化指标的性质不同　　　　　　B. 采用的同度量因素不同

C. 反映的对象范围不同　　　　　　　D. 指数的对比性质不同

2. 在由3个指数构成的指数体系中，两个因素指数的同度量因素通常(   )。

A. 都固定在基期　　　　　　　　　　B. 都固定在报告期

C. 采用基期和报告期的平均数　　　　D. 一个固定在基期另一个固定在报告期

3. 若销售量增加，而销售额不变，则商品的销售价格指数(   )。

A. 增加　　　　　B. 减少　　　　　C. 不变　　　　　D. 无法判断

4. 下列属于数量指标指数的是(   )。

A. 商品物价指数　　　　　　　　　　B. 平均工资指数

C. 上网时间指数　　　　　　　　　　D. 上网费用指数

5. 某企业2020年与2019年相比，各种产品的单位成本增长了8%，总生产费用增长了15%，则2020年该企业的产量指数为(   )。

A. 187.5% B. 7.5% C. 106.48% D. 6.48%

6. 同一数量货币，报告期只能购买基期商品量的90%，这是因为物价（　　）。

A. 上涨10% B. 下降10% C. 上涨11.1% D. 下降11.1%

7. 公式 $\sum q_1p_0 - \sum q_0p_0$ 的经济意义为（　　）。

A. 反映价格综合变动的绝对额

B. 反映销售量综合变动的绝对额

C. 反映由于价格变化引起销售额的增减额

D. 反映由于销售量变化引起销售额的增减额

8. 消费价格指数反映了（　　）。

A. 商品零售价格的变动趋势和程度

B. 居民购买生活消费品价格的变动趋势和程度

C. 居民购买服务项目价格的变动趋势和程度

D. 居民购买生活消费品和服务项目价格的变动趋势和程度

9. 某地区生活品零售价格上涨6%，生活品销售量增长8%，那么生活品销售额是（　　）。

A. 下降114.48% B. 下降14.48%

C. 增长114.48% D. 增长14.48%

10. 本年与上年相比，若物价上涨15%，则本年的1元（　　）。

A. 只值上年的0.85元 B. 只值上年的0.87元

C. 与上年的1元钱等值 D. 无法与上年比较

（四）多选题

1. 某企业今年与去年相比，各种商品的价格总指数为117.5%，这一结果说明（　　）。

A. 商品零售价格平均上涨了17.5%

B. 商品零售量平均上涨了17.5%

C. 由于价格提高使零售额增长了17.5%

D. 由于零售量提高使零售额增长了17.5%

2. 编制综合指数时，同度量因素的作用有（　　）。

A. 平衡作用 B. 权数作用 C. 同度量作用 D. 平均作用

3. 某企业甲产品报告期单位成本为基期的120%，这一指数是（　　）。

A. 个体指数 B. 总指数 C. 数量指标指数 D. 质量指标指数

4. CPI指数（　　）。

A. 是消费者价格指数

B. 是零售物价指数

C. 通常采用固定加权算术平均指数形式计算

D. 通常采用固定加权调和平均指数形式计算

5. 在指数体系中，选择同度量因素的要求是（　　）。

A. 符合指数计算的要求 B. 保证各指数之间的经济联系

C. 数学等式成立 D. 对比基期必须是报告期的前一期

6. 加权算术平均指数是一种（　　）。

A. 平均指标指数   B. 总指数

C. 个体指数平均数   D. 平均指数

（五）计算题

1. 某市场上四种蔬菜的销售资料如下表：

品种	销售量（公斤）		销售价格(元／公斤)	
	基期	计算期	基期	计算期
白菜	50	60	2.60	4.00
黄瓜	20	25	3.00	5.50
萝卜	30	32	1.00	1.50
西红柿	20	15	4.00	6.40

（1）用拉氏公式编制四种蔬菜的销售量总指数和价格总指数；

（2）再用派氏公式编制四种蔬菜的销售量总指数和价格总指数；

（3）比较两种公式编制出来的销售量总指数和价格总指数的差异。

2. 某商场主要商品的有关销售数据如下表：

几种主要商品的销售数据

商品名称	计量单位	价格 p／元		销售量 q	
		降价前 p_0	降价后 p_1	降价前 q_0	降价后 q_1
甲	台	300	200	50	80
乙	套	800	500	100	180
丙	件	90	50	150	300

要求：

（1）降价后与降价前相比，三种商品的总销售额增长的百分比是多少？销售额增长的绝对额是多少？

（2）以降价后的销售量为权数，计算三种商品的平均降价幅度是多少？由于降价而减少的销售额是多少？

（3）以降价前的价格为权数，计算三种商品的销售量平均增长幅度是多少？由于销售量增长而增加的销售额是多少？

3. 某企业共生产三种不同的产品，有关的产量、成本和销售价格资料如下表：

产品种类	计量单位	基期产量	计算期		
			产量	单位成本／元	销售价格／元
A 产品	件	270	340	50	65
B 产品	台	32	35	800	1000
C 产品	吨	190	150	330	400

(1)分别以单位产品成本和销售价格为同度量因素,编制该企业的派氏产量指数;

(2)试比较说明:两种产量指数具有何种不同的经济分析意义?

4.某家具公司生产三种产品的有关数据如下:

产品名称	总生产费用/万元		报告期单位成本比
	基期	报告期	基期增长/%
写字台	45	50	15.0
椅子	30	35	10.0
书柜	55	60	8.5

计算下列指数:

(1)派氏单位成本总指数;(2)拉氏产量总指数。

5.已知某地区 2019 年的农副产品收购总额为 360 亿元,2020 年比上年的收购总额增长 12%,农副产品收购价格总指数为 105%。试考虑 2020 年与 2019 年对比:

(1)农民因交售农副产品共增加多少收入?

(2)农副产品收购量增加了百分之几?农民因此增加了多少收入?

(3)由于农副产品收购价格提高 5%,农民又增加了多少收入?

6.某厂生产情况如下:

两种产品的生产情况资料

产品	计量单位	产量		基期产值
		基期	报告期	/万元
A	台	1000	900	620
B	双	300	320	330

请根据上表资料计算该厂的产量总指数和因产量变动而增减的产值。

7.某城市 3 个市场上有关同一种商品的销售量与销售价格资料如下表:

市场	销售价格(元/公斤)		销售量(公斤)	
	基期	计算期	基期	计算期
A 市场	2.50	3.00	740	560
B 市场	2.40	2.80	670	710
C 市场	2.20	2.40	550	820
合计	—	—	1960	2090

要求利用 Excel 或 SPSS:

(1)分析销售总量变动和价格变动对该种商品销售总额的影响;

(2)分析销量结构变动和价格变动对总平均价格变动的影响。

第7章

抽样与抽样分布

学习目标

1. 理解概率抽样、非概率抽样两类不同抽样方法的本质区别。

2. 了解简单随机重置抽样与不重置抽样下的可能样本数目。

3. 区别简单随机抽样、类型抽样、等距抽样、整群抽样、多阶段抽样等概率抽样的组织形式。

4. 了解总体分布、样本分布、抽样分布的关系，掌握正态分布与 t 分布的特点。

5. 重点掌握样本均值、样本比例在不同条件下的抽样分布。

6. 了解 Excel 在随机抽样中的应用。

情景导入

一次失败的抽样调查

1936 年，美国正从经济危机中复苏，全国仍然有 900 万人失业。当年的美国总统大选由民主党党员罗斯福(F·D·Roosevslt) 与共和党党员兰登(Alfred Landon) 进行角逐。当时非常流行的《文学文摘》(Literary Digest) 杂志对角逐结果进行了调查与预测。杂志社的工作人员根据当时的电话号码薄及该杂志读者俱乐部会员名单，邮寄了 1000 万份调查表，询问哪位总统候选人更受人喜欢？《文学文摘》杂志社回收了约 240 万份问卷，工作人员将搜集的大量样本数据进行了整理与计算，他们断言：在总统选举中，兰登将以 57% 的选票领先 14 个百分点击败罗斯福。与此同时，一个名叫乔治·盖洛普的人对《文学文摘》调查结果的可信度提出质疑，他也组织了一次抽样调查进行民意测验，他从全国选民中仅随机抽取 2000 多人进行调查，据此预测的结果与《文学文摘》截然相反，他认为罗斯福必胜无疑。而当年美国总统大选的结果是罗斯福赢得了约 2770 万张选票，兰登得到的选票约 1600 万张，罗斯福以 62% 对 38% 压倒性大胜兰登。这一结果使《文学文摘》从此销声匿迹，而乔治·盖洛普则名声大噪，并且总是以 1000 ~ 1500 人的样本快速、准确地对每届总统进行了预测，平均误差在 2% 以下。

上述案例中《文学文摘》和乔治·盖洛普分别使用了哪种调查方法？他们的调查总体和

样本是什么？为什么《文学文摘》的调查会失败？这些问题都将在本章找到答案。

本章旨在探讨从总体中抽取样本的方式方法，以及样本统计量的分布问题。样本统计量很多，有来自单一总体的样本均值、样本比例、样本方差等，也有来自两个总体的样本均值之差、比例之差、方差之比等。本章将重点讨论来自单一总体的样本均值与样本比例的分布问题。

7.1   抽样概述

为了推断总体的某些重要特征，需要从总体中按一定方法抽取若干个体构成样本，我们将这一抽取样本的过程称为抽样。

7.1.1   抽样的方法

一般而言，从总体中抽选样本的方法有两大类，即概率抽样和非概率抽样。

1. 概率抽样

概率抽样(probability sampling)亦称随机抽样。它是指根据随机原则从总体中直接抽选若干个体构成样本的方法。随机原则就是机会均等的原则，要求总体中每个个体被抽入样本的概率已知并且完全相等。概率抽样最基本的组织方式有简单随机抽样、等距抽样、分层抽样、整群抽样和多阶段抽样。详细内容见概率抽样的组织形式。

在概率抽样的前提下，可采用的抽选样本的具体方法又有两种，即重置抽样和不重置抽样。

重置抽样，又称为重复抽样，其做法是：从总体中抽选出一个个体后，观察并记录其有关特征(标志表现)，然后将其放回到总体中去(使它和其余的个体在下一次抽选中具有同等被抽中的机会)，再接着抽选下一个个体，如此反复，直到抽足所需的 n 个个体为止。之所以称这种抽样方法为重置抽样，是因为在这种方式下，每一个体均有被重复抽中的可能。

不重置抽样，又称不重复抽样，其做法是：从总体中抽选出一个个体，观察并记录其有关特征后，不将其放回原总体，再从剩下的个体中抽选下一个个体，如此反复，直到抽足所需的 n 个个体为止。之所以称这种抽样方法为不重置抽样，是因为在这种方式下，某一个体不可能在一个样本中重复出现。

2. 非概率抽样

非概率抽样(non - probability sampling)亦称非随机抽样。它是不遵守随机原则，而是根据调查者的主观愿望、经验和知识，从总体中有意识地抽取若干个体构成样本的方法。常见的非概率抽样有随意抽样、判断抽样、定额抽样和滚雪球抽样等。

任意抽样(Convenient Sampling)又称便利抽样。它是根据调查者的方便与否来抽取样本的一种抽样方法。"街头拦人"和"空间抽样"是方便抽样的两种最常见的方法。"街头拦人"是在街头、公园、商店等公共场所任意找某个行人，将其纳入样本；"空间抽样"是对某一聚集的人群或实物，从空间的不同方向和方位任意抽取部分个体构成样本。任意抽样简便易行，能及时取得所需的信息资料，省时、省力、节约经费。但抽样偏差较大，只有在调查总体各个体之间的差异不大时，抽取的样本才具有较高的代表性。在这种抽样方式下，总体中各个体被抽中的概率事先一般不知道，也不可能完全相等。粮站收购员就是采用这种随意抽样方法抽查所收购粮食的含水、含杂率。

判断抽样(Judgment Sampling) 又称目的抽样。它是指调查者凭借丰富的经验和知识，在对调查对象的全部个体进行分析判断的基础上，从中抽选出自认为具有足够代表性的部分个体的一种抽样方法，有重点抽样、典型抽样、代表抽样等方式。判断抽样是主观的，样本选择的好坏取决于调查者的判断、经验、专业程度和创造性。抽样成本比较低，容易操作，但样本是人为确定的，没有依据随机的原则，调查结果不能用于推断总体。如农作物收获前的估产，往往由具有丰富经验的农民选择一部分在他看来具有代表性的地块作为样本，这就是一种较典型的判断抽样方法。

配额抽样(Quota Sampling) 又称定额抽样。它是概率抽样与非概率抽样的结合，先将总体划分成若干类型，根据随机原则从中抽选出若干类，再按规定的比例利用随意抽样或判断抽样方法分别从抽中的类型中选出样本单位。配额抽样操作简单，可以保证总体中不同类别的单位都能包括在所抽的样本之中，使得样本的结构和总体的结构类似，从而提高调查结果的准确性，但抽取具体样本单位时，不是依据随机原则，仍属于非概率抽样。例如，某大学欲了解全校教师对新人事政策的意见，调查者先随机抽取若干个学院，按抽中学院教师人数占所有抽中学院教师人数的比例，将样本容量分配到各抽中学院中去，各学院采用非概率抽样以抽取教师构成样本。这里，各学院抽取教师时，哪些教师被选作样本单位，哪些教师不被选作样本单位，完全由调查者主观确定。这就是一种典型的定额抽样方法。

滚雪球抽样(Snowball Sampling)。它是采用随机方式选择一组调查单位，在对他们进行调查后，再根据他们所提供的信息寻找下一组调查单位，像滚雪球一样一波一波地继续下去，直到抽取足够的调查单位构成调查对象。比如要研究退休老人的生活，可以清晨到公园去结识几位散步老人，再通过他们结识其朋友，不用很久，就可以交上一大批老年朋友作为调查对象。

概率抽样与非概率抽样的根本区别在于，概率抽样遵循了随机原则，非概率抽样则没有遵循随机原则。在实践中，非概率抽样虽然更灵活、更方便，但其效果总的来说要差一些。所以，虽然某些调查(如西方的民意测验) 往往也采用非概率抽样方式，但是概率抽样方式的应用要广泛得多。本章开始导入的案例从一个侧面说明了非概率抽样与概率抽样在抽样误差上存在很大的差别，概率抽样的科学性让抽样结果更加准确，更能还原客观事物总体的本来面目和未来的发展趋势。因此，本章的抽样分布、第八章的参数估计以及第九章的假设检验都是基于概率抽样来进行探讨的。

7.1.2　概率抽样的组织形式

进行概率抽样需要建立抽样框。抽样框(sampling frame) 又称作抽样结构，是指包括全部抽样单位的名单框架。抽样框的主要形式有三种：名单抽样框、区域抽样框、时间表抽样框。抽样框一般可采用现成的名单，如人员名单、企业名录、城市指南、电话本等。在没有现成名单的情况下，可由调查人员自己编制。编制时应该注意保证抽样框的完整性和不重复性，否则将可能影响到抽样结果的准确性。抽样框的作用在于提供备选单位的名单以及计算各单位入样概率的依据。

概率抽样的组织形式主要有简单随机抽样、等距抽样、分层抽样、整群抽样与多阶段抽样等等。

1. 简单随机抽样

简单随机抽样(simple random sampling) 又称为纯随机抽样,是根据随机原则直接从总体 N 个单位中抽取 n 个 $(n < N)$ 单位构成样本的一种抽样方式。简单随机抽样是随机抽样调查中最基本的抽样方式,在这种抽样方式下,总体 N 个单位被选入样本的概率完全相等,而且所有可能样本被抽中的概率也完全相等。

简单随机抽样的具体做法一般有抽签法、摇号法、随机数码表法等。当总体容量不大时,抽签法是比较适宜的。对于容量较大的总体,通常采用摇号法、随机数码表法。

(1) 抽签法

将总体的全部单位 N 个逐一作签,完全搅拌均匀后,一次同时抽取 n 个签或一次抽取一个签但不把这个签放回,接着抽第 2 个,第 3 个,……,直到抽满 n 个为止。被抽中标签所对应的单位就是样本单位,随后可以进行调查登记,被抽中的 n 个样本单位即组成了一个样本。如我们日常生活中常用的抓阄就是抽签法应用的实例。

(2) 摇号法

用特制的机器来摇号,总体较大时通常可以采用此法。例如,体育彩票、福利彩票、足球彩票等的中奖号码都是利用摇奖机摇号产生的。

(3) 随机数码表法

随机数码表(也称乱数表) 是由一系列随机数字组成的表格,表中出现的数字及其排列顺序是完全随机的,构成随机数码表的十个数字 $(0 \sim 9)$ 出现的概率都是相等的,而且各随机数组出现的概率也是相等的。

运用随机数码表抽取样本的方法是:先根据 N 的大小选择相应的位数对总体单位进行编号(如 $N = 225$,则相应的位数为三位数,总体单位的编号为 $000 \sim 224$),再从随机数码表中的任何一个数字开始,向任何一个方向按总体单位编号相同的位数(如三位数) 连续地查过去,若所遇数码无相应的总体单位编号,该数码即放弃;若所遇数码有相应的总体单位编号,该总体单位即被抽中。如此向同一方向持续查下去,直到抽满所需的样本容量为止。

假定一个随机数码表如下:

034743	738636	964736	614699	698162	977424	676242	811457	204253	323732
167602	276656	502671	073290	797853	125685	992696	966827	310503	729315
555956	356438	548246	223162	430990	162277	943949	544354	821737	932378

比如某企业要调查消费者对某产品的需求量,要从 95 户居民家庭中抽选 10 户居民,按数码表法抽选样本。具体步骤如下。第 1 步:将 95 户居民家庭编号,每一户家庭一个编号,即 01 ~ 95。(每户居民编号为两位数)

第 2 步:在上面的表中,随机确定抽样的起点和抽样的顺序。假定从第一行,第 2 列开始抽,抽样顺序从左往右抽。(横的数列称" 行",纵的数列称为" 列")

第 3 步:依次抽出号码分别是 73、86、36、96、47、36、61、46、99、69,共 10 个号码。由于 96、99 两个号码不在总体编号范围内,应排除在外;36 重复出现,删除 1 个。再补充 3 个号码:81、62、74。

由此产生 10 个样本单位号码为 73、86、36、47、61、46、69、81、62、74。

编号为这些号码的居民家庭就是抽样调查的对象。

实际生活中，这些随机数表起着很大的作用，所以很多人会专门去寻找随机数表产生器。

简单随机抽样的优点是：方法简单直观，当总体名单完整时，可直接从中随机抽取样本。由于抽取概率相同，计算抽样误差及对总体指标加以推断比较方便。

简单随机抽样的局限表现在：

① 采用简单随机抽样一般须对总体各单位加以编号，而当总体十分庞大时，逐一编号几乎是不可能的；

② 当总体的变异程度（方差）较大时，简单随机抽样的误差将会比较大；

③ 由于抽出样本单位较为分散，所以调查人力、物力、费用消耗较大。因此，这种方式只适用于总体单位数不太多以及总体分布比较均匀的情况。

2. 等距抽样

等距抽样又称系统抽样（systematic sampling）或机械抽样。它是将总体各单位按一定标志排队，然后按相等间隔抽取一定数目的总体单位构成样本。设总体共有 N 个单位，要求利用等距抽样从中抽出样本容量为 n 的样本，则先要将 N 个单位按某一标志排序，再按随机原则从每 $k(=N/n)$ 个单位中等距地抽取一个单位。可见，等距抽样涉及两个问题：一个是排序的问题，另一个是样本单位的抽选问题。

（1）等距抽样的排序方法

根据排序标志与统计研究的目的是否有关，等距抽样的排序方法可分为按无关标志排序和按有关标志排序。前者如研究职工收入水平时，按姓氏笔划排列职工名单进行的抽样；研究工业生产质量时按产品生产时间顺序进行的抽样等。后者如研究耕地产量时，按耕地当年估产或前几年平均实产由低到高或由高到低的顺序进行的抽样。

（2）等距抽样抽选样本单位的方法

等距抽样按样本单位的抽选方法不同可分为随机起点等距抽样、半距起点等距抽样、随机起点对称等距抽样。

随机起点等距抽样是在总体分成 K 段（$K=N/n$）的前提下，首先从第一段的 1 至 k 号总体单位中随机抽选一个样本单位，然后每隔 k 个单位抽取一个样本单位，直到抽足 n 个单位为止。当总体按无关标志排序时，随机起点等距抽样是可以应用的。如果总体按有关标志排序，就不宜选用随机起点等距抽样了。例如，为了了解全国（除港澳台外）的经济发展状况，我们拟从 31 个省（市、自治区）中采用随机起点等距抽样抽选 5 个进行深入调查分析，即每 6 个省（市、自治区）中抽选 1 个。为此，先将 31 个省（市、自治区）按 GDP 排序，如果第一组抽中了第 2 个，也就是抽中了第一组中 GDP 次高的那个省（市、自治区），那么，随后所抽的 4 个样本单位，都将是相应各组中 GDP 次高的省（市、自治区），显然，这样的样本对总体不具有代表性，因为计算样本的 GDP 均值会明显高于全国 31 个省（市、自治区）的 GDP 均值。

半距起点等距抽样是在总体的第一段，取 1，2，…，k 号中的中间项为起点，然后每隔 k 个单位抽取一个样本单位，直到抽足 n 个样本单位为止。无论是按无关标志排队的等距抽样，还是按有关标志排队的等距抽样，都可以采用这种方法。当总体按有关标志排序时，采用这种方法能保证样本有充分的代表性，长期以来在大规模的社会经济调查中被广泛运用，实际检验其效果也是令人满意的。其局限性是随机性不明显，当总体排序确定，样本容量确定，则样本单位也随之确定了。而且只能抽取一个样本，不能进行样本轮换，抽样的利用率太低。

随机起点对称等距抽样是指每相邻两段所抽的两个样本单位的位置是相互对称的抽样。即如果第一组抽中的是第一组的第 a 个单位，那么，第二个样本单位就是第二组的倒数第 a 个单位，第三个样本单位就是第三组的顺数第 a 个，第四个样本单位就是第四组的倒数第 a 个，如此类推。随机起点对称等距抽样保留了半距起点等距抽样的优点，而又避免了它的局限性，使其优点更加明显。

等距抽样与简单随机抽样比较，可使中选单位比较均匀地分布在总体中，尤其当被研究现象的标志变异程度较大，而在实际工作中又不可能抽选更多的样本单位时，这种方式更为有效，因此，等距抽样是市场调查中应用较广的一种抽样方式。

等距抽样也有一定的局限性，表现在：

(1) 运用等距抽样的前提是要有总体每个单位的有关材料，特别是按有关标志排队时，往往需要有较为详细、具体的相关资料，这是一项很复杂和细致的工作。

(2) 当抽选间隔和被调查对象本身的节奏性(或循环周期)重合时，就会影响调查的精度。

(3) 等距抽样的抽样误差计算较为复杂。

3. 分层抽样

分层抽样(stratified sampling)，又称为分类抽样或类型抽样，它是先按某一标志将总体划分为若干类型(组)，再在总体各类型中分别随机抽选若干单位共同构成样本。分层抽样与等距抽样不同，它只能按照有关标志进行分层。例如，对湖南省居民的家庭年收入状况进行调查，可以将居民家庭按照收入的高低来分成高收入、较高收入、中等收入、较低收入、低收入 5 层，再从各层中随机抽取居民家庭，但是不能按照姓氏笔画这样的无关标志分层。

类型抽样最适宜于单位标志值差异程度较大的总体。这是因为类型抽样是在分组的基础上再对各组进行随机抽样，尽管总体的差异程度大，但通过科学分组，组内差异相对较小，组间差异相对较大，而抽样时对所有组都进行了随机抽样，样本单位在总体中的分布更加均匀，这样能够保证样本对总体的足够代表性。也正因为如此，类型抽样的优点在于它有利于提高抽样估计的精确度。

提高类型抽样效果的关键在于科学分组。科学分组的原则是，可能缩小组内方差，增大组间方差。这就要求调查者对总体情况要有较多的了解，才能保证分类的科学性，从而保证样本对总体有足够的代表性。

类型抽样具体分为两种方法：即等比例类型抽样和不等比例类型抽样。

等比例类型抽样，要求样本各层的结构与总体保持一致，即各层样本单位数的分配比例与总体单位在各层的分配比例一致。等比例抽样简便易行，考虑了各层包含总体单位数不同的特点，分配比较合理，在实际工作中应用较广。

不等比例类型抽样是指各组所抽选单位数按各组单位标志值变动程度来确定，单位标志值变动程度大的组多抽一些，变动程度小的组少抽一些，各组抽选的比例不完全一样。由于这种抽样方式考虑了各组标志值变动的差异程度，对于标志差异程度较大的总体，更能发挥出类型抽样的优点，但在调查前，准确了解各层标志变异程度大小是比较困难的。

分层抽样是在实际中最常采用的抽样技术之一，它具有以下几个优点：

① 由于分层抽样在各层中进行，因此各层样本除汇总后可用于总体参数的估计外，还可用来对层的参数进行估计。

② 由于抽样是在各层独立进行的，允许根据各层的具体情况采用不同的抽样方式。因此，分层抽样实施灵活方便，便于组织。

③ 分层抽样的样本单位来自各层，在总体中的分布更为均匀，样本代表性强，有利于提高分层抽样的精度。

分层抽样的局限性表现为：如果层的划分或样本量分配不合理，可能会使分层抽样的精度比简单随机抽样还差。

4. 整群抽样

整群抽样(cluster sampling)是指将总体划分为若干群，并根据随机原则从中抽选出部分群，将被抽中的各群的全部单位构成样本。如对全国农村人口的身体素质进行调查，如果采用整群抽样的方式，我们可以把"县"看作"群"，每一个县就是一个群，先从全国所有县中采用随机原则抽选部分县，再对被抽中县的全部人口的身体素质状况进行调查。

整群抽样实质上是以群为基本单位的简单随机抽样，整群抽样实施起来比较方便，其调查费用较节省，这是整群抽样的优点。由于整群抽样不需要编制总体单位名册，只需要编制总体群的名单，两者相比，后者工作量少多了。如前述例子，我们编制一个全国各县的名册，其工作量要远远少于编制一个全国所有人口名册的工作量。

在社会经济调查中，总体单位通常总是以某种社会经济组织形式结合为群体，利用这些群体作为整群抽样的"群"，会给调查的组织工作、搜集资料工作提供方便。如我们调查城镇人口，可把社区看作"群"，调查农村人口，可把县或者乡看作"群"。

整群抽样的局限性是抽样误差较大。因为整群抽样所抽的样本单位较集中，会影响其在总体中的均匀分布，与其他抽样方式如简单随机抽样相比较，如果样本容量相同，采用整群抽样抽取的样本的代表性会明显不如简单随机抽样所抽的样本。实践中，为了克服这一不足，关键在于对总体的分群一定要科学、要恰当，要尽量增加群内的差异程度，降低群间的差异程度。例如，我们要了解某大学商学院学生的英语学习状况，如果采用整群抽样，则先要对学生进行分群，这里有两种分群方式：一种是按学生的英语笔试成绩分为 3 个群(60 分以下，60 ~ 80 分，80 ~ 100 分)，第二种是按学生所学专业分为 4 个群(经济学专业，金融学专业，会计学专业，其他专业)。比较这两种分群方式，第一种分群的群间差异比第二种会更大，如果采用随机抽样刚好抽中了"60 分以下"这一群，据此推算商学院所有学生的英语为不及格水平，这样误差就非常大了。这一实例也说明，对于整群抽样，科学分群是多么的重要。

5. 多阶段抽样(multi – stage sampling)

多阶段抽样就是在抽选样本单位时并不是一次直接从总体中抽取，而是分两个或两个以上的阶段来进行。

当总体很大时，抽样调查直接抽取总体单位是很困难的。这种情况下，我们可以将总体分成几个阶段，在每一个阶段实行随机抽样，这样会简单得多。如对湖南粮食总产量进行调查，可采用以下四阶段抽样：① 从湖南省所有县(市)中随机抽取部分县(市)；② 从被抽中的县(市)中按随机原则抽取部分乡镇；③ 从被中的乡镇中随机抽取部分农户；④ 从被抽中的农户的所有播种面积中随机抽取部分地块，进行实割实测。

又如我国的城市职工家计调查可采用三阶段抽样：先抽选调查城市，再从抽中城市中分部门抽选基层单位，最后从抽中的基层单位中抽取调查户。

多阶段抽样所划分的抽样阶段数不宜过多，一般划分为 2 ~ 4 个阶段为宜。

多阶段抽样的优点在于：当总体范围太大无法直接抽选样本单位时，多阶段抽样的组织方式既可以相对节约人力和物力，又可以利用现成的行政区划、组织系统作为划分各阶段的依据。但其不足也是显而易见的，我们计算样本统计量，利用样本统计量推断总体参数，估计抽样误差，其计算会复杂得多。

7.1.3　简单随机抽样下的可能样本个数

可能样本个数又称为可能样本数目(用 M 表示)，是指从总体中可能抽取的样本的数目。它既和总体容量 N、样本容量 n 有关，也与抽样的具体方法有关。

(1) 重置抽样下的可能样本数目。

从 N 个总体单位中重复地抽选 n 个单位构成样本，若考虑样本单位具有顺序差异，则可能的样本数为 N^n 个；若不考虑样本单位的顺序差异，则可能的样本数为 $\frac{N^n + N}{2}$ 个。

例如，某一总体含有 A、B、C、D、E 共 5 个总体单位，按重置抽样方式从中随机抽取 2 个，如果考虑样本单位的顺序差异，样本可能数目 M 为 $5^2 = 25$ 个，这些样本的直观表示如图 7.1 所示。

	A	AA	AB	AC	AD	AE
第一次抽中| B	BA	BB	BC	BD	BE
	C	CA	CB	CC	CD	CE
	D	DA	DB	DC	DD	DE
	E	EA	EB	EC	ED	EE
		A	B	C	D	E

第二次抽中

图 7.1　重置抽样时，样本可能数目及样本构成图

如果不考虑样本单位的顺序差异，则意味着 AB、BA 是同一个样本，AC、CA 是同一个样本，……。在图 7.1 中，AA、BB、CC、DD、EE 这条主对角线之上的 10 个可能样本，与线下的 10 个可能样本，除了样本单位顺序不同，没有其他差别。因此，可将主对角线上下的 20 个可能样本合并为 10 个，再加上主对角线上的 5 个，共 15 个可能样本，即 M 为 $\frac{N^n + N}{2} = \frac{5^2 + 5}{2} = 15$ 个。

(2) 不重置抽样下的可能样本数目。在不重置抽样下，从 N 个总体单位中每次抽取 1 个单位，共抽 n 次，与从 N 个总体单位中 1 次抽取 n 个单位，两种抽法是完全等价的。若考虑样本单位的顺序差异，则可能产生的样本数为 $A_N^n = \frac{N!}{(N-n)!}$；若不考虑样本单位的顺序差异，则可能产生的样本数为 $C_N^n = \dfrac{N!}{n! \times (N-n)!}$。

例如，某一总体含有 A、B、C、D、E 共 5 个总体单位，按不重置抽样方式从中随机抽取 2 个，如果考虑样本单位的顺序差异，样本可能数目为 $A_5^2 = 20$ 个（图 7.1 中除主对角线 AA、BB、CC、DD、EE 以外的 20 个可能样本）；如果不考虑样本单位的顺序差异，样本可能数目为 $C_5^2 = \dfrac{5!}{2! \times (5-2)!} = 10$ 个（图 7.1 中主对角线以上或以下的 10 个可能样本）。

在实践工作中，对于重置抽样应用更多的是考虑样本单位具有顺序差异的情况，而不重置抽样则是不考虑样本单位具有顺序差异的情况。

7.1.4 抽样方案的设计

1. 抽样方案设计的基本原则

在抽样调查之前，首先要有一个抽样方案的设计。抽样方案的设计就是关于抽样调查的一个总体规划和全面安排。科学地设计抽样方案必须遵循两个基本原则。

（1）保证实现抽样随机性的原则

按随机原则抽取样本是参数估计的前提，从理论上说，随机原则就是要保证总体每一个单位都有同等的中选机会。如果违背了随机原则，失去了这个前提，参数估计的理论和方法也就失去了存在的意义，就不可能利用样本统计量估计总体参数，也不可能估计出抽样误差的大小。

前已述及，统计误差包括登记性误差和代表性误差，代表性误差又包括偏差和随机误差。从理论上讲，我们一般认为，通过人为的努力，如提高统计人员的素质水平，改善统计人员的工作态度，改进观测、计算的相关设备等多种措施，可以消除登记性误差，所以登记性误差是不需要计算的。在代表性误差中，偏差是因为没有遵循随机原则而导致的，它的大小是无法计算的。如果我们遵循了随机原则，偏差也就被消除了，不需要加以计算。而随机误差则是遵循了随机原则仍存在的误差，这个误差我们是可以计算或控制的（后面的章节中会学习到），也正因如此，推断统计学才得以广泛应用。

（2）保证实现最大的抽样效果原则

抽样调查和其他工作一样，也有一个经济效益的问题，就是如何以较少的费用支出取得较多的、准确可靠的数据资料。在抽样调查中，节省费用与精确度的要求并不是一致的，它们是相互矛盾的：抽样误差要求愈小，则调查费用往往需要越多。保证实现最佳的抽样效果原则，就是在一定的误差要求下选择费用最少的方案，或者在一定的费用开支条件下选择误差最小的方案。

2. 抽样方案设计中要注意的问题

抽样方案涉及的内容较多，应该包括如何从总体中抽取样本，说明调查要取得哪些项目的资料，用什么方法取得这些资料，资料的精确程度怎样，必要的样本单位数目，以及调查人员的培训计划，调查问卷或调查表的设计，调查项目的编码，汇总表的格式，等等。设计抽样方案时，更应当注重以下几个重要问题。

（1）建立科学的抽样框

一个合适的抽样框必须考虑它是不是能覆盖总体的所有单位。篇首案例中的《文学文摘》对美国总统大选进行民意调查，仅以当时的电话号码簿及该杂志读者俱乐部会员名单为抽样框是不合适的，因为并不是所有选民都安装有电话，而且安装电话的选民以及《文学文摘》读者俱乐部会员大多是经济条件较好的选民，从这一抽样框取得的样本对全国选民就不具有代表性。

（2）要考虑样本容量和结构

样本容量究竟多大才算是合适的？例如在总统大选的民意调查中，要调查多少人才能反映全体选民的共同意愿呢？调查选民过多，将会浪费经费；调查的选民过少，又会影响对总统大选的预测效果。样本容量的确定需要考虑的因素很多，如可使用经费的多少，调查对象的差异程度，允许的误差范围，估计的可靠性，抽样的组织形式，等等，确定样本容量时需要将这些因素进行全面权衡。

对于相同的样本容量，还有一个容量的结构问题。例如，要求对一个县抽取 600 亩播种面积，可以先抽 6 个村，再每村抽 100 亩；也可以先抽 10 个村，再每村抽 60 亩。两种抽法的样本容量一样，但后一种结构的样本显然对全县总体更具有代表性。所以，设计抽样方案时，合理调整样本结构会使抽样效果更好。

（3）要考虑抽样的组织形式

不同的抽样组织形式会有不同的抽样误差，因而抽样效果会不一样。一种科学的抽样组织形式能以更少的样本单位数，取得更好的抽样效果。在抽样设计时，必须充分利用已经掌握的信息，对总体单位加以预处理，选择合适的抽样组织形式进行抽样。例如，为了深入了解全国（除港澳台外）经济发展状况，将 31 个省（市、自治区）分为东部地区、中部地区和西部地区，这时可选择类型抽样；如果知道 31 个省（市、自治区）的 GDP 数据，可先按 GDP 进行排序，选择等距抽样。对于抽中了的省（市、自治区），可选择多阶段抽样取得反映经济发展状况的基础资料。

（4）要考虑调查的费用

调查费用可以分为可变费用和不变费用。可变费用随着调查单位的多少、远近、难易而变化，如搜集数据费、数据处理费、制表费等。不变费用是指不随工作量多少而变化的固定费用，如工作机关管理费、出版费、等。节约调查费用往往集中于可变费用的开支上。

7.2　抽样分布

7.2.1　关于分布的几个概念

1. 总体分布、样本分布与抽样分布

（1）总体分布。总体分布是指总体 X 的概率分布，它由 X 的所有取值和与之相应的概率组成。

反映总体分布特征的常用指标有两个：

一个是反映 X 集中趋势的指标 —— 总体均值 μ。

$$\mu = \frac{\sum XF}{N} = \sum XP \tag{7.1}$$

另一个是反映 X 离散趋势的指标 —— 总体方差 σ^2。

$$\sigma^2 = \frac{\sum (X - \mu)^2 F}{N} = \sum (X - \mu)^2 P \tag{7.2}$$

其中，$P_i = \dfrac{F_i}{N}(N = \sum F)$，它表示总体单位的某一取值 X_i 出现的概率。

【例 7.1】　设某高校的研究生班共招收了 5 名研究生，他们统计学课程的入学考试成绩分别为 70 分，72 分，80 分，86 分，86 分。试给出总体分布及其分布特征值。

解:

总体分布可以如表 7.1 所示予以描述。

表 7.1　某研究生班 5 名研究生统计学考试成绩的总体分布

考试成绩 X	70	72	80	86
人数 F	1	1	1	2
概率 P	$\dfrac{1}{5}$	$\dfrac{1}{5}$	$\dfrac{1}{5}$	$\dfrac{2}{5}$

总体分布的特征值为:

$$\mu = \sum XP = 70 \times \frac{1}{5} + 72 \times \frac{1}{5} + 80 \times \frac{1}{5} + 86 \times \frac{2}{5} = 78.8$$

$$\sigma^2 = \sum (X - \mu)^2 P$$

$$= (70 - 78.8)^2 \times \frac{1}{5} + (72 - 78.8)^2 \times \frac{1}{5} + (80 - 78.8)^2 \times \frac{1}{5} + (86 - 78.8)^2 \times \frac{2}{5}$$

$$= 45.76$$

（2）样本分布。样本分布是指一个样本中各观察值的概率分布，它由一个样本的所有观察值和与之相应的概率组成。据此可以计算样本均值、样本比例与样本方差等反映样本特征的指标。

样本是从总体中抽取的，其中包含着总体的一些信息和特征。当样本容量 n 逐渐增大时，样本的分布也逐渐接近总体的分布。但由于样本是随机抽取的，当样本的容量很小时，样本的分布就有可能与总体的分布不一致，或许会有较大的差异。

（3）抽样分布。由样本各单位标志值确定的指标称为样本统计量，例如样本均值 $\bar{x}$、样本比例 p 等。对于同一样本统计量，如 $\bar{x}$，由于不同样本计算出来的值是不同的，因此，样本统计量是一个随机变量，它有若干可能取值，每一可能取值都有一定的概率，从而形成它的概率分布，即抽样分布。简言之，抽样分布就是指样本统计量的概率分布，它由各样本统计量的值和与之相应的概率组成。常见的抽样分布有样本均值的分布、样本比例的分布与样本方差的分布。

【**例7.2**】　在例7.1中,按随机原则,采用重置抽样方式抽取样本容量为2的样本,试说明样本均值的抽样分布。

解： 从5名研究生《统计学》课程的入学考试成绩70分、72分、80分、86分、86分中,用重置抽样方式随机抽取2人构成样本,所有可能样本的构成及其平均数如表7.2所示。

表 7.2　25 个可能样本的构成及平均数

第2次抽中 第1次抽中	70	72	80	86	86
70	(70, 70) $\bar{x}_1 = 70$	(70, 72) $\bar{x}_2 = 71$	(70, 80) $\bar{x}_3 = 75$	(70, 86) $\bar{x}_4 = 78$	(70, 86) $\bar{x}_5 = 78$
72	(72, 70) $\bar{x}_6 = 71$	(72, 72) $\bar{x}_7 = 72$	(72, 80) $\bar{x}_8 = 76$	(72, 86) $\bar{x}_9 = 79$	(72, 86) $\bar{x}_{10} = 79$
80	(80, 70) $\bar{x}_{11} = 75$	(80, 72) $\bar{x}_{12} = 76$	(80, 80) $\bar{x}_{13} = 80$	(80, 86) $\bar{x}_{14} = 83$	(80, 86) $\bar{x}_{15} = 83$
86	(86, 70) $\bar{x}_{16} = 78$	(86, 72) $\bar{x}_{17} = 79$	(86, 80) $\bar{x}_{18} = 83$	(86, 86) $\bar{x}_{19} = 86$	(86, 86) $\bar{x}_{20} = 86$
86	(86, 70) $\bar{x}_{21} = 78$	(86, 72) $\bar{x}_{22} = 79$	(86, 80) $\bar{x}_{23} = 83$	(86, 86) $\bar{x}_{24} = 86$	(86, 86) $\bar{x}_{25} = 86$

由表7.2可得如表7.3所示的样本均值$\bar{x}$的抽样分布。

表 7.3　样本均值$\bar{x}$的抽样分布

样本均值$\bar{x}$	70	71	72	75	76	78	79	80	83	86
次数 F	1	2	1	2	2	4	4	1	4	4
概率 P	$\frac{1}{25}$	$\frac{2}{25}$	$\frac{1}{25}$	$\frac{2}{25}$	$\frac{2}{25}$	$\frac{4}{25}$	$\frac{4}{25}$	$\frac{1}{25}$	$\frac{4}{25}$	$\frac{4}{25}$

$$概率 P = \frac{某样本均值 \bar{x} 出现的次数 F}{所有可能性样本的个数 M}$$

根据以上样本均值的抽样分布,我们也可以计算反映样本均值抽样分布特征的均值与方差。

$$\mu_{\bar{x}} = \frac{\sum \bar{x}F}{\sum F} = \sum \bar{x}P = 70 \times \frac{1}{25} + 71 \times \frac{2}{25} + \cdots + 83 \times \frac{4}{25} + 86 \times \frac{4}{25} = 78.8 = \mu$$

$$\sigma_{\bar{x}}^2 = \frac{\sum (\bar{x} - \mu_{\bar{x}})^2}{\sum F} = \sum (\bar{x} - \mu_{\bar{x}})^2 P$$

$$= (70 - 78.8)^2 \times \frac{1}{5} + (72 - 78.8)^2 \times \frac{1}{5} + (80 - 78.8)^2 \times \frac{1}{5} \cdots$$

$$+ (86 - 78.8)^2 \times \frac{2}{5}$$

$$= 28.88 = \frac{45.76}{2} = \frac{\sigma^2}{n}$$

很显然，在重复抽样的前提下，反映样本均值抽样分布集中趋势的均值等于总体分布的均值，反映样本均值抽样分布离散程度的方差等于总体分布方差的 $1/n$。

在现实工作中，总体分布通常是未知的，抽样分布只是理论上存在的概率分布，对总体数量特征进行推断时也只是从总体中随机抽出其中一个样本，编制其样本分布，计算样本统计量，然后据此推断相应的总体参数。

总体分布的数量特征是统计和统计分析的目标，而基于如下三方面的原因统计总体的数量特征是无法运用描述统计方法得知的：① 统计总体是无限的；② 统计总体是有限的，但是要调查统计总体的数量特征就需要进行破坏性试验，这在现实生活中是无效活动，比如要调查统计生产的灯泡的平均使用寿命，就要对厂家生产的灯泡进行全部的照明来测定；③ 统计总体是有限的，但是基于统计的时效性以及人力、物力、财力的经济性。

样本分布的数量特征是我们可以通过统计调查运用描述统计方法获得的，但是以样本的数量特征来作为总体的数量特征的时候，这是存在误差的。

抽样分布即样本统计量的概率分布，因为样本统计量的概率分布与总体的概率分布之间存在着密切的数量关系和相关的数学性质（如例 7.2 所述），这就为随机抽取某个样本推断总体数量特征打下了基础。

2. 二项分布与正态分布

（1）二项分布

二项分布是建立在贝努利试验基础上的。贝努利试验要满足这样三个条件。

① 一次试验只有两个可能结果，即"成功"与"失败"。如每一产品检验的结果有两个，即合格、不合格，每一个学生考试的结果有两个，即及格、不及格，每一个射手射击的结果有两个，即命中 10 环、没有命中 10 环，等等。

② 试验可以重复进行，重复进行的试验是相互独立的。

③ 每一次试验成功的概率都是 p，失败的概率都是 $q = 1 - p$。

在 n 次贝努利试验中，"成功"的次数对应一个离散型随机变量 X。这样，在 n 次贝努利试验中，出现"成功"的次数的概率分布就是二项分布，记为 $X \sim B(n, p)$。n 次贝努利试验中成功次数为 x 的概率可表示为

$$P(X = x) = C_n^x p^x q^{n-x} \quad (x = 0, 1, 2, \cdots, n) \tag{7.3}$$

二项分布的期望与方差是：$E(X) = np$，$D(X) = npq$。

（2）正态分布

正态分布是描述连续型随机变量的最重要的分布，是经典统计推断的基础。

若随机变量 X 的概率密度函数为：

$$f(x) = \frac{1}{\sqrt{2\pi}\,\sigma} e^{-\frac{(x-\mu)^2}{2\sigma^2}} \quad (-\infty \leqslant x \leqslant \infty) \tag{7.4}$$

则称 X 服从均值为 μ、方差为 σ^2 的正态分布，记为 $X \sim N(\mu, \sigma^2)$。

正态分布的概率密度曲线如图 7.2 所示。

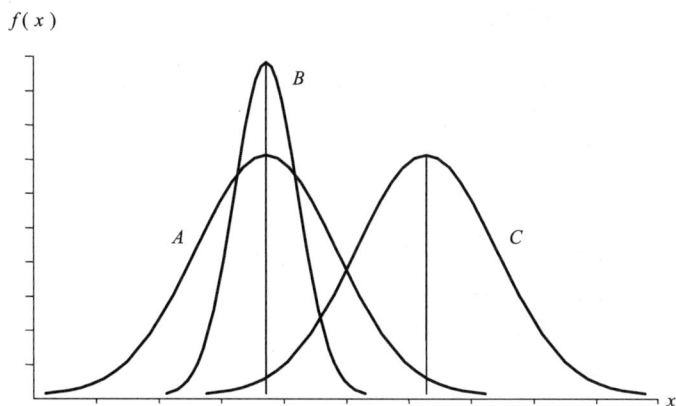

图 7.2　正态分布的概率密度曲线图

正态分布具有如下特点。

① 正态曲线是关于 $x = \mu$ 对称的钟形曲线。

② 正态曲线有两个参数：均值 μ 和方差 σ^2。曲线的中心位置由 μ 决定，曲线的陡峭程度由 σ^2 决定。

③ x 轴为 $f(x)$ 的渐近线。即 $x \to -\infty$ 或 $x \to +\infty$ 时，都有 $f(x) \to 0$。

④ 随机变量 x 在一定区间 (a, b) 上的概率 $P(a \leqslant x \leqslant b) = \int_a^b f(x)\mathrm{d}x$，如图 7.3 所示。

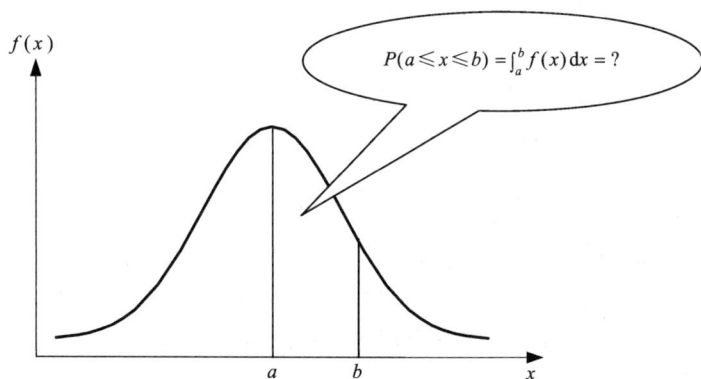

$$P(a \leqslant x \leqslant b) = \int_a^b f(x)\mathrm{d}x = ?$$

图 7.3　正态概率图

⑤ 正态曲线下的总面积等于 1。

显然，一般的正态分布取决于均值 μ 和标准差 σ，计算概率时，每一个正态分布都需要有自己的正态概率分布表，这种表格是无穷多的。若能将一般的正态分布 $N(\mu, \sigma^2)$ 转化为标准正态分布 $N(0, 1)$，计算概率时只需要查一张表。为此，我们可以通过 $\dfrac{X-\mu}{\sigma}$ 将一般的正态分布转换为标准正态分布。标准正态分布的概率密度函数通常用 $\varphi(x)$ 表示：$\varphi(x) = \dfrac{1}{2\pi} e^{-\frac{x^2}{2}} (-\infty < x < +\infty)$，计算概率时只需要查一张表即可。

需要注意的是，很多教材后面附录的是标准正态分布的分布函数数值表。见附表 1。如果用 $\phi(z)$ 表示标准正态分布的分布函数，则：

$$\phi(z) = \int_{-\infty}^{z} \varphi(x)\,dx = \int_{-\infty}^{z} \frac{1}{\sqrt{2\pi}} e^{-\frac{x^2}{2}}\,dx。$$

$\phi(-z) = 1 - \phi(z)$；$P(a \le z \le b) = \phi(b) - \phi(a)$；$P(|z| \le a) = 2\phi(a) - 1$。

在标准正态分布表中，横行标目值与纵栏标目值的和为标准正态分布的 z 值，横行与纵栏交叉处的数值是 $\phi(z)$（标准正态分布曲线下 $-\infty$ 与 z 值之间的面积），即 $-\infty$ 与 z 之间的标准正态分布概率。

假定一总体属于一般的正态分布 $X \sim N(\mu, \sigma^2)$，要获得其总体某变量区间的概率，比如 $P(X \le a)$、$P(a \le X \le b)$，只要将 X 的变量值转换成标准化 Z 值，即按公式 $\dfrac{X-\mu}{\sigma} \sim N(0, 1)$ 进行转换就可以查表得出 $\phi\left(Z \le \dfrac{a-\mu}{\sigma}\right)$、$\phi\left(\dfrac{a-\mu}{\sigma} \le Z \le \dfrac{b-\mu}{\sigma}\right)$ 的概率，因为 X 标准化后并不改变变量值的方向和位置，所以 $\phi\left(Z \le \dfrac{a-\mu}{\sigma}\right)$、$\phi\left(\dfrac{a-\mu}{\sigma} \le Z \le \dfrac{b-\mu}{\sigma}\right)$ 对应的概率就是 $P(X \le a)$、$P(a \le X \le b)$ 的概率。

3. χ^2分布、t 分布与 F 分布

以上三大分布都是基于正态分布建立起来的抽样分布。

随机变量 t、χ^2 是在把一个正态总体 $X \sim N(\mu, \sigma^2)$ 进行随机抽样后所构建的新的随机变量，随机变量 F 是在把两个正态总体 $X \sim N(\mu, \sigma^2)$、$Y \sim N(\mu, \sigma^2)$ 进行随机抽样后所构建的新的随机变量。比如所有可能性样本形成的变量值会有以下几种：① 样本均值 $\bar{x}$ 的随机变量有 $\bar{x}_1 \bar{x}_2 \cdots \bar{x}_i \cdots \bar{x}_M$，把样本均值的随机变量标准化后形成一个新的随机变量 t；② 样本方差 s^2 除以总体的方差 σ^2 的随机变量 $\chi^2 = \dfrac{s^2}{\sigma^2}$ 有 $\chi_1^2 \chi_2^2 \cdots \chi_i^2 \cdots \chi_M^2$，即形成一个新的随机变量 χ^2；③ 两个不同的正态总体 $X \sim N(\mu, \sigma^2)$、$Y \sim N(\mu, \sigma^2)$ 在同等的自由度下进行随机抽样后，两个样本的方差比所构建的新的随机变量为 F。这些随机变量用 t、χ^2 和 F 来命名是因为它们分别服从统计中的 t 分布、χ^2 分布和 F 分布。这些分布都是由正态分布推导而来，他们在推断统计中具有独特的地位和作用。

（1）t 分布

设 $X \sim N(0, 1)$、$Y \sim \chi^2(n)$，并且 X、Y 独立，则称随机变量 $t = \dfrac{X}{\sqrt{Y/n}}$ 服从自由度为 n 的

t 分布,记为 $t \sim t(n)$。t 分布是类似正态分布的一种对称分布,它通常要比正态分布平坦和分散。一个特定的 t 分布依赖于称为自由度的参数,随着自由度的增大,t 分布也逐渐趋于正态分布。如图7.4所示可以看出把一个总体变量进行标准化后的分布与把样本均值标准化后存在的差别是显而易见的。

t 分布的概率密度曲线如图7.4所示。

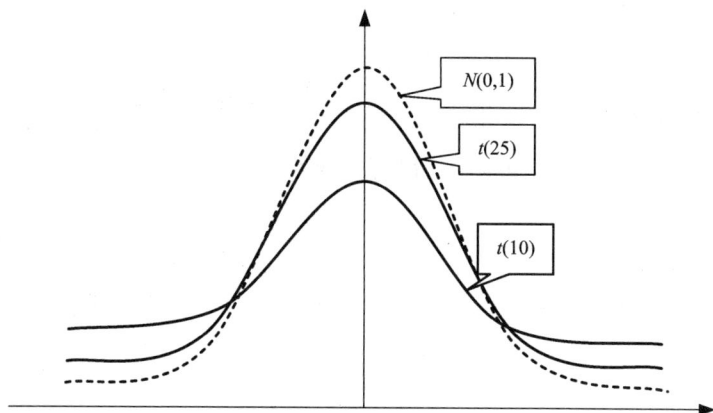

图7.4 不同自由度的 t 分布

为了计算 t 分布值,通常需要编制 t 分布表。表的横行名称为自由度 n,纵栏名称为图形右侧阴影面积 α,横行与纵栏交叉处为右尾阴影与非阴影交界处的数值就是自由度为 n 的 t 值,记为 $t_\alpha(n)$。见附表2。

t 分布的特点:密度曲线位于第一、二象限,图形关于 $x = 0$ 对称,其峰度取决于自由度 n。随着自由度 n 的增大,密度曲线逐渐趋于标准正态分布。

t 分布是小样本分布,小样本一般是指 $n < 30$。t 分布适用于当总体标准差 σ 未知时用样本标准差 s 替代的情况。t 分布的概率为曲线下面积,把总体进行标准化和在小样本 $n < 30$ 条件下把样本均值进行标准化所对应的值的概率是存在差别的。在大样本 $n \geqslant 30$ 的条件下把样本均值进行标准化所对应的值的概率等于或者近似的等于对总体进行标准化的概率。这其中的缘由由样本标准差 s 与总体标准差 σ 存在怎样的差距而定。

(2)χ^2 分布

n 个相互独立的标准正态随机变量的平方和的分布称为具有 n 个自由度的 χ^2 分布,记为 $\chi^2(n)$。例如,$z \sim N(0, 1)$,则 $z^2 \sim \chi^2(1)$。又如,可以证明 $\dfrac{(n-1)s^2}{\sigma^2} \sim \chi^2(n-1)$。

χ^2 分布的概率密度曲线如图7.5所示。

为了计算 χ^2 值,通常需要编制 χ^2 分布表。表中横行名称是自由度 n,纵栏名称是 χ^2 分布曲线下右尾部的面积 α,横行与纵栏相交处的数值是自由度为 n 的 $\chi^2(n)$ 曲线下右尾面积为 α 的 χ^2 值,记为 $\chi_\alpha^2(n)$。见附表3。

χ^2 分布具有如下特点:

① 密度曲线位于第一象限,形状呈不对称的右偏分布,偏度取决于自由度 n,随着自由度 n 的增大,密度曲线逐渐趋于对称;

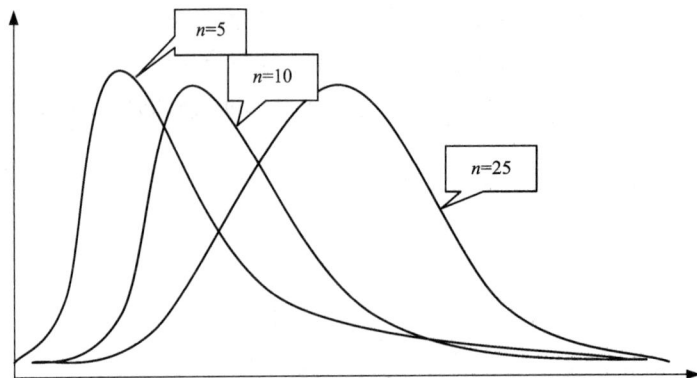

图 7.5　不同自由度的 χ^2 分布

②χ^2 分布的期望 $E(\chi^2) = n$，方差 $D(\chi^2) = 2n(n$ 为自由度$)$；

③χ^2 分布具有可加性，即若 $U \sim \chi^2(n_1)$，$V \sim \chi^2(n_2)$，U、V 相互独立，则 $(U + V) \sim \chi^2(n_1 + n_2)$。

（3）F 分布

设 Y、Z 为两个独立的随机变量，Y 服从自由度为 n_1 的 χ^2 分布，Z 服从自由度为 n_2 的 χ^2 分布，这两个独立的 χ^2 分布被各自的自由度除以后的比例 $X = \dfrac{Y/n_1}{Z/n_2}$ 服从自由度 n_1 和 n_2 的 F 分布，记为 $X \sim F(n_1, n_2)$。F 分布的概率密度函数图如图 7.6 所示。

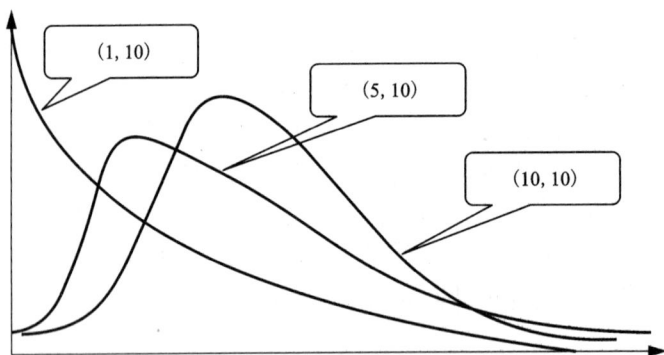

图 7.6　不同自由度的 F 分布

为了计算 F 分布的值，同样需要编制 F 分布表。这种表示按 F 分布右尾部面积的不同数值分布编制的。附录 4 给出了 $\alpha = 0.01$，$\alpha = 0.05$ 两个 F 分布表。每个表的纵栏名称是分子自由度 n_1，横行名称分母自由度 n_2，横行与纵栏交叉处的数值为右尾面积为 α 的 F 值，记为 $F_\alpha(n_1, n_2)$。见附表 4。

F 分布的特点：

① 它是一种非对称分布；

②F 分布是一个以自由度 n_1 和 n_2 为参数的分布族，不同的自由度决定了 F 分布的形状。

7.2.2　中心极限定理

中心极限定理(central limit theorem) 是阐述大量随机变量之和的极限分布是正态分布的一系列定理的总称。中心极限定理是概率论中最重要的一类定理, 有广泛的实际应用背景。在大千世界中, 一些现象受到许多相互独立的随机因素的影响, 每个因素所产生的影响都很微小时, 总的影响可以看作是服从正态分布的。中心极限定理就从数学上证明了这一现象。

最常用的中心极限定理是林德伯格 – 列维(Lindeberg – Levy) 定理和棣莫佛 – 拉普拉斯(de Movire – Laplace) 定理。

1. 林德伯格 – 列维定理

林德伯格 – 列维定理也称为独立同分布中心极限定理。设 x_1, x_2, … 是独立同分布的随机变量序列, 且存在有限的数学期望 μ 和方差 σ^2, 那么当 $n \to \infty$ 时:

$$\sum_{i=1}^{n} x_i \sim N(n\mu, n\sigma^2) \quad \text{或} \quad \bar{x} \sim N(\mu, \frac{\sigma^2}{n}) \tag{7.5}$$

该定理表明, 不论总体服从什么分布, 只要其数学期望和方差存在, 对这一总体进行重置抽样, 当样本容量 n 充分大时, $\sum_{i=1}^{n} x_i$ 或 $\bar{x}$ 就趋近于正态分布。

该定理论证了如下几点。

① 如果总体服从正态分布, 样本均值也同样服从正态分布。

② 如果总体很大, 但不服从正态分布, 只要样本容量足够大, $\sum_{i=1}^{n} x_i$ 或 $\bar{x}$ 就会趋近于正态分布。

③ 样本均值 $\bar{x}$ 的数学期望等于总体均值, 即 $E(\bar{x}) = \mu$。

④ 样本均值 $\bar{x}$ 的方差 $\sigma_{\bar{x}}^2$ 为:

重置抽样时,
$$\sigma_{\bar{x}}^2 = \frac{\sigma^2}{n} \tag{7.6}$$

不重置抽样时,
$$\sigma_{\bar{x}}^2 = \frac{\sigma^2}{n}\left(\frac{N-n}{N-1}\right) \tag{7.7}$$

该定理的意义在于, 当我们的认识对象分布未知时, 只要坚持随机抽取足够多的样本单位, 就可以使样本统计量服从或近似服从正态分布。

【例 7.3】　设从一个均值 $\mu = 10$、标准差 $\sigma = 0.6$ 的总体中随机选取容量为 $n = 36$ 的样本。要求:

(1) 计算样本均值 $\bar{x} \leqslant 9.9$ 的近似概率。

(2) 计算样本均值 $\bar{x} > 9.9$ 的近似概率。

(3) 计算样本均值 $\bar{x}$ 在总体均值 $\mu = 10$ 附近 0.1 范围内的近似概率。

解: 根据中心极限定理, 可知样本均值 $\bar{x}$ 的分布近似服从均值 $\mu_{\bar{x}} = \mu = 10$、标准差 $\sigma_{\bar{x}} = \frac{\sigma}{\sqrt{n}}$

$= \frac{0.6}{\sqrt{36}} = 0.1$ 的正态分布, 即 $\bar{x} \sim N(10, 0.1)$。

（1）$P(\bar{x} \leqslant 9.9) = P(\frac{\bar{x} - 10}{0.1} \leqslant \frac{9.9 - 10}{0.1}) = P(z \leqslant \frac{-0.1}{0.1}) = P(z \leqslant -1) = 1 - P(z \leqslant 1) = 1 - \phi(1) = 1 - 0.8413 = 0.1587$。

（2）$P(\bar{x} > 9.9) = 1 - P(\bar{x} \leqslant 9.9) = 1 - 0.1587 = 0.8413$。

（3）$P(9.9 \leqslant \bar{x} \leqslant 10.1) = P(\frac{9.9 - 10}{0.1} \leqslant z \leqslant \frac{10.1 - 10}{0.1}) = P(z \leqslant 1) - P(z \leqslant -1) = 2P(z \leqslant 1) - 1 = 2\phi(1) - 1 = 2 \times 0.8413 - 1 = 0.6826$。

现在我们结合抽样分布来解释样本均值 $\bar{x} \leqslant 9.9$ 的近似概率，即 $P(\bar{x} \leqslant 9.9) = 0.1587 = 15.87\%$ 的含义。从一个均值 $\mu = 10$、标准差 $\sigma = 0.6$ 的总体中随机选取容量为 $n = 36$ 的样本，则所有可能性样本的个数为 M，基于推断统计学原理，我们不可能把所有可能性样本都抽出来。如果抽出所有可能性样本，则抽样推断也就失去意义。所以我们只是从所有可能性样本 M 中，随机抽取一个 $\bar{x}_i$ 这样一个样本，那么从一个均值 $\mu = 10$ 标准差 $\sigma = 0.6$ 的总体中随机选取一个容量为 $n = 36$ 的样本，样本均值 $\bar{x} \leqslant 9.9$ 的近似概率，即 $P(\bar{x} \leqslant 9.9) = 0.1587$ 就有两种含义：① 在所有可能性样本 $\bar{x}_1 \bar{x}_2 \cdots \bar{x}_i \cdots \bar{x}_M$ 中有近似 15.87% 个样本的均值 < 9.9；② 从所有可能性样本 $\bar{x}_1 \bar{x}_2 \cdots \bar{x}_i \cdots \bar{x}_M$ 中随机抽取的一个 $\bar{x}_i$ 样本，其均值 $\leqslant 9.9$ 的近似概率为 15.87%。正确理解这一抽样分布概率的含义是我们学好后面章节的重要基础。

2. 棣莫佛 – 拉普拉斯定理

棣莫佛 – 拉普拉斯（de Movire – Laplace）定理即服从二项分布的随机变量序列的中心极限定理。它是概率论历史上第一个中心极限定理。它揭示了服从二项分布 $B(n, \pi)$ 的随机变量 X 以 $n\pi$ 为均值、$n\pi(1 - \pi)$ 为方差的正态分布为极限。

设随机变量 X 表示 n 次重复独立试验中事件 A 发生的次数，π 为每次试验中事件 A 发生的概率，X 服从二项分布 $B(n, \pi)$，那么当 $n \to \infty$ 时，X 服从均值为 $n\pi$、方差为 $n\pi(1 - \pi)$ 的正态分布，即：

$$X \sim N\{n\pi, n\pi(1 - \pi)\} \qquad (7.8)$$

n 次重复独立试验中事件 A 出现的比例 p 也服从正态分布，即：

$$p \sim N(\pi, \frac{\pi(1 - \pi)}{n}) \qquad (7.9)$$

当 n 很大，而 π 又不太接近 0 或 1 时，正态分布为二项分布提供了很好的近似。一般只要 $n > 50$，且 $n\pi$ 和 $n\pi(1 - \pi)$ 都 > 5 时，我们就可把 X 看成近似服从正态分布。

7.2.3　样本均值的抽样分布

1. 总体方差 σ^2 已知时，样本均值的抽样分布

这里分两种情况来分析，一种是总体 X 服从正态分布，另一种是总体 X 不服从正态分布或 X 分布未知。

对于第一种情况，总体 X 为正态总体，设正态总体为 $X \sim N(\mu, \sigma^2)$。按照随机原则，以重置抽样的方式，先抽取一个样本，其观察值为 $\bar{x}_1$；再抽一个样本，观察值为 $\bar{x}_2$；…… 最后抽取一个样本，观察值为 $\bar{x}_M$。显然，因为是重置抽样，则 $\bar{x}_1 \bar{x}_2 \cdots \bar{x}_i \cdots \bar{x}_M$ 必然是独立的，每一变量都与总体分布 $N(\mu, \sigma^2)$ 相同。这也就是说，$\bar{x}_1 \bar{x}_2 \cdots \bar{x}_i \cdots \bar{x}_M$ 满足中心极限定理的条件。因此，

根据中心极限定理可知均值 $\bar{x} = \dfrac{1}{n}\sum_{i=1}^{m}\bar{x}_i$ 不仅服从正态分布, 而且 $E(\bar{x}) = \mu$, $\sigma_{\bar{x}}^2 = \dfrac{1}{n}\sigma^2$, 即 $\bar{x} \sim$ $N(\mu, \dfrac{1}{n}\sigma^2)$。

我们可以用一个图来表示总体方差 σ^2 已知时, 样本均值的抽样分布与总体分布及样本量的关系, 如图 7.7 所示。

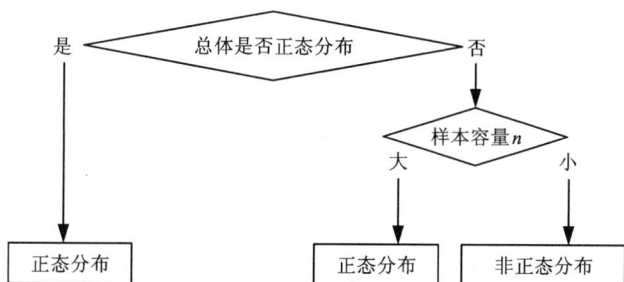

图 7.7　样本均值的抽样分布与总体分布及样本量的关系

这表明:

① 当总体服从正态分布时, 不论样本容量多大, 样本均值都服从正态分布;

② 从正态总体中抽样, 样本均值的数学期望等于总体均值;

③ 从正态总体中重复抽样, 样本均值的方差等于总体方差的 $\dfrac{1}{n}$;

④ 当 $\bar{x} \sim N(\mu, \dfrac{1}{n}\sigma^2)$, 即可变换成标准化正态分布, 即 $\dfrac{\bar{x} - \mu}{\dfrac{\sigma}{\sqrt{n}}} \sim N(0, 1)$。

【例 7.4】　某班学生的身高服从正态分布, 全班平均身高为 170 厘米, 标准差为 30 厘米。现从该班学生中按重置抽样抽出一个由 9 个学生组成的简单随机样本, 求该样本的平均身高介于 160 厘米和 185 厘米之间的概率。

解:

已知学生身高 $X \sim N(170, 30^2)$, 样本容量 $n = 9$, 样本均值为 $\bar{x}$, 由样本均值的抽样分布可知:

$$E(\bar{x}) = 170, \quad \sigma_{\bar{x}} = \frac{1}{\sqrt{n}}\sigma = \frac{1}{\sqrt{9}} \times 30 = 10$$

所以, $\bar{x} \sim N(170, 10^2)$。

对 $\bar{x}$ 作标准正态变换, 即令 $z = \dfrac{\bar{x} - \mu}{\dfrac{\sigma}{\sqrt{n}}}$, 即 $\dfrac{\bar{x} - \mu}{\dfrac{\sigma}{\sqrt{n}}} \sim N(0, 1)$, 则:

$$P(160 \leqslant \bar{x} \leqslant 185) = P\left(\frac{160 - 170}{10} \leqslant \frac{\bar{x} - \mu}{\dfrac{\sigma}{\sqrt{n}}} \leqslant \frac{185 - 170}{10}\right)$$

$$= P(-1 \leqslant z \leqslant 1.5) = \phi(1.5) - \phi(-1) = \phi(1.5) - [1 - \phi(1)]$$
$$= 0.9332 - [1 - 0.8413] = 0.7745$$

故该样本的平均身高介于 160 厘米和 185 厘米之间的概率为 77.45%。

对于第二种情况,当 X 为非正态总体或分布形式未知时,$\bar{x}$ 的抽样分布与样本容量 n 的大小有关。

从总体 X 中按照随机原则,以重置抽样方式抽取样本容量为 n 的样本,这意味着 $\bar{x}_1 \bar{x}_2 \cdots \bar{x}_i \cdots \bar{x}_M$ 是相互独立的,而且都与 X 具有相同的分布。根据中心极限定理,无论总体 X 的分布形式如何,只要其具有有限的总体均值 μ 及方差 σ^2,则当样本容量 $n \to \infty$ 时,样本均值 $\bar{x}$ 的分布趋近于正态分布 $N(\mu, \frac{1}{n}\sigma^2)$,将 $\bar{x}$ 的分布作标准正态变换,则 $\dfrac{\bar{x} - \mu}{\dfrac{\sigma}{\sqrt{n}}}$ 也就趋近于标准正态分布 $N(0, 1)$。这就是说,若总体 X 为非正态总体或分布形式未知,则当样本容量充分大时(一般要求 $n \geqslant 30$),样本均值 $\bar{x}$ 的抽样分布可以近似地用正态分布 $N(\mu, \frac{1}{n}\sigma^2)$ 来描述。

但是,总体 X 为非正态总体或分布形式未知,如果样本容量太小,我们无法从理论上探讨 $\bar{x}$ 的抽样分布,因为这时已经不具备适用中心极限定理的条件了。

利用上述结论,当样本容量充分大时,我们可以对非正态总体或分布形式未知的总体的总体均值或样本均值进行统计推断。

【例 7.5】 某高校为推进其向研究教学型高校转变,鼓励教师开展学术研究,发表科研论文。已知该校有教师 1000 人,每年平均每位教师在核心期刊上发表论文 4 篇,标准差 1.5 篇。现从该校的教师中随机抽取 50 人构成简单随机样本,求这 50 名教师平均每年发表论文不超过 1 篇的概率。

解:

设 X 表示每位教师每年发表论文的篇数,由题目的已知条件来看,X 的分布形式未知,但抽取的简单随机样本的样本容量 $n = 50$,属于大样本,因此,$\bar{x}$ 近似服从正态分布。

这里已知 $N = 1000$,$n = 50$,$\mu = 4$,$\sigma = 1.5$,则 $E(\bar{x}) = \mu = 4$。根据实际,也根据已知条件,这里的 50 名教师应该是采用不重置抽样方式抽取的,所以有

$$\sigma_{\bar{x}}^2 = \frac{\sigma^2}{n}\left(\frac{N-n}{N-1}\right) = \frac{1.5^2}{50}\left(\frac{1000-50}{1000-1}\right) = 0.0428, \quad \sigma_{\bar{x}} = 0.2069$$

故 $\bar{x}$ 的抽样分布为 $\bar{x} \sim N(4, 0.2069^2)$。

$$P(\bar{x} \leqslant 1) = P\left(\frac{\bar{x}-\mu}{\sigma_{\bar{x}}} \leqslant \frac{1-4}{0.2069}\right) = P(z \leqslant -14.4997) = 1 - \phi(14.4997) \approx 0$$

这就是说,这 50 名教师平均每年发表论文不超过 1 篇的概率几乎为 0。

2. 总体方差 σ^2 未知时,样本均值的抽样分布

设总体 $X \sim N(\mu, \sigma^2)$,其中总体方差 σ^2 未知。按照随机原则,以重置抽样方式抽取 n 个单位,它们的观察值分别是 $\bar{x}_1 \bar{x}_2 \cdots \bar{x}_i \cdots \bar{x}_M$,现在讨论样本均值 $\bar{x}$ 的抽样分布。

我们知道,对于正态总体 $X \sim N(\mu, \sigma^2)$,当总体方差 σ^2 已知时,$\bar{x} \sim N(\mu, \frac{1}{n}\sigma^2)$,即

$\dfrac{\bar{x}-\mu}{\frac{\sigma}{\sqrt{n}}} \sim N(0,1)$。这里总体方差 σ^2 未知，我们用样本方差 s^2 代替总体方差 σ^2，统计量 $\dfrac{\bar{x}-\mu}{\frac{\sigma}{\sqrt{n}}}$

就转变为统计量 $\dfrac{\bar{x}-\mu}{\frac{s}{\sqrt{n}}}$，那么，$\dfrac{\bar{x}-\mu}{\frac{s}{\sqrt{n}}}$ 会服从什么分布呢？

因为 $\dfrac{\bar{x}-\mu}{\frac{s}{\sqrt{n}}} = \dfrac{(\bar{x}-\mu)/(\sigma/\sqrt{n})}{\sqrt{\dfrac{(n-1)s^2/\sigma^2}{n-1}}}$，而且右边分式的分子

$(\bar{x}-\mu)/(\sigma/\sqrt{n}) \sim N(0,1)$，分母中根号下的 $\dfrac{(n-1)s^2}{\sigma^2} \sim \chi^2(n-1)$，根据 t 分布的定

义可知：$\dfrac{\bar{x}-\mu}{\frac{s}{\sqrt{n}}} \sim t(n-1)$，即 $\dfrac{\bar{x}-\mu}{\frac{s}{\sqrt{n}}}$ 服从自由度为 $(n-1)$ 的 t 分布。

若总体 X 为非正态总体或分布形式未知，在其样本容量充分大（大样本）的情况下，$\bar{x} \sim$ $N(\mu, \dfrac{1}{n}\sigma^2)$，即 $\dfrac{\bar{x}-\mu}{\frac{\sigma}{\sqrt{n}}} \sim N(0,1)$。若 σ^2 未知，则以 s^2 代替方差 σ^2，同理可得，$\dfrac{\bar{x}-\mu}{\frac{s}{\sqrt{n}}} \sim t(n -1)$。但是，如果样本容量太小，则不能适用中心极限定理，我们无法从理论上探讨 $\bar{x}$ 的抽样分布。

以上讨论说明，当总体方差未知时，对于正态总体（无论样本容量的大小），或者总体非正态或分布形式未知但样本容量充分大时，可以利用 t 分布进行均值的统计推断。

我们可以用一个图来表示总体方差 σ^2 未知时，样本均值的抽样分布与总体分布及样本量的关系，如图 7.8 所示。

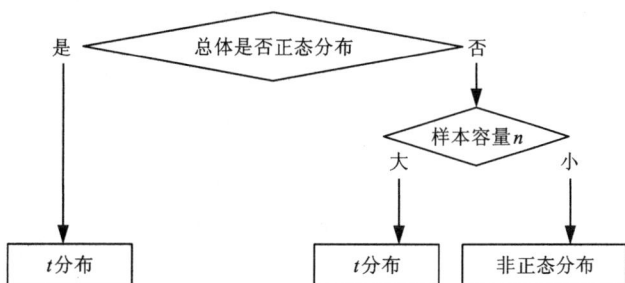

图 7.8　样本均值的抽样分布与总体分布及样本量的关系

【例 7.6】 已知某地区 2020 年全地区家庭中每天每个家庭看电视的平均时间为 7.5 个小时,每个家庭看电视的时间 X 的分布形式为正态分布,但方差未知。假定对某地区进行重复抽样抽取 36 个家庭进行调查,显示所调查的家庭中每天每个家庭看电视的平均时间为 6.5 个小时,且样本标准差为平均每天 3 个小时。求这 36 个家庭每天看电视的平均时间不超过 6.5 个小时的概率。

解:

已知 $\mu = 7.5$, $n = 36$, $s = 3$, 求 $P(\bar{x} \leq 6.5)$。

每个家庭看电视的时间 X 的分布形式为正态分布,但方差未知,故以样本方差代替总体方差,从理论上讲,$\dfrac{\bar{x} - \mu}{\frac{s}{\sqrt{n}}} \sim t(n-1)$,则:

$$P(\bar{x} \leq 6.5) = P\left(\frac{\bar{x} - \mu}{\frac{s}{\sqrt{n}}} \leq \frac{6.5 - 7.5}{\frac{3}{\sqrt{36}}}\right) = P\left(\frac{\bar{x} - \mu}{\frac{s}{\sqrt{n}}} \leq -2\right) \approx 0.025$$

(需要注意的是如何利用附表 2 t 分布表查找概率)

这就是说,该地区 2020 年这 36 个家庭平均每天看电视的时间不超 6.5 个小时的近似概率为 2.5%。

另外,值得注意的是,当样本容量逐渐增大时,t 分布逐渐逼近标准正态分布。所以,当样本容量很大时,除了可以利用 $\dfrac{\bar{x} - \mu}{\frac{s}{\sqrt{n}}} \sim t(n-1)$ 进行相关计算,还可以利用 $\dfrac{\bar{x} - \mu}{\frac{s}{\sqrt{n}}}$ 近似服从标准正态分布来计算,特别是当我们在 t 分布表中查找不到自由度大的临界值时。

【例 7.7】 已知某省 2020 年的全省粮食总平均亩产为 600 公斤,粮食单产 X 的分布形式及方差均未知。现从全省随机抽取 4900 亩进行调查了解,测得该样本的标准差为 400 公斤,求这 4900 亩的平均亩产不低于 620 公斤的概率。

解: 已知 $\mu = 600$, $n = 4900$, $s = 400$, 求 $P(\bar{x} \geq 620)$。

粮食单产 X 的分布形式及方差均未知,故以样本方差代替总体方差,从理论上讲,$\dfrac{\bar{x} - \mu}{\frac{s}{\sqrt{n}}} \sim t(n-1)$,则:

$$P(\bar{x} \geq 620) = P\left(\frac{\bar{x} - \mu}{\frac{s}{\sqrt{n}}} \geq \frac{620 - 600}{\frac{400}{\sqrt{4900}}}\right) = P\left(\frac{\bar{x} - \mu}{\frac{s}{\sqrt{n}}} \geq 3.5\right) = P(t \geq 3.5)$$

由于这里 t 分布的自由度很大,为 $4900 - 1 = 4899$,这时的 t 分布与标准正态分布几乎一样,故可以查标准正态分布表,得

$$P(\bar{x} \geq 620) = P(t \geq 3.5) \approx P(z \geq 3.5) = 1 - 0.999767 = 0.000233$$

这就是说,2020 年该省 4900 亩粮食的平均亩产不低于 620 公斤的概率只有 0.0233%。

7.2.4　样本比例的抽样分布

1. 是非标志均值与比例的关系

在实际统计分析中,经常把客观现象的全部单位数划分为具有某种属性和不具有某种属性两类,总体单位的标志表现为"是"或"非",这种分类标志称为是非标志。例如,可将全部产品划分为合格品与不合格品,将人口划分为男性人口与女性人口,将学生分为及格学生与不及格学生,等等。通常我们人为地用"1"表示具有某种属性的标志值,用"0"表示不具有该种属性的标志值,于是,是非标志就归结为"01 标志"了。

对于总体 X 来说,X 的取值是两个:0 和 1。设总体的单位数为 N,具有某一特征(如产品合格)的比例为 π。现在我们计算是非标志的总体均值 μ 与总体方差 σ^2,并将计算过程列于如表 7.4 所示的表中。

表 7.4　是非标志的总体均值与方差计算表

X	F	XF	$(X-\mu)^2F$
0	$N(1-\pi)$	0	$N\pi^2(1-\pi)$
1	$N\pi$	$N\pi$	$N\pi(1-\pi)^2$
合计	$N\pi$	$N\pi$	$N\pi^2(1-\pi)+N\pi(1-\pi)^2$

$$\mu=\frac{\sum XF}{\sum F}=\frac{N\pi}{N}=\pi \qquad \sigma^2=\frac{\sum(X-\mu)^2F}{\sum F}=\frac{N\pi^2(1-\pi)+N\pi(1-\pi)^2}{N}=\pi(1-\pi)$$

对于样本来说,x 的取值也是两个:0 和 1。样本容量为 n,具有某一特征(如产品合格)的比例为 p。样本均值 $\bar{x}$ 与样本方差 s^2 的计算过程列于如表 7.5 所示的表中。

表 7.5 是非标志的样本均值与方差计算表

x	f	xf	$(x-\bar{x})^2f$
0	$n(1-p)$	0	$np^2(1-p)$
1	np	np	$np(1-p)^2$
合计	n	np	$np^2(1-p)+np(1-p)^2$

$$\bar{x}=\frac{\sum xf}{\sum f}=\frac{np}{n}=p$$

$$s^2=\frac{\sum(x-\bar{x})^2f}{\sum f}=\frac{np^2(1-p)+np(1-p)^2}{n}=p(1-p)$$

所以,是非标志均值与比例的关系如下。

总体:$\mu=\pi$,$\sigma^2=\pi(1-\pi)$;样本:$\bar{x}=p$,$s^2=p(1-p)$。

也就是说,对于是非标志而言,是非标志的均值等于其比例。这样,样本比例的抽样分布可归结到样本均值的抽样分布。

2.样本比例的抽样分布

前面已经论述,有两种情况:一种是总体 $X \sim N(\mu, \sigma^2)$;另一种是总体 X 不服从正态分布或 X 分布未知,但其具有有限的总体均值 μ 及方差 σ^2,样本容量足够大。从总体 X 中随机抽取样本容量为 n 的样本,两种情况都有一个共同的结论: $\bar{x} \sim N(\mu, \frac{1}{n}\sigma^2)$,即 $\frac{\bar{x} - \mu}{\frac{\sigma}{\sqrt{n}}} \sim N(0, 1)$。

实际上,是非标志是上述情况的一种特例。例如,若规定灯泡使用寿命为 5000 小时才算是合格的,现有 10 个灯泡,经检测,它们的寿命为 6000、8000、6001、5025、2000、1000、8000、7000、7000、6002(小时),如果是是非标志,标志值则相应地变为 1、1、1、1、0、0、1、1、1、1。

对于 $\frac{\bar{x} - \mu}{\frac{\sigma}{\sqrt{n}}} \sim N(0, 1)$,我们将 $\mu = \pi$, $\sigma^2 = \pi(1 - \pi)$, $\bar{x} = p$ 代入得

$$\frac{p - \pi}{\sqrt{\frac{\pi(1 - \pi)}{n}}} \sim N(0, 1),$$

即
$$p \sim N\{\pi, \frac{\pi(1 - \pi)}{n}\} \tag{7.10}$$

这就是样本比例 p 的抽样分布 —— 正态分布,与棣莫佛 - 拉普拉斯(De Movire - Laplace)定理完全一致。

值得注意的是,是非标志的总体 X 往往是不服从正态分布的,所以,上述比例 p 的抽样分布需在 n 相当大时才成立的,并要求 $n\pi \geqslant 5$, $n(1 - \pi) \geqslant 5$。

【例7.7】 某批产品的合格率为90%,现从中抽取 64 件组成简单随机样本,问样本合格率介于92%和98%之间的概率约为多少?

解: 已知 $n = 64$, $\pi = 90\%$, $n(1 - \pi) = 64 \times 10\% = 6.4$,

由 $\frac{p - \pi}{\sqrt{\frac{\pi(1 - \pi)}{n}}} \sim N(0, 1)$ 得

$$P(92\% \leqslant p \leqslant 98\%) = P\left(\frac{0.92 - 0.90}{\sqrt{\frac{0.90 \times 0.10}{64}}} \leqslant \frac{p - \pi}{\sqrt{\frac{\pi(1 - \pi)}{n}}} \leqslant \frac{0.98 - 0.90}{\sqrt{\frac{0.90 \times 0.10}{64}}}\right)$$

$$= P(0.5333 \leqslant z \leqslant 2.1333) = \phi(2.1333) - \phi(0.5333)$$
$$= 0.9834 - 0.7019 = 0.2815$$

即样本合格率介于92和98%之间的概率约为28.15%。

7.3　Excel 在抽样与抽样分布中的应用

由于抽样在 SPSS 中是在有关分析过程内部选取抽样方式和抽取样本数的，也就是从数据文件中随机抽取样本数据，其中的“自助抽样”也是基于已有文件，所以不太适合专门设立章节撰写 SPSS 在抽样中的应用。此外，抽样分布与概率需要用到语法窗口，比较复杂，因此本章只写 Excel 在抽样与抽样分布中的应用。

7.3.1　Excel 在抽样中的应用

1. 利用函数 RAND(　) 进行随机不重复抽样

函数 RAND(　) 可以产生大于等于 0 小于 1 的均匀分布随机小数，用于随机不重复抽样。具体操作是在 Excel 单元格中输入“= RAND(　)”，回车即可。再复制、粘贴到需要计算的其他区域。

例如：现有 2、6、10、12、22、23、26、33、34、44 共 10 个数，要求以随机不重复抽样从中抽取 4 个数。

具体步骤：

第 1 步，在 A 列中录入以上 10 个数据，并从小到大进行排序；

第 2 步，在 B1 单元格输入标志名称“RANDOM”(随机数)，在 B2 单元格输入“= RAND(　)”并回车；

第 3 步，拖动 B2 单元格右下角的填充柄至 B11，并复制 B2 ~ B11 数据，在同一位置选择“选择性粘贴”下的“数值”，确定即可，这时，B2 ~ B11 为 10 个稳定的随机数，如图 7.9 所示；

第 4 步，选中 A、B 两列，按 B 列“RANDOM”排序，这时，A 列中的前 4 个数(44、2、23、22)即为按不重置抽样抽中的 4 个数，如图 7.10 所示。

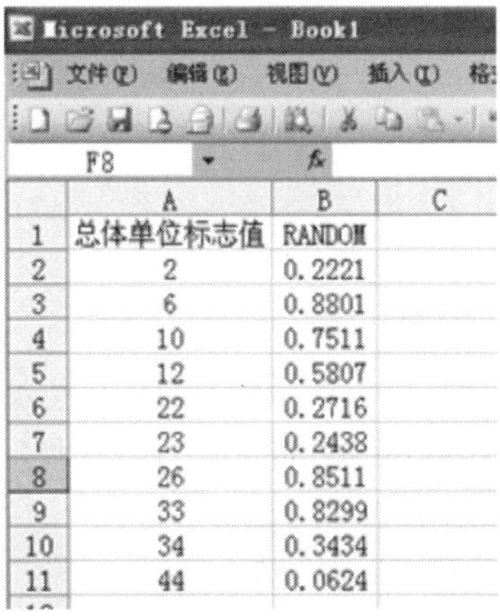

	A	B	C
1	总体单位标志值	RANDOM	
2	2	0.2221	
3	6	0.8801	
4	10	0.7511	
5	12	0.5807	
6	22	0.2716	
7	23	0.2438	
8	26	0.8511	
9	33	0.8299	
10	34	0.3434	
11	44	0.0624	

图 7.9　利用函数 RAND(　) 产生随机数

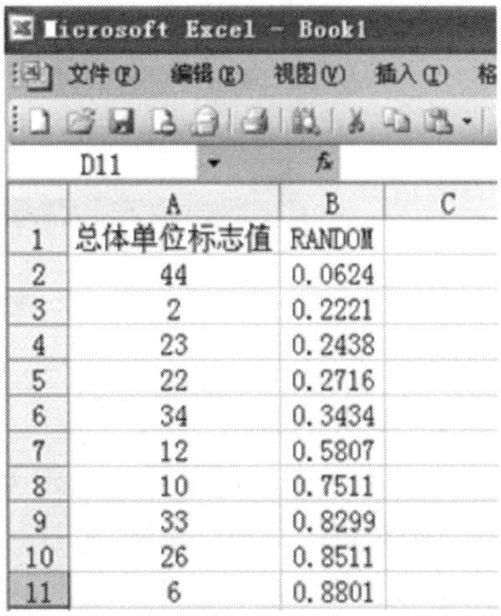

	A	B	C
1	总体单位标志值	RANDOM	
2	44	0.0624	
3	2	0.2221	
4	23	0.2438	
5	22	0.2716	
6	34	0.3434	
7	12	0.5807	
8	10	0.7511	
9	33	0.8299	
10	26	0.8511	
11	6	0.8801	

图 7.10　对 RANDOM 进行排序

2. 利用函数 RANDBETWEEN(bottom, top) 进行随机重复抽样

函数 RANDBETWEEN(bottom, top) 可以用来产生从 bottom – top 之间均匀分布的随机整数, 用于随机重复抽样。具体操作是在 Excel 单元格中输入 "= RANDBETWEEN(bottom, top)", 回车即可。

例如: 现有 2、6、10、12、22、23、26、33、34、44 共 10 个数, 要求采用随机重复抽样从中抽取 4 个数。

具体步骤是:

第 1 步, 先将 10 个数 2、6、10、12、22、23、26、33、34、44 分别用代码 "1" ~ "10" 代表;

第 2 步, 在任一单元格中输入 "= RANDBETWEEN(1, 10)", 回车;

第 3 步, 拖动该单元格右下角的填充柄, 共拖 4 个单元格, 就会有 4 个 1 ~ 10 的整数, 它们对应的数据即为采用随机重复抽样抽中的 4 个数。

3. 利用数据分析工具中的 "抽样或随机数发生器" 选项抽取随机数

(1) 使用 Excel 的数据分析工具进行抽样

首先要对各个总体单位进行编号。编号可以按随机原则, 也可以按有关标志或无关标志。编号完毕后, 将其输入工作表中, 然后按以下步骤进行抽样。如果总体单位本身就是数字, 就无须编号。假如要从 "2、6、10、12、22、23、26、33、34、44" 10 个数字中随机抽取 4 个构成样本, 可按以下步骤操作。

第 1 步: 单击工具菜单, 选择数据分析选项(若 "无数据分析" 选项, 可在工具菜单下选择加载宏, 在弹出的对话框中选择分析工具库, 便可出现 "数据分析" 选项), 打开数据分析对话框, 从中选择抽样, 如图 7.11 所示。

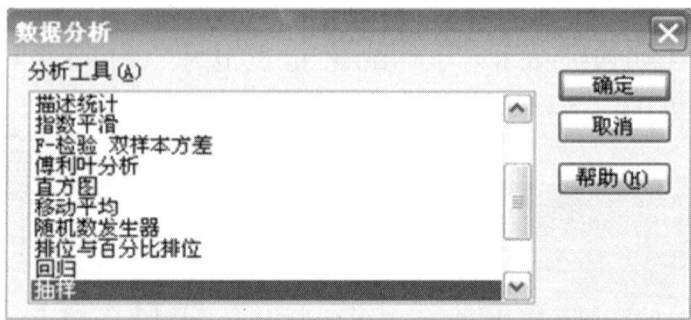

图 7.11 数据分析工具中的 "抽样" 选项

第 2 步: 单击 "抽样" 选项, 弹出 "抽样" 对话框, 在输入区域框中输入总体单位编号或数字所在的单元格区域。在抽样方法项下, 选择周期或随机两种抽样模式。本例选择随机, 样本数为 4。指定输出区域, 本例为 B1。"抽样" 对话框如图 7.12 所示。

点击确定, 则可得到随机重复抽取的 4 个数字构成的样本, 如图 7.13 所示。

(2) 使用 Excel 的数据分析工具产生随机数

第 1 步, 点击任意单元格, 然后点击 "数据" 功能区的 "数据分析", 出现如图 7.14 所示的对话框。

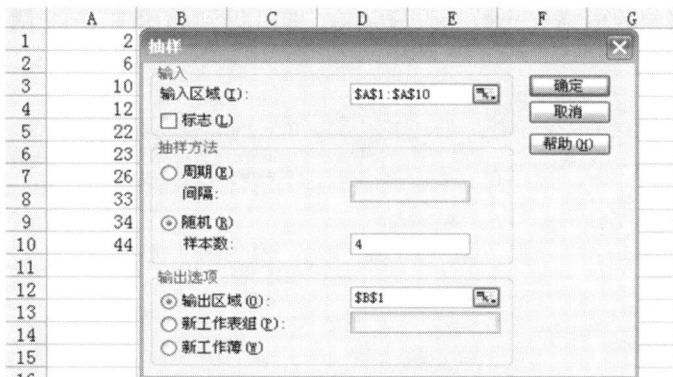

图 7.12 "抽样"对话框

图 7.13 抽样结果

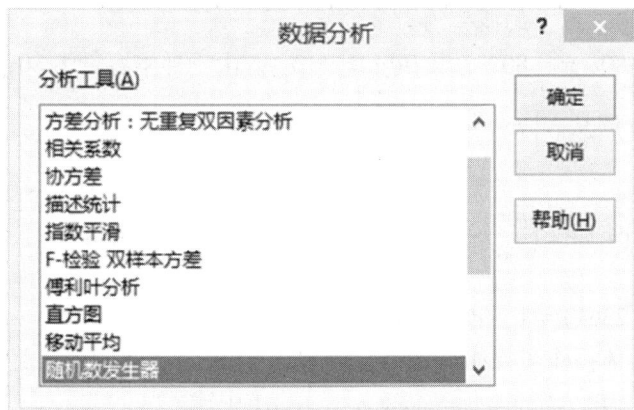

图 7.14 "数据分析"工具下的"随机发生器"选项

　　第 2 步，在图 7.14 对话框中选择"随机数发生器"后单击"确定"，弹出"随机数发生器"对话框，然后根据需要在对话框中填上相应内容。比如为了产生一个均值为 80，标准差为 5 的随机数 10 个，在随机数发生器对话框中的"变量个数"填"1"，在"随机数个数"填"10"，"分布"有多种形态可选，此处填正态，参数中的"平均值"填"80"，"标准偏差"填"5"，在"输出选项"下要选择随机数的放置位置，此处为 A1 单元格，然后点击"确定"，即可产生如图 7.15 左侧上方所示的 10 个随机数。如果我们需要的是 10 个随机的整数，还得将上面的 10

个小数所在单元格的数值格式小数点设置为 0，即可得到如图 7.15 左侧下方的 10 个随机整数。

图 7.15 "随机数发生器"对话框及产生的随机数

7.3.2 Excel 在抽样分布中的应用

假设某公司宣称其某批产品的优等品率为80%，现从中抽取 80 件组成简单随机样本，问样本优等品率达到 90% 以上的概率约为多少?

分析：已知 $n = 80$，$\pi = 80\%$，求 $P(p \geqslant 90\%)$。由于样本容量为 80，根据中心极限定理可知样本优等品率 p 服从 $N\left\{\pi, \dfrac{\pi(1 - \pi)}{n}\right\}$ 的分布。

$$P(p \geqslant 90\%) = P\left(\frac{p - \pi}{\sigma_p} \geqslant \frac{0.9 - \pi}{\sigma_p}\right) = P\left(\frac{p - \pi}{\sigma_p} \geqslant \frac{0.9 - 0.8}{\sqrt{\dfrac{0.8 \times (1 - 0.8)}{80}}}\right)$$

$$P(z \geqslant 2.2361) = 1 - \phi(2.2361) = 0.0127$$

在 Excel 上的具体操作步骤如下。

第 1 步，在 A1 中输入"样本优等品率 p"，在 B1 中输入"0.9"。

第 2 步，在 A2 中输入"总体优等品率 π"，在 B2 中输入"0.8"。

第 3 步，在 A3 中输入"p 的标准差 σ_p"，在 B3 中输入"= SQRT((B2 * (1 - B2))/80)"，回车。

第 4 步，在 A4 中输入"z 值"，在 B4 中输入"= (B1 - B2)/B3"，回车。

第 5 步，在 A5 中输入"$\phi(z)$"，在 B5 中输入"= NORMSDIST(B4)"，回车。

注意：函数 NORMSDIST(　　) 用于计算标准正态分布的累积函数，也就是说，NORMSDIST(z) 相当于计算 $\displaystyle\int_{-\infty}^{z} \frac{1}{\sqrt{2\pi}} e^{-\frac{x^2}{2}} \mathrm{d}x$ 的值。

第 6 步，在 A6 中输入"1 - $\phi(z)$"，在 B6 中输入"$= 1 - B5$"，回车。

最后得到"0.0127"，即样本优等品率达到 90% 以上的概率约为 1.27%，如图 7.16 所示。

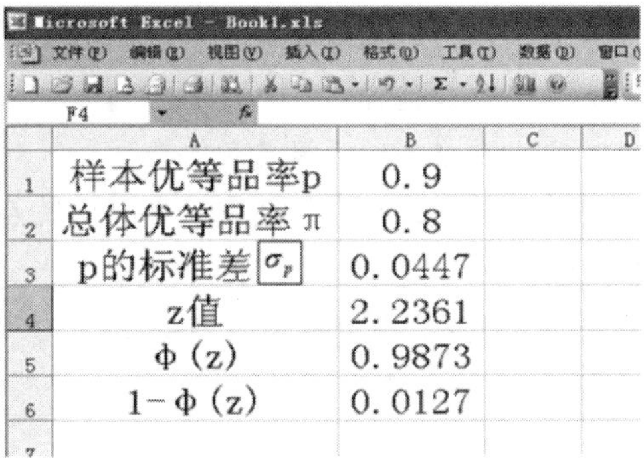

图 7.16　分布概率的计算

本章小结

按照是否遵循随机原则，从总体中抽取样本的方法有概率抽样与非概率抽样两类。概率抽样按取样方式又分为重置抽样和不重置抽样。非概率抽样往往采用不重置抽样，如随意抽样、判断抽样、定额抽样、滚雪球抽样等。

样本可能数目与总体容量 N、样本容量 n、抽样方法有关。对于简单随机抽样，如果是重置抽样，考虑样本单位顺序差异的样本可能数目为 N^n 个，不考虑样本单位顺序差异的样本可能数目为 $\frac{N^n + N}{2}$ 个；如果是不重置抽样，考虑样本单位顺序差异的样本可能数目为 $A_N^n = \frac{N!}{(N-n)!}$ 个，不考虑样本单位顺序差异的样本可能数目为 $C_N^n = \frac{N!}{n! \times (N-n)!}$ 个。

概率抽样根据组织形式的不同，可以分为简单随机抽样、等距抽样、分层抽样、整群抽样、多阶段抽样等不同的抽样方式。

总体分布是指总体 X 的概率分布。样本分布是指一个样本中各观察值的概率分布。抽样分布是指样本统计量的概率分布。

关于样本均值的抽样分布，总体 X 服从正态分布，或者总体 X 非正态或分布未知但样本容量充分大时，若总体方差 σ^2 已知，$\bar{x} \sim N(\mu, \frac{1}{n}\sigma^2)$；若总体方差 σ^2 未知，$\frac{\bar{x} - \mu}{\frac{s}{\sqrt{n}}} \sim t(n-1)$。

是非标志均值与比例的关系：总体的 $\mu = \pi$，$\sigma^2 = \pi(1-\pi)$；样本的 $\bar{x} = p$，$s^2 = p(1-p)$。

关于样本比例的抽样分布，样本容量充分大时，样本比例 p 的抽样分布服从均值为 π，方差为 $\frac{\pi(1-\pi)}{n}$ 的正态分布，即 $\frac{p - \pi}{\sqrt{\frac{\pi(1-\pi)}{n}}} \sim N(0, 1)$。

思考与练习题

一、思考题

1. 什么是概率抽样与非概率抽样？二者有何根本区别。

2. 什么是重置抽样？什么是不重置抽样？

3. 什么是样本可能数目？它主要与哪些因素有关？

4. 概率抽样有哪几种不同的组织形式？并简述它们各自的特点。

5. 什么是中心极限定理？

6. 举例说明什么是总体分布、样本分布和抽样分布。

二、练习题

（一）填空题

1. 抽样分布是指 _____ 的概率分布。

2. X^2 分布、t 分布与 F 分布均是基于 _____ 推导出来的抽样分布。

3. 中心极限定理告诉我们不管总体服从什么分布，只要样本容量足够多，其样本均值的抽样分布总是近似服从 _____ 分布。

4. 抽样分布既与总体的 _____、_____ 有关，又与样本的 _____ 有关。

5. 正态曲线下的总面积等于 _____。

（二）判断题

1. 正态分布总体有两个参数，一个是均值(期望值)μ，一个是方差 σ^2，这两个参数确定以后，一个正态分布也就确定了。（   ）

2. 一般而言，类型抽样的误差比简单随机抽样的误差小。（   ）

3. 重置抽样的抽样误差一定大于不重置抽样的抽样误差。（   ）

4. 概率抽样与非概率抽样的根本区别在于是否遵循随机原则。（   ）

5. 中心极限定理是阐述大量随机变量之和的极限分布是正态分布的一系列定理的总称。（   ）

6. 总体分布是指总体 X 的概率分布。（   ）

7. 样本均值的抽样分布与总体是否正态分布无关。（   ）

（三）单选题

1. 从纯理论出发，在直观上最符合随机原则的抽样方式是（   ）。

A. 简单随机抽样   B. 类型抽样   C. 等距抽样   D. 整群抽样

2. 整群抽样的随机原则落实在（   ）。

A. 各总体单位被抽中的机会均等   B. 各群被抽中的机会均等

C. 各群、各总体单位被抽中的机会均等   D. 各群被抽中的机会不等

3. 正态分布的特征是（   ）。

A. 不对称   B. 有的对称，有的不对称

C. 关于 $x=0$ 对称   D. 关于 $x=\mu$ 对称

4. t 分布的特征是（   ）。

A. 不对称　　　　　　　　　　　　B. 有的对称，有的不对称

C. 关于 $x = 0$ 对称　　　　　　　　D. 关于 $x = \mu$ 对称

5. n 足够大时，$\dfrac{\bar{x} - \mu}{\dfrac{\sigma}{\sqrt{n}}}$ 服从（　　　）。

A. 正态分布　　　　　B. 标准正态分布　　　　C. t 分布　　　　　　D. χ^2 分布

6. 正态总体，总体方差未知，且 n 为小样本时，$\bar{x}$ 服从（　　　）。

A. 正态分布　　　　　B. 标准正态分布　　　　C. t 分布　　　　　　D. χ^2 分布

7. n 足够大时，$\dfrac{p - \pi}{\sqrt{\dfrac{\pi(1 - \pi)}{n}}}$ 服从（　　　）。

A. 正态分布　　　　　B. 标准正态分布　　　　C. t 分布　　　　　　D. χ^2 分布

（四）多选题

1. 重置抽样的特点是（　　　）。

A. 各次抽选相互影响　　　　　　　B. 各次抽选互不影响

C. 每次抽选时，总体单位数始终不变　D. 每次抽选时，总体单位数逐渐减少

E. 各单位被抽中的机会在各次抽选中相等

2. 概率抽样的组织形式主要有（　　　）。

A. 纯随机抽样　　　　　　　　　　B. 判断抽样

C. 机械抽样　　　　　　　　　　　D. 分层抽样

E. 整群抽样

3. 正态分布的特征是（　　　）。

A. 正态分布曲线由均值 μ 和方差 σ^2 决定　B. 正态曲线下的总面积等于 1

C. 随机变量在某一点的概率为 $f(x)$　　　　D. 正态曲线关于 $x = \mu$ 对称

E. x 轴为正态曲线 $f(x)$ 的渐近线

4. 样本均值服从正态分布的前提是（　　　）。

A. 正态总体，方差已知，大样本　　　B. 正态总体，方差未知，小样本

C. 非正态总体，方差已知，大样本　　　D. 非正态总体，方差未知，小样本

E. 正态总体，方差已知，小样本

（五）计算题

1. 某班学生有 60 人，某次的英语考试成绩服从正态分布，全班平均成绩为 75 分，标准差为 6 分。现从该班学生中按重复抽样和不重置抽样抽出一个由 16 个学生组成的简单随机样本，求该样本的平均成绩介于 72 分和 78 分之间的概率。

2. 某电视机厂生产的电视机的一级品率为 80%，现从中抽取 49 台组成简单随机样本，问这 49 台的一级品率介于 90% 和 95% 之间的概率约为多少？

（六）综合题

已知某学校某专业的数学成绩服从正态分布，平均成绩为 70 分，标准差为 8 分。请利用 Excel 或 SPSS 在本年级同专业的学生中随机不重复抽取 36 个学生作为样本，搜集数学成绩，据此计算这 36 个学生的数学成绩高于 80 分的概率。

第8章

参数估计

学习目标

1. 理解参数估计的概念与特点。
2. 领会点估计量的优良评价标准。
3. 掌握区间估计的一般问题。
4. 熟悉单一总体均值与总体比例的区间估计。
5. 明确估计单一总体的均值与比例时样本容量的确定。
6. 熟悉 Excel 或 SPSS 在参数估计中的应用。

情景导入

消费者协会该如何为消费者维权

中国消费者协会是经国务院批准成立的对商品和服务进行社会监督的保护消费者合法权益的社会组织。为充分发挥消协组织社会化平台优势，凝聚社会各界力量，联合开展有影响、有声势、正能量的维权行动，促进消协维权资源与社会维权资源的有效整合，消协组织要构建企业自律、消费者参与、社会监督、政府监管的消费维权社会共治新格局，推动消费维权社会共治。设想你是中国消费者协会的官员，负责监管品牌饮料缺斤少两的不法行为。由于饮料品牌多，生产量大，进行全面检查是不可能的，可行的办法就是抽样，然后用样本数据估计总体数据。假如你知道可口可乐公司生产的某品牌瓶装饮料包装上标明其净含量是 500 mL，而在市场上随机抽取 50 瓶进行检测，得到其平均净含量为 498.5 mL，标准差为 2.63 mL。你拿着这些数据可以做两件事：一是做一个估计，该种包装的品牌饮料平均净含量在 497.77 mL ~ 499.23 mL，然后向消协写份报告，说明该品牌饮料的净含量不符合要求，存在缺斤少两的不法行为；二是做一个裁决，说"可口可乐公司有欺骗消费者的行为"。前者是参数估计；后者是假设检验。通过随后二章的学习，我们可以找到以上结论的理由。

参数估计（Parameter Estimation）和假设检验（Hypothesis Testing）都是根据样本数据运用科学的统计理论和方法对总体参数进行推断。参数估计是依据样本数据，对所研究总体的数量特征进行合乎数理逻辑的估计；假设检验是利用样本数据检验事先对总体数量特征所作的假设，判断真伪决定取舍。假设检验的具体内容在第九章介绍。本章将介绍参数估计的基本原理、点估计和区间估计的方法，以及必要样本容量的确定等。

8.1　参数估计的概念、特点与作用

8.1.1　参数估计的概念

如果我们掌握了所研究的总体的全部数据，那么只需要做一些简单的统计描述，就可以得到有关总体的数量特征，例如总体均值、总体比例、总体方差等。但现实情况比较复杂，有些总体是无限总体，不可能对总体中的每个单位都进行测定，或者有些总体的单位数很多，不可能也没有必要一一测定。这就需要从总体中抽取一部分单位进行调查，进而利用样本提供的信息来推断总体的数量特征。

参数估计就是用样本统计量去估计总体参数。例如，根据样本均值 $\bar{x}$ 估计相应的总体均值 μ，根据样本比例 p 估计相应的总体比例 π，根据样本方差 s_{n-1}^2 估计相应的总体方差 σ^2，等等。

用来估计总体参数的样本统计量的名称，称为估计量。根据样本观察值计算的估计量的具体数值，称为估计值。例如，我们要估计某班的统计学考试的平均分数，从中抽取一个随机样本，全班的平均分数是不知道的，称为参数，根据样本计算的平均分数 $\bar{x}$ 就是一个估计量。假定计算出来的样本平均分数为 75 分，这个 75 分就是估计量的具体数值，称为估计值。

8.1.2　参数估计的特点

1. 以随机抽样为前提

参数估计按随机原则抽选调查单位，可防止由于主观选取调查单位带来的系统性误差，使样本对调查总体具有充分的代表性，减少抽样误差。也只有按随机性原则抽选调查单位，才能根据样本的数量特征对总体的数量特征进行科学的估计，从而达到推断总体的目的。

2. 运用概率估计法推断总体参数

样本统计量和总体参数之间并不存在自变量和因变量那样的对应关系，因而它不能利用一定的函数关系推算总体参数，却能运用归纳推理原理估计总体参数，即不保证从正确的前提一定得到正确的结论，但可以肯定从正确的前提得到的结论有一定程度的可靠性。概率估计法正是基于归纳推理原理，用样本统计量推断总体参数，能在允许的误差范围内具体确定相应的可靠程度会有多高。

3. 抽样误差可以计算和控制

参数估计是以样本统计量估计相应的总体参数，肯定会存在一定的误差。在遵守随机原则的前提下产生的抽样误差是不可避免的，但可事先通过样本数据计算，并采取必要的组织措施(如增加样本单位数、改善抽样组织等)来控制抽样误差范围，保证参数估计的结果达到一定的置信度。这是其他的估算方法所不能做到的。

8.1.3   参数估计的作用

（1）参数估计可对不可能或不必要进行全面调查的总体数量特征进行估计。不可能的全面调查有无限总体调查或具有破坏性、消耗性的产品质量检验等；不必要的全面调查有现象总体过大、单位过于分散的调查等；还有些现象从理论上说可以进行全面调查，但实施起来困难重重，例如家计调查等。以上调查如果采用非全面的抽样，不仅可以参数估计验证，省时、省力，还可提高数据的准确性。

（2）参数估计可用于全面调查资料的评价和验证。全面调查由于范围广、工作量大、参加人员多，往往容易发生登记性误差和计算误差。如果在全面调查后随即抽取一部分单位重新调查一次，将这些单位两次调查的结果进行对照比较，计算其差错率，并据以对总体数量加以修正，可进一步提高全面调查结果的准确性。

（3）参数估计可用于生产过程的质量控制。参数估计可以有效地应用于对成批或大量连续生产的工业产品在生产过程中进行质量控制，检查生产过程是否正常，及时提供有关信息，便于采取措施，预防废品的产生。

8.2   总体参数的点估计

8.2.1   点估计的概念

所谓点估计，就是用样本估计量的一个具体估计值直接代表总体参数值的一种简单估计方法。在具体应用中，通常将某一样本的观察值 x_1，x_2，$\cdots$，x_n 的均值 $\bar{x}$ 作为总体均值 μ 的点估计值，将某一样本的观察值的比例 p 作为总体比例 π 的点估计值，将某一样本的观察值的方差 s_{n-1}^2 作为总体方差 σ^2 的点估计值，等等。例如，对 10000 只新灯丝制造的灯泡进行耐用时间检查，随机抽取 100 只，测试的平均耐用时间为 1055 小时，合格率为 91%，我们推断说这 10000 只灯泡的平均耐用时间为 1055 小时，全部灯泡的合格率也是 91%。

点估计的优点是方法简单，能迅速给出一个明确的估计值；缺点是未考虑抽样误差和置信度，仅适用于对准确度与可靠度要求不高的初步推断。

8.2.2   点估计量的评价标准

根据样本统计量估计总体参数，是统计推断的重要内容。某一总体参数往往可以用几个统计量进行估计，如总体均值 μ 可以用样本算术平均数、样本中位数、样本众数等统计量予以估计。但用于估计总体参数的几个统计量中，哪一个是最合适的呢？这应该有一定的标准来予以评判，这就是所谓估计量的评价标准问题。评价估计量优劣的准则一般有以下三个。

1. 无偏性

总体参数的估计量是一个随机变量，针对随机样本的不同观察值，某估计量会取得不同的估计值。估计量的每一估计值与相应总体参数的真值之间或许存在着一定的偏差，但如果某估计量的所有可能的估计值的平均值，即估计量的数学期望等于相应的总体参数值，则该估计量就被称为相应总体参数的无偏估计量；或者说，用该估计量去估计某总体参数是无偏的。

设某总体待估计的总体参数为 θ，与之相应的估计量为 $\hat{\theta}$。从总体中抽取容量为 n 的样本，所有可能的样本及其观察值为 $x_{11}, x_{12}, \cdots, x_{1n}; x_{21}, x_{22}, \cdots, x_{2n}; \cdots$ 相应地，估计量 $\hat{\theta}$ 的估计值分别为 $\hat{\theta}_1, \hat{\theta}_2, \cdots$。如果 $E(\hat{\theta}) = \theta$，则说 $\hat{\theta}$ 是 θ 的无偏估计量，或者说用 $\hat{\theta}$ 估计 θ 满足无偏性的要求；反之，如果 $E(\hat{\theta}) \neq \theta$，则说 $\hat{\theta}$ 是 θ 的有偏估计量。可以证明：

$$E(\bar{x}) = \mu \tag{8.1}$$

$$E(s_n^2) = E\left(\frac{\sum (x-\bar{x})^2}{n}\right) = \frac{n-1}{n}\sigma^2 \tag{8.2}$$

$$E(s_{n-1}^2) = E\left(\frac{\sum (x-\bar{x})^2}{n-1}\right) = \sigma^2 \tag{8.3}$$

即样本均值 $\bar{x}$ 是总体均值 μ 的无偏估计量，样本方差 $s_n^2 = \dfrac{\sum (x-\bar{x})^2}{n}$ 是总体方差 σ^2 的有偏估计量，而 $s_{n-1}^2 = \dfrac{\sum (x-\bar{x})^2}{n-1}$ 才是总体方差 σ^2 的无偏估计量。

2. 有效性

设 $\hat{\theta}_1$，$\hat{\theta}_2$ 为总体参数 θ 的两个估计量，如果 $Var(\hat{\theta}_1) < Var(\hat{\theta}_2)$，则称 $\hat{\theta}_1$ 是比 $\hat{\theta}_2$ 更为有效的估计量。在某一参数的多个无偏估计量中，某估计量的方差若为最小，则称该估计量为最有效估计量。

与估计量的无偏性相比较，估计量的有效性在实际应用中更受人们重视。其中的道理，可用下例予以说明。

设某总体参数 $\theta = 15$，$\hat{\theta}_1$、$\hat{\theta}_2$ 均为 θ 的无偏估计量。对于各样本观察值而言，估计量 $\hat{\theta}_1$ 的各估计值分别为 13、14、15、16、17；估计量 $\hat{\theta}_2$ 的各估计值分别为 5、10、15、20、25。虽然 $\hat{\theta}_1$、$\hat{\theta}_2$ 均为 θ 的无偏估计量，但由于 $Var(\hat{\theta}_1) = 2 < Var(\hat{\theta}_2) = 50$，因此，在估计参数 θ 时，估计量 $\hat{\theta}_1$ 比 $\hat{\theta}_2$ 更为有效。

可以证明，样本均值 $\bar{x}$、样本中位数 m_e 都是总体均值 μ 的无偏估计量，即 $E(\bar{x}) = \mu$，$E(m_e) = \mu$，但其方差 $Var(\bar{x}) < Var(m_e)$。还可以证明，$Var(\bar{x}) < Var(m_0)$。所以，在估计总体均值 μ 时，我们用样本均值 $\bar{x}$ 作为估计量最为有效。

3. 一致性

如果随着样本容量的不断增加，几乎可以肯定某估计量的估计值会愈来愈趋近于总体参数值，则称该估计量是总体参数的一致估计量；或者说，用该估计量估计总体参数时，满足一致性的要求。

估计量的一致性，用数学语言表述即如下所述。

设 $\hat{\theta}$ 为总体参数 θ 的一致估计量，则对于任意给定的 $\varepsilon > 0$，当 $n \to \infty$ 时，$\hat{\theta}$ 趋于 θ 的概率几乎为 1，即：

$$\lim_{n \to \infty} P\{|\hat{\theta} - \theta| < \varepsilon\} = 1 \tag{8.4}$$

可以证明，样本均值$\bar{x}$是总体均值μ的一致估计量，样本比例p是总体比例π的一致估计量，样本方差s_n^2、s_{n-1}^2都是总体方差σ^2的一致估计量。

8.3　总体参数的区间估计

8.3.1　区间估计的一般问题

1. 区间估计的概念

某一估计量即使具有作为优良统计量的全部特征，但用其一次观察值估计总体参数，总难免存在一定的误差。也就是说，用估计量的一次观察值作为总体参数的点估计值，没有考虑点估计值与相应总体参数的真值之间客观上存在着的误差大小，也没有给出估计的可靠程度。区间估计恰好可以弥补点估计的局限性。

区间估计就是根据样本估计量以一定的可靠程度推断总体参数所在的区间范围。这种估计方法不仅以样本估计量为依据，而且考虑了估计量的分布，所以它能给出估计精度，也能说明估计结果的把握程度。

设总体参数为θ，θ_L、θ_U为由样本确定的两个统计量，$\theta_L < \theta_U$，对于给定的$\alpha(0 < \alpha < 1)$，有

$$P(\theta_L \leqslant \theta \leqslant \theta_U) = 1 - \alpha \tag{8.5}$$

则称(θ_L, θ_U)为参数θ的置信度为$1 - \alpha$的置信区间，该区间的两个端点θ_L、θ_U分别称为置信区间的置信下限和置信上限，通称为置信界限。α为显著性水平，$1 - \alpha$则称为置信度。

置信度$1 - \alpha$表示区间估计的可靠程度或把握程度，也即所估计的区间包含总体真值的可能性。置信度为$1 - \alpha$的置信区间也就表示以$1 - \alpha$的可能性(概率)包含了未知总体参数的区间范围。置信区间的直观意义为：若做多次随机抽样，将得到多个置信区间，那么，其中有的区间包含了总体参数的真值，有的区间却未包含总体参数的真值。平均来说，包含总体参数真值的区间有$(1 - \alpha) \cdot 100\%$，有$\alpha \cdot 100\%$的区间未包含总体参数真值。

显然，置信区间的长短与置信度的高低有一定的依存关系。置信区间越长，置信度就越高，即参数θ被该置信区间包含的概率就越大；反之，置信区间越短，置信度就越低，即参数θ被该置信区间包含的概率就越小。

2. 区间估计的精度与抽样误差

区间估计的精度取决于抽样误差的大小。抽样误差越大，区间估计的精度越低；抽样误差越小，区间估计的精度就越高。区间估计的精度必须通过计算抽样误差才能反映。

抽样误差是指样本统计量与总体参数之差。由于在抽样过程中总体参数总是一个未知的常数，所以，样本估计值与总体参数的真实值之间究竟有多大的差距，实际上是无法得知的；同时，由于样本估计值是一个随机变量，它随着每次抽出的样本不同而不同，某一次抽样结果的误差，仅仅是反复抽样中一系列抽样结果可能出现的误差数值中的一个，直观上看显然不能用它来概括一系列可能抽样结果所产生的所有实际误差。所以，在抽样调查理论中，我们采用抽样平均误差，即将所有抽样估计值的标准差作为衡量参数估计抽样误差大小的

尺度。

（1）抽样平均误差

抽样平均误差又称抽样标准误差，它是样本估计量 $\hat{\theta}$ 的标准差。其定义用公式表示为：

$$\sigma_{\hat{\theta}} = \sqrt{\frac{\sum (\hat{\theta} - \theta)^2}{M}} \tag{8.6}$$

式中：M 为在一定抽样方式下所有可能样本的数目。

抽样平均误差反映了所有可能样本的估计值与相应总体参数的平均误差程度，可衡量样本对总体的代表性大小。抽样平均误差愈小，则样本估计量的分布就愈集中在总体参数的附近。换句话说，样本估计值与总体参数真值之间的抽样误差愈小，样本对总体的代表性愈大。

实际上，由于总体参数本身是未知数，也不可能列出所有可能的样本估计值，所以，抽样平均误差不可能用公式(8.6)来计算，只能根据概率论和数理统计的有关理论来推导其计算公式。

数理统计证明，抽样平均误差可以使用以下公式计算。

在重置抽样的情况下：

样本均值的抽样平均误差 $\sigma_{\bar{x}} = \sqrt{\dfrac{\sigma^2}{n}}$ $\tag{8.7}$

样本比例的抽样平均误差 $\sigma_p = \sqrt{\dfrac{\pi(1-\pi)}{n}}$ $\tag{8.8}$

在不重置抽样的情况下：

样本均值的抽样平均误差 $\sigma_{\bar{x}} = \sqrt{\dfrac{\sigma^2}{n}\left(\dfrac{N-n}{N-1}\right)} \approx \sqrt{\dfrac{\sigma^2}{n}\left(1-\dfrac{n}{N}\right)}$ $\tag{8.9}$

样本比例的抽样平均误差

$$\sigma_p = \sqrt{\frac{\pi(1-\pi)}{n}\left(\frac{N-n}{N-1}\right)} \approx \sqrt{\frac{\pi(1-\pi)}{n}\left(1-\frac{n}{N}\right)} \tag{8.10}$$

对于上述公式，需要说明以下几点。

第一，$\sqrt{\dfrac{N-n}{N-1}}$ 称为修正系数，当 N 很大时，$\sqrt{\dfrac{N-n}{N-1}}$。

第二，由于 $0 < \sqrt{\dfrac{N-n}{N-1}} < 1$ 或 $0 < \sqrt{1-\dfrac{n}{N}} < 1$，所以在同样的情况下，不重置抽样的平均误差比重置抽样的平均误差小。

第三，当 N 很大，而抽样比 n/N 很小时，该系数趋近于1，则不重置抽样的平均误差与重置抽样的平均误差相差甚微。通常当 $n/N \leqslant 0.01$ 时，一般可忽略有限总体的修正系数。因此在实际工作中，在抽样比例很小或总体单位数未知的情况下，即使按不重复抽样方法进行抽样，也可用重复抽样的公式来计算抽样平均误差。

第四，在实践中，由于总体方差通常是未知的，一般可采用样本方差 s^2 或 $p(1-p)$ 替代总体方差 σ^2 或 $\pi(1-\pi)$。如果样本方差未知，可用过去同类现象的全面调查或抽样调查的历史方差资料或实验性调查估计方差替代。若可用的方差资料有多个，应选择方差值最大的。

【例8.1】 企业生产某产品1000袋,为检验其包装重量情况,检验员甲按简单随机重复抽样方法抽取200袋,检验员乙按不重复抽样方法抽取100袋,样本标准差均为2克,试求两种不同抽样方法下平均包装重量的抽样平均误差。

解:(1)重复抽样时平均包装重量的抽样平均误差

$$\sigma_{\bar{x}} = \frac{\sigma}{\sqrt{n}} = \frac{2}{\sqrt{200}} = 0.1414$$

(2)不重复抽样时平均包装重量的抽样平均误差

$$\sigma_{\bar{x}} = \sqrt{\frac{\sigma^2}{n}\left(1 - \frac{n}{N}\right)} = \sqrt{\frac{2^2}{100}\left(1 - \frac{100}{1000}\right)} = 0.1897$$

【例8.2】 设某养鸭场年产蛋在250个以上的鸭为良种鸭,现抽取100只鸭进行调查,其中良种鸭有87只,试求良种鸭所占的比重和抽样平均误差。

解:

良种鸭所占比重即样本比例:

$$p = \frac{n_1}{n} = \frac{87}{100} = 87\%$$

样本比例的抽样平均误差:

$$\sigma_p = \sqrt{\frac{p(1-p)}{n}} = \sqrt{\frac{87\%(1-87\%)}{100}} = 3.4\%$$

(2)抽样极限误差

由于总体参数是一个确定的常数,而样本估计值会随抽取的样本不同而围绕总体参数真值上下随机取值,因此,样本估计量与总体参数之间存在一个误差范围。而抽样平均误差反映的是所有可能样本估计值与相应总体参数的平均误差,并不等同于样本统计量与总体参数之间的真实误差。为此,还需确定一个真实的误差范围来衡量参数估计的精度。这个误差范围就是抽样极限误差,亦称抽样边际误差或抽样允许误差。

抽样极限误差是指样本估计量与总体参数被允许的最大可能误差范围,常用"Δ"来表达。

设 $\Delta_{\bar{x}}$ 和 Δ_p 分别表示样本均值 $\bar{x}$ 和样本比例 p 的抽样极限误差,则有:

$$|\bar{x} - \mu| \leqslant \Delta_{\bar{x}}$$
$$|p - \pi| \leqslant \Delta_p$$

$$(8.11)$$

将上面的绝对值不等式展开可得:

$$\mu - \Delta_{\bar{x}} \leqslant \bar{x} \leqslant \mu + \Delta_{\bar{x}}$$
$$\pi - \Delta_p \leqslant p \leqslant \pi + \Delta_p$$

$$(8.12)$$

这些不等式表明,样本均值 $\bar{x}$ 是以总体均值 μ 为中心,在 $\mu \pm \Delta_{\bar{x}}$ 之间变动的;样本比例 p 是以总体比例 π 为中心,在 $\pi \pm \Delta_p$ 之间变动的。抽样误差范围是以 μ 或 π 为中心的两个 Δ 的距离。这是抽样极限误差的原意。但是,由于总体参数是未知的常数,而样本估计值是可以通过调查求得的,因此,我们也可以把上面的两个不等式改写成等价的另一种形式,即:

$$\bar{x} - \Delta_{\bar{x}} \leqslant \mu \leqslant \bar{x} + \Delta_{\bar{x}}$$
$$p - \Delta_p \leqslant \pi \leqslant p + \Delta_p \qquad (8.13)$$

可见，抽样极限误差的实际意义就是希望总体均值落在样本均值 $\bar{x}$ 加减 $\Delta_{\bar{x}}$ 的范围之内，总体比例落在样本比例 p 加减 Δ_p 的范围之内。

对于一个总体来说，当抽样方式以及样本容量确定后，抽样平均误差就是个确定的值，而抽样极限误差则是根据不同情况和精确程度，由人们来确定其大小的。因此，抽样的极限误差通常需要以抽样平均误差为标准单位来衡量，并且把抽样极限误差 $\Delta_{\bar{x}}$ 或 Δ_p 除以抽样平均误差 $\sigma_{\bar{x}}$ 或 σ_p 所得的数值叫做概率度，以测量估计的可靠程度。若以 z 表示概率度，则有：

$$z = \frac{\Delta_{\bar{x}}}{\sigma_{\bar{x}}} \text{ 或 } z = \frac{\Delta_p}{\sigma_p} \qquad (8.14)$$

若事先根据估计的可靠程度确定了概率度 z 的大小，则可以得到抽样极限误差为：

$$\Delta_{\bar{x}} = z\sigma_{\bar{x}}, \ \Delta_p = z\sigma_p \qquad (8.15)$$

那如何确定概率度的值呢？现以样本均值估计总体均值为例加以说明。由第 7 章内容可知，样本均值是一个随机变量，当 n 充分大（$n \geqslant 30$）时，$\bar{x}$ 就服从正态分布，从而 $\dfrac{\bar{x} - \mu}{\sigma_{\bar{x}}}$ 服从标准正态分布。据此可以在确定的极限误差范围内，求出样本均值 $\bar{x}$ 包含在 $\mu \pm \Delta_{\bar{x}}$ 范围内的概率大小。显然，根据抽样极限误差的大小就可确定相应概率度的大小。

$$P\{-\Delta_{\bar{x}} \leqslant \bar{x} - \mu \leqslant \Delta_{\bar{x}}\} = P\left\{-z \leqslant \frac{\bar{x} - \mu}{\sigma_{\bar{x}}} \leqslant z\right\} = 1 - \alpha \qquad (8.16)$$

上式 $1 - \alpha$ 就是抽样平均数 $\bar{x}$ 包含在 $\mu \pm z\sigma_{\bar{x}}$ 之间的置信概率，如总体均值 μ 未知，则也可以看作是 μ 落在 $\bar{x} \pm z\sigma_{\bar{x}}$ 之间的置信概率。如果已知置信概率为正态分布概率，就可通过查找标准正态概率表得到式（8.16）中的概率度 z 值。

综上所述，在其他条件不变的情况下，当确定的抽样极限误差愈大，则概率度 z 就愈大，相应的置信概率也愈大，即总体参数（或样本统计量）包含在指定范围的可能性也愈大；反之，则相应的置信概率就减小。

数理统计证明概率度 z 与置信概率 $\varphi(z)$ 存在函数关系。现将常用的概率度 z 与相应的置信概率 $\varphi(z)$ 即 $1 - \alpha$ 的几个数值对应列表，如表 8.1 所示。

表 8.1 常用的概率度与概率对照表

概率度 z	1	1.6500	1.9600	2	2.5800	3
置信概率 $\varphi(z)$	0.6827	0.9000	0.9500	0.9545	0.9900	0.9973

（3）影响抽样误差的因素

①总体标志值的差异程度。在其他条件不变的情况下，抽样平均误差的大小与总体标志值的差异程度成正比。总体的差异程度越大，抽样平均误差就越大；反之，总体标志变异程度越小，抽样平均误差就越小。

②样本容量。根据大数定律和抽样推断的一致性要求，抽样平均误差的大小与样本容量成反方向变化。样本容量越多，抽样平均误差就越小；反之，样本容量越小，则抽样平均误

差就越大。这是因为随着样本容量的扩大,样本的结构愈能反映总体的结构,样本统计量就愈能代替总体相应的数量特征。

③抽样方法。在同一总体和相同样本容量的要求下,不重置抽样比重置抽样所产生的误差要小些。这是因为,在重置抽样时,同一个样本内同一个单位被抽中多次的可能性是存在的,它就降低了样本对总体的代表性;而在不重置抽样时,一个单位被抽中 2 次及以上的可能是不存在的,这样的样本能更接近地反映总体的结构,故所产生的抽样误差也要比前者小。

④抽样的组织形式。抽样调查可以有不同的组织形式,如纯(简单)随机抽样、机械(等距)抽样、类型(分层)抽样和整群抽样。在样本容量相同的情况下,不同的抽样组织形式会有不同的抽样误差。这是因为组织形式不同,所抽出的样本对总体的代表性不同,所以产生的抽样误差也是不同的。简单纯随机抽样与整群抽样产生的误差比等距抽样与分层抽样大。

⑤概率度或置信水平。在其他条件不变的情况下,置信水平越高,概率度越大,极限误差越大,样本指标与总体参数之间的误差也越大,抽样估计的精度就越低;相反,极限误差减小,抽样估计的精度提高。

3. 区间估计的一般步骤

尽管抽取样本的组织方式有很多种,但不论采用何种组织方式,总体参数区间估计的基本原理都是相似的。其步骤可大致归纳如下:

首先,按照一定的抽样方式抽取适当的样本进行调查,针对该种抽样方式选择总体参数 μ 或 π 的最优样本估计量 $\bar{x}$ 或 p,计算估计值,以此作为总体参数 μ 或 π 的点估计值;

其次,根据该种抽样方式的抽样平均误差公式计算出抽样误差 $\sigma_{\bar{x}}$ 或 σ_p;

再次,根据所要求的置信概率或置信度以及样本统计量的分布形式查正态分布表、t 分布表或其他分布表获得对应的临界值或称概率度,然后计算出抽样极限误差 $\Delta_{\bar{x}}$ 或 Δ_p;

最后,对总体参数 μ 或 π 做出区间推断。

8.3.2 总体均值的区间估计

1. 正态总体均值的区间估计 —— 总体方差已知

如果总体服从正态分布 $N(\mu, \sigma^2)$,而且方差已知,那么不管样本容量是多少,样本均值 $\bar{x}$ 的抽样分布都渐近正态分布。在重复抽样的条件下,标准化统计量 $z = \dfrac{\bar{x} - \mu}{\sigma / \sqrt{n}}$ 服从标准正态分布。当给定参数估计的置信度为 $1 - \alpha$ 时,查标准正态分布表得临界值(概率度)为 $z_{\alpha/2}$,则有:

$$P\left\{ -z_{\alpha/2} \leqslant \frac{\bar{x} - \mu}{\sigma / \sqrt{n}} \leqslant z_{\alpha/2} \right\} = 1 - \alpha \tag{8.17}$$

即

$$P\left\{ \bar{x} - z_{\alpha/2} \frac{\sigma}{\sqrt{n}} \leqslant \mu \leqslant \bar{x} + z_{\alpha/2} \frac{\sigma}{\sqrt{n}} \right\} = 1 - \alpha \tag{8.18}$$

上式表明,在给定的显著性水平 α 下,总体均值 μ 在置信度 $1 - \alpha$ 下的置信区间为:

$$\left(\bar{x} - z_{\alpha/2} \cdot \frac{\sigma}{\sqrt{n}}, \ \bar{x} + z_{\alpha/2} \cdot \frac{\sigma}{\sqrt{n}} \right) \tag{8.19}$$

这里的 $\dfrac{\sigma}{\sqrt{n}}$ 是样本均值在重复抽样条件下的标准误差（抽样平均误差）$\sigma_{\bar{x}}$，$z_{\alpha/2} \cdot \dfrac{\sigma}{\sqrt{n}}$ 则是样本均值在重复抽样条件下的极限误差 $\Delta_{\bar{x}}$。故总体均值 μ 的置信度为 $1-\alpha$ 的置信区间可简记为：

$$(\bar{x} \pm \Delta_{\bar{x}}) \tag{8.20}$$

需要注意的是，在对有限总体进行不重复抽样的情况下，如果抽样比例高于 1% 时，需要用 $\sqrt{\dfrac{N-n}{N-1}}$ 系数去修正抽样误差。

【例 8.3】　设某企业职工加工某零件的日产量服从正态分布，方差为 225 件^2，现在加工该零件的所有职工中进行简单随机重复抽样，抽取 64 人的日生产量进行调查，得知该样本的平均日生产量为 106 件。试以 95% 的置信度估计该企业职工加工某零件的日生产量的平均水平。

解：

已知日产量 $X \sim N(\mu, 15^2)$，$n = 64$，$\bar{x} = 106$（件），$1-\alpha = 95\%$，$\alpha = 5\%$，查标准正态分布表得 $z_{\alpha/2} = z_{0.025} = 1.96$。

则：
$$\sigma_{\bar{x}} = \sqrt{\frac{\sigma^2}{n}} = \sqrt{\frac{225}{64}} = \frac{15}{8} = 1.875\text{（件）}$$

$$\Delta_{\bar{x}} = z_{\alpha/2}\sigma_{\bar{x}} = 1.96 \times 1.875 = 3.675\text{（件）}$$

故 μ 的 95% 的置信区间为 $(\bar{x} \pm \Delta_{\bar{x}}) = (106 \pm 3.675)$ 即

$$(106 - 3.675, 106 + 3.675) = (102.325, 109.675)$$

结果表明，可以用 95% 的概率保证该企业加工某零件职工的平均日产量在 102.325 ~ 109.675 件。

当样本容量相当大时，即使总体分布形式未知或总体为非正态分布，由中心极限定理可知，样本均值近似服从正态分布，因此，估计总体均值的方法与上述方法是相同的。

【例 8.4】　某企业生产灯泡，根据其积累的历史资料，灯泡使用寿命的方差为 625 小时^2。该企业某一天生产灯泡 18000 只，从中以简单随机抽样方式抽取 60 只检测，其平均寿命为 2000 小时。试以 95% 的置信度估计该天生产的全部灯泡的寿命范围。

解：

虽然这里不知道灯泡寿命是否服从正态分布，但由于抽取的样本容量为 60，是一个大样本，根据中心极限定理，样本均值近似服从正态分布，即 $\bar{x} \sim N(\mu, \sigma_{\bar{x}}^2)$。同时已知 $N = 18000$，$n = 60$，$\bar{x} = 2000$，$\sigma^2 = 625$，$1-\alpha = 95\%$，$\alpha = 5\%$，查标准正态分布表得 $z_{\alpha/2} = z_{0.025} = 1.96$。

则：
$$\sigma_{\bar{x}} = \sqrt{\frac{\sigma^2}{n}\left(\frac{N-n}{N-1}\right)} = \sqrt{\frac{625}{60} \times \left(\frac{18000-60}{18000-1}\right)} = 3.222$$

$$\Delta_{\bar{x}} = z_{\alpha/2}\sigma_{\bar{x}} = 1.96 \times 3.222 = 6.315$$

故 μ 的 95% 的置信区间为 $(\bar{x} \pm \Delta_{\bar{x}}) = (2000 \pm 6.315)$，即

$$(2000 - 6.315, 2000 + 6.315) = (1993.685, 2006.315)$$

即可以用 95% 的概率保证该天生产的灯泡的平均寿命在 1993.685 ~ 2006.315 小时。

灯泡质量检查只可能是不重复抽样，但因整批灯泡的数量很大，即使是不重复抽样，也

可以按重复抽样的情况计算抽样平均误差。

2. 总体方差未知时(正态总体、样本容量足够大的非正态总体)

实际上总体均值未知而总体方差已知的情况是不多见的,一般情况是两者均未知。对于 μ、σ^2 均未知的正态总体,采取简单随机重复抽样的方式抽取样本容量为 n 的样本,由第 7 章的抽样分布理论可知,正态总体大小样本以及非正态总体大样本的样本均值 $\bar{x}$ 所构造的统计量为 $\dfrac{\bar{x} - \mu}{s/\sqrt{n}} \sim t(n-1)$。

当给定参数估计的置信度为 $1 - \alpha$ 时,查 t 分布表得临界值为 $t_{\alpha/2,\,n-1}$,故有

$$P\left\{ -t_{\alpha/2,\,n-1} \leqslant \frac{\bar{x} - \mu}{s/\sqrt{n}} \leqslant t_{\alpha/2,\,n-1} \right\} = 1 - \alpha \qquad (8.21)$$

即

$$P\left\{ \bar{x} - t_{\alpha/2,\,n-1} \cdot \frac{s}{\sqrt{n}} \leqslant \mu \leqslant \bar{x} + t_{\alpha/2,\,n-1} \cdot \frac{s}{\sqrt{n}} \right\} = 1 - \alpha \qquad (8.22)$$

上式表明,对于从方差未知的正态总体中按简单随机重复抽样抽取样本,可计算出样本均值 $\bar{x}$ 与样本标准差 s,从而得到总体均值 μ 在置信度为 $1 - \alpha$ 时的置信区间为 $\left(\bar{x} - t_{\alpha/2,\,n-1} \cdot \dfrac{s}{\sqrt{n}},\ \bar{x} + t_{\alpha/2,\,n-1} \cdot \dfrac{s}{\sqrt{n}} \right)$,可简记为:

$$\left(\bar{x} \pm t_{\alpha/2,\,n-1} \cdot \frac{s}{\sqrt{n}} \right) \qquad (8.23)$$

其中,$\dfrac{s}{\sqrt{n}}$ 是重复抽样情况下样本均值的标准误差 $\sigma_{\bar{x}}$;$t_{\alpha/2,\,n-1} \cdot \dfrac{s}{\sqrt{n}}$ 是样本均值的极限误差或允许误差 $\Delta_{\bar{x}}$。需要注意的是在不重复抽样的情况下,$\sigma_{\bar{x}} = \sqrt{\dfrac{s^2}{n}\left(\dfrac{N-n}{N-1} \right)}$,$\Delta_{\bar{x}} = t_{\alpha/2,\,n-1} \cdot \sqrt{\dfrac{s^2}{n}\left(\dfrac{N-n}{N-1} \right)}$。

总体均值 μ 的 $1 - \alpha$ 的置信区间也可简记为 $(\bar{x} \pm \Delta_{\bar{x}})$。

【例 8.5】 设定投保人的年龄是服从正态分布的,人寿保险公司在业务调查中,以简单随机重复抽样方式抽取 36 名投保人组成样本,得到样本的平均年龄是 39.5 岁,样本标准差是 7.77 岁,试以 90% 的置信水平估计全部投保人的平均年龄。

解:

已知投保人年龄 $X \sim N(\mu, \sigma^2)$,$n = 36$,$\bar{x} = 39.5$,$s = 7.77$,$1 - \alpha = 90\%$,$\alpha = 10\%$,查 t 分布表得 $t_{\alpha/2,\,n-1} = t_{0.05,\,35} = 1.6896$。

$$\sigma_{\bar{x}} = \sqrt{\frac{s^2}{n}} = \sqrt{\frac{7.77^2}{36}} = 1.295$$

$$\Delta_{\bar{x}} = t_{\alpha/2,\,n-1} \cdot \hat{\sigma}_{\bar{x}} = 1.6896 \times 1.295 = 2.188$$

故 μ 的 90% 的置信区间为 $(\bar{x} \pm \Delta_{\bar{x}}) = (39.5 \pm 2.188) =$

$$(39.5 - 2.188,\ 39.5 + 2.188) = (37.312, 41.688)$$

结果表明，可以用 90% 的概率估计全部投保人的平均年龄在 37.312 ~ 41.688 岁。

值得注意的是，由于 t 分布的极限分布形式是标准正态分布，当样本容量 n 较大、总体方差未知而用样本方差代替时，由样本均值 $\bar{x}$ 所构造的统计量为 $\dfrac{\bar{x} - \mu}{s/\sqrt{n}} \sim t(n-1)$，此时 t 分布与标准正态分布非常接近，临界值 $t_{\alpha/2, n-1}$ 也可以通过查标准正态分布表得到其近似值。

【例 8.6】　假设某校 10000 名学生的体重近似服从正态分布，现以简单随机不重复抽样方式抽取 50 人作为样本，50 人的平均体重为 55 公斤，标准差为 6 公斤。以 90% 的置信度估计该校学生的平均体重。

解：

已知该校学生的体重 $X \sim N(\mu, \sigma^2)$，$N = 10000$，$n = 50$，$\bar{x} = 55$，$s = 6$，$1 - \alpha = 90\%$，$\alpha = 10\%$，因为样本容量大，此时的 t 分布与标准正态分布非常接近，故 $t_{\alpha/2, n-1} \approx z_{\alpha/2} = z_{0.05} = 1.645$。

$$\sigma_{\bar{x}} = \sqrt{\frac{s^2}{n}\left(\frac{N-n}{N-1}\right)} = \sqrt{\frac{6^2}{50}\left(\frac{10000-50}{10000-1}\right)} = 0.846$$

$$\Delta_{\bar{x}} = t_{\alpha/2, n-1} \cdot \sigma_{\bar{x}} = 1.645 \times 0.846 = 1.392$$

故 μ 的 90% 的置信区间为：$(\bar{x} \pm \Delta_{\bar{x}}) = (55 \pm 1.392) =$

$$(55 - 1.392, 55 + 1.392) = (53.608, 56.392)$$

结果表明，可以 90% 的置信度估计该校学生的平均体重在 53.608 ~ 56.392 公斤。

【例 8.7】　某公司有 800 名职工，以简单随机抽样方式，采用不重复抽样方法随机抽取 15% 的职工，现调查其工资收入情况，结果显示其平均月工资为 4000 元，标准差为 300 元，试以 95% 的置信度估计该公司的月平均工资水平。

解：已知 $N = 800$，$n = 800 \times 15\% = 120$，$\bar{x} = 4000$，$s = 300$。

虽然职工的工资收入水平的分布情况不明确，但由于 $n = 120$，属于大样本，统计量 $(\bar{x} - \mu) / \sqrt{\dfrac{s^2}{n}\left(\dfrac{N-n}{N-1}\right)}$ 仍近似服从自由度为 $n-1$ 的 t 分布。

$1 - \alpha = 95\%$，$\alpha = 5\%$，因为样本容量大，此时的 t 分布与标准正态分布非常接近，故 $t_{\alpha/2, n-1} \approx z_{\alpha/2} = z_{0.025} = 1.96$。

$$\sigma_{\bar{x}} = \sqrt{\frac{s^2}{n}\left(\frac{N-n}{N-1}\right)} = \sqrt{\frac{300^2}{120}\left(\frac{800-120}{800-1}\right)} = 25.265$$

$$\Delta_{\bar{x}} = t_{\alpha/2, n-1} \cdot \sigma_{\bar{x}} = 1.96 \times 25.265 = 49.519$$

故 μ 的 95% 的置信区间为 $(\bar{x} \pm \Delta_{\bar{x}}) = (4000 \pm 49.519) =$

$$(4000 - 49.519, 4000 + 49.519) = (3950.481, 4049.519)$$

结果表明，可以 95% 的置信度估计该公司 800 名职工的月平均工资水平在 3950 ~ 4050 元。

在对总体均值进行区间估计的基础上，可进一步推断相应的总量指标，即用总体单位数 N 分别乘以总体均值的置信区间的下限和上限，便得到相应总量 $(N\mu)$ 的置信区间范围，即：$N(\bar{x} - \Delta_{\bar{x}}) \leqslant N\mu \leqslant N(\bar{x} + \Delta_{\bar{x}})$。

在例 8.7 中，可以 95% 的置信度估计该公司 800 名职工的工资总额的置信区间为 [800 ×

$(4000 - 49.519)$，$800 \times (4000 + 49.519)]$，即工资总额介于 3160000 元至 3239615 元之间。

综上所述，总体均值的区间估计(以重复抽样为例)可总结如表 8.2 所示。

表 8.2　单一总体均值的区间估计

总体分布	样本容量	σ^2 已知	σ^2 未知
正态总体	大样本	$\bar{x} \pm z_{\alpha/2} \cdot \dfrac{\sigma}{\sqrt{n}}$	$\bar{x} \pm t_{\alpha/2,\,n-1} \cdot \dfrac{s}{\sqrt{n}}$
正态总体	小样本	$\bar{x} \pm z_{\alpha/2} \cdot \dfrac{\sigma}{\sqrt{n}}$	当 n 充分大时，t 分布渐近正态分布
非正态总体	大样本		$\bar{x} \pm z_{\alpha/2} \cdot \dfrac{s}{\sqrt{n}}$
非正态总体	小样本	—	—

显然，区间估计的计算公式依赖于样本容量是大样本还是小样本，总体方差是否已知，总体是否服从正态或近似服从正态分布。

回到篇首案例，若你在市场上随机抽取了 50 瓶标明净含量为 500 mL 的可口可乐公司的某品牌瓶装饮料，测得到其平均含量为 498.5 mL，标准差为 2.63 mL，如果以默认置信度 95% 进行估计，则可计算出：

$$\Delta_{\bar{x}} = z_{\alpha/2} \sqrt{\frac{s^2}{n}} = 1.96 \times \sqrt{\frac{2.63^2}{50}} = 0.729$$

$$(\bar{x} \pm \Delta_{\bar{x}}) = (498.5 \pm 0.729) = (497.77,\ 499.23)$$

因此，我们有 95% 的把握可以推断可口可乐公司的该饮料的平均含量在 497.77 ～ 499.23 mL。

8.3.3　总体比例的区间估计

在许多实际问题中，常常需要估计总体中具有某种特征的单位占总体全部单位的比例。例如，全部产品中合格品的比例、一批种子的发芽率、职工收入中工资收入所占比例等。设总体含有 N 个单位，具有某种属性的单位所占的比例为 π，π 为待估参数。现从总体中按随机原则抽取样本容量为 n 的一个样本，该样本具有某种属性的单位所占的比例为 p，现以样本比例 p 估计总体比例 π 的置信度为 $1 - \alpha$ 的置信区间。

由第 7 章的抽样分布理论可知，在大样本条件下，若 np 和 $n(1-p)$ 都大于 5，则重复抽样条件下的样本比例 p 的抽样分布近似服从均值为 π、方差为 $\sigma_p^2 = \dfrac{\pi(1-\pi)}{n}$ 的正态分布。

$\dfrac{p - \pi}{\sqrt{\dfrac{\pi(1-\pi)}{n}}}$ 近似地服从 $N(0,1)$ 分布，故有：

$$P\left(-z_{\alpha/2} \leqslant \frac{p - \pi}{\sqrt{\dfrac{\pi(1-\pi)}{n}}} \leqslant z_{\alpha/2}\right) = 1 - \alpha$$

即：

$$P(p - z_{\alpha/2} \cdot \sqrt{\frac{\pi(1-\pi)}{n}} \leqslant \pi \leqslant p + z_{\alpha/2} \cdot \sqrt{\frac{\pi(1-\pi)}{n}}) = 1 - \alpha \qquad (8.24)$$

上式表明，在重复抽样的条件下，总体比例 π 的 $1-\alpha$ 的置信区间为：

$$\left(p - z_{\alpha/2} \cdot \sqrt{\frac{\pi(1-\pi)}{n}}, \ p + z_{\alpha/2} \cdot \sqrt{\frac{\pi(1-\pi)}{n}}\right) \qquad (8.25)$$

但在实际工作中，总体比例 π 是未知的，我们所要估计的也正是这个总体比例，为此，就需要用总体比例的无偏估计量样本比例 p 来代替总体比例 π。这样，在置信度 $1-\alpha$ 下，总体比例 π 的置信区间为：

$$\left(p - z_{\alpha/2}\sqrt{\frac{p(1-p)}{n}}, \ p + z_{\alpha/2}\sqrt{\frac{p(1-p)}{n}}\right) \qquad (8.26)$$

这里的 $\sqrt{\frac{p(1-p)}{n}}$ 是样本比例的抽样平均误差，即样本比例的标准误差 σ_p，$z_{\alpha/2} \cdot \sqrt{\frac{p(1-p)}{n}}$ 是样本比例的极限误差或允许误差 Δ_p。

故总体比例 π 的置信度为 $1-\alpha$ 的置信区间可简记为：

$$(p \pm \Delta_p) \qquad (8.27)$$

需要注意的是，在不重复抽样的情况下，$\Delta_p = z_{\alpha/2} \cdot \sqrt{\frac{p(1-p)}{n}\left(\frac{N-n}{N-1}\right)}$。

【例 8.8】 某高校有教职工 1000 人，按随机原则以不重复抽样方式抽取 201 名教职工进行调查，其中表示支持某候选人的有 110 人，试以 95% 的置信标准估计该候选人的全校支持率。

解： 已知 $N = 1000$，$n = 201$，$p = 110/201 = 0.5473$，$1-\alpha = 0.95$，$\alpha/2 = 0.025$，查正态分布表得 $z_{\alpha/2} = z_{0.025} = 1.96$。

由于是不重复抽样，

$$\Delta_p = z_{\alpha/2} \cdot \sqrt{\frac{p(1-p)}{n}\left(\frac{N-n}{N-1}\right)} = 1.96 \times \sqrt{\frac{0.5473(1-0.5473)}{201}\left(\frac{1000-201}{1000-1}\right)} \approx 0.062$$

由样本支持率 p 来估计全校支持率 π 的置信度为 95% 的置信区间为：

$$p \pm \Delta_p = (0.5473 \pm 0.062) = (0.4853, 0.6093)。$$

结果表明，以 95% 的置信度估计该候选人的全校支持率介于 48.53% 和 60.93% 之间。

【例 8.9】 某公司有职工 3000 人，从中随机抽取 60 人调查其工资收入情况。调查结果表明，职工的月平均工资为 4350 元，标准差为 193 元，月收入在 4000 元及以上职工有 40 人。试以 95.45% 的置信水平推断该公司职工月平均工资所在的范围和月收入在 4000 元及以上职工在全部职工中所占的比重。

解： 已知 $N = 3000$，$n = 60$，$n_1 = 40$，$\bar{x} = 4350$，$s = 193$，$1-\alpha = 0.9545$，查 t 分布表得 $t_{\alpha/2, n-1} = t_{0.02275, 59} \approx 2 = z_{\alpha/2}$。

依题意计算如下：

$$\sigma_{\bar{x}} = \sqrt{\frac{s^2}{n}\left(\frac{N-n}{N-1}\right)} = \sqrt{\frac{193^2}{60}\left(\frac{3000-60}{3000-1}\right)} = 24.67$$

$$\Delta_{\bar{x}} = t_{\alpha/2,\,n-1} \cdot \sigma_{\bar{x}} = 2 \times 24.67 = 49.34$$

故 μ 的 95.45% 的置信区间为 $(\bar{x} \pm \Delta_{\bar{x}}) = (4350 \pm 49.34) = (4300.66, 4399.34)$

计算结果表明，有 95.45% 的把握说该公司职工月平均工资在 4300.66 到 4399.34 元之间。

样本中月收入在 4000 元及以上的职工在全部职工中所占的比重为：

$$p = \frac{n_1}{n} = \frac{40}{60} = 66.67\%$$

$$\sigma_p = \sqrt{\frac{p(1-p)}{n}\left(\frac{N-n}{N-1}\right)} = \times \sqrt{\frac{0.6667(1-0.6667)}{60}\left(\frac{3000-60}{3000-1}\right)} \approx 0.062$$

$$\Delta_p = z_{\alpha/2} \cdot \sigma_p = 2 \times 0.062 = 12.04\%$$

故总体比例 π 的置信度为 95.45% 的置信区间：

$$p - \Delta_p \leqslant \pi \leqslant p + \Delta_p$$
$$66.67\% - 12.04\% \leqslant \pi \leqslant 66.67\% + 12.04\%$$
$$54.63\% \leqslant \pi \leqslant 78.71\%$$

计算结果表明，有 95.45% 的把握说该公司月收入在 4000 元及以上的职工占全部职工的比重为 54.63% ~ 78.71%。

8.4　样本容量的确定

在参数估计中，样本容量大小的确定是一个非常重要的问题。样本容量过小，则样本对总体的代表性不足，据此推断总体，其精度及可靠程度都会过低；样本容量过大，固然可以提高估计的精度及可靠程度，但又会使抽样调查的费用过高，从而降低调查的经济效益。比较理想的样本容量应该能够使抽样估计在调查费用一定的情况下，具有尽可能高的精度（满意的误差）及尽可能高的可靠程度（满意的置信水平）；或者在给定精度及可靠程度要求的情况下，使调查费用最低。可见，对于特定总体，其样本容量大小的确定主要应考虑三个外在因素，即允许误差（精度要求）、置信水平（可靠程度）及调查费用。这里暂时撇开费用因素来讨论样本容量问题，即讨论在既定的调查费用限制下，符合一定精度、置信度要求的样本容量如何确定的问题。

8.4.1　估计总体均值时样本容量的确定

估计总体均值时的样本容量是根据抽样均值被允许的误差范围来确定的，是为了使抽样误差不超过给定的允许范围至少应该抽取的样本数目。由于极限误差既可满足抽样精度与可靠度的要求，而且与样本容量有关，因此，可以根据极限误差公式推导出样本容量的计算公式。

在简单纯随机重复抽样的情况下：$\Delta_{\bar{x}} = z_{\alpha/2} \cdot \sqrt{\dfrac{\sigma^2}{n}}$，

则必要样本容量：$n_{重复} = \dfrac{z_{\alpha/2}^2 \sigma^2}{\Delta_{\bar{x}}^2}$

$$(8.28)$$

当从有限总体不重复抽样时，应考虑有限总体的修正系数，此时，$\Delta_{\bar{x}} = z_{\alpha/2} \dfrac{\sigma}{\sqrt{n}} \sqrt{\dfrac{N-n}{N-1}}$。

于是，样本容量的计算公式为：

$$n_{不重复} = \frac{N z_{\alpha/2}^2 \cdot \sigma^2}{(N-1)\Delta_{\bar{x}}^2 + z_{\alpha/2}^2 \cdot \sigma^2} \qquad (8.29)$$

当 N 很大时，

$$n_{不重复} = \frac{N z_{\alpha/2}^2 \cdot \sigma^2}{N \Delta_{\bar{x}}^2 + z_{\alpha/2}^2 \cdot \sigma^2} = \frac{n_{重复}}{1 + n_{重复}/N} \qquad (8.30)$$

为了估计总体均值，利用上述公式确定样本容量时，需要注意：

① 总体方差 σ^2 未知时，一般应考虑样本方差 s^2 代替 σ^2 来计算。

② 如果样本方差 s^2 还是个未知数，解决方法有：第一，利用历史的样本资料进行计算；第二，利用同类型的调查资料计算求得；第三，组织试验性调查取得数据；第四，若有多个不同的 s^2 值，则取其最大值。

③ 若总体单位数 N 未知或者很大（通常为大等于 10000）而且抽样比例 $n/N \leqslant 0.01$，即使是不重复抽样也可以采用重复抽样公式来计算样本容量。

④ 上述公式计算的样本容量 n 是符合有关要求的最低样本容量，即最必要的样本大小。因此，n 为非整数时，应用比这个数大的邻近正整数代替，如，39.55 取 40，45.05 取 46。

⑤ 应按不同的抽样组织方式对公式进行相应调整。上述公式是简单随机抽样的样本容量计算式，如果是分类抽样、等距抽样、整群抽样、多阶段抽样，则需要对公式作相应调整。

【例 8.10】　在蓝焰公司的燃气灶组装线上，装配工人组装一台 69 个零件的燃气灶平均所需时间为 25 分钟，标准差为 3 分钟。若要求置信度为 99%，估计的误差不超过 20 秒钟，应抽取多少工人作为样本？

解：

已知 $\Delta_{\bar{x}} = 20/60 = 1/3$（分），$\sigma = 3$（分），$1-\alpha = 99\%$，查正态分布表得 $z_{\alpha/2} = z_{0.01/2} = 2.58$，由公式（8.28），得：

$$n = \frac{z_{\alpha/2}^2 \sigma^2}{\Delta_{\bar{x}}^2} = \frac{2.58^2 \times 3^2}{(1/3)^2} = 539.22 \approx 540（人）$$

即应抽取 540 名工人作为样本。

【例 8.11】　某证券公司有员工 300 人，为了了解员工的平均医疗费用支出，人力资源部计划在员工中进行不重复的大范围抽样调查，拟采用纯随机抽样方式。这项调查希望有 95% 的置信度，并要求样本均值的极限误差在 50 元以内。前期研究表明总体的标准差约为 400 元，试确定这项调查所需要的样本容量。

解：

设这项调查所需要的样本容量为 n，旨在以样本的平均医疗支出 $\bar{x}$ 推算总体的平均医疗支出 μ。已知 $\Delta_{\bar{x}} = 50$，$N = 300$，$\sigma = 400$，$1-\alpha = 95\%$，查标准正态分布表得 $z_{\alpha/2} = 1.96$，代入公式（8.30）可得：

$$n = \frac{N z_{\alpha/2}^2 \cdot \sigma^2}{(N-1)\Delta_{\bar{x}}^2 + z_{\alpha/2}^2 \cdot \sigma^2} = \frac{300 \times 1.96^2 \times 400^2}{(300-1) \times 50^2 + 1.96^2 \times 400^2} = 135.37 \approx 136（人）$$

即这项调查,人力资源部至少要调查 136 人,才能达到要求的精度和可靠度。

8.4.2 估计总体比例时样本容量的确定

在简单纯随机重复抽样条件下估计总体比例时,只要限定 $\Delta_p = z_{\alpha/2} \cdot \sqrt{\dfrac{\pi(1-\pi)}{n}}$ 就可满足用样本比例估计总体比例的精度与可靠度要求。

由 $\Delta_p = z_{\alpha/2} \sqrt{\dfrac{\pi(1-\pi)}{n}}$ 可解出:

$$n = \frac{z_{\alpha/2}^2 \cdot \pi(1-\pi)}{\Delta_p^2} \qquad (8.31)$$

在不重复抽样的情况下,$\Delta_{p'} = z_{\alpha/2} \cdot \sqrt{\dfrac{\pi(1-\pi)}{n}\left(\dfrac{N-n}{N-1}\right)}$,由此解出:

$$n = \frac{N \cdot z_{\alpha/2}^2 \cdot \pi(1-\pi)}{(N-1) \cdot \Delta_p^2 + z_{\alpha/2}^2 \cdot \pi(1-\pi)} \qquad (8.32)$$

实际上,总体比例 π 常常是未知的。这就需要利用历史资料,或者根据经验数据做出估计;或者参考样本比例,等等。事实上,抽样之前,抽样比例往往也是未知的,也只能利用历史的样本资料、同类型的调查资料、组织试验性调查取得数据来解决。如果有多个不同的比例数据,则应取其方差最大值者。如果前述资料都没有,则取总体比例的最大方差值 0.25 来解决。

【例 8.12】 某证券公司欲在某地开设一个证券交易所,为了估计开设后该交易所的盈亏问题,需要了解当地人员愿意来交易所炒股的人员比例。为此,证券公司需要采用随机抽样调查,试问:至少应该抽取多少人员进行调查,才能够以 95% 的置信度保证估计误差不超过 4%。

解:

已知 $\Delta_p = 4\% = 0.04$,$1 - \alpha = 95\%$,查标准正态分布表得 $z_{0.025} = 1.96$。N 未知,所以采用重复抽样公式。又因总体比例 π 与样本比例 p 都未知,在此情况下可以取总体比例最大方差值来计算。

$$\sigma^2 = \pi(1-\pi) = 0.25$$

则:

$$n = \frac{z_{\alpha/2}^2 \cdot \pi(1-\pi)}{\Delta_p^2} = \frac{1.96^2 \times 0.25}{0.04^2} = 601$$

所以,证券公司至少应该抽取 601 人进行调查,才能够以 95% 的置信度保证估计误差不超过 4%。

8.4.3 影响样本容量的因素

从以上样本容量的计算公式不难看出,必要的样本容量 n 一般与下列因素有关。

① 总体方差。在其他条件不变的情况下,总体单位的差异程度大,估计时所需样本容量越大,反之则越小。在抽样之前,既不知道总体方差的实际值,也无样本资料来替代,这时

通常是用以前同类调查的资料代替。若有多个方差，应选其中最大的方差。

② 置信度。要求较高的置信度，就需要较大的样本容量，置信度越高，样本容量就越大。

③ 允许误差。允许误差与必要样本容量成反比。允许误差越大，必要样本容量可以越小；允许误差越小，必要样本容量应当越大；允许误差最小，即允许误差为零时，必要样本容量应当最大，即 $n = N$，也就是进行全面调查。

④ 抽样方法。相同条件下，重置抽样应比不重置抽样的样本容量大。

⑤ 抽样组织方式。由于不同抽样组织方式有不同的抽样误差，所以，在误差要求相同的情况下，不同抽样组织方式所需样本容量也不同，比如采用类型抽样的样本容量要小于简单随机抽样的样本容量。

此外，还有一些因素在上述公式中没有体现出来，比如调查费用。虽然增加样本容量可以提高置信区间的置信度和估计的精度，但也不是样本容量愈大愈好。因为增加样本容量会延长调查时间，增加工作量和成本费用，同时还可能增大调查误差。

8.5　Excel 与 SPSS 在参数估计中的应用

8.5.1　Excel 在参数估计中的应用

参数估计的重点是区间估计，而区间估计的关键是要查找一定置信水平下的临界值。身边如果有标准正态分布表与 t 分布表，一查便知；如果没有，但有电脑，那就可以利用 Excel 的 NORM. S. INV(p) 函数与 T. INV(α, 自由度) 函数来计算。

1. Excel 中有关参数估计的常用函数

（1）计算标准正态分布临界值 z_p 函数——NORM. S. INV(p)

作用：计算标准正态分布临界值 z_p，$p = \int_{-\infty}^{z_p} \frac{1}{\sqrt{2\pi}} e^{-\frac{x^2}{2}} dx$，注意到 NORM. S. INV($p$) 中的 $p = 1 -$ 右尾。

操作：在单元格中输入" = NORM. S. INV(p)"，回车，得到标准正态分布右侧临界值。

例如，若参数估计的置信度要求为 95%，求它对应的标准正态分布的临界值。

$1 - \alpha = 95\%$，$\alpha \div 2 = 0.025$，$p = 0.975$，NORM. S. INV(p) = NORM. S. INV(0.975) = 1.96。

即 95% 置信度对应的标准正态分布临界值为 1.96，即 $P(-1.96 \leq z \leq 1.96) = 95\%$，如图 8.1 所示。

（2）计算 t 分布临界值 t_α 函数——T. INV(Probability, Deg - freedom)

T. INV 函数返回作为概率和自由度函数的学生 t 分布的 t 值，参数 Probability 对应于双尾学生 t 分布的概率。如果是单尾检验，这里的 Probability 就是显著性水平 α；如果是双尾检验，这里的 Probability 就是显著性水平 α 的 1/2。参数 Deg_freedom 是自由度，等于样本容量 n 减 1。

操作：在单元格中输入" = T. INV(α, 自由度)"，回车，返回 α 的临界值。如果输入" = T. INV(α/2, 自由度)"，则返回 α/2 临界值。

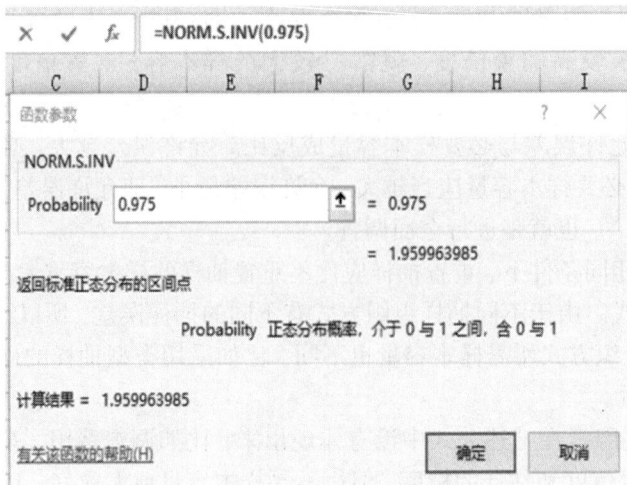

图 8.1　双尾标准正态分布右侧临界值

　　例如，若参数估计的置信度要求 95%，求它对应的双尾 t 分布的临界值（设自由度为 12）。

　　$1 - \alpha = 95\%$，$\alpha = 0.05$，T. INV（$\alpha/2$，自由度）= T. INV（0.05/2，12）= 2.1788，即 95% 置信度、自由度为 12 对应的 t 分布临界值，为 $t_{0.025, 12} = 2.1788$，即 $P(-2.1788 \leqslant t \leqslant 2.1788) = 95\%$，如图 8.2 所示。

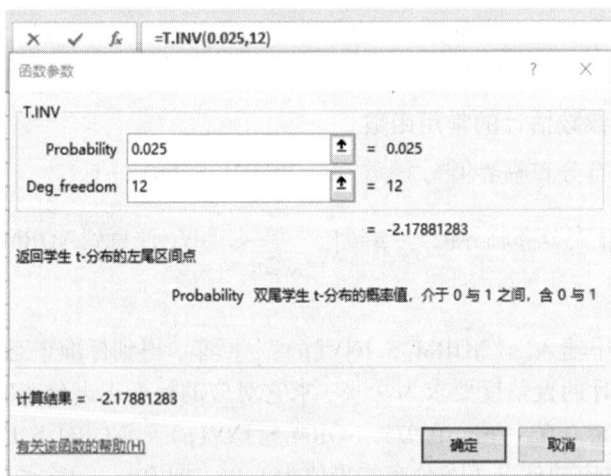

图 8.2　双尾 t 分布左侧临界值

　　(3) 计算极限误差 ——CONFIDENCE(alpha, standard_dev, size)

　　作用：对总体均值进行区间估计时，该函数能计算出极限误差（即允许误差）。

　　操作：在单元格中输入" = CONFIDENCE(alpha, standard_dev, size)"，回车。

　　这里，alpha 即显著性水平 α，对应的置信度为 $1 - \alpha$；standard_dev 指样本标准差；size 指样本容量 n。

2. 用 Excel 对第 8 章篇首案例中品牌饮料的平均净含量进行区间估计

方法一：根据估计总体均值置信区间的公式进行直接计算。

篇首案例中的总体方差未知，但样本容量为 50，是大样本，此时样本均值服从的 t 分布可用正态分布来近似。因此，以默认置信度 95% 估计某品牌饮料平均净含量的置信区间。

置信下限：$\bar{x} - z_{\alpha/2} \cdot s/\sqrt{n}$。

置信上限：$\bar{x} + z_{\alpha/2} \cdot s/\sqrt{n}$）。

首先，在任意单元格中输入："$= 498.5 - \text{NORMSINV}(1 - \alpha/2) * 2.63/\text{SQRT}(50)$"，并回车，得到置信下限 497.77 mL；然后，在另一单元格中输入："$= 498.5 + \text{NORMSINV}(1 - \alpha/2) * 2.63/\text{SQRT}(50)$"，并回车，得到置信上限 499.23 mL。

故以 95% 的置信度估计该品牌饮料的平均净含量在 497.77 mL ~ 499.23 mL。

方法二：利用函数 CONFIDENCE(alpha, standard_dev, size) 进行估计。

首先，利用函数 CONFIDENCE(alpha, standard_dev, size) 计算极限误差。在单元格中输入"$= \text{CONFIDENCE}(0.05, 2.63, 50)$"，并回车，得到极限误差 $\Delta_{\bar{x}} = 0.73$ mL。

然后，利用区间估计公式计算置信下限和置信上限。

置信下限：$\bar{x} - \Delta_{\bar{x}}$。

置信上限：$\bar{x} + \Delta_{\bar{x}}$。

具体操作是在单元格中输入"$= 498.5 - 0.73$"，回车，得到 497.77 mL，这就是置信下限；在另一单元格中输入"$= 498.5 + 0.73$"，回车，得到 499.23 mL，这就是置信上限。

即以 95% 的置信度估计该品牌饮料的平均净含量在 497.77 mL ~ 499.23 mL。

关于利用 Excel 对总体均值进行区间估计，除上述两种方法外，还有一种方法，即利用"数据"菜单下的"分析"功能区的"数据分析"，再选择"描述统计"，计算置信水平为 95% 的极限误差，进而可求得总体均值的置信区间。读者可以自己举例练习。

8.5.2　SPSS 在参数估计中的应用

SPSS 的许多过程可以完成数值变量参数估计。针对性较强的是描述统计子菜单项中的探索过程，它可以直接给出均值的可信区间，默认是 95%，可以自行设定，对于均值的点估计，还可以直接提供稳健估计值；对于小样本，还可以使用比较平均值子菜单中的几个过程。以下相应条件下的参数估计均以表 3.1 数据为例，说明其操作步骤。

1. 利用"分析"→"描述统计"→"探索"过程进行单一总体均值的区间估计

选择"分析"→"描述统计"→"探索"，打开如图 4.10(a) 的对话框，将要估计的所有数值变量选入"因变量列表"框，可直接点击"确定"按钮，此时输出结果表给出默认置信概率为 95% 的均值区间值，而且是根据样本的大小自动给出正态分布或 t 分布的区间值。可以点击"统计"按钮，在打开的对话框如图 4.10(b) 中将默认概率改为所需标准。这里是将"工资"输入"因变量列表"框，直接点击"确定"按钮，即使用默认概率得到如表 8.3 所示的结果，表中标准误差就是抽样平均误差，由于该数据只有 20 个个案，是小样本，因此置信区间是依据 t 分布而得，此外，默认输出结果还有茎叶图和箱图。如果是大样本则同样的操作步骤得到的会是依据标准正态分布的置信区间。为便于比较，这里给出利用 SPSS 自带大样本数据集的操作结果，如表 8.4 所示的平均年龄的置信区间来源于 410 个个案的数据文件，置信概率设为 95.45%，显然这个大样本是依据正态分布而得的置信区间(30.11 ± 2 × 0.199)即(29.71，30.51)。

表 8.3　工资的描述统计分析

			统计	标准误差
工资	平均值		2196.8000	192.24989
	平均值的 95% 置信区间	下限	1794.4164	
		上限	2599.1836	
	5% 剪除后平均值		2213.2778	
	中位数		2478.0000	
	方差		739200.3790	
	标准差		859.76763	
	最小值		670.0000	
	最大值		3427.0000	
	全距		2757.0000	
	四分位距		1474.0000	
	偏度		−.4860	.5120
	峰度		−1.1260	.9920

表 8.4　Age 的描述统计分析

			统计	标准误差
Age	平均值		30.110	.199
	平均值的 95.45% 置信区间	下限	29.710	
		上限	30.510	
	5% 剪除后平均值		30.100	
	中位数		30.000	
	方差		16.193	
	标准差		4.024	
	最小值		19	
	最大值		42	
	全距		23	
	四分位距		5	
	偏度		−.026	.121
	峰度		.023	.240

2. 利用"分析"→"比较平均值"→"单样本 t 检验"过程进行单一总体均值的区间估计

选择"分析"→"比较平均值"→"单样本 t 检验",在打开的对话框中,将左边"工资"变量选入"检验变量"列表框,如图 8.3 所示。注意,"检验值"的默认值"0"不要更改,因为输出结果中的置信区间是样本均值与该检验值之差的置信区间,样本均值减 0 的结果才是估计的置信区间。置信水平取默认的 95%,直接点击"确定"按钮,得到如表 8.5 和表 8.6 所示的结果,前者有平均值等 4 个统计量,后者"差值 95% 置信区间"就是估计的置信概率为 95% 的置信区间,对比同一数据由两个不同过程得到的置信区间,结果完全相同。该过程中也可以点击"选项"按钮,在打开的对话框中设置置信水平。

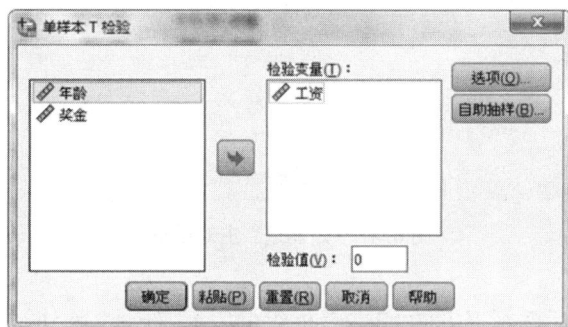

图 8.3　单样本 T 检验对话框

表 8.5　单样本统计

	个案数	平均值	标准差	标准误差平均值
工资	20	2196.8000	859.76763	192.24989

表 8.6　单样本检验

	检验值 = 0					
	t	自由度	显著性(双尾)	平均值差值	差值 95% 置信区间	
					下限	上限
工资	11.427	19	.000	2196.80000	1794.4164	2599.1836

3. 利用"表"→"定制表"菜单进行单一总体比率的区间估计

(1) 已知二分类变量个案数据

对总体比率的区间估计,可以利用"表"菜单进行。在 SPSS 中,当 n 较大时,二项分布近似正态分布,这时利用正态分布的概率分布规律进行参数估计,当不满足正态近似的条件时,是直接利用二项分布的概率分布规律计算相应的置信区间。下面以 SPSS 自带数据集中的"性别"比率为例。

第 1 步,选择"表"→"定制表"菜单,在打开的主对话框中将左边"变量"列表框中的"性别"拖入右边画布的"行",如图 8.4 所示。

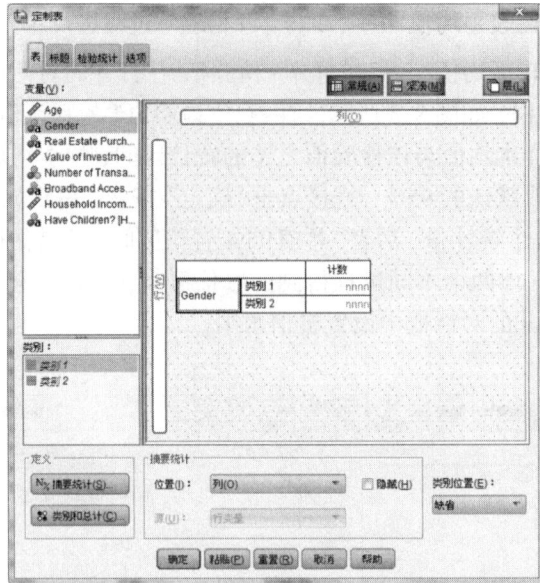

图 8.4 "定制表"主对话框

第2步，点击主对话框左下方的"定义"框组的"摘要统计"按钮，打开子对话框，展开左上部"变量"列表中的"表百分比"，选定"表有效 N%"等4个统计量，可默认或更改左下方的"置信区间"框中水平值，如图 8.5 所示。然后点击"应用于所有选项"按钮，再点击"关闭"按钮回到主对话框。

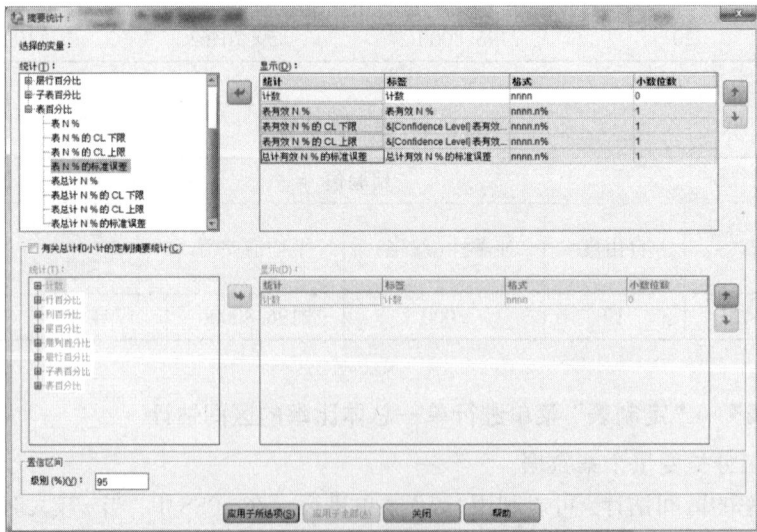

图 8.5 "摘要统计"对话框

第3步，点击主对话框的"确定"按钮，输出结果窗口给出两分类变量各种表现的各自的置信区间，如表 8.7 所示。

表 8.7　性别比率及置信区间

		计数	表有效 N %	95.0% 表有效 N % 的 CL 下限	95.0% 表有效 N % 的 CL 上限	表有效 N % 的标准误差
Gender	Female	181	44.1%	39.4%	49.0%	2.5%
	Male	229	55.9%	51.0%	60.6%	2.5%

（2）已知非二分类变量个案数据

常有数值型变量如百分制成绩的个案数据要估计总体及格率的区间，以及多于两种表现的类型变量如各种支付方式的个案数据要估计非现金支付方式所占比率的区间情况。这时要先通过第 3 章第 3 节第 2 小节介绍的"转换"菜单中的"计算变量"或"重新编码为不同变量"等过程生成二分类变量，再对新变量利用"表"菜单进行操作。

变量转换后，就可以依据新变量进行总体参数比率的区间估计了。执行前述"已知二分类变量个案数据"所示范的过程即可。

此外，也可以将二分类变量重新编码为 01 变量，然后利用总体均值区间估计的方法，这样得到的结果为近似值。

本章小结

参数估计是在随机抽样基础上，用样本统计量估计总体参数。参数估计的方法有点估计和区间估计。

点估计是以样本估计量的实际值直接作为相应总体参数的估计值，作为优良的估计量应该符合无偏性、有效性和一致性三个标准。

区间估计是根据样本估计量以一定置信度推断总体参数所在的区间范围。这种估计方法不仅以样本估计量为依据，而且考虑了估计量的分布，能给出估计精度，也能说明估计结果的把握程度。

区间估计的计算公式依赖于样本容量是大样本还是小样本，总体方差是否已知，总体是否正态或近似服从正态分布。如果样本容量是大样本，则对总体的分布不需任何假设，区间估计的计算中使用 $z_{\alpha/2}$，如果是小样本，但总体服从正态分布而且方差未知，则用样本方差作为总体方差的估计量，区间估计的计算使用 $t_{\alpha/2}$。

必要样本容量的确定关系到参数估计的准确性、时效性和经济性。必要的样本容量的大小与总体方差、允许误差、置信度、抽样方法、抽样的组织形式等因素有关。

思考与练习题

一、思考题

1. 什么是参数估计？参数估计有何特点？

2. 评价估计量优劣的准则是什么？

3. 什么是点估计、区间估计？二者有何联系和区别？

4. 确定必要的抽样数目有何意义？必要抽样数目受哪些因素影响？

二、练习题

（一）填空题

1. 参数估计是在_____的基础上，用样本统计量估计_____的方法。

2. 若样本方差(s_{n-1}^2)的期望值等于总体方差(σ^2)，则称 s_{n-1}^2 为 σ^2 的_____估计量

3. 总体参数的估计区间是由_____和_____组成。

4. 允许误差是指与的最大绝对误差范围。

5. 如果总体平均数落在区间 960 ~ 1040 内的概率是 95%，则抽样平均数是_____，允许误差是_____。

6. 在同样的精度要求下，不重复抽样比重复抽样需要的样本容量。

7. 设总体 X 的方差为 1，从总体中随机取容量为 100 的样本，得样本均值 $N(\mu, \sigma^2) = 5$，则总体均值的置信水平为 99% 的置信区间_____。（$Z_{0.005} = 2.58$）

（二）判断题

1. 点估计就是用样本统计量的实际值去估计总体参数的真值。（   ）

2. 随机抽样是参数估计的前提。（   ）

3. 参数估计的抽样误差可以计算和控制。（   ）

4. 区间估计的精度取决于抽样误差的大小。（   ）

5. 区间估计就是根据样本估计量以一定的置信度推断总体参数所在的区间范围。（   ）

6. 样本统计量 $s^2 = \dfrac{\sum (x - \bar{x})^2}{n}$ 是总体参数 σ^2 的无偏估计量。（   ）

7. 估计量的有效性是指估计量的方差比其他估计量的方差小。（   ）

8. 在其他条件不变的情况下，区间估计的误差范围与置信水平呈正比。（   ）

9. 抽样估计的置信水平就是指在抽样指标与总体参数构造的置信区间中，包含总体参数真值的区间所占的比重。（   ）

10. 必要样本容量通常是限定误差范围内的最大样本容量。（   ）

（三）单选题

1. 抽样极限误差是指样本统计量和总体参数之间产生(   )。

A. 抽样误差的平均数   B. 抽样误差的标准差

C. 抽样误差的可靠程度   D. 抽样误差的最大可能范围

2. 参数估计的主要目的是(   )。

A. 计算和控制抽样误差

B. 为了深入开展调查研究

C. 根据样本统计量的数值来推断总体参数的数值

D. 为了应用概率论

3. 参数是指基于(   )计算的指标值。

A. 样本   B. 某一个样本   C. 多个样本   D. 总体

4. 总体参数很多，就某一参数(如均值)而言，它的取值(   )。

A. 是唯一的   B. 不是唯一的

C. 随样本的变化而变化   D. 随抽样组织形式的变化而变化

5. 样本统计量很多，就某一统计量(如均值)而言，它的取值(   )。

A. 是唯一的   B. 随样本的变化而变化

C. 由总体确定   D. 由抽样的组织形式唯一确定

6. 某次考试中学生成绩 X 近似服从正态分布，$X \sim N(78, 64)$，则可认为有大约 68.26% 的学生考试成绩分布的范围是(   )。

A. (70, 80)   B. (70, 86)   C. (62, 94)   D. (62, 86)

7. 从 $\pi = 0.5$ 的总体中，重复抽取一个容量为 100 的简单随机样本，样本比例 p 的标准误差为(   )。

A. 0.5   B. 0.25   C. 0.05   D. 0.1

8. 在其他条件不变的情况下，如果极限误差范围缩小为原来的 1/2，则样本容量(   )。

A. 扩大为原来的 4 倍   B. 扩大为原来的 2 倍

C. 缩小为原来的 1/2   D. 缩小为原来的 1/4

9. 置信水平 $1 - \alpha$ 表达了置信区间的 (   )。

A. 精确性   B. 准确性   C. 显著性   D. 可靠性

10. 自正态总体中重复随机抽取容量为 n 的样本，其均值和标准差为 33 和 4，当 $n = 25$ 时，总体均值 95% 的置信区间为(   )。

A. 33 ± 6.40   B. 33 ± 1.57   C. 33 ± 2.22   D. 33 ± 1.65

(四) 多选题

1. 下列命题正确的有(   )。

A. 样本容量与置信水平成正比

B. 样本容量与总体方差成反比

C. 样本容量与允许误差成反比

D. 重复抽样的样本容量比不重复抽样的样本容量要多

E. 纯随机抽样的样本容量比其他抽样组织形式要少

2. 区间估计(   )。

A. 没有考虑抽样误差大小   B. 考虑了抽样误差大小

C. 能说明估计结论的可靠程度   D. 能说明估计结论的精确程度

E. 不能说明估计结论的精确程度

3. 假设总体为非正态分布，从该总体中抽取容量为 100 的样本，则样本均值的抽样分布(   )。

A. 服从正态分布

B. 服从 T 分布

C. 样本均值的期望等于总体均值

D. 样本均值的标准差等于总体标准差除以 100 的平方根

E. 样本均值的方差等于总体方差除以 100 的平方根

4. 科学的抽样估计方法要具备的要素是(   )。

A. 合适的统计量   B. 抽样方法

C. 合理的误差范围   D. 可接受的置信度

E. 最小的调查经费

（五）计算题

1. 用简单随机重置抽样的方法在 2000 件产品中抽查 200 件，其中合格品 190 件。

（1）若该批产品合格率的抽样极限误差为 2.31%，则其置信度是多少？

（2）以 95.45% 的置信度估计该批产品合格品率和合格品数量的置信区间。

2. 某快餐店想要估计每位顾客午餐的平均花费金额，假定总体标准差为 15 元，在为期 3 周的时间里选取 49 名顾客组成了一个简单随机样本。

（1）求样本均值的抽样平均误差；

（2）在 95% 的置信水平下，求允许误差；

（3）如果样本均值为 120 元，求总体均值 95% 的置信区间。

3. 某地区粮食播种面积共 30000 亩，按不重复抽样方法随机抽取 100 亩进行实测。调查结果显示，平均亩产为 500 公斤，亩产的标准差为 50 公斤。试以 99.73% 的置信度估计该地区粮食平均亩产量和总产量的置信区间。

4. 某公司机加工车间 200 名工人加工同种零件，全体工人每加工一件零件所需时间（分钟）为 $X \sim N(\mu, 5^2)$，今欲抽选部分工人构成简单随机样本，根据这部分工人每生产一件零件平均所耗时间推算全体工人每生产一件零件平均所耗时间。假设置信度要求达到 95%，抽样极限误差不超过 3 分钟，试求应抽多少工人才合适。

5. 某公司生产一种食用植物油，月产量是 5000 瓶，最近几次抽样调查所得的产品不合格率分别是 2%、2.5%、3%，现为了调查产品的不合格率，问至少应该抽查多少瓶油，才能以 95% 的置信度保证抽样误差不超过 2%。

6. 某居民小区共有居民 500 户，小区管理者准备采取一项新的供水设施，想了解居民是否赞成。采取重复抽样方法随机抽取了 50 户，其中有 32 户赞成，18 户反对。

（1）求总体中赞成该项改革的户数比例的置信区间，置信水平为 95%；

（2）如果置信水平为 90%，小区管理者预计赞成的比例能达 80%，极限误差不超过 5%，应抽取多少户进行调查？

7. 某进出口贸易公司向西欧出口一种红茶，为检查其每包规格的质量，抽取样本 100 包，检验结果如下：

每包重量（克）	包数（包）
148 ~ 149	10
149 ~ 150	20
150 ~ 151	50
151 ~ 152	20
合计	100

按规定这种茶叶每包规格重量应不低于 150 克。 要求：

（1）以 99.73% 的置信度估计这批茶叶每包重量的区间范围；

（2）以同样的置信度估计这批茶叶的合格率范围；

（3）在（2）的条件下，若极限误差减少 3/4，确定必要的样本容量。

8. 某企业生产一批灯泡 10000 只，随机抽取 100 只做耐用时间试验和合格检验，测算结果如下表：

1953	2063	2031	2073	2085	2094	2112	2127	2151	2181
1974	2064	2037	2073	2085	2097	2115	2130	2154	2184
1983	2064	2043	2073	2088	2097	2118	2130	2154	2187
1988	2066	2046	2076	2088	2100	2118	2136	2157	2187
1992	2067	2049	2076	2088	2100	2118	2136	2160	2199
1993	2067	2049	2076	2091	2103	2121	2139	2163	2205
1994	2069	2052	2079	2091	2103	2121	2139	2166	2208
1995	2070	2052	2079	2094	2106	2124	2145	2166	2223
1998	2070	2055	2082	2094	2106	2124	2148	2175	2241
1999	2073	2055	2082	2094	2109	2124	2151	2178	2247

按规定，灯泡耐用时数在 2000 小时以下为不合格品。

要求利用 Excel 或 SPSS：

（1）确定该批灯泡平均耐用时间 95% 的置信区间；

（2）确定该批灯泡合格率 95.45% 的置信区间。

（六）综合题

某手机生产厂商最近接到了几次顾客对其 C 型号手机屏幕损坏的质量投诉，该厂有关部门从反馈的有关记录中随机抽取 2000 名购买此型号的用户进行了问卷调查。调查结果如下：回收问卷 1830 份，其中有效问卷 1825 份，在有效问卷中，对"您遇到过屏幕损坏问题吗"设置的"是"与"没有"两个选项的具体回答份数分别为 219、1606。相关人员以 95% 的置信度估计出拥有该型号手机的顾客中遇到屏幕损坏问题的比率区间。估计过程如下：

因为 $n_1 = 219$，$n = 1825$，所以 $p = \dfrac{n_1}{n} = \dfrac{219}{1825} \approx 12\%$。由 $1 - \alpha = 95\%$，可知 $Z_{\alpha/2} = 1.96$

$$\sigma_p = \sqrt{\frac{p(1-p)}{n}} = \sqrt{\frac{12\%(1-12\%)}{1825}} \approx 0.76\%$$

$$\Delta_p = Z_{\alpha/2}\sigma_p = 1.49\%$$

$$p - \Delta_p = 10.51\%,$$

$$p + \Delta_p = 13.49\%$$

所以，$10.51\% \leqslant \pi \leqslant 13.49\%$。

由此，以 95% 的把握推测出使用该厂生产的 C 型号手机的所有顾客中，有 10.51 ～ 13.49% 遇到过屏幕损坏问题。根据销售部门记录，已销售 C 型号手机 6256 部，那么，可以以同样的概率预测已销手机中有 658 ～ 844 部手机存在问题。

请根据上述资料回答：

（1）以上估计是否合理。

（2）如果以上提供的信息是可靠的，那么，公司的哪些部门应该如何利用这些信息为本部门出谋划策呢？（提示：可考虑售后服务部门、采购部门、产品研发部门、公共关系部门、财务部门、管理部门等）

（3）结合此案例谈谈你对学习统计学的看法。

第9章

假设检验

学习目标

1. 理解假设检验的概念与基本思想。
2. 领会假设检验的两类错误。
3. 掌握假设检验的方法。
4. 明确假设检验与区间估计的关系。
5. 重点掌握总体均值与总体比例的假设检验。
6. 了解 Excel 或 SPSS 在假设检验中应用。

情景导入

该市居民的收入水平是否显著提高?

2019 年,某市的年人均可支配收入为 4.78 万元。为了解 2020 年该市居民的收入水平状况,现随机抽取 50 人进行调查,他们的年可支配收入分别是(万元):

3.50 2.60 1.50 3.45 3.45 3.45 3.50 4.65 4.65 4.65 4.65 4.70
4.70 4.80 4.95 4.95 4.95 4.95 4.95 4.95 4.95 5.00 4.80 5.10
5.20 5.50 5.50 6.50 7.60 9.50 9.60 9.50 3.50 3.50 4.50 4.50
4.50 2.00 8.00 3.00 5.00 4.50 4.00 4.50 4.50 4.60 4.60 4.50
5.40 5.60。

据此可计算该 50 人 2019 年的人均可支配收入为 4.87 万元。试问该市居民 2020 年的收入水平比 2019 年是否显著提高?

对于该市 2020 年的人均可支配收入我们事先并不知晓,我们已知的是从该市随机抽查 50 人得到的人均可支配收入,显然这个样本的人均可支配收入比该市 2019 年全市居民的人均可支配收入有所提高,但这种差异可能是由于抽样的随机性带来的,而事实上这两年的人均可支配收入也许并没有显著提高。那该市人均可支配收入究竟是否显著提高,我们可以先设立一个假设,不妨为"假设 2020 年人均可支配收入没有显著提高",然后检验这个假设能否成立。这就是一个假设检验问题。

事实上，人们经常要对关于总体的感知"信息"做出判断，因为感知的"信息"是不完整的，要想确认它的真伪，尚需搜集相关数据，深入研究。假设检验就是根据搜集到的样本数据，运用统计特有的方法，来检验我们对总体参数的假设是否真实可靠。

9.1　假设检验的一般问题

9.1.1　假设检验的概念与特征

假设检验是统计推断的另一种方式。所谓假设检验，就是先对总体参数或总体分布形式做出一个假设，然后利用样本信息来判断原假设是否合理，即判断样本信息与原假设是否有显著性差异，从而决定应接受或否定原假设。所以，假设检验也称为显著性检验。

假设检验可分为两类：一类是参数假设检验，另一类是非参数假设检验。本章只讨论关于总体均值、总体比例等总体参数的假设检验。

为了对总体参数的假设检验有一个直观的认识，不妨先来看一个例子。

【例 9.1】　某企业生产一种绳索，过去的大量资料表明，这种绳索的平均拉力强度为 100 牛顿，标准差为 10 牛顿。该企业对这种绳索的生产工艺进行了改革，从改革工艺后生产的产品中随机抽取 49 根绳索作为样本，测得其平均拉力强度为 115 牛顿。问：工艺改革后绳索的拉力强度是否发生了显著变化？

对于工艺改革后绳索的拉力强度是否发生了显著变化，我们事先不知道，要根据样本的平均拉力强度与工艺改革前的平均拉力强度进行比较，做出是否发生显著变化的结论。也就是说，我们应先假设这批绳索的平均拉力强度没有发生显著变化，然后用样本的平均拉力强度来检验假设是否正确，这便是一个假设检验问题。

一个假设的提出总是以一定的理由为基础的，但这些理由通常是不充分的，因而产生了"检验"的需要，也就是要进行判断。在假设检验中，我们首先要提出两种相互对立的假设，即原假设和备择假设，然后对提出的假设进行检验。

假设检验具有两个显著的特征。

第一，采用反证法。为证明备择假设是否成立，首先假定原假设是正确的，然后根据抽样理论和样本信息，观察由此假设而导致的结论是否合理，从而判断是否接受原假设。如果结论合理，则接受原假设，拒绝备择假设；如果结论不合理，则拒绝原假设，接受备择假设。

第二，依据"小概率事件在一次试验中不可能发生"的原理，即小概率原理。小概率原理是假设检验中判定接受或拒绝原假设的标准和依据，由于概率很小的随机事件在一次试验中几乎是不可能发生的，假如概率很小的随机事件在一次试验中竟然发生了，则认为假设条件不成立，即拒绝原假设。例如，某绳索企业声称其生产的绳索 99% 以上的拉力强度超过了 200 牛顿，那么把该绳索的拉力强度超过了 200 牛顿作为原假设，从企业生产的绳索中随机抽取 1 根，其拉力强度低于 200 牛顿的概率很小，只有 1%。如果恰巧抽取的这根绳索的拉力强度小于 200 牛顿，则 1% 以下的小概率事件发生了，我们就有理由怀疑该企业的声称是假的，即拒绝原假设，做出该推断的依据就是小概率原理。当然推断也有可能会犯错误，即该企业所生产的绳索中有 1% 的拉力强度低于 200 牛顿，而恰好一次就被抽中了，所以犯这种错误的概率为 1%。

9.1.2 原假设与备择假设

对某一实际问题进行假设检验，一般应首先提出假设，这个假设由两个相反的方面构成，即原假设和备择假设。原假设又称零假设，是正待检验的假设，记为 H_0；备择假设是拒绝原假设后可供选择的假设，记为 H_1。原假设和备择假设是相互对立的，检验结果两者必取其一。原假设和备择假设不能随意提出，应遵循"不轻易拒绝原假设"的原则，即把事物的原有状况作为原假设，而相应地把期望出现的结论作为备择假设，所以备择假设比原假设还重要。

根据题意，假设有如下三种形式：

1. $H_0: \mu = \mu_0$；$H_1: \mu \neq \mu_0$。这种形式的假设检验称为双侧检验。

2. $H_0: \mu \geqslant \mu_0$；$H_1: \mu < \mu_0$。（或 $H_0: \mu = \mu_0$；$H_1: \mu < \mu_0$）这种形式的假设检验是左侧检验。

3. $H_0: \mu \leqslant \mu_0$；$H_1: \mu > \mu_0$。（或 $H_0: \mu = \mu_0$；$H_1: \mu > \mu_0$）这种形式的假设检验称作右侧检验。

由以上叙述可以看出，备择假设的重要性还表现在：由于备择假设的不同，可将假设检验分为双侧检验和单侧检验，其中的单侧检验包括左侧检验和右侧检验两种情况。检验者究竟选用哪种假设，要根据实际问题而定，如果所研究的问题只需判断有无显著差异或需同时注意总体参数偏大和偏小的情况，则应采用双侧检验；如果只需要注意总体参数偏大（或偏小）的问题，则宜采用单侧检验。

9.1.3 两类错误与显著性水平

因为假设检验是基于样本信息来决定是否拒绝原假设而倾向于备择假设的决策，任何研究者都希望能够做出正确的决策，但由于决策都是根据样本信息做出的，而样本又是随机的，所以据之所作的决策不可能保证百分之百正确。一般来说，决策结果可归纳为如表 9.1 所示的四种情况。

表 9.1　假设检验决策结果表

决策结果	原假设 H_0 为真	原假设 H_0 不真
接受 H_0	判断正确（$1 - \alpha$）	第二类错误（概率为 β）
拒绝 H_0	第一类错误（概率为 α）	判断正确（$1 - \beta$）

显然，由假设检验做出的决策会犯两类错误。

1. 第一类错误 —— 弃真错误

当原假设 H_0 为真时，由于样本的随机性，使检验统计量落入了拒绝域，从而做出的结论是拒绝原假设，则所犯的错误称为第一类错误，亦称弃真错误。我们拒绝原假设依据的小概率原理，但事实上小概率事件只是发生的概率很小而已，并非绝对不可能发生。这个小概率就是我们犯第一类错误的概率，亦称弃真概率，通常用 α 表示。即：

$$P\{拒绝原假设 / 原假设为真\} = \alpha \qquad (9.1)$$

2. 第二类错误 —— 取伪错误

当原假设 H_0 为假时，由于样本的随机性，使检验统计量落入了接受域，从而做出的结论是没有拒绝原假设，则所犯的错误称为第二类错误，也称取伪错误。犯第二类错误的概率也称为取伪概率，通常用 β 表示，即：

$$P\{接受原假设 / 原假设不真\} = \beta \tag{9.2}$$

3. 两类错误的概率 α 和 β 的关系

由于样本的随机性，在假设检验中要完全避免两种错误是不可能的，它们两者是此消彼长的。在一般场合下，当样本容量 n 固定时，减小 α 必将导致 β 增大，反之减小 β 必将导致 α 增大，如图 9.1 所示。

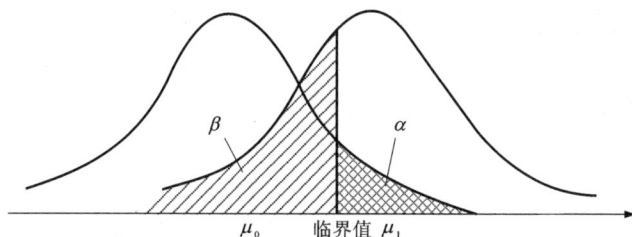

图 9.1　两类错误概率的关系

β 的大小除了与 α 的大小有关，还取决于总体参数的实际值与检验值之间的大小差异，在假设检验中，对 α 和 β 的选择取决于犯两类错误要付出的代价，若弃真所付的代价较大，则应取较小的 α 而容忍较大的 β；反之亦然。若要同时减少 α 和 β，或给定 α 而使 β 减小，就必须增大样本容量。

在此，我们用法庭对被告进行审判的实例来说明这两类错误。由于法庭采用无罪推定的审判准则，在证明被告有罪之前先假定他是无罪的，即原假设 H_0 为被告无罪，备择假设 H_1 为被告有罪。法庭可能犯的第 I 类错误是被告无罪但判他有罪，即冤枉了好人；第 II 类错误是被告有罪但判他无罪，即放过了坏人。为了减小冤枉好人的概率 α，应尽可能接受原假设，判被告无罪，而这有可能增大了放过坏人的概率 β；反过来，为了不放过坏人，减小放过坏人的概率 β，相应地就又增大了冤枉好人的可能性 α。当然，这只是在一定的证据下的两难选择。如果进一步收集有关的证据，在充分的证据下，就有可能做到既不冤枉好人，又不放过坏人。

但样本容量的增加又会受许多因素的限制，因此我们只能在两类错误的发生概率之间进行平衡以使 α 和 β 控制在能够接受的范围内。为此，在假设检验中，内曼（J. Neyman）和皮尔逊（Egon S. Pearson）提出了一个原则，即在控制犯第一类错误的概率 α 的条件下，尽可能使犯第二类错误的概率 β 减小。该原则表明，原假设要受到维护，使它不至于被轻易否定，若要否定原假设，必须有充分的理由。

4. 显著性水平与临界值

显著性水平是犯弃真错误的概率，亦即拒绝原假设所冒的风险，用 α 表示。α 一般取值很小，实际应用中常取 $\alpha = 0.01$、0.02、0.03。给定了显著性水平 α，也就确定了原假设 H_0 的接受区域和拒绝区域。这两个区域的交界点就是临界值。比如取 $\alpha = 0.01$，则意味着原假设 H_0 为真时，拒绝原假设 H_0 的概率只有 1%，而接受原假设 H_0 的概率为 99%。

需要注意的是：① 对于同一显著性水平 α，选择不同的检验统计量，得到的临界值是不同的；② 对于同一显著性水平 α 和同一检验统计量，双侧检验和单侧检验的临界值也是不同的。

9.1.4 检验统计量与拒绝域

1. 检验统计量

原假设与备择假设确定之后，我们要构造一个统计量来决定是"接受原假设，拒绝备择假设"，还是"拒绝原假设，接受备择假设"。检验统计量是根据样本数据计算并据以对原假设和备择假设做出决策的某个统计量。对不同的问题，要选择不同的检验统计量。

检验统计量实际上是总体参数的点估计量，如样本均值是总体均值的点估计量，样本比例是总体比例的点估计量。但点估计量并不能直接作为检验的统计量，只有将其标准化后，才能用于度量它与原假设的假设参数值之间的差异程度。对于总体均值与总体比例的检验，标准化的检验统计量可表示为：

$$\text{标准化的检验统计量} = \frac{\text{样本统计量的点估计量} - \text{假设参数值}}{\text{样本统计量的标准差}} \tag{9.3}$$

当总体方差已知时，不管总体是正态总体，还是样本容量足够多的非正态总体，根据抽样分布的理论，样本均值或样本比例都服从正态分布，均可将其进行标准化处理，计算 z 统计量。这种利用 z 统计量进行假设检验的方法称为 z 检验法。这时的检验统计量及其分布可表示为：

$$z = \frac{\bar{x} - \mu_0}{\sigma / \sqrt{n}} \sim N(0, 1) \tag{9.4}$$

$$z = \frac{p - \pi_0}{\sqrt{\dfrac{\pi_0(1 - \pi_0)}{n}}} \sim N(0, 1) \tag{9.5}$$

注意：这里的 μ_0、π_0 是指对总体参数 μ、π 进行假设检验的假设值，以下均同。

当总体方差未知时，不管总体是正态总体，还是样本容量足够多的非正态总体，样本均值都服从 t 分布，均可将其进行标准化处理，计算 t 统计量。这种利用 t 统计量进行假设检验的方法称为 t 检验法。这时的检验统计量及其分布可表示为：

$$t = \frac{\bar{x} - \mu_0}{s / \sqrt{n}} \sim t(n - 1) \tag{9.6}$$

2. 拒绝域

检验统计量确定后，就要根据实际问题中所确定的显著性水平，进一步确定检验统计量拒绝原假设的取值范围，即拒绝域。

在给定显著性水平 α 的情况下，检验统计量的可能取值范围被分为两部分：小概率区域和大概率区域。小概率区域就是概率不超过显著性水平 α 的区域，即原假设的拒绝区域；大概率区域就是概率为 $1 - \alpha$ 的区域，是原假设的接受区域。如果样本统计量落入拒绝区域，我们就拒绝原假设，接受备择假设，认为样本数据支持备择假设的结论；如果样本统计量落入接受区域，我们就接受原假设，拒绝备择假设，认为没有充分证据证明备择假设的结论为真。

对于不同形式的假设,原假设 H_0 的拒绝区域也有所不同。双侧检验的拒绝区域位于统计量分布曲线的两侧,左侧检验的拒绝区域位于统计量分布曲线的左侧,右侧检验的拒绝区域位于统计量分布曲线的右侧,如图 9.2 所示。

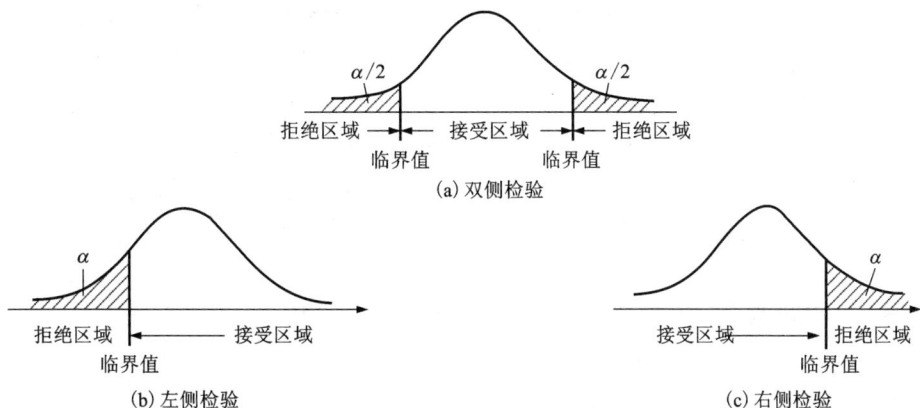

(a) 双侧检验

(b) 左侧检验   (c) 右侧检验

图 9.2   假设检验的接受区域和拒绝区域

9.1.5   假设检验的步骤

一个完整的假设检验过程通常包括以下四个步骤:

第 1 步,提出原假设和备择假设;

第 2 步,根据假设检验的对象选择适当的检验统计量,确定其分布形式,并根据样本数据计算检验统计量值;

第 3 步,选择显著性水平 α,确定决策临界值;

第 4 步,比较检验统计量值与临界值,做出决策。

9.2   总体参数的假设检验

9.2.1   总体均值的假设检验

1. σ^2 已知时 ——z 检验法

根据第 7 章的抽样分布理论,总体方差已知时,不管总体是正态总体,还是样本容量足够多的非正态总体,样本均值都服从正态分布,此时,$\dfrac{\bar{x}-\mu_0}{\sigma/\sqrt{n}}$,因而可用 z 检验法来检验样本均值与总体均值之间是否存在显著差异。其具体的做法是:根据已知的总体方差、样本容量、样本平均值和总体均值的假设值,计算出检验统计量 $z(z=\dfrac{\bar{x}-\mu_0}{\sigma/\sqrt{n}})$ 的值;对于给定的显著性水平 α,查标准正态分布表可得临界值;然后将计算得出的 z 值与临界值比较,便可做出决策。检验规则为如下。

①$H_0 : \mu = \mu_0$;$H_1 : \mu \neq \mu_1$(双侧检验),当$|z| > z_{\alpha/2}$时,则拒绝原假设;反之,则接受原假设;

②$H_0 : \mu \geqslant \mu_0$;$H_1 : \mu < \mu_0$(左侧检验),当$z < -z_\alpha$时,则拒绝原假设;反之,则接受原假设;

③$H_0 : \mu \leqslant \mu_0$;$H_1 : \mu > \mu_0$(右侧检验),当$z > z_\alpha$时,则拒绝原假设;反之,则接受原假设。

另外值得注意的是,当$z_{\alpha/2}$(或$z = -z_\alpha$,$z = z_\alpha$),或者当两者相差很小时,这时犯取伪错误的概率比较大,在实际操作中通常的做法是重新抽取样本进行检验。

【例9.2】 某食品厂生产一种果酱,标准规格是每罐净重为250克,根据以往经验,标准差是6克,且每罐重量服从正态分布。现在该厂生产了一批这种罐头,从中抽取100罐检验,其平均净重是248克,按规定,显著性水平$\alpha = 0.05$,该批罐头的重量是否合乎标准?

解:

根据题意,提出假设:$H_0 : \mu = \mu_0 = 250$;$H_1 : \mu \neq \mu_0 = 250$

检验统计量$z = \dfrac{\bar{x} - \mu_0}{\sigma / \sqrt{n}} = \dfrac{248 - 250}{6 / \sqrt{100}} = -3.333$

由$\alpha = 0.05$查正态分布表,得临界值$z_{\alpha/2} = 1.96$。

由于$|z| = 3.333 > z_{\alpha/2} = 1.96$,所以应拒绝$H_0$而接受$H_1$,即在0.05的显著性水平下,这批罐头的重量是不合乎标准的。

【例9.3】 某大班学生的统计学考试成绩平均为80分,标准差为10分。为了加强学生的统计学根底,现对学生进行为期一个月的训练,并用同样难度的试卷测试训练后的效果,从中随机抽取了36名学生计算其平均成绩,为85分。试问:在0.01的显著性水平下,该大班学生统计学的平均成绩是否显著提高了?

解:

根据题意,提出假设:$H_0 : \mu \leqslant 80$;$H_1 : \mu > 80$

检验统计量$z = \dfrac{\bar{x} - \mu_0}{\sigma / \sqrt{n}} = \dfrac{85 - 80}{10 / \sqrt{36}} = 3$

由$\alpha = 0.01$查正态分布表,得临界值$z_\alpha = 2.325$。

由于$z = 3 > z_\alpha = 2.325$,所以应拒绝H_0而接受H_1,即在0.01的显著性水平下可以断言,通过训练,学生们的统计学水平显著提高了。

2.σ^2 未知时 ——t检验法

同样根据第7章的抽样分布理所述,当总体方差未知时,不管总体是正态总体,还是样本容量足够多的非正态总体,样本均值都服从自由度为$n - 1$的t分布,即$\dfrac{\bar{x} - \mu_0}{s / \sqrt{n}} \sim t(n-1)$,因而可用$t$检验法来检验样本均值与总体均值之间是否有显著差异。其具体做法是:根据题意提出假设,构造t检验统计量,并根据样本信息计算其具体值($t = \dfrac{\bar{x} - \mu_0}{s / \sqrt{n}}$);对于给定的显著性水平$\alpha$,查$t$分布表可得临界值;然后将计算得出的$t$值与临界值比较,做出检验结论。检验规则为:

①$H_0 : \mu = \mu_0$;$H_1 : \mu \neq \mu_0$(双侧检验),当$|t| > t_{\alpha/2, n-1}$时,则拒绝原假设;反之,则接受原假设;

②$H_0:\mu \geqslant \mu_0$；$H_1:\mu < \mu_0$（左侧检验），当 $t < -t_{\alpha, n-1}$ 时，则拒绝原假设；反之，则接受原假设；

③$H_0:\mu \leqslant \mu_0$；$H_1:\mu > \mu_0$（右侧检验），当 $t > t_{\alpha, n-1}$ 时，则拒绝原假设；反之，则接受原假设。

【例9.4】 某企业职工的月均收入服从均值为4000元，方差为 σ^2 的正态分布，近来该企业的经济效益有所提高，为调查企业职工的收入是否随之提高了，从该企业随机抽取36人，得出其月平均收入为4250元，标准差为300元，试以 $\alpha = 0.05$ 检验该企业职工的收入是否有显著性提高？

解：

根据题意，可建立如下假设：$H_0:\mu \leqslant 4000$；$H_1:\mu > 4000$

检验统计量 $t = \dfrac{\bar{x} - \mu_0}{s/\sqrt{n}} = \dfrac{4250 - 4000}{300/\sqrt{36}} = 5$

由 $\alpha = 0.05$，查 t 分布表表得临界值 $t_\alpha(n-1) = t_{0.05, 36-1} = 1.690$。

由于 $t = 5 > t_{\alpha, n-1} = 1.690$，所以拒绝 H_0，即在 0.05 的显著性水平下，认为该企业职工的收入有显著性提高。

根据第7、8章所述，读者会想到，在大样本的情况下（$n - 1 \geqslant 41$），我们难以查到 t 分布的临界值，这时，可以查标准正态分布表进行近似计算，因为当 n 很大时，t 分布与标准正态分布很接近。

【例9.5】 某厂生产某种产品，其平均寿命在说明书中标明为不低于180小时，商品检验部门抽检了100件该产品，发现样本产品平均寿命为177.5小时，标准差为8小时，能否在0.01的显著性水平下断言该批产品不合格？

解：

根据题意，可建立如下假设：$H_0:\mu \geqslant 180$；$H_1:\mu < 180$

检验统计量 $t = \dfrac{\bar{x} - \mu_0}{s/\sqrt{n}} = \dfrac{177.5 - 180}{8/\sqrt{100}} = -3.125$

由 $\alpha = 0.01$，$n = 100$，为特大样本，此时以标准正态分布进行近似，查标准正态分布表得：

$$t_{\alpha, n-1} = t_{0.01, 99} \approx z_{0.01} = 2.325$$

由于 $t = -3.125 < -t_{\alpha, n-1} = -2.325$，所以拒绝 H_0，即在 0.01 的显著性水平下，认为该厂产品平均寿命比标明的 180 小时显著降低了，产品不合格。

t 检验一般用于利用小样本对方差未知的正态总体进行假设检验。随着样本容量 n 的增大，t 分布趋近于标准正态分布，在大样本情形下，即使总体方差未知，也可直接采用 z 检验法对总体均值进行假设检验。此时的 z 统计量为 $\dfrac{\bar{x} - \mu_0}{s/\sqrt{n}}$。

9.2.2 总体比例的假设检验

对于比例总体，也就是是非标志的总体，标志值人为地取1或者0，可见，这样的总体应当认为是非正态总体。要想对总体比例进行假设检验，就需要知道检验统计量的分布。根据中心极限定理，只有在大样本的情况下，我们才能确定检验统计量的分布。也就是总体比例的假设检验只能在大样本下进行，小样本是无法检验总体比例的。

由样本比例的抽样分布理论可知，在大样本情况下，且 $n\pi$ 和 $n(1-\pi)$ 都大于 5 时，样本比例 p 近似服从 $N\left(\pi, \dfrac{\pi(1-\pi)}{n}\right)$。因此，对总体比例的假设检验通常是在大样本条件下采用 z 检验法。其检验步骤与总体均值的检验步骤基本相同。

首先，提出原假设与备择假设；

$$H_0: \pi = \pi_0; \quad H_1: \pi \neq \pi_0(\pi < \pi_0, \ \pi > \pi_0)$$

然后，计算检验统计量：$z = \dfrac{p - \pi_0}{\sqrt{\dfrac{\pi_0(1 - \pi_0)}{n}}}$

再次，根据给定的显著性水平 α 查找决策临界值；

最后，比较检验统计量与决策临界值，并做出决策。

【例 9.6】 一种以休闲和娱乐为主题的杂志声称其读者群中有 85% 为女性。为验证这一说法是否属实，某研究部门抽取了由 200 人组成的一个随机样本，发现其中有 150 个女性经常阅读该杂志。取显著性水平 $a = 0.05$，检验该杂志读者群中女性的比例是否为 85%？

解：

依题意，可建立如下假设：

$$H_0: \pi = 85\%; \quad H_1: \pi \neq 85\%$$

样本比例 $p = \dfrac{150}{200} = 0.75 = 75\%$

$$z = \frac{p - \pi_0}{\sqrt{\dfrac{\pi_0(1 - \pi_0)}{n}}} = \frac{75\% - 85\%}{\sqrt{\dfrac{85\% \times 15\%}{200}}} \approx -3.96$$

给定 $\alpha = 0.05$，查正态分布表得 $z_{\alpha/2}$。

由于 $|z| = 3.96 > z_{\alpha/2} = 1.96$，所以拒绝 H_0，说明该杂志读者群中女性的比例为 85% 的说法并不属实。

【例 9.7】 某企业生产的某产品的不合格品率是 8%，现企业对该产品的生产设备进行了技术改造，从改造后的产品中随机抽取 200 件进行检验，发现有次品 8 件，即次品率为 4%。能否认为该次技术改造提高了产品的质量？（$\alpha = 0.01$）

解：

依题意，可建立如下假设：

$$H_0: \pi \geqslant 8\%; \quad H_1: \pi < 8\%$$

检验统计量：$z = \dfrac{p - \pi_0}{\sqrt{\dfrac{\pi_0(1 - \pi_0)}{n}}} = \dfrac{4\% - 8\%}{\sqrt{\dfrac{8\% \times (1 - 8\%)}{200}}} \approx -2.09$

根据给定的 $\alpha = 0.01$，查标准正态分布表得 $z_\alpha = 2.33$。

由于 $z = -2.09 > -z_{0.01} = -2.33$，所以不能拒绝 H_0，即在 0.01 的显著性水平下没有足够

的证据表明该技术改造明显提高产品质量。

如果显著性水平 $\alpha = 0.05$，则得出的结论是该技术改造显著地提高了产品质量。读者想一想，这是为什么？

9.2.3　假设检验中的其他问题

1. 假设检验与区间估计的关系

假设检验与区间估计都是推断统计学的重要内容，两者各有其特点，但也有紧密的联系。

（1）假设检验与区间估计的区别

第一，内容不同：区间估计通常求得的是以样本估计值为中心的双侧置信区间，而假设检验不仅有双侧检验，也常常采用单侧检验。

第二，立足点不同：假设检验立足于小概率，通常是给定很小的显著性水平 α 去检验对总体参数的先验假设是否成立；而区间估计立足于大概率，通常是以较大的置信度 $(1-\alpha)$ 去估计总体参数的置信区间。

在假设检验中，人们更重视拒绝区域，这是因为我们只是根据一个样本来进行推断。用一个实例去证明某个命题是正确的，这在逻辑上是不充分的，但用一个反例去推翻一个命题，理由是充分的。所以，假设检验运用的是概率意义上的反证法，一旦检验结论是拒绝原假设，就会有较大的把握；而当不能否定原假设时，只能将它作为真的保留下来，但事实上它有可能不成立，所以，接受它有可能是个错误。

（2）假设检验与区间估计的联系

第一，依据相同：二者都是依据样本信息对总体参数进行判断。假设检验是根据样本信息来判断原假设是否成立，区间估计是根据样本信息推断总体参数的区间范围。

第二，理论基础相同：二者都是以抽样分布为理论基础，都是建立在一定概率基础上的推断，推断结果都有一定的置信度和风险。对同一实际问题的参数进行推断，可以使用同一样本、同一统计量、同一分布，因而两者可以相互转化。即区间估计可转化为假设检验问题，假设检验也可以转化为区间估计问题。

2. 利用置信区间进行假设检验

现以总体均值的双侧检验为例加以说明。

要检验假设 $\mu = \mu_0$ 是否成立，我们可以构建以 μ_0 为中心的置信区间：

σ_2 已知时为

$$\left(\mu_0 - z_{\alpha/2} \frac{\sigma}{\sqrt{n}},\ \mu_0 + z_{\alpha/2} \frac{\sigma}{\sqrt{n}} \right) \tag{9.7}$$

σ_2 未知时为

$$\left(\mu_0 - t_{\alpha/2,\,n-1} \frac{s}{\sqrt{n}},\ \mu_0 + t_{\alpha/2,\,n-1} \frac{s}{\sqrt{n}} \right) \tag{9.8}$$

如果假设 $H_0 : \mu = \mu_0$ 为真，μ 的统计量 $\bar{x}$ 落在置信区间外的可能性是很小的；μ 的统计量样本均值一旦落在置信区间外，利用"小概率原理"就可以拒绝原假设 H_0，否则接受原假设 H_0。

我们也可以构建以样本均值 $\bar{x}$ 为中心的置信区间：

σ_2 已知时为
$$\left(\bar{x} - z_{\alpha/2} \frac{\sigma}{\sqrt{n}}, \ \bar{x} + z_{\alpha/2} \frac{\sigma}{\sqrt{n}}\right) \tag{9.7}$$

σ_2 未知时为
$$\left(\bar{x} - t_{\alpha/2, n-1} \frac{s_{n-1}}{\sqrt{n}}, \ \bar{x} + t_{\alpha/2, n-1} \frac{s_{n-1}}{\sqrt{n}}\right) \tag{9.8}$$

如果假设 $H_0 : \mu = \mu_0$ 为真，μ 的假设值 μ_0 落在置信区间外的可能性是很小的；如果 μ_0 落在置信区间外，利用"小概率原理"就可以拒绝原假设 H_0，否则接受原假设 H_0。

【例 9.8】 一种袋装食品每包的标准重量应为 1000 克。现从生产的一批产品中随机抽取 16 袋，测得其平均重量为 991 克。已知这种产品重量服从标准差为 50 克的正态分布。试确定这批产品的包装重量是否合格？（$\alpha = 0.05$）

解：

依据题意，提出假设：$H_0 : \mu = 1000$；$H_1 : \mu \neq 1000$。

由于总体服从标准差 $\sigma = 50$ 的正态分布，样本均值也应服从正态分布，根据 $\alpha = 0.05$，查找临界值 $z_{\alpha/2}$。

构建 σ^2 已知时以 μ_0 为中心的置信区间：

$$\left(\mu_0 - z_{\alpha/2} \frac{\sigma}{\sqrt{n}}, \ \mu_0 + z_{\alpha/2} \frac{\sigma}{\sqrt{n}}\right) = \left(1000 - 1.96 \times \frac{50}{\sqrt{16}}, \ 1000 + 1.96 \times \frac{50}{\sqrt{16}}\right) = (975.5, \ 1024.5)$$

由于 $975.5 < 991 < 1024.5$，说明样本的平均重量 991 克落在以 μ_0 为中心的置信区间。所以不能拒绝原假设。也就是说我们没有足够的证据说明该批产品的包装重量不合格。

【例 9.9】 根据例 9.2 的资料，利用置信区间对总体均值进行假设检验。

解：

根据题意，提出假设：$H_0 : \mu = \mu_0 = 250$；$H_1 : \mu \neq \mu_0 = 250$

由于该食品厂的果酱重量服从标准差为 6 克的正态分布，那么，样本的平均重量也应服从正态分布，在显著性水平 $\alpha = 0.05$ 条件下，根据样本信息可以构建以样本均值 μ 的置信区间：

$$\left(\bar{x} - z_{\alpha/2} \frac{\sigma}{\sqrt{n}}, \ \bar{x} + z_{\alpha/2} \frac{\sigma}{\sqrt{n}}\right) = \left(248 - 1.96 \times \frac{6}{\sqrt{100}}, \ 248 + 1.96 \times \frac{6}{\sqrt{100}}\right) = (246.8, \ 249.2)$$

这一区间等价于对总体均值进行 z 检验的接受区域：$|z| = \dfrac{\bar{x} - \mu_0}{\sigma / \sqrt{n}} \leqslant z_{\alpha/2}$。在相应的显著性水平 $\alpha = 0.05$ 下，若总体均值的假设 μ_0 落在 (246.8, 249.2) 克的范围内就是可信的，应接受原假设。而原假设 $\mu_0 = 250$ 克，不包含在置信区间内，所以应拒绝原假设 H_0。

用置信区间进行单侧检验时则只需计算单边置信下限（左侧检验）或单边置信上限（右侧检验）。需要注意的是，采用置信下限或置信上限检验时，临界值是 α 的临界值，而不是 $\alpha/2$ 的临界值。有兴趣的同学不妨将前面单侧检验的例题采用置信区间检验一次，看是否得出一致的结论。

3. 假设检验中的 P 值检验

P 值检验是国际上流行的检验格式。所谓 P 值就是拒绝原假设所需的最大显著性水平。该检验格式是通过先计算 P 值，再将它与显著性水平 α 作比较，做出拒绝或接受原假设的决策。P 值检验判断的原则是：无论是双侧检验还是单侧检验，只要 P 值小于给定的显著性水

平 α，则拒绝原假设；否则，接受原假设。P 值越小，说明实际观测值与 H_0 之间不一致程度越大，检验结果越显著。

P 值被称为观察到的显著性水平，是反映实际观测值与原假设 H_0 之间不一致程度的一个概率值。如果原假设为真，P 值是抽样分布中等于样本统计量的概率。左侧检验时，P 值是抽样分布中小于样本统计量的概率，表现为曲线下方小于检验统计量部分的面积；右侧检验时，P 值是抽样分布中大于样本统计量的概率，表现为曲线下方大于检验统计量部分的面积；双侧检验时，P 值是抽样分布中等于样本统计量的概率的两倍，或为抽样分布中大于或小于样本统计量的概率的两倍。

计算机的使用使 P 值的计算变得十分容易。详见本章最后一节的案例分析。

【例 9.10】　利用 P 值对例 9.2 的资料进行重新检验。

解：

根据题意，提出假设：$H_0: \mu = \mu_0 = 250$；$H_1: \mu \neq \mu_0 = 250$

检验统计量 $z = \dfrac{\bar{x} - \mu_0}{\sigma/\sqrt{n}} = \dfrac{248 - 250}{6/\sqrt{100}} = -3.33$

计算 P 值，P 值 $= 2 \times P(z \leqslant -3.33) = 2 \times [1 - \phi(3.33)] = 2 \times (1 - 0.999566) = 0.000868$。

由于 P 值小于给定的显著性水平（$\alpha = 0.05$），所以应拒绝 H_0 而接受 H_1，即这批罐头的重量不合乎标准。

显然，用 P 值做判断与用检验统计量做判断得出的结论是一致的。其实两种判断是等价的，拒绝域是根据显著性水平计算出来的，然后将检验统计量与确定的拒绝域比较；而 P 值是根据检验统计量算出来的，然后将 P 值与显著性水平比较。在分布图上，P 值临界点就是检验统计量所在位置。因此，当检验统计量在拒绝域中时，P 值必然小于显著性水平；反之未落在拒绝域中时，P 值必然大于显著性水平。

9.3　Excel 与 SPSS 在假设检验中的应用

9.3.1　Excel 在假设检验中的应用

现在 0.05 的显著性水平下利用 Excel 检验第 9 章篇首案例中 2020 年该市居民的收入水平比 2019 年是否显著提高。

这里要求检验 2020 年该市居民的收入水平比 2019 年是否显著提高，故应当采用右侧检验。

$$H_0: \mu \leqslant 4.78 \quad H_1: \mu > 4.78$$

总体方差未知，则用样本方差代替，此时，检验统计量 $t = \dfrac{\bar{x} - \mu_0}{s/\sqrt{n}} \sim t(n-1)$，所以应当采用 t 检验法。同时，我们注意到这里的样本容量 $n = 50$，属于大样本，这时的 t 分布与标准正态分布已是很接近了，故也可采用 z 检验法。

方法一：t 检验法 —— 利用函数 T. INV(probabity, degree freedom)。

T. INV 函数返回作为概率和自由度函数的学生 t 分布的 t 值。参数 Probability 对应于双尾学生 t 分布的概率，如果是单尾检验，这里的 Probability 就是 2 倍显著性水平 α；参数 degree freedom 是样本容量 n 减 1。利用函数 T. INV(probabity, degree freedom) 进行 t 检验的具体步骤如下：

第 1 步，在 B2 输入"样本均值"，在 C2 中输入" = AVERAGE(A1：A50)"，回车；

第 2 步，在 B4 输入"样本标准差"，在 C4 中输入" = STDEV(A1：A50)"，回车；

第 3 步，在 B6 输入"检验统计量"，在 C6 中输入" = (C2 − 4.78)/(C4/SQRT(50))"，回车；

第 4 步，在 B8 输入"t 分布临界值"，在 C8 中输入" = T. INV(0.05 ∗ 2, 50 − 1)"，回车。得到如图 9.3 的所示结果。

图 9.3　t 检验法(利用函数 TINV) 进行的假设检验

结果表明 t 分布左侧临界值为 − 1.29907，那么对称的右侧临界值为 + 1.29007。

由于检验统计量 t 为 0.380677 < 临界值 1.29907，即检验统计量落入接受域，接受 H_0，拒绝 H_1，这就是说，在 0.05 的显著性水平下，不能接受 2020 年收入水平显著提高的结论。

方法二：t 检验法 —— 利用函数 TDIST(x, degreefreedom, tails)。

TDIST 函数用于计算学生 t 分布的百分点(概率)。参数 x 是检验统计量 t 的计算值；degree freedom 是一个表示自由度的整数，tails 是指返回的分布函数是单尾分布还是双尾分布。如果 tails = 1，则 TDIST 返回单尾分布；如果 tails = 2，则 TDIST 返回双尾分布。利用函数 TDIST(x, degreefreedom, tails) 进行 t 检验的具体步骤与利用函数 T. INV(probabity, degree freedom) 一样，也是分四步进行，但前三步二者一样，唯有第四步不同。

第 4 步，在 B8 输入"t 值对应的概率 P 值"，在 C8 中输入" = TDIST(C6, 49, 1)"，回车。得到如图 9.4 所示的结果。

由于 P 值 = 0.380677 > 显著性水平 0.05，即检验统计量 t 值落入接受域，接受 H_0，拒绝 H_1，同样说明，在 0.05 的显著性水平下，不能接受 2020 年该市居民收入水平显著提高的结论。

此外我们还可以利用函数 NORMSINV(p) 与函数 NORMSDIST(z) 对该市居民的收入水平进行 z 检验。有兴趣的同学，自己去摸索如何用函数 NORMSINV(p) 与函数 NORMSDIST(z) 进行 z 检验。

图 9.4　t 检验法（利用函数 **TDIST**）进行的假设检验

9.3.2　SPSS 在假设检验中的应用

SPSS 中提供了极其丰富的适用各种要求的假设检验方法。不过，除了少数分析过程提供了双侧或单侧检验的选项或者给出了单侧或双侧检验的统计量，多数情况下分析结果都只提供双侧检验的 P 值，此时若要得到单侧检验结果，只需明确在双侧检验的假设为左右对称时，单侧检验的 P 值为同等情况下双侧检验 P 值的一半，因此将该 P 值除以 2，即得到相应的单侧检验 P 值。本章讨论的是单一总体的均值及比例的假设检验。因此，这里仅介绍对应的应用。需注意，SPSS 都是基于个案数据进行分析。

1. 单一总体均值的 t 检验

实际中，由于总体方差通常未知，能够使用的仅仅是样本标准差，因此 SPSS 中提供的是 t 检验。t 检验在 SPSS 中有很多过程可以实现，比如几个制表过程都可以同时给出 t 检验的分析结果。但专用的 t 检验功能集中在"比较平均值"子菜单中。以本章导入案例为例。

第 1 步，选择"分析"→"比较平均值"→"单样本 t 检验"，进入主对话框。

第 2 步，将"年人均可支配收入"变量选入"检验变量"列表框；在"检验值"框内输入假设值 4.78，如图 9.5(a) 所示。

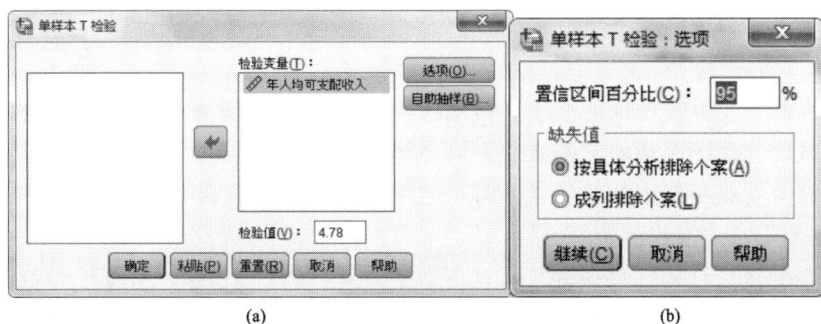

(a)　　　　　　　　　　　　　　(b)

图 9.5　单样本均值的 t 检验主对话框

第3步，点击"选项"，在打开的如图9.5(b)所示的子对话框中选择所需的置信水平，点击"继续"回到主对话框，点击"确定"，结果输出窗口给出如表9.2、表9.3所示的两个表。表9.2给出的是样本平均年人均可支配收入等描述统计量，表9.3给出的是有关t检验统计量，显示t检验统计量 = 0.381，双尾检验条件下的$P=0.705$，由于没给出t分布的临界值，只能以P值作为判断准则，即将P值与显著性水平α比较。导入案例题意为单侧检验，因此将P值除以2再与显著性水平α对比。结果显然大于α，因此不能拒绝原假设。

表9.2　单样本统计

	个案数	平均值	标准偏差	标准误差平均值
年人均可支配收入	50	4.8680	1.63460	.23117

表9.3　单样本检验

	检验值 = 4.78					
	t	自由度	Sig.（双尾）	平均值差值	差值95% 置信区间	
					下限	上限
年人均可支配收入	.381	49	.705	.08800	−.3765	.5525

2. 单一总体比例的检验

样本比例服从二项分布。教材讨论中通常根据抽样分布理论，在大样本条件下，样本比例的抽样分布近似服从正态分布，因此在推断统计中大都是依据正态分布进行处理。SPSS中有专门的二项分布检验。鉴于与教材不一致且限于篇幅，暂不介绍。

本章小结

假设检验是统计推断的另一种方式，包括参数假设检验与非参数假设检验。假设检验具有两个显著的特征：① 采用反证法；② 依据小概率原理。

原假设和备择假设是相互对立的假设。根据备择假设的方向性，假设检验可分为双侧检验、左侧检验与右侧检验。

显著性水平是犯弃真错误的概率。给定了显著性水平α，也就确定了原假设H_0的接受区域和拒绝区域。这两个区域的交界点就是临界值。

检验统计量是根据样本数据计算并据以对原假设和备择假设做出决策的某个标准化统计量，主要有z统计量与t统计量。

一个完整的假设检验过程通常包括以下四个步骤：第1步，提出原假设和备择假设；第2步，根据假设检验的对象选择适当的检验统计量，确定其分布形式，并根据样本数据计算检验统计量值；第3步，选择显著性水平α，确定决策临界值；第4步，比较检验统计量值与临界值，做出决策。

总体均值的假设检验主要有z检验法和t检验法；无论是双侧检验还是单侧检验，只要检验统计量的绝对值大于临界值，就拒绝原假设，否则不拒绝。

总体比例的假设检验通常采用 z 检验法。

利用置信区间也可以对总体均值与总体比例进行假设检验。

P 值检验是假设检验的另一种形式，是通过直接计算出大等于或小等于检验统计量的概率，来检验原假设是否成立的方法。

思考与练习题

一、思考题

1. 假设检验的特征是什么？假设检验一般有哪些步骤？

2. 举例说明假设检验的两类错误。如何协调弃真概率 α 和取伪概率 β 的大小？

3. 如何区别双侧检验和单侧检验，左侧检验和右侧检验？

4. 区间估计和假设检验有何区别与联系？如何根据置信区间进行假设检验？

5. 在假设检验中，什么是显著性水平和检验临界值，试举例说明。

二、练习题

（一）填空题

1. 陈述的假设包括 _____ 和 _____ 两个方面。

2. 假设检验的三种形式是指 _____、_____ 和 _____。

3. 在假设检验中，在原假设为真的前提下，拒绝原假设所犯的错误称为 _____。

4. 检验统计量的选择和 _____ 的事先指定共同决定了任何一个特定假设检验问题的拒绝域。

5. 进行一个总体均值的假设检验时，大致需要考虑两种情况：一是总体方差已知，检验统计量服从 _____ 分布；二是总体方差未知，检验统计量服从 _____ 分布。

6. 参数估计和 _____ 是统计推断的两个组成部分，它们都是利用样本对总体进行某种推断。

（二）判断题

1. 原假设与备选假设一定是对立的。（　　　）

2. α 错误又称为显著性水平、第一类错误，即原假设 H_0 为假时，被我们接受所犯这类错误的概率。（　　　）

3. 假设检验中要使 α 和 β 同时减少的唯一方法是减少样本容量。（　　　）

4. 显著性水平越小，犯 β 错误的可能性越小。（　　　）

5. 对总体比例的检验一般采用 z 检验法。（　　　）

6. 在拒绝原假设的前提下，若增大 α 的水平，有可能变为接受原假设。（　　　）

7. 对一个总体均值进行检验，在 $\alpha = 0.01$ 的显著性水平上拒绝了原假设，这表示原假设为真的概率小于 0.01。（　　　）

8. 右侧检验中，如果 P 值 $< \alpha$，则拒绝 H_0。（　　　）

（三）单选题

1. 在假设检验中，若 $H_0 : \mu \geqslant 500$，$H_1 : \mu < 500$，则此检验是（　　　）。

A. 左侧检验　　　　　B. 右侧检验　　　　　C. 双侧检验　　　　　D. 以上都不对

2. 下面有关小概率原理说法中正确的是（　　　）。

A. 小概率事件就是不可能事件

B. 它是指当一个事件的概率不大于充分小的界限 $\alpha(0 < \alpha < 1)$ 时，可认为该事件为不可能事件

C. 基于"小概率原理"完全可以对某一事件发生与否做出正确判断

D. 总体推断中可以不予考虑的事件

3. 假设检验中的第一类错误也叫（　　　）。

A. 弃真错误　　　　　B. 纳伪错误　　　　　C. 假设错误　　　　　D. 判断错误

4. 利用总体方差已知的大样本对总体均值进行检验，应该采用（　　　）。

A. t 检验　　　　　B. z 检验　　　　　C. χ 检验　　　　　D. 以上都不对

5. 假设检验和参数估计的联系与区别：（甲）都是对总体某一数量特征的推断，都是运用概率估计来得到自己的结论；（乙）前者则需要事先对总体参数做出某种假设，然后根据已知的抽样分布规律确定可以接受的临界值；（丙）后者无须事先对总体数量特征做出假设。它是根据已知的抽样分布规律找出恰当的区间，给出总体参数包含在这一区间的概率。（　　　）

A.（甲）　　　　　B.（甲）（丙）　　　　　C.（乙）（丙）　　　　　D.（甲）（乙）（丙）

6. 一个好的假设检验，理想的情况是（　　　）。

A. α 与 β 都大　　B. α 与 β 都小　　C. α 小，β 大　　D. α 大，β 小

（四）多选题

1. 下列关于假设检验的陈述正确的是（　　　）。

A. 假设检验实质上是对原假设进行检验

B. 假设检验实质上是对备选假设进行检验

C. 当拒绝原假设时，只能认为肯定它的理由尚不充分，而不是认为它绝对错误

D. 当接受原假设时，只能认为否定它的理由尚不充分，而不是认为它绝对正确

2. 在统计检验假设中，通常要对原假设做出判断，就有可能会犯错误。这些错误分别是（　　　）。

A. 第 1 类错误（α 类）　　　　　　　　B. 第 2 类错误（β 类）

C. 系统错误　　　　　　　　　　　　　　D. 代表性错误

（五）计算题

1. 在正常生产情况下，某厂生产的一种无缝钢管的内径服从均值为 55 mm、标准差为 0.9 mm 的正态分布、从某日生产的钢管中随机抽取 10 根，测得其内径分别为 53.8、54.0、55.1、54.2、52.1、54.2、55.0、55.8、55.4、55.5（单位：mm）。

试在 0.05 的显著性水平下检验该日生产的钢管内径是否正常？

2. 假设某产品的重量服从均值为 800 克的正态分布，现在从一批产品中随机抽取 16 件，测得其平均重量为 820 千克，标准差为 60 克，试以显著性水平 $\alpha = 0.01$ 检验这批产品的重量是否符合标准。

3. 一项调查显示，每个家庭每天看电视的平均时间为 6.5 小时，该调查中包括 200 个家庭，样本标准差为 2.2 个小时。据报道，10 年前每个家庭看电视的平均时间为 5.8 小时，取显著性水平 $\alpha = 0.01$，检验这项调查是否证明了"如今每个家庭每天收看电视的平均时间增加

了"。

4. 根据以往资料知道,某市全部职工中,订阅某种报纸的占 40%,最近从订阅率看似乎出现减少的现象,随机抽取 200 户职工家庭进行调查,有 76 户职工订阅了该报纸,问报纸的订阅率是否显著降低了($\alpha = 0.05$)?

5. 某公司负责人发现开出去的发票有大量笔误,而且断定这些发票中,错误的发票占 20% 以上。随机检查 400 张,发现错误的发票占 25%。这是否可以证明负责人的判断正确(显著性水平为 0.05)?

6. 某加油站经营者希望了解驾车人士在该加油站的加油习惯,在一周内,他随机抽取 100 名驾车人士调查,得到如下结果:平均加油量等于 13.5 加仑,样本标准差为 3.2 加仑,有 19 人购买无铅汽油。

利用 Excel 或 SPSS 计算 P 值进行检验($\alpha = 0.05$):

(1) 是否有证据说明平均加油量并非 12 加仑?

(2) 是否有证据说明少于 20% 的驾车者购买无铅汽油?

第 10 章

相关与回归分析

学习目标

1. 熟悉相关关系的概念、特点和种类。
2. 领会简单相关系数的计算、检验与判断。
3. 掌握简单线性回归方程的建立方法。
4. 理解简单线性回归方程的统计检验。
5. 掌握利用简单线性回归方程进行预测的方法。
6. 了解 Excel 与 SPSS 在相关与回归分析中的应用。

情景导入

发生车祸次数与司机年龄有关吗?

作为交通安全研究的一部分,交通部采集了每 1000 个驾驶执照发生死亡事故的车祸次数和有驾驶执照的司机中 21 岁以下者所占比例的数据,样本由 42 个城市组成,在一年间采集的数据如表 10.1 所示。

表 10.1 发生车祸次数与司机年龄的有关资料

21 岁以下者所占比例/%	每千个驾驶执照中发生车祸次数	21 岁以下者所占比例/%	每千个驾驶执照中发生车祸次数	21 岁以下者所占比例/%	每千个驾驶执照中发生车祸次数	21 岁以下者所占比例/%	每千个驾驶执照中发生车祸次数
13	2.962	16	2.801	8	2.190	18	3.614
12	0.708	12	1.405	16	3.623	10	1.926
8	0.885	9	1.433	15	2.623	14	1.643
12	1.652	10	0.039	9	0.835	16	2.943
11	2.091	9	0.338	8	0.820	12	1.913

续表10.1

21岁以下者所占比例/%	每千个驾驶执照中发生车祸次数	21岁以下者所占比例/%	每千个驾驶执照中发生车祸次数	21岁以下者所占比例/%	每千个驾驶执照中发生车祸次数	21岁以下者所占比例/%	每千个驾驶执照中发生车祸次数
17	2.627	11	1.849	14	2.890	15	2.814
18	3.830	12	2.246	8	1.267	13	2.634
8	0.368	14	2.885	15	3.224	9	0.926
13	1.142	14	2.352	10	1.014	17	3.256
8	0.645	11	1.294	10	0.493		
9	1.082	17	4.100	14	1.443		

表 10.1 中的 21 岁以下者所占比例(%)与每千个驾驶执照中发生车祸次数之间有关系吗? 是否有足够的证据断定: 发生车祸次数与司机年龄存在某种联系? 如果存在某种联系, 又该怎样使用这种联系来减少发生车祸的次数? 如果驾驶员中 21 岁以下者所占比例为 15%, 能否估计每千个驾驶执照中发生车祸的次数呢?

以上现象之间的相互联系就是相关关系, 在确定现象之间存在相关关系的基础上, 可建立一个数学关系式, 那就是回归方程; 根据通过检验的回归方程, 可给定自变量的一个值预测因变量的相关数值。这些内容都将在本章加以介绍。本章从介绍相关分析与回归分析的基本概念与分类入手, 以简单线性相关与一元线性回归模型为基础, 主要介绍相关系数的计算与判断, 一元线性回归模型的建立与预测等内容。

10.1 简单线性相关分析

相关分析就是对变量之间的相关关系进行统计分析。其目的或任务在于探究变量之间是否存在着相关关系以及何种相关关系, 样本所反映的变量之间的关系能否代表总体变量之间的关系。

10.1.1 变量间的关系

现实世界中的各种现象之间相互联系、相互制约、相互依存, 某些现象发生变化时, 另一现象也随之发生变化, 如圆的面积与半径的关系, 某种商品的消费量与居民收入之间的关系, 商品销售额与广告费支出之间的关系, 粮食亩产量与施肥量、降雨量、温度之间的关系等。研究这些现象之间的依存关系, 找出它们之间的变化规律, 是对经搜集、整理过的统计数据进行数据分析, 为客观、科学地统计提供依据。

现象间的依存关系大致可以分成两种类型: 一类是函数关系, 另一类是相关关系。

1. 函数关系

函数关系是指现象之间是一种严格的确定性的依存关系, 表现为某一现象发生变化另一现象也随之发生变化，而且有确定的值与之相对应。如银行的 1 年期存款利率为年息2. 24%，存入的本金用 x 表示，到期本息用 y 表示，则一年后到期本息 $y = x + 2.24\%x$（不考虑利息税）。在这里年利率不变，对于某一本金 x，有唯一的到期本息 y 与之对应，即到期本息完全由本金所确定，二者之间为线性函数关系。

2. 相关关系

相关关系是指客观现象之间确实存在的、但数量上不是严格对应的依存关系。在这种关系中，对于某一现象的每一数值，可以有另一现象的若干数值与之相对应。例如，身高与体重之间存在一定的依存关系，但是体重除了与身高有关，还受年龄、性别、区域、种族等因素影响。身高与体重并无严格的对应关系，同一身高的人，体重大多数情况下是不相等的。但即便如此，这两个变量之间仍旧存在一定的规律性，在一般条件下，身高越高，体重越大。二者之间表现出一定的相关性，属于相关关系。

社会经济现象中，相关关系是普遍存在的，这些实例不胜枚举。如成本与利润的关系：成本的高低与利润的多少有密切关系，但某一确定的成本与相对应的利润却是不确定的。这是因为影响利润的因素除了成本，还有价格、供求状况、消费嗜好以及其他偶然因素的影响。又如，生育率与人均 GDP 的关系也属于相关关系：人均 GDP 高的国家，生育率往往较低，但二者没有唯一确定的关系，这是因为除了经济因素，生育水平还受教育水平、城市化水平以及不易测量的民族风俗、宗教和其他随机因素的共同影响。再如，储蓄存款额与居民货币收入之间的关系也是相关关系。一般说来，居民货币收入提高，储蓄存款也会相应提高。但是影响储蓄存款的不单是居民货币收入一个因素，储蓄的种类、利率、服务质量、机构设置以及生活习惯等，都会引起储蓄存款的变化，因此，收入相同的居民，存款并不一致。但是，在一般情况下，随着居民货币收入的增加，储蓄存款会呈上升的趋势。因此，储蓄存款和居民货币收入之间不是简单的函数关系，而是一种相关关系。

由以上几例可以看出，具有相关关系的某些现象间可表现为因果关系，即某一或若干现象的变化是引起另一现象变化的原因，它是可以控制、给定的值，称其为自变量；另一个现象的变化是自变量变化的结果，它是不确定的值，将其称为因变量。如资金投入与产值之间，前者为自变量，后者为因变量。但具有相关关系的现象并不都表现为因果关系，如生产费用和生产量、商品的供求与价格等。这是由于相关关系比因果关系包括的范围更广泛。

3. 相关关系与函数关系的区别和联系

从相关关系与函数关系的概念可知，函数关系是变量值之间一种确定性的对应关系，而相关关系则是一种非确定性的依存关系，这是两者的根本区别。

在实际工作中，一方面，对于具有函数关系的某些现象也会因观察测量的误差，而使得到的数据表现为非确定性的，例如，由于量具精度、测量方法和观测者的主观因素，使得每次测量数据并不完全相同，这时，理论上的函数关系在实践中往往通过相关关系的形式表现出来；另一方面，如果对相关关系作进一步的观察，不难发现它们也是有规律可循的，这种规律是，影响因素给出一个确定的数值，被影响因素虽没有一个唯一确定的数值与之相对应，有一定的波动性，但却总是分布在它们的平均数周围，并围绕它们的平均数依照一定的规律变动，对这种变动规律，可以借助函数关系的数学表达式来近似地描述具有相关关系现象间的相关表现形式、相关方向等，作为分析和预测的依据。此时，函数关系又成为研究相关关系不可缺少的工具了。

函数关系与相关关系虽然是两种不同类型的变量关系,但是它们之间并无严格的界限,在一定的条件下是可以互相转化的。本来具有函数关系的变量,在存在观察误差时,或认识能力尚未达到时,其函数关系往往也是以相关关系的形式表现出来的。而具有相关关系的变量之间的联系,如果我们对他们的规律性有了深刻的认识,认识的能力和手段达到了应有的程度,并且能够把影响因变量变动的因素全部纳入方程,这时的相关关系也就可能转化为函数关系。

10.1.2　相关关系的类型

从广义上来讲,以上两类现象间的依存关系都可以称为相关关系,它们各自以不同的方式和程度相互作用,表现出不同的类型和形态。

1. 按相关的程度分为完全相关、不相关与不完全相关

完全相关:当一个变量的数量完全由另一个变量的数量变化所确定时,二者之间即为完全相关。例如,在价格不变的条件下,销售额与销售量之间的正比例函数关系即为完全相关,此时相关关系便成为函数关系,因此也可以说函数关系是相关关系的一个特例。

不相关:又称零相关,当变量之间彼此互不影响,其数量变化各自独立时,则变量之间为不相关。例如,股票价格的高低与气温的高低一般情况下是不相关的。

不完全相关:如果两个变量的关系介于完全相关和不相关之间,称为不完全相关,如妇女的结婚年龄与受教育程度之间的一种关系。大多数相关关系属于不完全相关,由于完全相关和不相关的数量关系是确定的或相互独立的,因此统计学中相关分析的主要研究对象是不完全相关。

2. 按照相关变化的方向不同分为正相关与负相关

正相关:当一个变量的值增加(或减少),另一个变量的值也随之增加(或减少),如工业总产值增加,企业税利总额也随之增加;家庭消费支出随收入增加而增加等。

负相关:当一个变量的值增加(或减少)时,另一变量的值反而减少(或增加),如劳动生产率提高,产品成本降低;产品成本降低,企业利润增加等。

3. 按照相关的形式不同分为线性相关与非线性相关

线性相关:又称直线相关,是指当一个变量变动时,另一变量随之发生大致均等的变动,从图形上看,其观察点的分布近似地表现为一条直线。例如,人均消费水平与人均收入水平通常呈线性关系。

非线性相关:一个变量变动时,另一变量也随之发生变动,但这种变动不是均等的。从图形上看,其观察点的分布近似地表现为一条曲线,如抛物线、指数曲线等,因此也称曲线相关。例如,工人加班加点在一定数量界限内,产量增加;但一旦超过一定限度,产量反而可能下降,这就是一种非线性关系。

4. 按照相关关系涉及变量的多少分为单相关与复相关

单相关:又称一元相关,是指两个变量之间的相关关系,如广告费支出与产品销售量之间的相关关系。

复相关:又称多元相关,是指 3 个或 3 个以上变量之间的相关关系,如商品销售额与居民收入、商品价格之间的相关关系。

以上相关关系的常见种类，如图 10.1 所示。

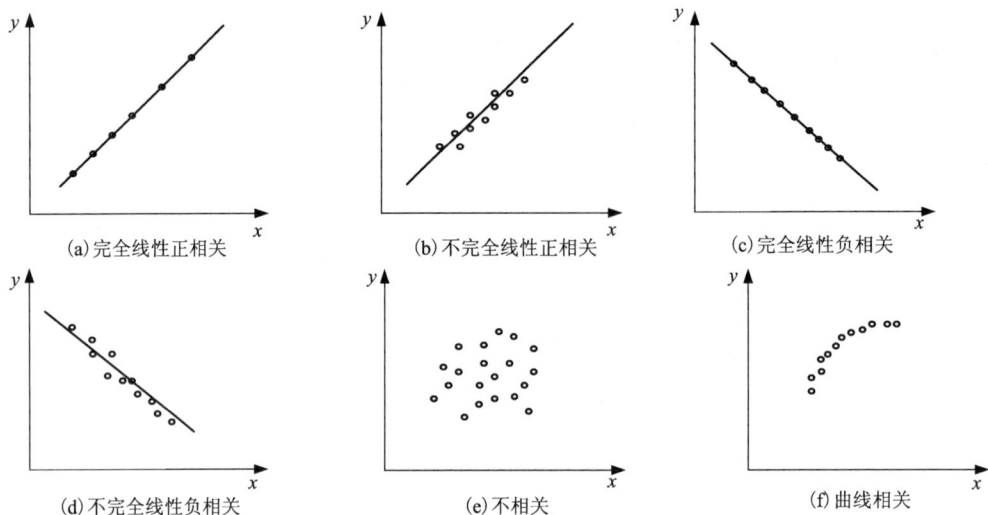

图 10.1　常见的相关关系类型

10.1.3　相关关系的测度

相关关系的测度方法可分为定性测度与定量测度两种。

定性测度是依据研究者的理论知识和实践经验，对客观现象之间是否存在相关关系，以及何种关系做出判断。

定量测度是在定性测度的基础上，通过编制相关表、绘制相关图、计算相关系数与判定系数等方法，揭示现象之间是否存在相关关系，确定相关关系的表现形式以及确定现象变量间相关关系的密切程度和方向。

本教材主要介绍两个变量之间相关关系的定量测度方法。

1. 相关表

相关表是一种统计表。它是直接根据现象之间的原始资料，将一变量的若干变量值按从小到大的顺序排列，并将另一变量的值与之对应排列形成的统计表。

【例 10.1】　在某个地区抽取了 9 家生产同类产品的企业，其月产量和单位产品成本的资料如表 10.2 所示，试利用相关表分析月产量和单位成本的关系。

表 10.2　9 家企业的月产量和单位产品成本资料

企业编号	1	2	3	4	5	6	7	8	9
月产量 x/ 千件	4.1	6.3	5.4	7.6	3.2	8.5	9.7	6.8	2.1
单位成本 y/ 元	80	72	71	58	86	50	42	63	91

解：

根据原始数据可以编制相关表，由表 10.2 的数据，将月产量按照升序排列，即得相关表，如表 10.3 所示。

表 10.3　9 家企业的月产量和单位产品成本相关表

序号	月产量 x/ 千件	单位成本 y/ 元
9	2.1	91
5	3.2	86
1	4.1	80
3	5.4	71
2	6.3	72
8	6.8	63
4	7.6	58
6	8.5	50
7	9.7	42
合计	53.7	613

从相关表中可以看出，当月产量增加时，单位成本在减少，月产量与单位成本之间存在着明显的负相关关系。

【**例 10.2**】　某财务软件公司在全国有许多代理商，为研究它的财务软件产品的广告投入与销售额的关系，统计人员随机选择 10 家代理商进行观察，搜集到年广告投入费和月平均销售额的数据，如表 10.4 所示，试分析二者的关系。

表 10.4　广告费与月平均销售额相关表　　　单位：万元

年广告费投入 x	月均销售额 y
12.5	15.8
15.3	28.7
23.2	35.0
26.4	37.8
33.5	40.1
34.4	45.2
39.4	49.0
45.2	50.5
55.4	57.2
60.9	68.9

解：

在表10.4中，年广告投入费已经升序排列，从表中可以直观地看出，随着广告投入的增加，销售额增加，两者之间存在一定的正相关关系。

2. 相关图

相关图又称散点图，它是用直角坐标系的 x 轴代表一个变量，y 轴代表另一个变量，将两个变量间相对应的变量值用坐标点的形式描绘出来，用以表明两个变量相关状况的图形。

根据表10.3和表10.4的资料可分别绘制相关图，如图10.2和图10.3所示。

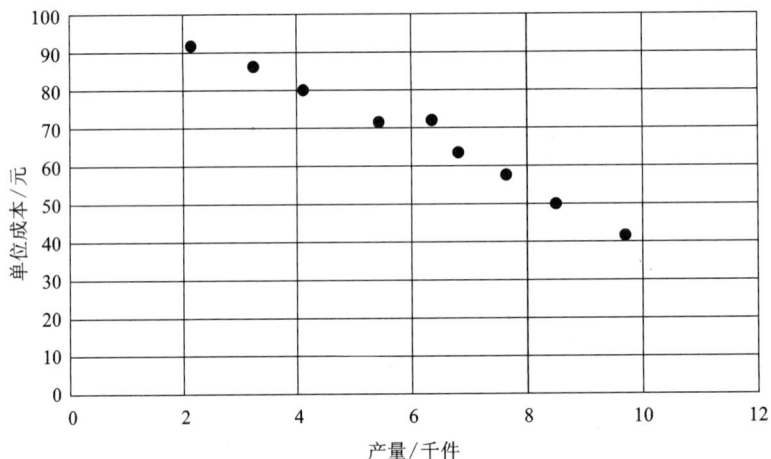

图10.2　月产量与单位成本的相关图

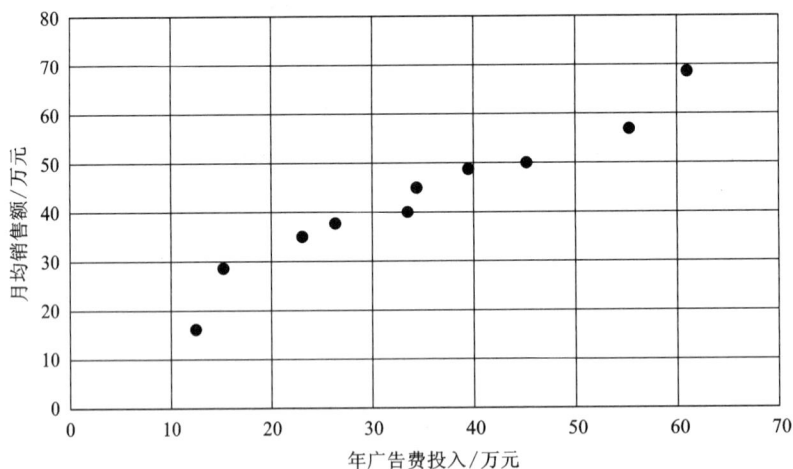

图10.3　广告投入与销售额的相关图

从图10.2可以直观地看出，月产量与单位产品成本之间相关密切，且有线性负相关关系。

从图10.3可以看出，年广告费投入与月平均销售额之间有线性正相关关系。

3. 相关系数

相关表和相关图可反映两个变量之间的相互关系及其相关方向,但无法确切地表明两个变量之间相关的程度。著名统计学家卡尔·皮尔逊设计了统计指标 —— 相关系数。相关系数是用以反映变量之间相关关系密切程度的统计指标。依据相关现象之间的不同特征,其统计指标的名称有所不同,如将反映两变量间线性相关关系的统计指标称为线性相关系数;将反映两变量间曲线相关关系的统计指标称为非线性相关系数、非线性判定系数;将反映多元线性相关关系的统计指标称为复相关系数。这里只介绍线性相关系数。若相关系数是根据总体全部数据计算的,称为总体相关系数,记为 ρ;若是根据样本数据计算的,则称为样本相关系数,记为 r。

对于所研究的总体,反映两个联系变量相关程度的总体相关系数的定义公式为:

$$\rho = \frac{\mathrm{Cov}(X, Y)}{\sqrt{Var(X)Var(Y)}} = \frac{\sigma^2_{(X, Y)}}{\sigma_X \sigma_Y} \tag{10.1}$$

式中:$\mathrm{Cov}(X, Y)$ 与 $\sigma^2_{(X, Y)}$ 为变量 X 和 Y 的协方差;$Var(X)$ 和 $Var(Y)$ 分别为变量 X 和变量 Y 的方差;$\sigma_{(X)}$ 和 $\sigma_{(Y)}$ 分别为变量 X 和变量 Y 的标准差。

对于特定的总体而言,变量 X 和 Y 的值是既定的,因此,反映总体两变量之间线性相关程度总体相关系数是一个确定的值。但由于在实际工作中我们不可能对总体变量 X 和 Y 的全部数值进行观察,所以总体相关系数通常是未知的。这就需要从总体中随机抽取一定数量的样本,通过 X 和 Y 样本观测值 x 和 y 去计算样本相关系数。其基本计算公式为:

$$\gamma = \frac{\mathrm{Cov}(x, y)}{\sqrt{\mathrm{Var}(x)\mathrm{Var}(y)}} = \frac{s^2_{xy}}{s_x s_y} = \frac{\sum (x - \bar{x})(y - \bar{y})}{\sqrt{\sum (x - \bar{x})^2}\sqrt{\sum (y - \bar{y})^2}} \tag{10.2}$$

或化简为:

$$\gamma = \frac{n\sum xy - \sum x \sum y}{\sqrt{n\sum x^2 - \left(\sum x\right)^2}\sqrt{n\sum y^2 - \left(\sum y\right)^2}} \tag{10.3}$$

式中:$s^2_{(x, y)}$ 为样本变量 x 与 y 的协方差;$s_{(x)}$ 和 $s_{(y)}$ 分别为变量 x 和变量 y 的标准差。

样本相关系数是根据从总体中抽取的随机样本的观测值计算出来的,是对总体相关系数的估计值,它是个随机变量。

相关系数的取值及意义如下:

① 相关系数的值介于 - 1 与 + 1 之间,即 $-1 \leqslant r \leqslant 1$;$|r|$ 越接近 1,两变量间线性关系越密切;$|r|$ 越接近于 0,表示两变量的线性相关越弱;

② 当 $r > 0$ 时,表示两变量正相关,$r < 0$ 时,两变量为负相关;

③ 当 $|r| = 1$ 时,表示两变量为完全线性相关,即为函数关系。

④ $r = 0$ 时,表示两变量间无线性相关关系,但并不排除存在非线性相关关系;

为了判断时有个标准,有人提出了判断两变量线性相关密切程度的等级标准:$0 \leqslant |r| < 0.3$,称为弱相关或算无相关;$0.3 \leqslant |r| < 0.5$,称为低度相关;$0.5 \leqslant |r| < 0.8$,称为显著相关;$0.8 \leqslant |r| < 1$ 称为高度相关。

【例 10.3】　根据表 10.2 的资料,试计算二者的相关系数。

解: 根据计算相关系数公式的需要,其计算过程如表 10.5 所示。

表 10.5　相关系数计算表

序 号	月产量 x/ 千件	单位成本 y/ 元	x^2	y^2	xy
1	4.1	80	16.81	6400	328
2	6.3	72	39.69	5184	453.6
3	5.4	71	29.16	5041	383.4
4	7.6	58	57.76	3364	440.8
5	3.2	86	10.24	7396	275.2
6	8.5	50	72.25	2500	425
7	9.7	42	94.09	1764	407.4
8	6.8	63	46.24	3969	428.4
9	2.1	91	4.41	8281	191.1
合计	53.7	613	370.65	43899	3332.9

$$
\begin{aligned}
\gamma &= \frac{n \sum xy - \sum x \sum y}{\sqrt{n \sum x^2 - \left(\sum x\right)^2} \sqrt{n \sum y^2 - \left(\sum y\right)^2}} \\
&= \frac{9 \times 3332.9 - 53.7 \times 613}{\sqrt{9 \times 370.65 - 53.7^2} \sqrt{9 \times 43899 - 613^2}} \\
&\approx -0.9886
\end{aligned}
$$

相关系数为 - 0.9886，说明月产量与单位成本之间有高度的线性负相关关系。

【例 10.4】　根据表 10.4 的资料，试计算相关系数。

解：将相关系数的计算过程列于如表 10.6 所示的中。

表 10.6　相关系数计算表

序号	广告投入 x / 万元	月均销售额 y / 万元	$x - \bar{x}$	$y - \bar{y}$	$(x - \bar{x})^2$	$(y - \bar{y})^2$	$(x - \bar{x})(y - \bar{y})$
1	12.5	15.8	- 22.12	- 27.02	489.2944	730.0804	597.6824
2	15.3	28.7	- 19.32	- 14.12	373.2624	199.3744	272.7984
3	23.2	35.0	- 11.42	- 11.42	130.4164	61.1524	89.3044
4	26.4	37.8	- 8.22	- 8.22	67.5684	25.2004	41.2644
5	33.5	40.1	- 1.12	- 1.12	1.2544	7.3984	3.0464
6	34.4	45.2	- 0.22	- 0.22	0.0484	5.6644	- 0.5236
7	39.4	49.0	4.78	4.78	22.8484	38.1924	29.5404
8	45.2	50.5	10.58	10.58	111.9364	58.9824	81.2544
9	55.4	57.2	20.78	20.78	431.8084	206.7844	298.8164
10	60.9	68.9	26.28	26.28	690.6384	680.1664	685.3824
合计	346.2	428.2	0	0	2319.0760	2012.9960	2098.5660

$$\gamma = \frac{\sum (x - \bar{x})(y - \bar{y})}{\sqrt{\sum (x - \bar{x})^2}\sqrt{\sum (y - \bar{y})^2}} = \frac{2098.566}{\sqrt{2319.076}\sqrt{2012.996}} \approx 0.9713$$

相关系数为 0.9713，说明广告投入费与月平均销售额之间有高度的线性正相关关系。

以上两例使用了相关系数不同的计算方法，显然利用式(10.3)计算较为简便。这里需要指出的是，相关系数有一个明显的缺点，即它接近 1 的程度与数据组数 n 相关，这容易给人一种假象。因为，当 n 较小时，相关系数的波动较大，对有些样本相关系数的绝对值易接近于 1；当 n 较大时，相关系数的绝对值容易偏小。特别是当 $n = 2$ 时，相关系数的绝对值总为 1。因此在样本容量 n 较小时，我们仅凭相关系数较大就判定两个变量之间有密切的线性关系是不妥当的。

4. 使用相关系数应注意的事项

(1) 相关系数不能解释两变量间的因果关系

相关系数只是表明两个变量间互相影响的程度和方向，它并不能说明两变量间是否有因果关系，以及何为因，何为果，即使是在相关系数非常大时，也并不意味着两变量间具有显著的因果关系。例如，根据一些人的研究，发现抽烟与学习成绩有负相关关系，但不能由此推断是抽烟导致了成绩差。其实，因与果在很多情况下是可以互换的。如研究发现收入水平与股票的持有额呈正相关，并且可以用收入水平作为解释股票持有额的因素，但是否存在这样的情况，你赚的钱越多，买的股票也越多，而买的股票越多，赚的钱也就越多，何为因？何为果？众所周知，经济增长与人口增长相关，可是究竟是经济增长引起人口增长，还是人口增长引起经济增长呢？不能从相关系数中得出结论。

(2) 警惕虚假相关导致的错误结论

有时两变量之间并不存在相关关系，但却可能出现较高的相关系数，如存在另一个共同影响两变量的因素。在时间序列资料中往往就会出现这种情况，有人曾对教师薪金的提高和酒价的上涨作了相关分析，计算得到一个较大的相关系数，这是否表明教师薪金提高导致酒的消费量增加，从而导致酒价上涨呢？经分析，事实是由于经济繁荣导致教师薪金和酒价的上涨，而教师薪金增长和酒价之间并没有什么直接关系。原因的混杂也可能导致错误的结论。如有人做过计算，发现在美国经济学学位越高的人，收入越低，笼统地计算学位与收入之间的相关系数会得到负值。但分别对大学、政府机构、企业各类别计算学位与收入之间的相关系数得到的则是正值，即对同一行业而言，学位高，收入也高。

(3) 注意不要在相关关系据已成立的数据范围以外，推论这种相关关系仍然保持

雨下的多，农作物长的好。在缺水地区，干旱季节雨是一种福音，但雨量太大，却可能损坏庄稼。又如，广告投入多，销售额上涨，利润增加，但盲目加大广告投入，却未必使销售额再增长，利润还可能减少。正相关达到某个极限，就可能变成负相关。这个道理似乎人人都明白，但在分析问题时却容易忽视。

(4) 相关变量都是对等的随机变量

用于计算相关系数的两个变量是对等的随机变量，不必区分自变量与因变量。X 变量与 Y 变量的相关系数和 Y 变量与 X 变量的相关系数是一样的。

10.1.4 相关系数的显著性检验

测算两个变量的相关系数,是从二元总体中随机抽取一个样本,再用样本的相关系数去推断,因为推断误差的存在,不可能保证百分之百的可靠。也就是说,因为样本是随机抽取的,根据其计算出的相关系数虽然很大,但总体却可能并不具备相关性。那么总体到底有没有线性相关性,在得出结论前,就必须要做假设检验。

检验样本(相关系数为 r)是否会来自一个无线性关系的总体(总体的相关系数为 ρ),可以采用费歇尔的 t 分布检验法。该检验可用于小样本也可用于大样本。具体步骤如下。

第 1 步,提出原假设和备择假设。假设样本相关系数 r 是抽自具有零相关的总体,即:

$$H_0 : \rho = 0 ; \quad H_1 : \rho \neq 0$$

第 2 步,规定显著性水平,并依据自由度 $(n-2)$ 查阅 t 分布表得到临界值。

第 3 步,计算检验 H_0 的统计量: $t = |r| \dfrac{\sqrt{n-2}}{\sqrt{1-r^2}} \sim t(n-2)$ 。

第 4 步,做出判断。将计算的统计量与临界值对比,若 $|t| > t_{\alpha/2, n-2}$,则拒绝原假设,接受备择假设,即认为总体两个变量间的相关关系在 α 的显著性水平上是显著的。若 $|t| < t_{\alpha/2, n-2}$,则结论相反。

【例 10.5】 根据例 10.3 中计算的相关系数,对表 10.1 中 9 家企业的月产量和单位成本的样本相关系数做显著性检验($\alpha = 0.05$)。

解:

第 1 步:提出假设。

$$H_0 : \rho = 0 ; \quad H_1 : \rho \neq 0$$

第 2 步:确定临界值。

根据显著性水平 $\alpha = 0.05$ 和自由度 $n - 2 = 9 - 2 = 7$,查 t 分布表得:

$$t_{\alpha/2, n-2} = t_{0.025, 7} = 2.3646$$

第 3 步:计算检验统计量。

$$t = |r| \sqrt{\frac{n-2}{1-r^2}} = 0.9886 \times \sqrt{\frac{9-2}{1-0.9886^2}} = 17.37$$

第 4 步:判断统计量与临界值大小。

由 $t = 17.37 > t_{0.025, 7} = 2.3646$ 。

所以,拒绝原假设 H_0 ,接受备择假设 $H_1 : \rho \neq 0$ 。这就是说,在 0.05 的显著性水平上,总体(全部的同类企业)的两变量间的线性相关性是显著的。

另一例读者可自行检验。

10.2 简单线性回归分析

10.2.1 回归分析概述

相关系数可以用来说明在直线相关条件下两个现象相关关系的方向和密切程度,但它不能说明两个变量之间相互影响的定量关系。当给出自变量某一数值时，不能根据相关系数来估计和预测因变量可能发生的数值。例如，生产性固定资产每增加百万元，工业总产值一般会增加多少；工资性现金支出每增加百万元，储蓄存款收入一般会增加多少。这种现象间数量上的推算与预测需使用回归分析的方法。

最早提出"回归"这个概念的是英国生物学家葛尔顿。葛尔顿在研究父母亲的身高和子女身高的关系时，发现了一个规律。子辈的身高受父辈影响，以 X 记父辈身高，Y 记子辈身高。虽然子辈身高一般受父辈影响，但同样身高的父亲，其子身高并不一致，因此，X 和 Y 之间存在一种相关关系。一般而言，父辈身高者，其子辈身高也高，依此推论，祖祖辈辈遗传下来，身高必然向两极分化，而事实上并非如此，显然有一种力量将身高拉向中心，即子辈的身高有向中心回归的特点。"回归"一词即源于此。虽然这种向中心回归的现象只是特定领域里的结论，并不具有普遍性，但从它所描述的关于 X 为自变量，Y 为不确定的因变量这种变量间的关系看，和我们现在的回归含义是相同的。不过，现代回归分析虽然沿用了"回归"一词，但内容已有很大变化，它是一种应用于许多领域的广泛的分析研究方法，在经济理论研究和实证研究中也发挥着重要的作用。

回归分析就是通过一个变量或一些变量的变化解释另一变量的变化。其主要内容和步骤是：首先根据理论和对问题的分析判断，将变量分为自变量和因变量；其次，设法找出合适的数学方程式（即回归模型）描述变量间的关系；由于涉及的变量具有不确定性，接着还要对回归模型进行统计检验；统计检验通过后，最后是利用回归模型，根据自变量去估计、预测因变量。

回归有不同种类，按照自变量的个数分，有 元回归和多元回归。只有一个自变量的叫一元回归，有两个或两个以上自变量的叫多元回归。按照回归线的形态分，有线性（直线）回归和非线性（曲线）回归。实际分析时应根据客观现象的性质、特点、研究目的和任务选取回归分析的方法。本节仅讨论一元线性回归，即简单线性回归。

10.2.2　简单线性回归模型

1. 回归模型

当两个变量存在高度密切的线性相关关系、并且具有因果关系时，就能进行一元线性回归分析。一元线性回归分析的前提条件是，两个变量之间确实存在因果关系，而且其相关的密切程度必须是显著的。如果变量之间不存在因果关系，回归分析就毫无意义。在具有因果关系的前提下，相关程度高回归预测的准确性才会高。

进行回归分析通常要设定一定的数学模型。在回归分析中，最简单的模型是只有一个因变量和一个自变量的线性回归模型。该类模型假定变量 Y 主要受变量 X 的影响，它们之间存在着近似的线性函数关系，即：

$$Y = \beta_0 + \beta_1 X + \varepsilon \tag{10.4}$$

式（10.4）将问题中变量 Y 与 X 之间的关系用两个部分描述。一部分是由于 X 的变化引起 Y 线性变化的部分，即 $\beta_0 + \beta_1 X$；另一部分是由其他一切随机因素引起的，记为 ε。可见，式（10.4）表达了变量 X 与 Y 之间密切相关，但密切程度又没有到由 X 唯一确定 Y 的这种特殊关系。式（10.4）被称为变量 Y 对 X 的一元线性回归模型，式中的 Y 称为被解释变量（或因变量），X 称为解释变量（或自变量），β_0 和 β_1 是未知参数，称它们为总体回归系数，ε 表示其他随机因素的影响误差，称为随机扰动或误差项。

在式（10.4）中一般假定 ε 是不可观测的随机误差，它是一个随机变量。为使问题简化，便于应用普通最小二乘法估计参数 β_0 和 β_1，需要对 ε 作以下几个主要假定：

① 误差项 ε 是一个期望值为 0 的随机变量，即 $E(\varepsilon)=0$，对于一个给定的 X 值，Y 的期望值为 $E(Y)=\beta_0+\beta_1 X$；

② 对于所有的 X 值，ε 的方差都相同，都为 σ^2；

③ 误差项 ε 是一个服从正态分布的随机变量，且相互独立，即 $\varepsilon \sim N(0, \sigma^2)$。

2. 回归方程

根据回归模型中的假定，ε 的期望值等于 0，因此 Y 的期望值 $E(Y)=\beta_0+\beta_1 X$，也就是说，Y 的期望值是 X 的线性函数。描述因变量 Y 的期望值如何依赖于自变量 X 的方程称为回归方程。一元线性回归方程的形式为：

$$E(Y)=\beta_0+\beta_1 X \tag{10.5}$$

式（10.5）描述的是 Y 的平均值如何依赖于 X 的方程。方程的图示是一条直线，因此也称为直线回归方程。β_0 是回归直线在 Y 轴上的截距，是当 $X=0$ 时 Y 的期望值；β_1 是直线的斜率，称为回归系数，表示当 X 每变动一个单位时 Y 的平均变动值。

3. 估计的回归方程

对于总体回归系数 β_0 和 β_1 是未知的，所以必须利用样本数据去估计它们。用样本统计量 $\hat{\beta}_0$ 和 $\hat{\beta}_1$ 代替回归方程中的位置参数 β_0 和 β_1，便得到了 y 对 x 的估计回归方程。它是通过 n 个样本观察值 (x, y) 对 β_0、β_1 进行估计的结果。

对于一元线性回归，估计的回归方程形式为：

$$\hat{y}=\hat{\beta}_0+\hat{\beta}_1 x \tag{10.6}$$

式（10.6）中，$\hat{y}$ 是与 X 相对应的 Y 的样本 (y) 的条件期望，即 $\hat{y}$ 是 y 的估计值；$\hat{\beta}_0$ 是估计的回归直线在 y 轴上的截距，即 $x=0$ 时 $\hat{y}$ 的值，在实际问题中无实际意义；$\hat{\beta}_1$ 是直线的斜率，表示 x 每变动一个单位时 y 的平均变动值。

因变量 Y 的实际样本观测值 y 并不完全等于样本条件期望 $\hat{y}$，二者之间存在偏差，我们称为残差，用 e 表示，则：

$$y-\hat{y}=e \text{ 或者 } y=\hat{\beta}_0+\hat{\beta}_1 x+e \tag{10.7}$$

10.2.3　参数的最小二乘估计

为了由样本数据得到回归参数 β_0、β_1 的估计值 $\hat{\beta}_0$、$\hat{\beta}_1$，我们自然会想到样本观测值 y 距离各期望值（估计值）$\hat{y}$ 最近的一条直线（样本回归线），用它来代表 x 与 y 之间的关系与实际数据的误差比其他任何直线都小。也就是对每一个样本观察值 (x, y)，我们都希望样本回归直线与所有样本数据点都比较靠近，即观察值 y 与其期望值 $\hat{y}$ 的残差 e 越小越好。为防止差值正负抵消，可以取残差平方和 $\sum e^2$ 作为衡量 $\hat{y}$ 与 y 偏离程度的标准。根据这一思想确定估计回归方程中未知参数 $\hat{\beta}_0$，$\hat{\beta}_1$ 的方法称为最小二乘法，简称 OLS，如图 10.4 所示。

由最小二乘法，要使 $\sum(y-\hat{y})^2=\sum(y-\hat{\beta}_0-\hat{\beta}_1 x)^2=$ 最小。

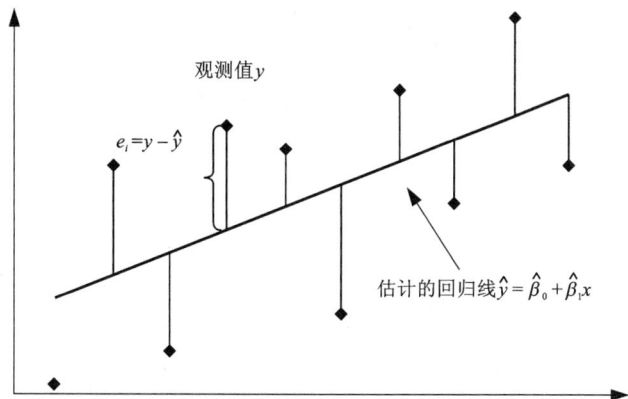

观测值 y

$e_i = y - \hat{y}$

估计的回归线 $\hat{y} = \hat{\beta}_0 + \hat{\beta}_1 x$

图 10.4　最小二乘法示意图

令 $Q = \sum (y - \hat{y})^2$，则求式（10.6）中的 $\hat{\beta}_0$ 和 $\hat{\beta}_1$ 是一个求极值点的问题，只需求式（10.6）的关于 $\hat{\beta}_0$ 和 $\hat{\beta}_1$ 的二元函数 $Q = \sum (y - \hat{\beta}_0 - \hat{\beta}_1 x)^2$ 极小值点。由于 Q 是关于 $\hat{\beta}_0$ 和 $\hat{\beta}_1$ 的非负二次函数，因而它的最小值总是存在的。根据微积分中求极值的原理，让 Q 分别对 $\hat{\beta}_0$ 和 $\hat{\beta}_1$ 求偏导，且令这两个偏导等于 0，得：

$$\begin{cases} \dfrac{\partial Q}{\partial \beta_0} = -2 \sum (y - \hat{\beta}_0 - \hat{\beta}_1 x)^2 = 0 \\ \dfrac{\partial Q}{\partial \beta_1} = -2 \sum x(y - \hat{\beta}_0 - \hat{\beta}_1 x)^2 = 0 \end{cases}$$

经整理后，得联立方程组：

$$\begin{cases} n\hat{\beta}_0 + \left(\sum x\right)\hat{\beta}_1 = \sum y \\ \left(\sum x\right)\hat{\beta}_0 + \left(\sum x^2\right)\hat{\beta}_1 = \sum xy \end{cases}$$

求解联立方程组，得：
$$\begin{cases} \hat{\beta}_1 = \dfrac{n\sum xy - \sum x \sum y}{n\sum x^2 - \left(\sum x\right)^2} = \dfrac{\sum (x-\bar{x})(y-\bar{y})}{\sum (x-\bar{x})^2} \\ \hat{\beta}_0 = \dfrac{\sum y}{n} - \hat{\beta}_1 \dfrac{\sum x}{n} = \bar{y} - \hat{\beta}_1 \bar{x} \end{cases} \tag{10.9}$$

上式中的 $\hat{\beta}_0$、$\hat{\beta}_1$ 称为 β_0、β_1 的普通最小二乘估计。可以证明，β_0、β_1 的最小二乘估计 $\hat{\beta}_0$、$\hat{\beta}_1$ 满足无偏性，即 $E(\hat{\beta}_0) = \beta_0$、$E(\hat{\beta}_1) = \beta_1$。并且还可知，当 $x = \bar{x}$ 时，$y = \bar{y}$，即回归直线 $\hat{y} = \hat{\beta}_0 + \hat{\beta}_1 x$ 通过点 $(\bar{x}, \bar{y})$，这是回归直线的一个重要特征。

【例 10.6】　根据表 10.5 数据，求单位成本对月产量的估计方程。

解：根据式 10.10 得：

$$\hat{\beta}_1 = \frac{n\sum xy - \sum x \sum y}{n\sum x^2 - \left(\sum x\right)^2} = \frac{9 \times 3332.9 - 53.7 \times 613}{9 \times 370.65 - 53.7^2} = -6.46$$

$$\hat{\beta}_0 = \bar{y} - \hat{\beta}_1 \bar{x} = 68.11 - (-6.46) \times 5.97 = 106.68$$

所以回归方程为 $\hat{y} = 106.68 - 6.46x$。回归系数 $\hat{\beta}_1 = -6.46$ 表示月产量每增加 1 千件，单

位成本平均减少6.46元。在回归分析中，对截距$\hat{\beta}_0$常常不能赋予真实意义，如果要解释，它是指当月产量为0时单位成本为106.68元。

【例10.7】 根据表10.6数据，求月均销售额对广告投入的估计方程。

解：根据式10.10得：

$$\hat{\beta}_1 = \frac{\sum(x-\bar{x})(y-\bar{y})}{\sum(x-\bar{x})^2} = \frac{2098.566}{2319.076} = 0.9049$$

$$\hat{\beta}_0 = \bar{y} - \hat{\beta}_1\bar{x} = \frac{428.2}{10} - 0.9049 \times \frac{346.2}{10} = 11.4924$$

所以，月均销售额对广告投入的估计方程为$\hat{y} = 11.4924 + 0.9049x$。回归系数$\hat{\beta}_1 = 0.9049$表示广告投入每增加1万元，月均销售额平均增加0.9049万元。在回归分析中，对截距$\hat{\beta}_0$常常不能赋予真实意义，如果要解释，它是指当广告投入为0时月均销售额为11.4924万元。

获得经验回归方程$\hat{y} = \hat{\beta}_0 + \hat{\beta}_1 x$后，我们不能就用它去作分析和预测，因为$\hat{y} = \hat{\beta}_0 + \hat{\beta}_1 x$是否真正描述了$y$与$x$之间的统计规律，还需通过统计检验。一元线性回归模型的评价分为拟合优度检验和方程的显著性检验，它是利用统计学中的抽样理论来检验回归方程的可靠性。

10.2.4 回归直线的拟合程度

确定估计回归方程的目的，是要用自变量的变动来解释因变量的变动。那么，我们所确定的估计回归方程与样本数据拟合得越紧密，自变量对因变量的解释能力就越强。

拟合优度是指样本观测值聚集在样本回归线周围的紧密程度。判断回归模型拟合程度好坏的常用指标有判定系数和估计的标准误差。

1.判定系数

判定系数R^2是建立在对总离差平方和进行分解的基础之上的。我们把y的n个观察值之间的差异用观察值y_i与其平均值$\bar{y}$的偏差平方和来表示，称为总离差平方和，记作SST，如图10.5所示。

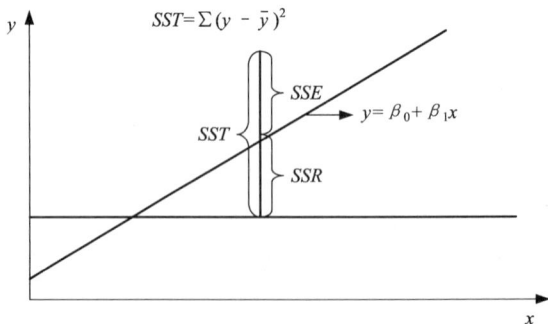

图 10.5 变差分解图

将SST分解成如下公式：

$$SST = \sum(y-\bar{y})^2 = \sum(y-\hat{y}+\hat{y}-\bar{y})^2 = \sum(y-\hat{y})^2 + 2\sum(y-\hat{y})(\hat{y}-\bar{y}) + \sum(\hat{y}-\bar{y})^2$$

其中，$\sum (y - \hat{y})(\hat{y} - \bar{y}) = 0$。这样有：

$$\sum (y - \bar{y})^2 = \sum (y - \hat{y})^2 + \sum (\hat{y} - \bar{y})^2 \qquad (10.11)$$

其中，$\sum (\hat{y} - \bar{y})^2$ 称为回归平方和，记作 SSR；$\sum (y - \hat{y})^2$ 称为残差平方和，记作 SSE。这样式（10.11）即为：

总离差平方和 = 回归平方和 + 残差平方和

简记为：$SST = SSR + SSE$

若两边同除以 SST 得：

$$\frac{SSR}{SST} + \frac{SSE}{SST} = 1 \qquad (10.12)$$

显然，在总的离差平方和中回归平方和所占的比重越大，则回归效果越好，说明回归直线与样本观察值拟合得好；如果残差平方和所占的比重大，则回归直线与样本观察值拟合得不理想。所以回归平方和与总离差平方和之比可以作为综合度量回归直线对样本观测值拟合优度的指标，我们把这一比例定义为判定系数，又称可决系数，即：

$$R^2 = \frac{SSR}{SST} = \frac{\sum (\hat{y} - \bar{y})^2}{\sum (y - \bar{y})^2} = 1 - \frac{\sum (y - \hat{y})^2}{\sum (y - \bar{y})^2} \qquad (10.13)$$

判定系数是对回归模型拟合程度的综合度量，判定系数越大，回归模型拟合程度越高。R^2 表示全部偏差中有百分多少的偏差可由 x 与 y 的回归关系来解释。判定系数 R^2 具有非负性，取值范围在 0 到 1 之间，它是样本的函数，是一个统计量。当所有的观测点都落在直线上，残差平方和 $SSE = 0$，$R^2 = 1$，拟合是完全的；如果 y 的变化与 x 无关，x 完全没有解释 y 的变差，此时 $\hat{y} = \bar{y}$，则 $R^2 = 0$；如果没有达到完全拟合，即因变量的各个取值没有完全落在直线 $\hat{y}$ 上，则必有 $SSE > 0$，进一步有 $SST > SSR$，则有 $\frac{SSR}{SST} < 1$。等价的，$1 - R^2 = \frac{SSE}{SST}$ 也可以作为反映回归直线与样本观察值拟合好坏的一个指标，不同于判定系数的是，其值小，说明回归方程的偏离度小，即回归方程的代表性好。

判定系数 R^2 可以帮助我们评价估计回归方程对样本数据拟合效果的好坏，R^2 越接近 1，表明估计的回归方程对样本数据的拟合效果越好；越接近 0，表明拟合效果越差。

判定系数和相关系数都给出了线性关系强度的度量。相关系数在 -1 和 $+1$ 之间取值，判定系数在 0 和 1 之间取值。但是，相关系数只适用于两个变量线性关系的度量，而判定系数却对有两个或两个以上自变量的线性相关关系以及非线性相关关系的分析都适用。所以，判定系数应该有着更广泛的应用。判定系数只能给出相关关系的强度，却没有给出相关关系的方向，相关系数在给出相关关系强度同时，还给出了相关方向。在一元线性回归中，相关系数 r 实际上是判定系数 R^2 的平方根。通过这一结论，不仅可以由相关系数直接计算判定系数 R^2，也可以进一步理解相关系数的意义。

【例 10.8】 根据例 10.3 的数据，计算单位成本对月产量的判定系数，并解释其意义。

解：利用 Excel 输出的回归分析结果可知，总平方和 $SST = 2146.8889$，回归平方和 $SSR = 2098.0980$，残差平方和 $SSE = 48.7909$。根据式（10.13）得

$$R^2 = \frac{SSR}{SST} = \frac{2098.0980}{2146.8889} = 0.9773 = 97.73\%$$

判定系数的实际意义是：在单位成本取值的变差中，有 97.73% 可以由月产量与单位成本之间的线性关系来解释。或者说，在单位成本取值的变动中，有 97.73% 是由月产量所决定的。二者之间有很强的线性关系。

另一例读者可自己求出其判定系数。

2. 估计的标准误差

回归方程的一个重要作用在于根据自变量的已知值估计因变量的理论值（估计值）。而估计值 $\hat{y_i}$ 与观测值 y_i 存在着差距，这就产生了推算结果的准确性问题。如果差距小，说明推算结果的准确性高；反之，则低。为此，分析理论值与实际值的差距很有意义。为了度量 y 的实际水平和估计值离差的一般水平，可计算估计标准误差。估计标准误差是衡量回归直线代表性大小的统计分析指标，它说明观察值围绕着回归直线的变化程度或分散程度。用 s_e 表示均方误差的平方根，其计算公式为：

$$s_e = \sqrt{\frac{\sum (y - \hat{y})^2}{n - 2}} = \sqrt{\frac{SSE}{n - 2}} \qquad (10.14)$$

此种方法在计算时运算量比较大的，也比较麻烦，需计算出所有的估计值。如果已经有了直线回归方程的参数值，可用下面方法计算：

$$s_e = \sqrt{\frac{\sum y^2 - \hat{\beta}_0 \sum y - \hat{\beta}_1 \sum xy}{n - 2}} \qquad (10.15)$$

估计标准差是观测值 y_i 对估计值 $\hat{y_i}$ 的平均离差，就直线回归来说，这个离差值愈小，则所有观察点愈靠近回归直线即关系愈密切；而当离差的值愈大，则所有观察点离回归直线愈远，即愈不密切。可见这个指标是从另一侧面反映关系的密切程度的。

【例 10.9】 根据例 10.8 的有关结果，计算单位成本对月产量的估计标准差，并解释其意义。

解：利用 Excel 输出的回归分析结果可知，$SSE = 48.7909$。

根据式（10.15）得：

$$s_e \sqrt{\frac{\sum (y - \hat{y})^2}{n - 2}} = \sqrt{\frac{SSE}{n - 2}} = \sqrt{\frac{48.7909}{9 - 2}} = 2.6401$$

所以，标准误差 $s_e = 2.6401$。这就是说，根据月产量来估计单位成本时，实际的单位成本与估计的单位成本平均相差 2.6401 元。

10.2.5 回归系数的显著性检验

对于变量 x 和 y，一元直线回归方程 $\hat{y} = \beta_0 + \beta_1 x$ 是根据样本的数据计算，带有样本抽取的随机性，根据一个样本计算的结果去估计总体变量 X 和 Y 之间的回归直线 $E(Y) = \beta_0 + \beta_1 X$ 是否具有代表性？是否真正描述了在总体中变量 X 和 Y 之间的关系？这都需要检验，这个问题就称为对 $\hat{y} = \beta_0 + \beta_1 x$ 的显著性检验。

如何检验估计的可靠性，主要有两种方法：t 检验和 F 检验。如果总体变量 X 和 Y 之间不存在直线关系，则意味着 $\beta_1 = 0$，即根据样本计算的回归直线方程：$\hat{y} = \beta_0 + \beta_1 x$ 并不"显著"。因而对一元直线回归模型的检验最主要是对回归系数 β_1 进行检验。

1. t 检验

t 检验是用来检验回归系数 β_1 的显著性，其基本步骤如下。

第 1 步，提出假设：$H_0:\beta_1 = 0$；$H_1:\beta_1 \neq 0$。

第 2 步，构造 t 统计量：

$$t = \frac{\hat{\beta}_1 - \beta_1}{s_{\hat{\beta}_1}} \tag{10.16}$$

式中：$s_{\hat{\beta}_1}$ 为回归系数 $\hat{\beta}_1$ 的标准差。其计算公式为：

$$s_{\hat{\beta}_1} = \frac{s_e}{\sqrt{\sum x^2 - \left(\sum x\right)^2 / n}} \tag{10.17}$$

第 3 步，根据给定的显著性水平为 α，在 t 表中查找临界值 $t_{\alpha/2, n-2}$。

第 4 步，判断：若 $|t| > t_{\alpha/2, n-2}$，则拒绝 $H_0:\beta_1 = 0$，得出 $\beta_1 \neq 0$ 的结论，表明自变量 X 对因变量 Y 的影响是显著的，两个变量之间存在着显著的线性关系；若 $|t| < t_{\alpha/2, n-2}$，则不拒绝 H_0，没有证据表明 X 对 Y 的影响显著，二者之间不存在显著的线性关系。

【例 10.10】　在例 10.6 中的一元直线回归方程 $\hat{y}_i = 106.68 - 6.46 x_i$ 的回归系数为 $\hat{\beta}_1 = -6.46$，对其进行显著性检验（$\alpha = 0.05$）。

解：

第 1 步，提出假设：$H_0:\beta_1 = 0$；$H_1:\beta_1 \neq 0$；

第 2 步，构造 t 统计量。

根据前面资料可知。$\sum x^2 = 370.65$，$\bar{x} = \dfrac{53.7}{9} = 5.97$，$s_e = 2.6401$，则 $s_{\hat{\beta}_1} = $

$\dfrac{2.6401}{\sqrt{370.65 - 9 \times 5.97^2}} = 0.3723$。

于是，$t = \dfrac{\hat{\beta}_1 - \beta_1}{s_{\hat{\beta}_1}} = \dfrac{-6.46 - 0}{0.3723} = -17.35$。

第 3 步，根据给定的显著性水平为 $\alpha = 0.05$，$n = 9$，在 t 分布表中查找临界值 $t_{\alpha/2, n-2} = t_{0.025, 7} = 2.365$。

可见，$|t| > t_{\alpha/2, n-2}$，即总体回归系数 $\beta_1 = 0$ 的可能性小于 5%，因而拒绝 $H_0:\beta_1 = 0$，即认为总体回归系数 β_1 显著的不为 0。这进一步说明了月产量和单位产品成本间确实存在线性关系，产量是影响单位成本的显著因素。

2. F 检验

对线性回归模型进行显著性检验，除了 t 检验外，还有 F 检验，是对回归方程的显著性进行检验，检验两个变量之间的"线性"关系是否显著。

第 1 步，提出假设。

H_0：方程不显著。

H_1：方程显著。

第 2 步，构造 F 统计量：

$$F = \frac{\dfrac{SSR}{1}}{\dfrac{SSE}{(n-2)}} = \frac{\dfrac{\sum (\hat{y} - \overline{y})^2}{1}}{\dfrac{\sum (y - \hat{y})^2}{(n-2)}} \tag{10.18}$$

可以证明，若回归方程的判定系数为 R^2，则：

$$F = \frac{R^2(n-2)}{1 - R^2} \tag{10.19}$$

第 3 步，根据给定的显著性水平为 α，在 F 表中查找临界值 $F_\alpha(1, n-2)$。若 $F > F_\alpha$，则拒绝原假设"H_0：方程不显著"，检验通过；若 $F < F_\alpha$，则接受原假设"H_0：方程不显著"，即认为线性方程不显著。

【例 10.11】 检验例 10.6 一元直线回归方程 $\hat{y}_i = 106.68 - 6.46x_i$ 的线性显著性（$\alpha = 0.05$）。

解：

第 1 步，提出假设：

H_0：两变量线性关系不显著。

第 2 步，计算检验统计量 F：

$$F = \frac{R^2(n-2)}{1 - R^2} = \frac{0.9773 \times 7}{1 - 0.9773} = 301.37$$

第 3 步，做出决策。根据显著性水平 $\alpha = 0.05$，分子分母自由度 $(1, 7)$，查 F 分布表，找到相应临界值 $F_\alpha = 5.591$。由于 $F > F_\alpha = 5.591$，拒绝 H_0，表明月产量与单位成本间的线性关系是显著的。

需要指出的是，在一元直线回归中，F 检验和 t 检验是等价的，任一种检验通过，另一种必然通过。也就是说，如果 $H_0 : \beta_1 = 0$ 被 t 检验拒绝，它也将被 F 检验拒绝。在多元回归分析中，这两种检验的意义是不相同的。F 检验是用来检验总体回归关系的显著性，而 t 检验是检验各个回归系数的显著性。

10.2.6 利用回归方程进行预测

对一元线性回归模型检验其显著性之后，就可以利用该模型进行预测。所谓预测，就是当自变量 x_i 取一个值 x_0 时，估计 y_i 的取值。一般有点预测和区间预测两种，而点预测的结果往往与实际结果有偏差，所以，我们通常用区间预测来估计因变量值的可能范围。

1. 点预测

利用估计的回归方程，对于 x 的一个特定值 x_0，求出 y 的一个估计值就是点预测。点预测有两种情形：第一种情形是用自变量的值来预测因变量的均值，即用 x_0 来预测 $E(y_0)$，如预测月产量达到某一值时所有企业单位成本平均值是多少；第二种情形是用自变量的值来预测因变量的个别值，即用 x_0 来预测 y_0，如已知某家企业的月产量来预测该企业单位成本为多少。

由例 10.6，得到的回归方程为 $\hat{y} = 106.68 - 6.46x$，如果要估计月产量为 10 千件时，9 家企业平均单位成本的点估计值为：

$$E(y_0) = 106.68 - 6.46 \times 10 = 42.08(元)$$

如果要估计某企业月产量为 12 千件时,该企业单位成本的点估计值为:

$$\hat{y_0} = 106.68 - 6.46 \times 12 = 29.16(元)$$

2. 区间预测

上述的点预测不能给出预测把握程度的任何概念。因为由样本数据所做出的估计回归方程式具有随机性的,不能指望它恰巧等于总体中的真值,所以只能在一定把握程度上给出真值的存在区间。

利用估计的回归方程,对于 x 的一个特定值 x_0,求出 y 的一个估计值的区间就是区间预测。

区间预测也有两种情况:一是对 x 的一个给定值 x_0,求出 y 的平均值的估计区间;二是对 x 的一个给定值 x_0,求出 y 的一个个别值的估计区间。

(1)y 的平均值 $E(y_0)$ 的估计区间

数理统计证明,$\hat{y_0}$ 的标准差的估计量是:

$$s_{\hat{y_0}} = s_e \sqrt{\frac{1}{n} + \frac{(x_0 - \bar{x})^2}{\sum (x_i - \bar{x})^2}} \tag{10.20}$$

有了 $\hat{y_0}$ 的标准差之后,$E(y_0)$ 的 $1 - \alpha$ 的估计区间为:$\hat{y_0} \pm t_{\alpha/2} \cdot s_{\hat{y_0}}$,即:

$$\hat{y_0} \pm t_{\alpha/2} \cdot s_e \sqrt{\frac{1}{n} + \frac{(x_0 - \bar{x})^2}{\sum (x_i - \bar{x})^2}} \tag{10.21}$$

这里我们可以计算一下 $x_0 = 10$ 时,单位成本平均值 $E(y_0)$ 置信度为 95% 的置信区间:

由前面结果知 $n = 9$,$s_e = 2.6401$,查表可得 $t_{\alpha/2, n-2} = t_{0.025, 7} = 2.365$。

当月产量 $x_0 = 10$ 时,单位成本平均值置信区间为:

$$42.08 \pm 2.3646 \times 2.6401 \times \sqrt{\frac{1}{9} + \frac{(10 - 5.97)^2}{452.16}} = 42.08 \pm 2.3938$$

即 $39.6862 \leqslant E(y_0) \leqslant 44.4738$,也就是说,当月产量为 10 千件时,企业单位成本的平均值在 $39.6862 \sim 44.4738$ 元。

当 $x_0 = \bar{x}$ 时,$\hat{y_0}$ 的标准差的估计量最小,此时有 $s_{\hat{y_0}} = s_e \sqrt{\frac{1}{n}}$。也就是说,当 $x_0 = \bar{x}$ 时,估计是最准确的。x_0 偏离 $\bar{x}$ 越远,y 的平均值的预测区间就变得越宽,估计的效果就越不好。

(2)y 的个别值 y_0 的区间估计

为求预测区间,首先需知道用于估计的标准差。数理统计证明,y 的一个个别估计值 y_0 的标准差的估计量为:

$$s_{y_0} = s_e \left[1 + \frac{1}{n} + \frac{(x_0 - \bar{x})^2}{\sum (x_i - \bar{x})^2} \right] \tag{10.22}$$

因此,对于给定的 x_0,y_0 的 $1 - \alpha$ 的预测区间为:

$$\hat{y_0} \pm t_{\alpha/2} \cdot s_e \sqrt{1 + \frac{1}{n} + \frac{(x_0 - \bar{x})^2}{\sum (x_i - \bar{x})^2}} \tag{10.23}$$

同样我们来计算一下当 $x_0 = 10$ 时，y_0 的 95% 预测区间：

$$42.08 \pm 2.3646 \times 2.6401 \times \sqrt{1 + \frac{1}{9} + \frac{(10 - 5.97)^2}{452.16}} = 42.08 \pm 6.686$$

即 $35.394 \leqslant \hat{y}_0 \leqslant 48.766$，也就是达到月产量10千件的那家企业，其单位成本的预测区间在 $35.394 \sim 48.766$ 元。

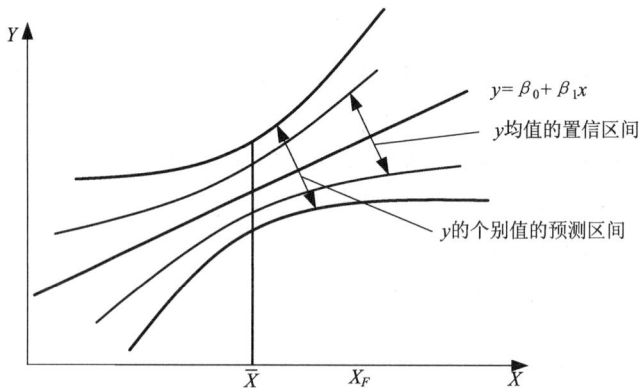

图 10.6　置信区间和预测区间示意图

将以上两个估计区间对比可知，即使对同一个 x_0，两个区间宽度是不一样的，个别值的估计区间要比平均值的估计区间宽一些。这样的差别表明，估计 y 的一个平均值比预测 y 的一个个别值更精确。此外，当 $x_0 = \bar{x}$ 时，估计区间最窄，估计值最准确。

在实际应用中，常对 y 的个别值 y_0 进行区间估计。而式 (10.23) 中根号里的值趋近于 1，因此，因变量 y 的区间估计公式可简化为 $\hat{y}_0 \pm t_{\alpha/2, n-2} \cdot s_e$。如果样本容量足够大时，可用 z 值近似 t 值。

10.2.7　应用直线回归与相关分析应注意的问题

相关分析与直线回归分析在经济学领域中已得到了广泛的应用，但在实际工作中却很容易被误用或做出错误的解释。为了正确地应用相关分析与直线回归分析这一工具，必须注意以下几点。

1. 变量间是否存在相关

相关分析与直线回归分析毕竟是处理变量间关系的数学方法，在将这些方法应用于经济学研究时要考虑到经济学本身的客观实际情况，譬如变量间是否存在直线相关以及在什么条件下会发生直线相关，求出的直线回归方程是否有意义，等等，都必须由经济学相应的专业知识来决定，并且要用到经济学实践中去检验。如果不以一定的经济学依据为前提，把风马牛不相及的资料随意凑到一块做相关分析与直线回归分析，那将是根本性的错误。

2. 其余变量尽量保持一致

由于自然界各种事物间的相互联系和相互制约，一个变量的变化通常会受到许多其他变量的影响，因此，在研究两个变量间关系时，要求其余变量应尽量保持在同一水平，否则，相关分析与回归分析可能会导致完全虚假的结果。

3. 观测值要尽可能多

在进行相关分析与直线回归分析时，两个变量成对观测值应尽可能多一些，这样可提高分析的精确性，一般最好有 30 对以上的观测值。同时变量 x 的取值范围要尽可能大一些，这样才容易发现两个变量间的变化关系。

4. 外推要谨慎

相关分析与直线回归分析一般是在一定取值区间内对两个变量间的关系进行描述，超出这个区间，变量间关系类型可能会发生改变，所以回归预测必须限制在自变量 x 的取值区间以内，外推要谨慎，否则会得出错误的结果。

5. 正确理解相关或回归显著与否的含义

一个不显著的相关系数并不意味着变量 x 和 y 之间没有关系，而只有能说明两变量间没有显著的直线关系；一个显著的相关系数或回归系数亦并不意味着 x 和 y 的关系必定为直线，因为并不排除有能够更好地描述它们关系的非线性方程的存在。

10.3　Excel 与 SPSS 在简单相关与回归分析中的应用

10.3.1　Excel 在简单相关与回归分析中的应用

本部分将采用 Excel 对表 10.1 的数据资料进行相关和回归分析。

1. 相关图的绘制

将表 10.1 中的数据资料建立 Excel 工作表，如图 10.7 所示，仅显示部分数据。

	A 21岁以下者所占比例（%）	B 每千个驾驶执照中发生车祸次数	C	D
2	13	2.962		
3	12	0.708		
4	8	0.885		
5	12	1.652		
6	11	2.091		
7	17	2.627		
8	18	3.83		
9	8	0.368		
10	13	1.142		

图 10.7　表 10.1 数据资料的 Excel 工作表

制作相关图的步骤如下。

第 1 步，在图 10.7 的 Excel 表格中选择相关数据的所在区域 A1：B43 或 A2：B43。

第 2 步，单击"插入"图表功能区的"推荐的图表"，打开"插入图表"对话框，点击"所有图表", 显示所有图表类型, 然后选择"XY 散点图"; 并通过设置"图表要素", 得到散点图 10.8 所示。

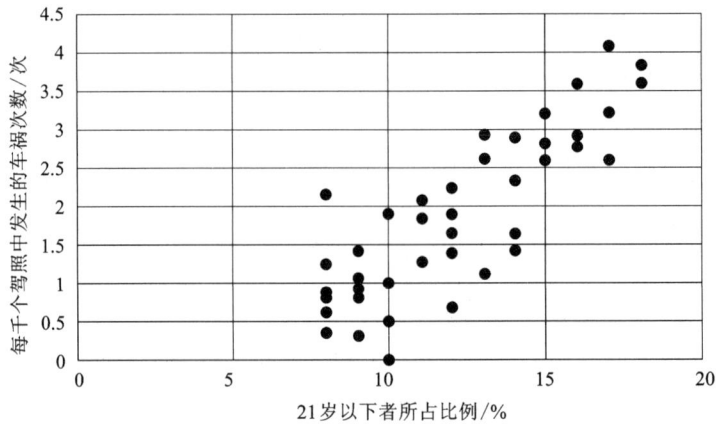

图 10.8　21 岁以下所占比例与每千个驾驶执照中发生车祸次数的散点图

散点图即相关图, 从图 10.8 中可看出司机年龄与发生车祸次数之间存在一定程度的线性正相关, 即司机中 21 岁以下所占比例越高, 每千个驾驶执照中发生车祸次数越多。

2. 相关系数的计算

(1) 利用函数 CORREL 计算相关系数

在 Excel 中, CORREL 函数和 PERSON 函数提供了计算两个变量之间的相关系数的方法, 这两个函数是等价的。与相关系数有关的函数还有 RSQ[相关系数的平方, 即判定系数(r^2) 和 COVAR(协方差函数)]。

在这里以 CORREL 函数和表 10.1 中资料为例, 介绍利用函数计算相关系数的方法。

第 1 步, 在图 10.7 的 Excel 表格中点击"公式"菜单下的"插入函数f_x", 在弹出的对话框中选择"统计"函数。

第 2 步, 在统计函数中选择"CORREL", 进入"函数参数"对话框, 在"array1"中输入第一个变量"21 岁以下者所占比例"的数据区域 A2：A43, 在"array2"中输入第二个变量"每千个驾驶执照中发生车祸次数"的数据区域 B2：B43, 即可在该对话框左下角显示相关系数的结果, 如图 10.9 所示。单击此对话框中的"确定", 在当前光标所在单元格显示 CORREL 函数的计算结果。

需要注意的是, 利用 Excel 计算的相关系数是绝对值, 据此不能判断二者的相关方向, 只能判断两者间存在高度相关关系。

(2) 利用"数据分析"工具计算相关系数

第 1 步, 单击 Excel"数据"菜单, 选择"分析"功能区的"数据分析"。

第 2 步, 在"数据分析"工具中, 选择"相关系数", 弹出相关系数对话框, 如图 10.10 所示。

第 3 步, 在对话框的"输入区域"中输入两个变量所在区域 A1：B43, 数据以列排列, 在"标志位于第一行"打"√"。如果选定的数据区域没有包括第一行的变量名称, 则不需要在

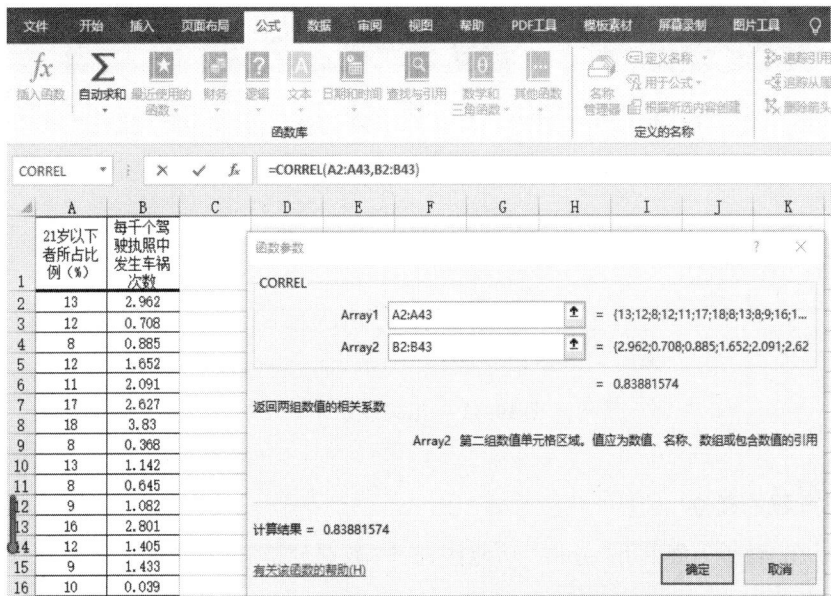

图 10.9　利用 CORREL 函数计算相关系数的对话框

图 10.10　利用数据分析工具计算相关系数的对话框

"标志位于第一行"打"√"。输出区域可以选择在同一工作表中的单元格，比如 D2，如图
10.10 所示。然后，单击"确定"，得到如图 10.11 所示的相关系数矩阵。所得结果与相关系
数函数的运算结果一样。

利用"数据分析"下的"相关系数"工具，可以同时多列数据计算相关系数，得出二二相
关的相关系数矩阵，这里的相关系数同样是绝对值，不能反映变量的相关方向。

图 10.11　相关系数矩阵

3. 回归方程的建立

第1步，在"数据"菜单下"分析"功能区选择"数据分析"工具中的"回归"，弹出对话框，如图 10.12 所示。

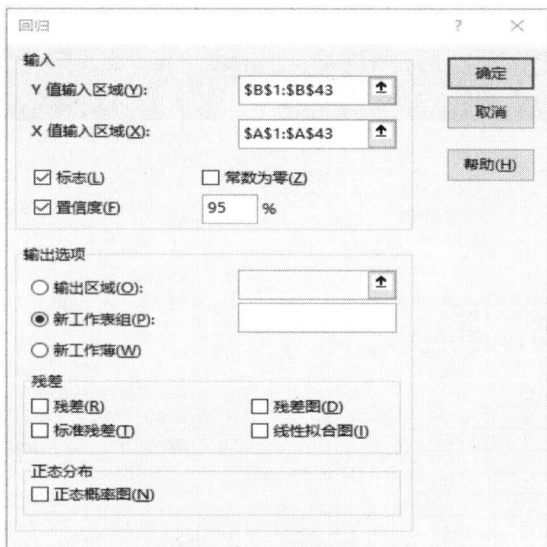

图 10.12　回归分析对话框

第2步，在图 10.12 的回归对话框中，在"Y 值输入区域"内输入"B1：B43"，在"X 值输入区域"输入"A1：A43"，如果是多元线性回归，则 X 值的输入区就是除 Y 变量以外的全部解释变量；选择"标志"复选框；选择置信度水平为 95%，输出结果选择在一张新的工作表中。

第3步，点击"确定"，即得到如图 10.13 所示的回归分析结果。

从"SUMMARY OUTPUT"中可知回归分析输出结果：

在"回归统计"中，"Multiple R"为相关系数 0.8388，与前面一致，需要注意的是"回归统计"中的相关系数是 $|r|$，没有方向性，变量的相关方向应根据相关变量的变动方向是否一

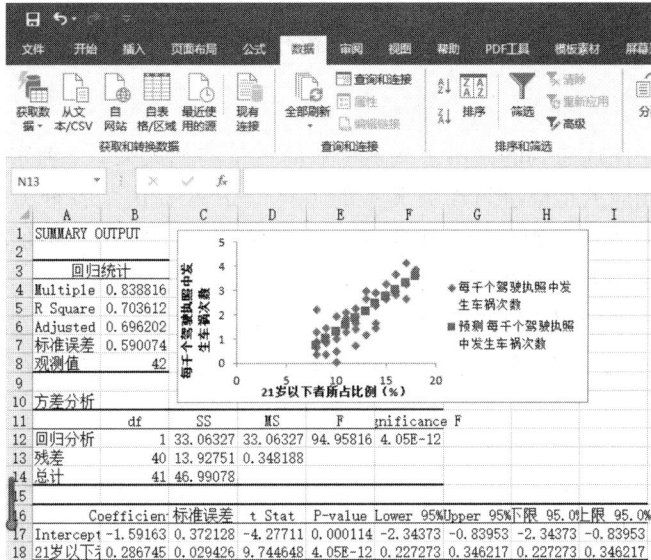

图 10.13　回归分析结果

致来判断;"R Square"为判定系数 0.7036,说明回归效果一般,线性函数对因变量"每千个发生车祸次数"解释程度为 0.7036;回归的"标准误差"为 0.5901;"观察值"个数即样本容量为 42。

"方差分析"中,可知"回归分析"和"残差"的自由度"df"分别为 1 和 40;"SS"式离差平方和,它包括回归平方和 SSR 为 33.0633,残差平方和 SSE 为 13.9275,总离差平方和 SST 为 46.9908。

回归结果为:$\hat{\beta}_0 = -1.5916$,$\hat{\beta}_1 = 0.2867$。后面对应的是两估计参数的估计误差和 t 检验值以及两个参数 95% 的置信区间。所得估计的一元线性回归方程为 $\hat{y} = -1.5916 + 0.2867x$。

4. 回归系数的检验

上述回归方程是根据 42 个城市每 1000 个驾驶执照发生死亡事故的车祸次数和有驾驶执照的司机中 21 岁以下者所占比例的数据得出来,是否真正描述了所有城市每 1000 个驾驶执照发生死亡事故的车祸次数和有驾驶执照的司机中 21 岁以下者所占比例之间的关系? 这还需要检验。可以采用 t 检验,也可以采用 F 检验。在此以 t 检验为例加以说明。

首先,提出假设:$H_0: \beta_1 = 0$;$H_1: \beta_1 \neq 0$。

其次,计算 t 统计量:$t = \dfrac{\hat{\beta}_1 - \beta_1}{s_{\hat{\beta}_1}} = \dfrac{\hat{\beta}_1}{s_{\hat{\beta}_1}} = \dfrac{0.2867}{0.029426} \approx 9.75$。

然后,根据 $\alpha = 0.05$,$n = 42$,查找 $t_{\alpha/2, n-2} = t_{0.025, 42-2} = 2.021$。

最后,比较 t 统计量与 t 临界值的大小。由于 $|t| = 9.75 > t_{\alpha/2, n-2} = t_{0.025, 40} = 2.021$,所以要做出拒绝原假设的结论,表明发生车祸次数与司机年龄存在显著线性相关关系。

以上分析过程用到的 $\hat{\beta}_1$、$s_{\hat{\beta}_1}$ 与 t 值均来源于图 10.13。

10.3.2　SPSS 在简单线性相关与回归分析中的应用

1. 相关分析

提及相关分析，往往想到的是两个或多个数值变量的相关关系，但实际上对任何类型的变量，都可以使用相应的指标进行相关关系的考察。SPSS 提供了各种类型变量测量相关程度的相关系数的计算方法。教材讨论的数值变量的相关，显然是最多的情形。SPSS 专门提供了数值变量的相关分析子菜单以满足分析需求，主要包括三个过程。其中"双变量"过程最常用，实际中可能占到相关分析的 95% 以上。它用于进行两个／多个变量间的参数／非参数相关分析，如果是多个变量，则给出两两相关的分析结果。这里仅说明该过程的分析步骤。

（1）图形分析

双变量相关的图形分析只需绘制简单散点图，相应操作利用第 3 章第 3 节介绍的绘制统计图操作方法与步骤即可。

（2）相关系数

相关系数需要利用双变量相关过程计算。下面以表 10.1 资料为例说明操作步骤。

第 1 步，选择"分析"→"相关"→"双变量"菜单项，进入如图 10.14（a）所示的对话框。左侧是候选变量列表框；右侧"变量"列表框用于选入需要进行相关分析的变量，至少要选两个，选多个时，会以相关矩阵的形式给出两两线性相关分析的结果；列表框下的"相关系数"复选框组，"皮尔逊"是默认选项，进行积差相关分析，"肯德尔 tau－b"是计算等级相关系数，"斯皮尔曼"是计算斯皮尔曼相关系数，即最常用的非参数相关分析；"显著性检验"单选框组，用于确定是进行相关系数的单侧或双侧检验，常选默认的双侧检验；"标记显著性相关性"复选框，选中会在结果中用"＊"号标记有统计学意义的相关系数，＊为 $P \leqslant 0.05$ 的系数值，＊＊为 $P \leqslant 0.01$，一般选中；"选项"按钮，打开的子对话框用于选择需要计算的描述统计量和统计分析指标等，如图 10.14（b）所示，只有选中了"皮尔逊"相关系数时，才能选择"统计"复选框组的选项。

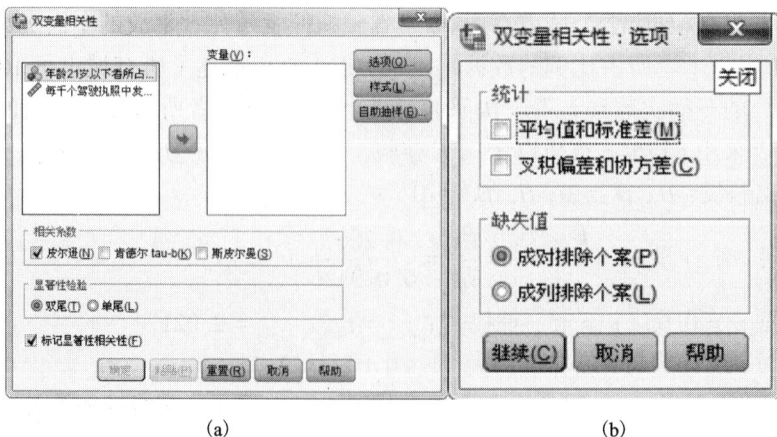

(a)　　　　　　　　　　　　　　(b)

图 10.14　"双变量相关性"对话框

第 2 步，将候选框中的两个变量选入变量，点击"确定"按钮，得到其他都使用系统默认值状态下的相关分析结果，如表 10.7 所示。

表 10.7　相关性

		年龄 21 岁以下者所占比例	每千个驾驶执照中发生车祸次数
年龄 21 岁以下者所占比例	皮尔逊相关性	1	.839**
	显著性(双尾)		.000
	个案数	42	42
每千个驾驶执照中发生车祸次数	皮尔逊相关性	.839**	1
	显著性(双尾)	.000	
	个案数	42	42

＊＊.在 0.01 级别(双尾)，相关性显著。

2.简单线性回归分析

回归分析的应用非常广泛，内容很丰富，对应的分析建模方法很多，当然，它有着严格的适用条件，在拟合时需要不断对这些适用条件进行判断。就线性回归分析而言，一般要经过以下步骤：绘制散点图，观察变量间的关联趋势 → 考察数据的分布，进行必要的预处理 → 进行直线回归分析 → 残差分析 → 强影响诊断及多重共线性问题的判断。SPSS 都有对应的解决方案。这里仅与教材内容对应，以表 10.1 资料为例说明第三步即建立线性回归模型的基本操作步骤。

第 1 步，选择"分析" → "回归" → "线性"菜单项，在打开的主对话框中，将"每千个驾驶执照中发生车祸次数"选入"因变量"列表框，注意此列表框只能选入一个因变量；将"年龄 21 岁下者所占比例"选入"自变量"列表框，如图 10.15(a) 所示，该列表框可选入多个自变量(此时是多元线性回归分析)。

第 2 步，直接点击"确定"按钮，可以得到基本分析结果。也可以点击"统计""图"以及"保存"按钮，打开相应的子对话框，依次如图 10.15(b)、10 - 15(c) 以及图 10.16 所示，增加默认设置以外的选项得到更多的分析结果。如表 10.8 ~ 表 10.11 所示，这 4 个表为直接点击"确定"按钮得到的基本分析结果。表 10.8 为对模型中各个自变量纳入模型情况的汇总。表 10.9 是对回归方程拟合情况的描述，列出了相关系数的绝对值、判定系数、调整后的判定系数和估计标准误差。表 10.10 为对模型进行方差分析的结果，也就是对线性回归模型的显著性检验，F 值为 94.958，P 值为 0.000，小于 0.05，所以模型的线性关系是显著的。表 10.11 系数表给出了回归方程中常数项、回归系数的估计值和检验结果，常数项 = - 1.952，回归系数 = 0.287，可据此写出回归方程。

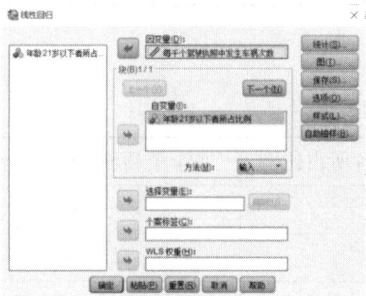

(a)

(b)   (c)

图 10.15   简单线性回归分析及部分子对话框

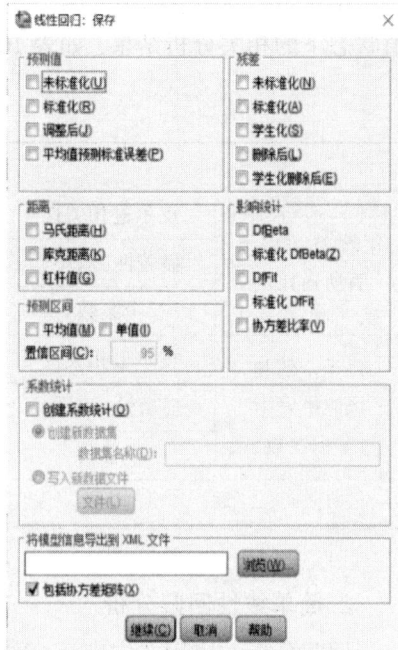

图 10.16   "保存"子对话框

表 10.8   输入 / 除去的变量[a]

模型	输入的变量	除去的变量	方法
1	年龄 21 岁以下者所占比例[b]	.	输入
a.因变量：每千个驾驶执照中发生车祸次数			
b.已输入所请求的所有变量。			

表 10.9   模型摘要

模型	R	R 方	调整后 R 方	标准估算的错误
1	.839[a]	.704	.696	.590074
a.预测变量：（常量），年龄 21 岁以下者所占比例				

表 10.10   ANOVA[a]

模型		平方和	自由度	均方	F	显著性
1	回归	33.063	1	33.063	94.958	.000[b]
	残差	13.928	40	.348		
	总计	46.991	41			
a.因变量：每千个驾驶执照中发生车祸次数						
b.预测变量：（常量），年龄 21 岁以下者所占比例						

表 10.11　系数[a]

模型		未标准化系数		标准化系数	t	显著性
		B	标准错误	Beta		
1	（常量）	− 1.592	.372		− 4.277	.000
	年龄 21 岁以下者所占比例	.287	.029	.839	9.745	.000

a. 因变量：每千个驾驶执照中发生车祸次数

本章小结

1. 相关关系是反映现象之间确实存在的，但关系数值不固定的相互依存关系。相关关系的种类：按相关的程度可分为完全相关、不完全相关和不相关；按相关的方向可分为正相关和负相关；按相关的形式可分为线性相关和非线性相关；按所研究的变量多少可分为单相关、复相关。

2. 相关表是一种反映变量之间相关关系的统计表。将某一变量按其取值的大小排列，然后再将与其相关的另一变量的对应值平行排列，便可得到简单的相关表。相关图又称散点图，它是将相关表中的观测值在平面直角坐标系中用坐标点描绘出来，以表明相关点的分布状况。通过相关图，可以大致看出两个变量之间有无相关关系以及相关的形态、方向和密切程度。

3. 相关系数是用来说明变量之间在直线相关条件下相关关系密切程度和方向的统计分析指标。样本相关系数的计算公式为：

$$\gamma = \frac{n \sum xy - \sum x \sum y}{\sqrt{n \sum x^2 - \left(\sum x \right)^2} \sqrt{n \sum y^2 - \left(\sum y \right)^2}}$$

（1）r 的取值在 − 1 到 + 1 之间。r 的绝对值越接近 1，表明线性相关关系越密切；r 越接近 0，表明线性相关关系越不密切。

（2）r > 0，表明变量之间为正相关；r < 0，表明变量之间为负相关。

（3）r = + 1，为完全正相关；r = − 1 为完全负相关。表明变量之间为完全线性相关，即函数关系。

（4）r = 0，表明两变量无线性相关关系。

4. 回归分析就是对具有相关关系的变量之间数量变化的一般关系进行测定，确定一个相关的数学表达式，以便于进行估计或预测的统计方法。回归分析的类型：按回归变量的个数不同可以分为一元回归分析和多元回归分析；按回归的形式不同可以分为线性回归分析和非线性回归分析。

5. 总体回归 $E(Y_i) = \beta_0 + \beta_1 X_i$ 中的参数 β_0 和 β_1 是未知的，通常用样本统计量 $\hat{\beta}_0$ 和 $\hat{\beta}_1$ 代替回归方程中的位置参数 β_0 和 β_1，便得到了估计的回归方程 $\hat{y}_i = \hat{\beta}_0 + \hat{\beta}_1 x_i$。其中：

$$
\begin{cases}
\hat{\beta}_1 = \dfrac{n\sum xy - \sum x \sum y}{n\sum x^2 - \left(\sum x\right)^2} \\[4mm]
\hat{\beta}_0 = \dfrac{\sum y}{n} - \hat{\beta}_1 \dfrac{\sum x}{n} = \bar{y} - \hat{\beta}_1 \bar{x}
\end{cases}
$$

6. 判断回归模型拟合程度好坏的常用的指标有判定系数和估计的标准误差。

7. 简单线性回归模型的显著性检验一般包括两个方面的内容：一是回归系数的 t 检验；二是线性关系的 F 检验。检验步骤：① 提出假设，假设线性关系不显著；② 计算检验统计量 t 或 F；③ 确定显著性水平以及临界值；④ 做出判断。

8. 对一元线性回归模型检验其显著性之后，就可以利用该模型进行预测。一般有点预测和区间预测两种，而点预测的结果往往与实际结果有偏差，所以，我们通常用区间预测来估计因变量值的可能范围。

思考与练习题

一、思考题

1. 解释相关关系的含义，说明相关关系的特点。

2. 简述相关系数显著性检验的步骤。

3. 解释回归模型、回归方程、估计的回归方程的含义。

4. 简述参数最小二乘估计的基本原理。

5. 简述判定系数的含义和作用。

6. 回归分析中，F 检验和 t 检验各有什么作用？

7. 什么是置信区间估计和预测区间估计？有何区别？

二、练习题

（一）填空题

1. 在线性相关中，如果两个变量的变动方向相同则称为_____；如果两个变量的变动方向相反则称为_____。

2. 用于描述变量之间关系形态的图形称为_____；用于度量变量之间关系密切程度的量称为_____。

3. 相关系数 r 的取值范围是_____。

4. 若变量 x 与 y 之间完全正相关，则相关系数 $r =$ _____；若 x 与 y 之间完全负相关，则 $r =$ _____。

5. 相关关系根据相关的形式不同划分为_____和_____。

6. 对回归系数的显著性检验，通常采用的是检验。

7. 可决系数是之比，它是评价两个变量之间线性相关关系强弱的一个重要指标。

8. 回归分析的目的是。

9. 利用估计的回归模型对因变量可进行点预测，也可进行。

10. 检验回归直线拟合优度的指标有_____和_____。

（二）判断题

1. 相关系数 r 的符号反映相关关系的方向，其绝对值的大小反映相关的密切程度。
（　　）

2. $r = 0$ 说明两个变量之间不存在相关关系。相关系数的数值越大，说明相关程度越高；同理，相关系数的数值越小，说明相关程度越低。（　　）

3. 正相关是指两个变量之间的变化方向都是上升的趋势，而负相关是指两个变量之间的变化方向都是下降的趋势。（　　）

4. 函数关系是一种完全的相关关系。（　　）

5. 已知两变量直线回归方程为：$\hat{y} = -45.25 + 1.61x$，则可断定这两个变量之间一定存在正相关关系。（　　）

6. 回归分析和相关分析一样，所分析的两个变量都一定是随机变量。（　　）

7. 相关系数的数值越大，说明相关程度越高；同理，相关系数的数值越小，说明相关程度越低。（　　）

8. 相关系数不仅能反映线性相关程度，而且能反映非线性相关程度。（　　）

（三）单选题

1. 圆的周长和半径之间存在着（　　）。

A. 比较关系　　　　　B. 相关关系　　　　　C. 因果关系　　　　　D. 函数关系

2. 当一个现象的数量由小变大，而另一个现象的数量相反地由大变小时，这种相关关系称为（　　）。

A. 线性相关　　　　　B. 非线性相关　　　　C. 正相关　　　　　D. 负相关

3. 产品产量与劳动生产率之间的相关系数可能是（　　）。

A. 1.15　　　　　　B. -1.15　　　　　　C. 0.91　　　　　　D. -0.91

4. 若直线回归方程中的回归系数 $\hat{\beta}_1$ 为负数，则（　　）。

A. r 为 0　　　　　B. r 为负数　　　　　C. r 为正数　　　　　D. $r = 1$

5. 对相关系数的显著性检验，通常采用的是（　　）

A. T 检验　　　　　B. F 检验　　　　　C. z 检验　　　　　D. χ^2 检验

6. 在相关分析中，由于两个变量的关系是对等的，从而变量 x 与变量 y 相关同变量 y 与变量 x 相关是（　　）。

A. 同一个问题　　　　　　　　　　B. 完全不同的问题

C. 有一定联系但意义不同的问题　　　D. 有时相同，但有时不同的问题

7. 工人工资（元）对劳动生产率（千元）变化的回归方程为 $\hat{y} = 50 + 70x$，这意味着（　　）。

A. 劳动生产率为 1000 元时，工资为 150 元

B. 劳动生产率每增加 1000 元时，工人工资提高 70 元

C. 劳动生产率等于 1000 元时工人工资为 70 元

D. 当月工资为 210 元时，劳动生产率为 2000 元

8. 某市预测今年副食品销售额，根据历史资料可以计算出副食品销售额同人均月生活费收入、粮食人均消费量、人均月生活费支出和蔬菜年平均价格的相关系数分别为 0.906、-0.916、0.908 和 0.89。采用一元直线回归预测法时，自变量应选（　　）。

A. 人均月生活费收入　　　　　　　　B. 粮食人均消费量

C. 人均月生活费支出　　　　　　　　D. 蔬菜年平均价格

9. 相关系数的取值范围是(　　　)。

A. $-1 < r < 1$　　　B. $0 \leq r \leq 1$　　　C. $-1 \leq r \leq 1$　　　D. $|r| > 1$

10. 下列现象中, 相关密切程度高的是(　　　)。

A. 商品销售量与商品销售额之间的相关系数为 0.90

B. 商品销售额与商业利润率之间的相关系数为 0.60

C. 商品销售额与流通费用率之间的相关系数为 -0.85

D. 商业利润率与流通费用率之间的相关系数为 -0.95

11. 商品销售额与流通费用率, 在一定条件下存在相关关系。这种相关关系属于(　　　)。

A. 单相关　　　　　B. 复相关　　　　　C. 正相关　　　　　D. 负相关

12. 多个变量之间的相关关系称为(　　　)。

A. 单相关　　　　　B. 无相关　　　　　C. 复相关　　　　　D. 不相关

(四) 多选题

1. 单位产品成本对产量的一元线性回归方程为 $\hat{y} = 85 - 5.6x$, x 单位为千件, y 位是元, 意味着(　　　)。

A. 单位成本与产量之间存在着负相关

B. 单位成本与产量之间是正相关

C. 产量为 1000 件时单位成本为 79.4 元

D. 产量每增加 1 千件单位成本平均增加 5.6 元

E. 产量每增加 1 千件单位成本平均减少 5.6 元

2. 如果两个变量之间的线性相关程度很高, 则其相关系数应接近于(　　　)。

A. 0.5　　　　　B. -0.5　　　　　C. 0　　　　　D. 1　　　　　E. -1

3. 线性回归分析中的回归平方和是指(　　　)。

A. 实际值与平均值的离差平方和　　　　B. 估计值与平均值的离差平方和

C. 受自变量变动影响所引起的变差　　　D. 受随机变量变动影响所产生的误差

E. 总变差与残差平方和之差

4. 关于相关关系和函数关系正确的是(　　　)。

A. 函数关系是相关关系的一种特例　　　B. 相关关系是函数关系的一种特例

C. 函数关系就是完全相关关系　　　　　D. 相关关系就是线性相关关系

E. 完全不相关就是独立

5. 指出下列表述中哪些是错误的 (　　　)。

A. $\hat{y} = -100 - 1.3x$, $r = -1.1$　　　　B. $\hat{y} = -304 - 2.5x$, $r = 0.8$

C. $\hat{y} = 180 - 5x$, $r = 0.6$　　　　　　D. $\hat{y} = -304 + 2.5x$, $r = 0.8$

6. 线性相关分析的特点表现为(　　　)。

A. 两个变量之间的地位是对等关系　　　B. 只能算出一个相关系数

C. 相关的两个变量必须都是随机变量　　D. 自变量是确定的, 因变量才是随机的

E. 两个变量存在因果关系

7. 回归分析和相关分析的关系是(　　)。

A. 回归分析可用于估计或预测

B. 相关分析是研究变量之间的相互依存关系的密切程度

C. 相关分析需区分自变量和因变量

D. 相关分析是回归分析的基础

E. 回归分析需区分自变量和因变量

8. 简单线性回归的基本假定(　　)。

A. 正态性假定　　　　　　　　　　　B. 同方差假定

C. 无自相关假定　　　　　　　　　　D. 随机扰动项与自变量相关假定

E. 线性假定

(五) 计算题

1. 某地高校教育经费 x 与高校学生人数 y 连续 6 年的统计资料如下表：

教育经费 x/万元	316	343	373	393	418	455
在校学生数 y(万人)	11	16	18	20	22	25

要求：

(1) 计算相关系数，判断教育经费与高校在校学生的相关关系；

(2) 建立回归直线方程；

(3) 解释回归系数的经济含义。

2. 在其他条件不变的情况下，某种商品的需求量 y 与该商品的价格 x 有关，现对给定时期内的价格与需求量进行观察，得到下表所示的一组数据。

价格 x/ 元	10	6	8	9	12	11	9	10	12	7
需求量 y(吨)	60	72	70	56	55	57	57	53	54	70

要求：

(1) 计算价格与需求量之间的简单相关系数；

(2) 拟合需求量对价格的回归直线，并对回归直线的斜率做出解释；

(3) 计算估计标准误差；

(4) 确定当价格为 15 元时，需求量的估计值。

3. 某公司所属 8 个企业的产品销售资料如下表：

企业编号	产品销售额 / 万元	销售利润 / 万元
1	170	8.1
2	220	12.5
3	390	18.0
4	430	22.0
5	480	26.5
6	650	40.0
7	950	64.0
8	1000	69.0

要求：

（1）计算产品销售额与利润额之间的相关系数；

（2）确定利润额对产品销售额的直线回归方程，并对回归系数做出解释；

（3）确定产品销售额为 1200 万元时利润额的点估计值。

4. 某机构随机抽取 7 家超市，得到其广告费支出和销售额数据如下：

超市编号	广告费支出 x/ 万元	销售额 y/ 万元
A	1	19
B	2	32
C	4	44
D	6	40
E	10	52
F	14	53
G	20	54

现用广告费支出作自变量，销售额为因变量，将上述资料输入 Excel 进行回归分析的结果如下：

11	回归统计				
12	Multiple	0.830868			
13	R Square	0.690342			
14	Adjusted	0.62841			
15	标准误差	7.877531			
16	观测值	7			
17					
18	方差分析				
19		df	SS	MS	F
20	回归分析	1	691.7226	691.7226	11.14684
21	残差	5	310.2774	62.05549	
22	总计	6	1002		
23					
24		Coefficien	标准误差	t Stat	P-value
25	Intercept	29.39911	4.807253	6.115573	0.001695
26	X Variabl	1.547478	0.463499	3.338688	0.020582

要求根据以上资料：

（1）计算广告费用与销售额的相关系数，并据此分析两者相关的密切程度和方向；

（2）求出估计的回归方程，并解释回归系数的经济意义；

（3）对回归系数进行假设检验；

（4）如果某超市的广告费用为 15 万元，试估计其销售额。

5. 美国各航空公司业绩的统计数据公布在《华尔街日报年鉴》(The Wall Street Journal Almanac)上。航班正点到达的比率和每 10 万名乘客投诉的次数的数据如下：

航空公司名称	航班正点率/%	投诉率(次/10 万名乘客)
西南(Southwest)航空公司	81.8	0.21
大陆(Continental)航空公司	76.6	0.58
西北(Northwest)航空公司	76.6	0.85
美国(US Airways)航空公司	75.7	0.68
联合(United)航空公司	73.8	0.74
美洲(American)航空公司	72.2	0.93
德尔塔(Delta)航空公司	71.2	0.72
美国西部(Americawest)航空公司	70.8	1.22
环球(TWA)航空公司	68.5	1.25

要求利用 Excel 或 SPSS:

(1)画出这些数据的散点图;

(2)根据散点图,判断二变量之间存在什么关系;

(3)求出描述投诉率是如何依赖航班按时到达正点率的估计的回归方程;

(4)对回归方程进行假设检验;

(5)如果航班按时到达的正点率为 80%,估计每 10 万名乘客投诉的次数是多少?

(六)综合题

房产中介服务是某信息有限公司的一项主要业务。工作人员积累了房屋标价与最终成效的售价信息。大家都相信,标价与售价之间有非常密切的关系,那就是标价越高,售价也越高。现在需要验证售价与标价的相关性来确定是否如此。而且还想知道,一般来说标价与售价之间能相关多少金额?对于一套标价为 20 万元的房屋,其预期售价为多少?林先生是公司员工,他希望运用掌握的统计知识对搜集到的信息资料进行分析,找出"适宜购买的房子"。这里"适宜购买"是指这些房屋的价格不成比例地低于经过统计分析所预期的价格。

林先生根据掌握的 50 套房屋标价与最终成交的售价信息资料,绘制了反映房屋标价与售价的散点图,又经过计算相关系数,得出房屋售价与标价之间线性相关系数为 0.99,可见,两者之间的确存在着高度正相关关系。

在此基础上,林先生进行回归分析,以标价为自变量,售价为因变量,得到直线回归方程为 $\hat{y}=1.26+0.91x$。

这表明,标价每增加 1 万元,售价平均上升 9100 元。对于一套标价为 20 万元的房屋,其售价的点预测值是 19.46 万元。林先生对一套标价 25 万元的住宅感兴趣,因为根据回归方程预测,这套住宅的预期售价是 24.01 万元,而房主报出的可接受的交易价格是 22.8 万元,在经过综合考察后,林先生终于买到了满意的住宅。

请根据上述资料,谈谈你对林先生购房价格决策依据的看法,以及该案例带给你的启示。

附　表

附表1　标准正态分布表

$$\phi(z) = \int_{-\infty}^{z} \frac{1}{\sqrt{2\pi}} e^{-\frac{z}{2}} dz = P(X \leqslant z)$$

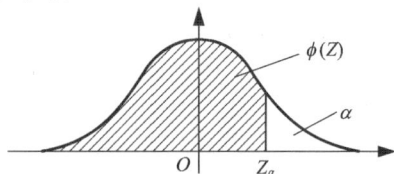

z	0.00	0.01	0.02	0.03	0.04	0.05	0.06	0.07	0.08	0.09
0.0	0.5000	0.5040	0.5080	0.5120	0.5160	0.5199	0.5239	0.5279	0.5319	0.5359
0.1	0.5398	0.5438	0.5478	0.5517	0.5557	0.5596	0.5636	0.5675	0.5714	0.5753
0.2	0.5793	0.5832	0.5871	0.5910	0.5948	0.5987	0.6026	0.6064	0.6103	0.6141
0.3	0.6179	0.6217	0.6255	0.6293	0.6331	0.6368	0.6404	0.6443	0.6480	0.6517
0.4	0.6554	0.6591	0.6628	0.6664	0.6700	0.6736	0.6772	0.6808	0.6844	0.6879
0.5	0.6915	0.6950	0.6985	0.7019	0.7054	0.7088	0.7123	0.7157	0.7190	0.7224
0.6	0.7257	0.7291	0.7324	0.7357	0.7389	0.7422	0.7454	0.7486	0.7517	0.7549
0.7	0.7580	0.7611	0.7642	0.7673	0.7703	0.7734	0.7764	0.7794	0.7823	0.7852
0.8	0.7881	0.7910	0.7939	0.7967	0.7995	0.8023	0.8051	0.8078	0.8106	0.8133
0.9	0.8159	0.8186	0.8212	0.8238	0.8264	0.8289	0.8355	0.8340	0.8365	0.8389
1.0	0.8413	0.8438	0.8461	0.8485	0.8508	0.8531	0.8554	0.8577	0.8599	0.8621
1.1	0.8643	0.8665	0.8686	0.8708	0.8729	0.8749	0.8770	0.8790	0.8810	0.8830
1.2	0.8849	0.8869	0.888	0.8907	0.8925	0.8944	0.8962	0.8980	0.8997	0.9015
1.3	0.9032	0.9049	0.9066	0.9082	0.9099	0.9115	0.9131	0.9147	0.9162	0.9177
1.4	0.9192	0.9207	0.9222	0.9236	0.9251	0.9265	0.9279	0.9292	0.9306	0.9319
1.5	0.9332	0.9345	0.9357	0.9370	0.9382	0.9394	0.9406	0.9418	0.9430	0.9441
1.6	0.9452	0.9463	0.9474	0.9484	0.9495	0.9505	0.9515	0.9525	0.9535	0.9535
1.7	0.9554	0.9564	0.9573	0.9582	0.9591	0.9599	0.9608	0.9616	0.9625	0.9633
1.8	0.9641	0.9648	0.9656	0.9664	0.9672	0.9678	0.9686	0.9693	0.9700	0.9706
1.9	0.9713	0.9719	0.9726	0.9732	0.9738	0.9744	0.9750	0.9756	0.9762	0.9767
2.0	0.9772	0.9778	0.9783	0.9788	0.9793	0.9798	0.9803	0.9808	0.9812	0.9817
2.1	0.9821	0.9826	0.9830	0.9834	0.9838	0.9842	0.9846	0.9850	0.9854	0.9857
2.2	0.9861	0.9864	0.9868	0.9871	0.9874	0.9878	0.9881	0.9884	0.9887	0.9890
2.3	0.9893	0.9896	0.9898	0.9901	0.9904	0.9906	0.9909	0.9911	0.9913	0.9916
2.4	0.9918	0.9920	0.9922	0.9925	0.9927	0.9929	0.9931	0.9932	0.9934	0.9936
2.5	0.9938	0.9940	0.9941	0.9943	0.9945	0.9946	0.9948	0.9949	0.9951	0.9952
2.6	0.9953	0.9955	0.9956	0.9957	0.9959	0.9960	0.9961	0.9962	0.9963	0.9964
2.7	0.9965	0.9966	0.9967	0.9968	0.9969	0.9970	0.9971	0.9972	0.9973	0.9974
2.8	0.9974	0.9975	0.9976	0.9977	0.9977	0.9978	0.9979	0.9979	0.9980	0.9981
2.9	0.9981	0.9982	0.9982	0.9983	0.9984	0.9984	0.9985	0.9985	0.9986	0.9986
3.0	0.9987	0.9990	0.9993	0.9995	0.9997	0.9998	0.9998	0.9999	0.9999	1.0000

附表 2   t 分布表

$P\{t(n)>t_{\alpha}(n)\}=\alpha$

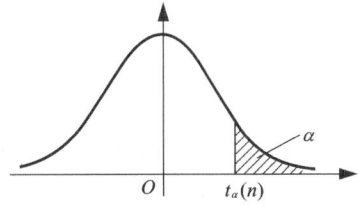

n＼α	0.25	0.1	0.05	0.025	0.01	0.005	0.0025	0.001	0.0005
1	1.000	3.078	6.314	12.706	31.821	63.657	127.321	318.309	636.619
2	0.816	1.886	2.920	4.303	6.965	9.925	14.089	22.327	31.599
3	0.765	1.638	2.353	3.182	4.541	5.841	7.453	10.215	12.924
4	0.741	1.533	2.132	2.776	3.747	4.604	5.598	7.173	8.610
5	0.727	1.476	2.015	2.571	3.365	4.032	4.773	5.893	6.869
6	0.718	1.440	1.943	2.447	3.143	3.707	4.317	5.208	5.959
7	0.711	1.415	1.895	2.365	2.998	3.499	4.029	4.785	5.408
8	0.706	1.397	1.860	2.306	2.896	3.355	3.833	4.501	5.041
9	0.703	1.383	1.833	2.262	2.821	3.250	3.690	4.297	4.781
10	0.700	1.372	1.812	2.228	2.764	3.169	3.581	4.144	4.587
11	0.697	1.363	1.796	2.201	2.718	3.106	3.497	4.025	4.437
12	0.695	1.356	1.782	2.179	2.681	3.055	3.428	3.930	4.318
13	0.694	1.350	1.771	2.160	2.650	3.012	3.372	3.852	4.221
14	0.692	1.345	1.761	2.145	2.624	2.977	3.326	3.787	4.140
15	0.691	1.341	1.753	2.131	2.602	2.947	3.286	3.733	4.073
16	0.690	1.337	1.746	2.120	2.583	2.921	3.252	3.686	4.015
17	0.689	1.333	1.740	2.110	2.567	2.898	3.222	3.646	3.965
18	0.688	1.330	1.734	2.101	2.552	2.878	3.197	3.610	3.922
19	0.688	1.328	1.729	2.093	2.539	2.861	3.174	3.579	3.883
20	0.687	1.325	1.725	2.086	2.528	2.845	3.153	3.552	3.850
21	0.686	1.323	1.721	2.080	2.518	2.831	3.135	3.527	3.819
22	0.686	1.321	1.717	2.074	2.508	2.819	3.119	3.505	3.792
23	0.685	1.319	1.714	2.069	2.500	2.807	3.104	3.485	3.768
24	0.685	1.318	1.711	2.064	2.492	2.797	3.091	3.467	3.745

附表2

n \ α	0.25	0.1	0.05	0.025	0.01	0.005	0.0025	0.001	0.0005
25	0.684	1.316	1.708	2.060	2.485	2.787	3.078	3.450	3.725
26	0.684	1.315	1.706	2.056	2.479	2.779	3.067	3.435	3.707
27	0.684	1.314	1.703	2.052	2.473	2.771	3.057	3.421	3.690
28	0.683	1.313	1.701	2.048	2.467	2.765	3.047	3.408	3.674
29	0.683	1.311	1.699	2.045	2.462	2.756	3.038	3.396	3.659
30	0.683	1.310	1.697	2.042	2.457	2.750	3.030	3.385	3.646
31	0.682	1.309	1.696	2.040	2.453	2.744	3.022	3.375	3.633
32	0.682	1.309	1.694	2.037	2.449	2.738	3.015	3.365	3.622
33	0.682	1.308	1.692	2.035	2.445	2.733	3.008	3.356	3.611
34	0.682	1.307	1.091	2.032	2.441	2.728	3.002	3.348	3.601
35	0.682	1.306	1.690	2.030	2.438	2.724	2.996	3.340	3.591
36	0.681	1.306	1.688	2.028	2.434	2.719	2.990	3.333	3.582
37	0.681	1.305	1.687	2.026	2.431	2.715	2.985	3.326	3.574
38	0.681	1.304	1.686	2.024	2.429	2.712	2.980	3.319	3.566
39	0.681	1.304	1.685	2.023	2.426	2.708	2.976	3.313	3.558
40	0.681	1.303	1.684	2.021	2.423	2.704	2.971	3.307	3.551
50	0.679	1.299	1.676	2.009	2.403	2.678	2.937	3.261	3.496
60	0.679	1.296	1.671	2.000	2.390	2.660	2.915	3.232	3.460
70	0.678	1.294	1.667	1.994	2.381	2.648	2.899	3.211	3.436
80	0.678	1.292	1.664	1.990	2.374	2.639	2.887	3.195	3.416
90	0.677	1.291	1.662	1.987	2.368	2.632	2.878	3.183	3.402
100	0.677	1.290	1.660	1.984	2.364	2.626	2.871	3.174	3.390
200	0.676	1.286	1.653	1.972	2.345	2.601	2.839	3.131	3.340
500	0.675	1.283	1.648	1.965	2.334	2.586	2.820	3.107	3.310
1000	0.675	1.282	1.646	1.962	2.330	2.581	2.813	3.098	3.300
∞	0.675	1.282	1.645	1.960	2.326	2.576	2.807	3.090	3.291

附表 3　χ^2 分布表

$$P\{\chi^2(n) > \chi_\alpha^2(n)\} = \alpha$$

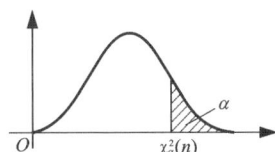

n'	P												
	0.995	0.99	0.975	0.95	0.90	0.75	0.50	0.25	0.10	0.05	0.025	0.01	0.005
1	…	…	…	…	0.02	0.10	0.45	1.32	2.71	3.84	5.02	6.63	7.88
2	0.01	0.02	0.02	0.10	0.21	0.58	1.39	2.77	4.61	5.99	7.38	9.21	10.60
3	0.07	0.11	0.22	0.35	0.58	1.21	2.37	4.11	6.25	7.81	9.35	11.34	12.84
4	0.21	0.30	0.48	0.71	1.06	1.92	3.36	5.39	7.78	9.49	11.14	13.28	14.86
5	0.41	0.55	0.83	1.15	1.61	2.67	4.35	6.63	9.24	11.07	12.83	15.09	16.75
6	0.68	0.87	1.24	1.64	2.20	3.45	5.35	7.84	10.64	12.59	14.45	16.81	18.55
7	0.99	1.24	1.69	2.17	2.83	4.25	6.35	9.04	12.02	14.07	16.01	18.48	20.28
8	1.34	1.65	2.18	2.73	3.40	5.07	7.34	10.22	13.36	15.51	17.53	20.09	21.96
9	1.73	2.09	2.70	3.33	4.17	5.90	8.34	11.39	14.68	16.92	19.02	21.67	23.59
10	2.16	2.56	3.25	3.94	4.87	6.74	9.34	12.55	15.99	18.31	20.48	23.21	25.19
11	2.60	3.05	3.82	4.57	5.58	7.58	10.34	13.70	17.28	19.68	21.92	24.72	26.76
12	3.07	3.57	4.40	5.23	6.30	8.44	11.34	14.85	18.55	21.03	23.34	26.22	28.30
13	3.57	4.11	5.01	5.89	7.04	9.30	12.34	15.98	19.81	22.36	24.74	27.69	29.82
14	4.07	4.66	5.63	6.57	7.79	10.17	13.34	17.12	21.06	23.68	26.12	29.14	31.32
15	4.60	5.23	6.27	7.26	8.55	11.04	14.34	18.25	22.31	25.00	27.49	30.58	32.80
16	5.14	5.81	6.91	7.96	9.31	11.91	15.34	19.37	23.54	26.30	28.85	32.00	34.27
17	5.70	6.41	7.56	8.67	10.09	12.79	16.34	20.49	24.77	27.59	30.19	33.41	35.72
18	6.26	7.01	8.23	9.39	10.86	13.68	17.34	21.60	25.99	28.87	31.53	34.81	37.16
19	6.84	7.63	8.91	10.12	11.65	14.56	18.34	22.72	27.20	30.14	32.85	36.19	38.58
20	7.43	8.26	9.59	10.85	12.44	15.45	19.34	23.83	28.41	31.41	34.17	37.57	40.00
21	8.03	8.90	10.28	11.59	13.24	16.34	20.34	24.93	29.62	32.67	35.48	38.93	41.40
22	8.64	9.54	10.98	12.34	14.04	17.24	21.34	26.04	30.81	33.92	36.78	40.29	42.80
23	9.26	10.20	11.69	13.09	14.85	18.14	22.34	27.14	32.01	35.17	38.08	41.64	44.18
24	9.89	10.86	12.40	13.85	15.66	19.04	23.34	28.24	33.20	36.42	39.36	42.98	45.56
25	10.52	11.52	13.12	14.61	16.47	19.94	24.34	29.34	34.38	37.65	40.65	44.31	46.93
26	11.16	12.20	13.84	15.38	17.29	20.84	25.34	30.43	35.56	38.89	41.92	45.64	48.29
27	11.81	12.88	14.57	16.15	18.11	21.75	26.34	31.53	36.74	40.11	43.19	46.96	49.64
28	12.46	13.56	15.31	16.93	18.94	22.66	27.34	32.62	37.92	41.34	44.46	48.28	50.99
29	13.12	14.26	16.05	17.71	19.77	23.57	28.34	33.71	39.09	42.56	45.72	49.59	52.34
30	13.79	14.95	16.79	18.49	20.60	24.48	29.34	34.80	40.26	43.77	46.98	50.89	53.67
40	20.71	22.16	24.43	26.51	29.05	33.66	39.34	45.62	51.80	55.76	59.34	63.69	66.77
50	27.99	29.71	32.36	34.76	37.69	42.94	49.33	56.33	63.17	67.50	71.42	76.15	79.49
60	35.53	37.48	40.48	43.19	46.46	52.29	59.33	66.98	74.40	79.08	83.30	88.38	91.95
70	43.28	45.44	48.76	51.74	55.33	61.70	69.33	77.58	85.53	90.53	95.02	100.42	104.22
80	51.17	53.54	57.15	60.39	64.28	71.14	79.33	88.13	96.58	101.88	106.63	112.33	116.32
90	59.20	61.75	65.65	69.13	73.29	80.62	89.33	98.64	107.56	113.14	118.14	124.12	128.30
100	67.33	70.06	74.22	77.93	82.36	90.13	99.33	109.14	118.50	124.34	129.56	135.81	140.17

附表 4 **F** 分布表

$$P\{F(n_1, n_2) > F_\alpha(n_1, n_2)\} = \alpha$$

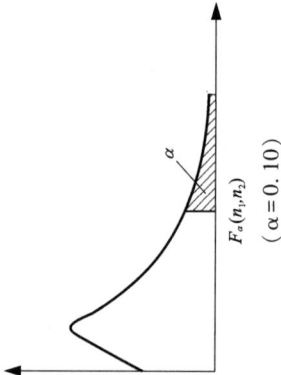

$F_\alpha(n_1, n_2)$
$(\alpha = 0.10)$

n_1 \ n_2	1	2	3	4	5	6	7	8	9	10	12	15	20	24	30	40	60	120	infinity
1	4052.00	5000.00	5403.00	5625.00	5764.00	5859.00	5928.00	5982.00	6022.00	6056.00	6106.00	6157.00	6209.00	6235.00	6261.00	6287.00	6313.00	6339.00	6366.00
2	98.50	99.00	99.20	99.30	99.30	99.30	99.40	99.40	99.40	99.40	99.40	99.40	99.50	99.50	99.50	99.50	99.50	99.50	99.50
3	34.10	30.80	29.50	28.70	28.20	27.90	27.70	27.50	27.40	27.20	27.10	26.90	26.70	26.00	26.50	26.40	26.30	26.20	26.13
4	21.20	18.00	16.70	16.00	15.50	15.20	15.00	14.80	14.70	14.60	14.40	14.00	14.00	13.90	13.80	13.80	13.70	13.60	13.46
5	16.30	13.30	12.10	11.40	11.00	10.70	10.50	10.30	10.20	10.10	9.89	9.72	9.55	9.47	9.38	9.29	9.20	9.11	9.02
6	13.80	10.90	9.78	9.15	8.75	8.47	8.26	8.10	7.98	7.87	7.72	7.56	7.40	7.31	7.23	7.14	7.06	6.97	6.88
7	12.30	9.55	8.45	7.85	7.46	7.19	6.99	6.84	6.72	6.62	6.47	6.31	6.16	6.07	5.99	5.91	5.82	5.74	5.65
8	11.30	8.65	7.59	7.01	6.63	6.37	6.18	6.03	5.91	5.81	5.67	5.52	5.36	5.28	5.20	5.12	5.03	4.95	4.46
9	10.60	8.02	6.99	6.42	6.06	5.80	5.61	5.47	5.35	5.26	5.11	4.96	4.81	4.73	4.65	4.57	4.48	4.40	4.31
10	10.00	7.56	6.55	5.99	5.64	5.39	5.20	5.06	4.94	4.85	4.71	4.56	4.41	4.33	4.25	4.17	4.08	4.00	3.91
11	9.65	7.21	6.22	5.67	5.32	5.07	4.89	4.74	4.63	4.54	4.40	4.25	4.10	4.02	3.94	3.86	3.78	3.69	3.60
12	9.33	6.93	5.95	5.41	5.06	4.82	4.64	4.50	4.39	4.30	4.16	4.01	3.86	3.78	3.70	3.62	3.54	3.45	3.36

附表

n_1 \ n_2	1	2	3	4	5	6	7	8	9	10	12	15	20	24	30	40	60	120	infinity
13	9.07	6.70	5.74	5.21	4.86	4.62	4.44	4.30	4.19	4.10	3.96	3.82	3.66	3.59	3.51	3.43	3.34	3.25	3.17
14	8.86	6.51	5.56	5.04	4.69	4.46	4.28	4.14	4.03	3.94	3.80	3.66	3.51	3.43	3.35	3.27	3.18	3.09	3.00
15	8.68	6.36	5.42	4.89	4.36	4.32	4.14	4.00	3.89	3.80	3.67	3.52	3.37	3.29	3.21	3.13	3.05	2.96	2.87
16	8.53	6.23	5.29	4.77	4.44	4.20	4.03	3.89	3.78	3.69	3.55	3.41	3.26	3.18	3.10	3.02	2.93	2.84	2.75
17	8.40	6.11	5.18	4.67	4.34	4.10	3.93	3.79	3.68	3.59	3.46	3.31	3.16	3.08	3.00	2.92	2.83	2.75	2.65
18	8.29	6.01	5.09	4.58	4.25	4.01	3.84	3.71	3.60	3.51	3.37	3.23	3.08	3.00	2.92	2.84	2.75	2.66	2.57
19	8.18	5.93	5.01	4.50	4.17	3.94	3.77	3.63	3.52	3.43	3.30	3.15	3.00	2.92	2.84	2.76	2.67	2.58	2.49
20	8.10	5.85	4.94	4.43	4.10	3.87	3.70	3.56	3.46	3.37	3.23	3.09	2.94	2.86	2.78	2.69	2.61	2.52	2.42
21	8.02	5.78	4.87	4.37	4.04	3.81	3.64	3.51	3.40	3.31	3.17	3.03	2.88	2.80	2.72	2.64	2.55	2.46	2.36
22	7.95	5.72	4.82	4.31	3.99	3.76	3.59	3.45	3.35	3.26	3.12	2.98	2.83	2.75	2.67	2.58	2.50	2.40	2.31
23	7.88	5.66	4.76	4.26	3.94	3.71	3.54	3.41	3.30	3.21	3.07	2.93	2.78	2.70	2.62	2.54	2.45	2.35	2.26
24	7.82	5.61	4.72	4.22	3.90	3.67	3.50	3.36	3.26	3.17	3.03	2.89	2.74	2.66	2.58	2.49	2.40	2.31	2.21
25	7.77	5.57	4.68	4.18	3.85	3.63	3.46	3.32	3.22	3.13	2.99	2.85	2.70	2.62	2.54	2.45	2.36	2.27	2.17
26	7.72	5.53	4.64	4.14	3.82	3.59	3.42	3.29	3.18	3.09	2.96	2.81	2.66	2.58	2.50	2.42	2.33	2.23	2.13
27	7.68	5.49	4.60	4.11	3.78	3.56	3.39	3.26	3.15	3.06	2.93	2.78	2.63	2.55	2.47	2.38	2.29	2.20	2.10
28	7.64	5.45	4.57	4.07	3.75	3.53	3.36	3.23	3.12	3.03	2.90	2.75	2.60	2.52	2.44	2.35	2.26	2.17	2.06
29	7.60	5.42	4.54	4.04	3.73	3.50	3.33	3.20	3.09	3.00	2.87	2.73	2.57	2.49	2.41	2.33	2.23	2.14	2.03
30	7.56	5.39	4.51	4.02	3.70	3.47	3.30	3.17	3.07	2.98	2.84	2.70	2.55	2.47	2.39	2.30	2.21	2.11	2.01
40	7.31	5.18	4.31	3.83	3.51	3.29	3.12	2.99	2.89	2.80	2.66	2.52	2.37	2.29	2.20	2.11	2.02	1.92	1.80
60	7.08	4.98	4.13	3.65	3.34	3.12	2.95	2.82	2.72	2.63	2.50	2.35	2.20	2.12	2.03	1.94	1.84	1.73	1.60
120	6.85	4.79	3.95	3.48	3.17	2.96	2.79	2.66	2.56	2.47	2.34	2.19	2.03	1.95	1.86	1.76	1.66	1.53	1.38
infinity	6.63	4.61	3.78	3.32	3.02	2.80	2.64	2.51	2.41	2.32	2.18	2.04	1.88	1.79	1.70	1.59	1.47	1.32	1.00

(α = 0.05)

n_2 \ n_1	1	2	3	4	5	6	7	8	9	10	12	15	20	24	30	40	60	120	infinity
1	161.00	200.00	216.00	225.00	230.00	234.00	237.00	239.00	241.00	242.00	244.00	246.00	248.00	249.00	250.00	251.00	252.00	253.00	254.30
2	18.50	19.00	19.20	19.20	19.30	19.30	19.40	19.40	19.40	19.40	19.40	19.40	19.50	19.50	19.50	19.50	19.50	19.50	19.50
3	10.10	9.55	9.28	9.12	9.01	8.94	8.89	8.85	8.81	8.79	8.74	8.70	8.66	8.64	8.62	8.59	8.57	8.55	8.53
4	7.71	6.94	6.59	6.39	6.26	6.16	6.09	6.04	6.00	5.96	5.91	5.86	5.80	5.77	5.75	5.72	5.69	5.66	5.63
5	6.61	5.79	5.41	5.19	5.05	4.95	4.88	4.82	4.77	4.74	4.68	4.62	4.56	4.53	4.50	4.46	4.43	4.40	4.36
6	5.99	5.14	4.76	4.53	4.39	4.28	4.21	4.15	4.10	4.06	4.00	3.94	3.87	3.84	3.81	3.77	3.74	3.70	3.67
7	5.59	4.74	4.35	4.12	3.97	3.87	3.79	3.73	3.68	3.64	3.57	3.51	3.44	3.41	3.38	3.34	3.30	3.27	3.23
8	5.32	4.46	4.07	3.84	3.69	3.58	3.50	3.44	3.39	3.35	3.28	3.22	3.15	3.12	3.08	3.04	3.01	2.97	2.93
9	5.12	4.26	3.86	3.63	3.48	3.37	3.29	3.23	3.18	3.14	3.07	3.01	2.94	2.90	2.86	2.83	2.79	2.75	2.71
10	4.96	4.10	3.71	3.48	3.33	3.22	3.14	3.07	3.02	2.98	2.91	2.85	2.77	2.74	2.70	2.66	2.62	2.58	2.54
11	4.84	3.98	3.59	3.36	3.20	3.09	3.01	2.95	2.90	2.85	2.79	2.72	2.65	2.61	2.57	2.53	2.49	2.45	2.40
12	4.75	3.89	3.49	3.26	3.11	3.00	2.91	2.85	2.80	2.75	2.69	2.62	2.54	2.51	2.47	2.43	2.38	2.34	2.30
13	4.67	3.81	3.41	3.18	3.03	2.92	2.83	2.77	2.71	2.67	2.60	2.53	2.46	2.42	2.38	2.34	2.30	2.25	2.21
14	4.60	3.74	3.34	3.11	2.96	2.85	2.76	2.70	2.65	2.60	2.53	2.46	2.39	2.35	2.31	2.27	2.22	2.18	2.13
15	4.54	3.68	3.29	3.06	2.90	2.79	2.71	2.64	2.59	2.54	2.48	2.40	2.33	2.29	2.25	2.20	2.16	2.11	2.07
16	4.49	3.63	3.24	3.01	2.85	2.74	2.66	2.59	2.54	2.49	2.42	2.35	2.28	2.24	2.19	2.15	2.11	2.06	2.01
17	4.45	3.59	3.20	2.96	2.81	2.70	2.61	2.55	2.49	2.45	2.38	2.31	2.23	2.19	2.15	2.10	2.06	2.01	1.96
18	4.41	3.55	3.16	2.93	2.77	2.66	2.58	2.51	2.46	2.41	2.34	2.27	2.19	2.15	2.11	2.06	2.02	1.97	1.92
19	4.38	3.52	3.13	2.90	2.74	2.63	2.54	2.48	2.42	2.38	2.31	2.23	2.16	2.11	2.07	2.03	1.98	1.93	1.88
20	4.35	3.49	3.10	2.87	2.71	2.60	2.51	2.45	2.39	2.35	2.28	2.20	2.12	2.08	2.04	1.99	1.95	1.90	1.84
21	4.32	3.47	3.07	2.84	2.68	2.57	2.49	2.42	2.37	2.32	2.25	2.18	2.10	2.05	2.01	1.96	1.92	1.87	1.81
22	4.30	3.44	3.05	2.82	2.66	2.55	2.46	2.40	2.34	2.30	2.23	2.15	2.07	2.03	1.98	1.94	1.89	1.84	1.78
23	4.28	3.42	3.03	2.80	2.64	2.53	2.44	2.37	2.32	2.27	2.20	2.13	2.05	2.01	1.96	1.91	1.86	1.81	1.76
24	4.26	3.40	3.01	2.78	2.62	2.51	2.42	2.36	2.30	2.25	2.18	2.11	2.03	1.98	1.94	1.89	1.84	1.79	1.73
25	4.24	3.39	2.99	2.76	2.60	2.49	2.40	2.34	2.28	2.24	2.16	2.09	2.01	1.96	1.92	1.87	1.82	1.77	1.71
26	4.23	3.37	2.98	2.74	2.59	2.47	2.39	2.32	2.27	2.22	2.15	2.07	1.99	1.95	1.90	1.85	1.80	1.75	1.69
27	4.21	3.35	2.96	2.73	2.57	2.46	2.37	2.31	2.25	2.20	2.13	2.06	1.97	1.93	1.88	1.84	1.79	1.73	1.67
28	4.20	3.34	2.95	2.71	2.56	2.45	2.36	2.29	2.24	2.19	2.12	2.04	1.96	1.91	1.87	1.82	1.77	1.71	1.65
29	4.18	3.33	2.93	2.70	2.55	2.43	2.35	2.28	2.22	2.18	2.10	2.03	1.94	1.90	1.85	1.81	1.75	1.70	1.64
30	4.17	3.32	2.92	2.69	2.53	2.42	2.33	2.27	2.21	2.16	2.09	2.01	1.93	1.89	1.84	1.79	1.74	1.68	1.62
40	4.08	3.23	2.84	2.61	2.45	2.34	2.25	2.18	2.12	2.08	2.00	1.92	1.84	1.79	1.74	1.69	1.64	1.58	1.51
60	4.00	3.15	2.76	2.53	2.37	2.25	2.17	2.10	2.04	1.99	1.92	1.84	1.75	1.70	1.65	1.59	1.53	1.47	1.39
120	3.92	3.07	2.68	2.45	2.29	2.17	2.09	2.02	1.96	1.91	1.83	1.75	1.66	1.61	1.55	1.55	1.43	1.35	1.25
infinity	3.84	3.00	2.60	2.37	2.21	2.10	2.01	1.94	1.88	1.83	1.75	1.67	1.57	1.52	1.46	1.39	1.32	1.22	1.00

$(\alpha = 0.025)$

n_1 \ n_2	1	2	3	4	5	6	7	8	9	10	12	15	20	24	30	40	60	120	infinity
1	648.00	800.00	864.00	900.00	922.00	937.00	948.00	957.00	963.00	969.00	977.00	985.00	993.00	997.00	1001.00	1006.00	1010.00	1014.00	1018.00
2	38.51	39.00	39.17	39.25	39.30	39.33	39.36	39.37	39.39	39.40	39.41	39.43	39.45	39.46	39.46	39.47	39.48	39.49	39.50
3	17.44	16.04	15.44	15.10	14.88	14.73	14.62	14.54	14.47	14.42	14.34	14.25	14.17	14.12	14.08	14.04	13.99	13.95	13.90
4	12.22	10.65	9.98	9.60	9.36	9.20	9.07	8.98	8.90	8.84	8.75	8.66	8.56	8.51	8.46	8.41	8.36	8.31	8.26
5	10.01	8.43	7.76	7.39	7.15	6.98	6.85	6.76	6.68	6.62	6.52	6.43	6.33	6.28	6.23	6.18	6.12	6.07	6.02
6	8.81	7.26	6.60	6.23	5.99	5.82	5.70	5.60	5.52	5.46	5.37	5.27	5.17	5.12	5.07	5.01	4.96	4.90	4.85
7	8.07	6.54	5.89	5.52	5.29	5.12	4.99	4.90	4.82	4.76	4.67	4.57	4.47	4.42	4.36	4.31	4.25	4.20	4.14
8	7.57	6.06	5.42	5.05	4.82	4.65	4.53	4.43	4.36	4.30	4.20	4.10	4.00	3.95	3.89	3.84	3.78	3.73	3.67
9	7.21	5.71	5.08	4.72	4.48	4.32	4.20	4.10	4.03	3.96	3.87	3.77	3.67	3.61	3.56	3.51	3.45	3.39	3.33
10	6.94	5.46	4.83	4.47	4.24	4.07	3.95	3.85	3.78	3.72	3.62	3.52	3.42	3.37	3.31	3.26	3.20	3.14	3.08
11	6.72	5.26	4.63	4.28	4.04	3.88	3.76	3.66	3.59	3.53	3.43	3.33	3.23	3.17	3.12	3.06	3.00	2.94	2.88
12	6.55	5.10	4.47	4.12	3.89	3.73	3.61	3.51	3.44	3.37	3.28	3.18	3.07	3.02	2.96	2.91	2.85	2.79	2.72
13	6.41	4.97	4.35	4.00	3.77	3.60	3.48	3.39	3.31	3.25	3.15	3.05	2.95	2.89	2.84	2.78	2.72	2.66	2.60
14	6.30	4.86	4.24	3.89	3.66	3.50	3.38	3.29	3.21	3.15	3.05	2.95	2.84	2.79	2.73	2.67	2.61	2.55	2.49
15	6.20	4.77	4.15	3.80	3.58	3.41	3.29	3.20	3.12	3.06	2.96	2.86	2.76	2.70	2.64	2.59	2.52	2.46	2.40
16	6.12	4.69	4.08	3.73	3.50	3.34	3.22	3.12	3.05	2.99	2.89	2.79	2.68	2.63	2.57	2.51	2.45	2.38	2.32
17	6.04	4.62	4.01	3.66	3.44	3.28	3.16	3.06	2.98	2.92	2.82	2.72	2.62	2.56	2.50	2.44	2.38	2.32	2.25
18	5.98	4.56	3.95	3.61	3.38	3.22	3.10	3.01	2.93	2.87	2.77	2.67	2.56	2.50	2.44	2.38	2.32	2.26	2.19
19	5.92	4.51	3.90	3.56	3.33	3.17	3.05	2.96	2.88	2.82	2.72	2.62	2.51	2.45	2.39	2.33	2.27	2.20	2.13
20	5.87	4.46	3.86	3.51	3.29	3.13	3.01	2.91	2.84	2.77	2.68	2.57	2.46	2.41	2.35	2.29	2.22	2.16	2.09
21	5.83	4.42	3.82	3.48	3.25	3.09	2.97	2.87	2.80	2.73	2.64	2.53	2.42	2.37	2.31	2.25	2.18	2.11	2.04
22	5.79	4.38	3.78	3.44	3.22	3.05	2.93	2.84	2.76	2.70	2.60	2.50	2.39	2.33	2.27	2.21	2.14	2.08	2.00
23	5.75	4.35	3.75	3.41	3.18	3.02	2.90	2.81	2.73	2.67	2.57	2.47	2.36	2.30	2.24	2.18	2.11	2.04	1.97
24	5.72	4.32	3.72	3.38	3.15	2.99	2.87	2.78	2.70	2.64	2.54	2.44	2.33	2.27	2.21	2.15	2.08	2.01	1.94
25	5.69	4.29	3.69	3.35	3.13	2.97	2.85	2.75	2.68	2.61	2.51	2.41	2.30	2.24	2.18	2.12	2.05	1.98	1.91
26	5.66	4.27	3.67	3.33	3.10	2.94	2.82	2.73	2.65	2.59	2.49	2.39	2.28	2.22	2.16	2.09	2.03	1.95	1.88
27	5.63	4.24	3.65	3.31	3.08	2.92	2.80	2.71	2.63	2.57	2.47	2.36	2.25	2.19	2.13	2.07	2.00	1.93	1.85
28	5.61	4.22	3.63	3.29	3.06	2.90	2.78	2.69	2.61	2.55	2.45	2.34	2.23	2.17	2.11	2.05	1.98	1.91	1.83
29	5.59	4.20	3.61	3.27	3.04	2.88	2.76	2.67	2.59	2.53	2.43	2.32	2.21	2.15	2.09	2.03	1.96	1.89	1.81
30	5.57	4.18	3.59	3.25	3.03	2.87	2.75	2.65	2.57	2.51	2.41	2.31	2.20	2.14	2.07	2.01	1.94	1.87	1.79
40	5.42	4.05	3.46	3.13	2.90	2.74	2.62	2.53	2.45	2.39	2.29	2.18	2.07	2.01	1.94	1.88	1.80	1.72	1.64
60	5.29	3.93	3.34	3.01	2.79	2.63	2.51	2.41	2.33	2.27	2.17	2.06	1.94	1.88	1.82	1.74	1.67	1.58	1.48
120	5.15	3.80	3.23	2.89	2.67	2.52	2.39	2.30	2.22	2.16	2.05	1.94	1.82	1.76	1.69	1.61	1.53	1.43	1.31
infinity	5.02	3.69	3.12	2.79	2.57	2.41	2.29	2.19	2.11	2.05	1.94	1.83	1.71	1.64	1.57	1.48	1.39	1.27	1.00

参考文献

[1]颜泳红，郑贵华. 统计学[M]. 湘潭：湘潭大学出版社，2015.

[2]刘谨，葛联迎. 统计学[M]. 北京：中国财政经济出版社，2014.

[3]贾俊平等. 统计学[M]. 7版.北京：中国人民大学出版社，2018年.

[4]袁卫，刘超. 统计学：思想、方法与应用[M]. 2版. 北京：中国人民大学出版社，2016.

[5]李金昌，苏为华. 统计学[M]. 北京：机械工业出版社，2020.

[6]段杨. Excel 数据分析教程[M]. 北京：电子工业出版社，2017.

[7]向蓉美，王青华. 统计学[M]. 2版.重庆：西南财经大学出版社，2020.

[8]吴喜之. 统计学：从数据到结论[M]. 4版. 中国统计出版社，2013.

[9]张德存. 统计学[M]. 3版.北京：高等教育出版社，2020年.

[10](美)戴维.S.穆尔. 统计学的世界[M]. 北京：中信出版社，2003.

[11](美)达莱尔·哈夫. 统计陷阱[M]. 廖颖林，译. 上海：上海财经大学出版社，2002.